Markus Spieker
& David Bühne
Rock Me, Dostojewski!

www.fontis-verlag.com

Für Tabitha,
die Dritte im Dostojewski-Bund

Markus Spieker
David Bühne

ROCK ME, DOSTOJEWSKI!

Poet. Prophet. Psychologe. Punk.

fontis

MIX
Papier aus verantwortungsvollen Quellen
FSC® C014138

Bibliografische Information der Deutschen Nationalbibliothek
Die Deutsche Nationalbibliothek verzeichnet diese Publikation in der Deutschen Nationalbibliografie; detaillierte bibliografische Daten sind im Internet über www.dnb.de abrufbar.

Der Fontis-Verlag wird von 2021 bis 2024 vom Schweizer Bundesamt für Kultur unterstützt.

Umschlag: CaroGraphics, Carolin Horbank, Leipzig
Bild Cover und Seite 6: Harry Hummel, Berlin
Bild Vorsatzpapier: Das Dostojewski-Monument nahe der Russischen Staatsbibliothek in Moskau / © istockfoto.com
Satz: InnoSet AG, Justin Messmer, Basel
Druck: Finidr
Gedruckt in der Tschechischen Republik

ISBN 978-3-03848-224-6

INHALT

VORPROGRAMM

Mit Dostojewski kann man nichts falsch machen.

Dachte sich auch Marilyn Monroe, als sie sich Anfang der fünfziger Jahre bei dem Regisseur Samuel Fuller um eine Filmrolle bewarb. Um ihr Image als oberflächliche Blondine zu bekämpfen, kam sie mit einem dicken Buch unterm Arm zum Vorsprechen. Mit dem Wälzer wollte sie Eindruck machen. Es war ein Buch von Dostojewski. Der Name stand für maximalen Tiefgang.

Steht er heute noch.

Aber eben auch für Vergangenheit.

Was hat ein toter, tief aus dem 19. Jahrhundert kommender Russe uns im 21. Jahrhundert zu bieten?

Wie wär's mit: Wahrheit? Wirklichkeit? Weisheit?

Dostojewski rockt.

Get ready.

Auf den meisten Bildern, die es von ihm gibt, wirkt er etwas freudlos. Das bekannteste Porträt stammt aus dem Jahr 1872. Da schrieb er gerade an dem Buch «Die Dämonen» und fühlte sich zeitweise auch, als wären böse Geister hinter ihm her.

Der Maler Wassili Perow zeichnet ihn mit matten Augen und mit nach innen gekehrter Miene. Dabei konnte er auch ganz anders schauen: mit leuchtendem Blick, berauscht von Mensch und Natur. Dostojewski war beinahe so vielschichtig, wie seine Bücher Seiten haben. Ein Titan – und zwar nicht nur in literarischer Hinsicht. Er überragt bei Weitem die klischeehafte Vorstellung, die viele Menschen von ihm haben. Dass er irgendwie schwierig ist. Dass seine Bücher doch bloß von den dunklen Seiten des Lebens handeln. Harte Kost, beinahe unverdaulich für moderne Zeitgenossen.

Stimmt.

Das sagt aber mehr über unsere Zeit aus als über ihn.

Wenn er zu tief ist, sind wir zu flach.

Dostojewski zu lesen strengt an. Aber es rüttelt auch auf. Und wenn man sich an seinen stilistischen Groove gewöhnt hat, unterhält es auch prächtig. Von spaßfrei kann bei ihm keine Rede sein. Dostojewski sitzt der Schalk im Nacken. Und er betrachtet die Welt nicht mit trüben, sondern mit strahlenden Augen. So wie auf dem Cover dieses Buchs.

Unbestritten sind Dostojewskis Qualitäten als Autor. Er gilt als ein großer Schriftsteller.

Zu Unrecht, finden wir.

Er ist aus unserer Sicht noch mehr. Er ist der Größte.

Weil er mehr als nur fesselnd erzählen konnte. Er war auch Gesellschaftskritiker, Menschenkenner, Futurist, Philosoph, Seelsorger. Seine Tätigkeit beschränkte sich längst nicht nur auf die Belletristik. Er leitete ein Medien-Start-up, arbeitete als Journalist, betätigte sich mit dem «Tagebuch eines Schriftstellers» als Vorläufer heutiger Blogger. Dabei folgte er keinen Moden, sondern setzte die Trends.

Ein Innovator, ein Rebell, ein Punk.

In puncto Produktivität konnte es keiner mit diesem Tausendsassa aufnehmen. In gerade mal fünfundzwanzig Jahren beruflicher Aktivität veröffentlichte er um die 20 Romane und Novellen, dazu rund 20 Kurzgeschichten, über 200 Aufsätze, hinterließ mehr als 700 Briefe.

Was für ein Werk.

Und was für Werke!

Die Highlights sind bekannt, aber oft nicht in ihrer bahnbrechenden Bedeutung gewürdigt: Die philosophisch-psychologisch-theologischen Kriminalromane «Schuld und Sühne» und «Die Brüder Karamasow»; der epische Kleinstadt-Thriller «Die Dämonen»; das tragisch-monumentale Antihelden-Meisterwerk «Der Idiot»; die Randgestalten-Soaps «Arme Leute» und «Erniedrigte und Beleidigte»; das Psycho-Drama «Der Doppelgänger»; die Gefängnis-Memoiren «Aufzeichnungen aus einem Totenhaus»; der existentialistische Aufschrei «Aufzeichnungen aus dem Kellerloch»; die Zockerei-Anatomie «Der Spieler»; die Träumerei-Romanze «Helle Nächte»; die Moral-Posse «Eine dumme Geschichte»; die Kapitalismus-Groteske «Das Krokodil»; die Spuk-Komödie «Bobok»; die

Dreiecks-Geschichte «Der ewige Gatte»; die Suizid-Aufarbeitung «Die Sanfte»; die fiebrige Science-Fiction-Erzählung «Traum eines lächerlichen Menschen».

Und erst die Charaktere!

Lauter unvergessliche Typen: wie der Weltverbesserungs-Raubmörder Raskolnikow, der Christus-Narr Myschkin, der Dunkel-Fürst Stawrogin, der Klugscheißer-Kosmopolit Wersilow, die heilige Hure Sonja, die verführerischen Diven Nastassja und Gruschenka; die Glaubenslehrer Makar und Sossima; und schließlich der ganze Karamasow-Clan, banal und grandios, mit Lustmolch Papa Fjodor und seinen Söhnen: Playboy Dimitri, Verstandesmensch Iwan, Hoffnungsträger Aljoscha und Bastard-Freak Smerdjakow.

Es ist eine Lust, Dostojewski zu lesen.

Aber Vorsicht!

Wer sich am Feierabend in eine stille Ecke zurückzieht, die Leselampe anknipst und mit Dostojewski chillen will, muss sich darauf gefasst machen, bald senkrecht im Zimmer zu stehen. Denn die Bücher rütteln auf, elektrisieren, schockieren. Krawumm statt Düdeldü. Keine Bässe dröhnen tiefer als die aus Dostojewskis Kellerloch, und nie zwitschern die Vögel heller als unter seinem Himmelsgewölbe. Er fährt uns in die Magengrube und füllt uns das Herz. Er entführt uns nicht in weit entfernte Welten, sondern tief ins eigene Ich. Er konfrontiert uns mit den großen Fragen auch unserer eigenen Zeit. Er ist auf verstörende Art hochaktuell.

Woran liegt das?

Dostojewski lebte zwar im vorvorigen Jahrhundert. Aber die damaligen Herausforderungen sind gar nicht so anders als die heutigen.

Die drei Mega-Trends waren Globalisierung, Individualisierung, Industrialisierung. Ersetzt man das letztgenannte Wort durch «Digitalisierung», sind das dieselben Veränderungs-Katalysatoren wie heute. Auch damals wurden Grenzen verschoben, Strukturen aufgebrochen, neue Potenziale und alte Ängste freigelegt. Die alten Eliten wurden abgelöst oder zumindest geschwächt. In den Familien verschoben sich die Kräfteverhältnisse langsam, aber sicher von den Alten zu den Jungen, von den Männern zu den Frauen.

Was zu Dostojewskis Zeiten aufkeimte, blüht längst oder welkt schon. Er sah viele Entwicklungen voraus, war besorgt um die Zukunft «unseres mächtigen, selbstgewissen und gleichzeitig kranken Jahrhunderts, das voll ist von noch ungeklärtesten Idealen und unstatthaftesten Wünschen» (Tagebuch eines Schriftstellers, Juni 1876).

Die Fragen, die damals in der Oberschicht aufblitzten, sind inzwischen auch auf die Basis heruntergerieselt: Ist da oben wer? Wenn nicht, und wenn doch – was folgt daraus? Wer ist der Mensch, und was ist seine Bestimmung, wenn es überhaupt einen höheren Sinn gibt?

Mit diesen Fragen ringt Dostojewski sein ganzes Leben lang. Er nennt sich ein «Kind des Zweifels» und liegt damit genau auf der Wellenlänge der meisten unserer Zeitgenossen.

Seine Antworten, die er unter anderem in Strafgefangenenlagern und in Klöstern fand, verpackt er nicht in subtilen Formulierungen, sondern proklamiert sie knallhart. Als chronischer Nonkonformist ist er alles, nur nicht politisch korrekt, und immer zwischen allen

Stühlen. Den Rechten zu progressiv, den Linken zu konservativ. Er beginnt als revolutionärer Romantiker und endet als traditionsbewusster Realist. Mit seinem Roman «Die Dämonen» schafft er es, gleichzeitig die Aufklärungs-Apostel und die frommen Saubermänner zu verärgern. Weil einige Passagen obszön wirken, werden sie erst Jahrzehnte später veröffentlicht. Dostojewski ist ein Agent der Disruption, der heilsamen Unterbrechung.

Dabei äußerte sich Dostojewski nie von oben herab. Er war ein Mann der Basis, stellte das Bekenntnis zu den einfachen Menschen ins Zentrum seiner schriftstellerischen Arbeit. Seine größte Sympathie galt denen, die keine oder nur eine schwache Lobby hatten: Frauen, Kindern, auch Tieren.

Ihre Tiefe verdanken die Bücher von Dostojewski seinem ganzheitlichen Weltverständnis. Er betrachtete die Menschen nicht isoliert, sondern immer in ihren Beziehungsverhältnissen: horizontal und vertikal, zu den Mitmenschen und zu Gott. Liebe, Glaube und Hoffnung sind die Dimensionen seines Denkens. Deshalb greifen alle wissenschaftlichen Auseinandersetzungen mit ihm zu kurz, die seine Frömmigkeit als bloßen Spleen oder als leere Pose abtun.

Vor allem in seinen Essays und Briefen wiederholt er mit beinahe obsessiver Penetranz sein Credo: Wenn Christus nicht Gott ist und das Leben nicht in die Ewigkeit hinüberreicht, dann ist alles sinnlos.

Dieses Bekenntnis mit der Welt zu teilen ist sein wichtigstes Anliegen. Damals zogen die progressiven Bildungsbürger irritiert die Augenbrauen hoch. Heute ist vielen die religiöse Emphase des Dichters erst recht peinlich, sein Patriotismus ein absolutes No-Go. Er warnte vor den Folgen eines überzogenen Individualismus. Davor, dass die

Volksgemeinschaft in lauter rivalisierende Mini-Identitäten zersplittern würde.

Seine Ausführungen bergen immer noch Zündstoff. Einem Shitstorm entgeht Dostojewski dadurch, dass er schon so lange tot ist. Das ist der Vorteil, wenn man ihn heute zu Wort kommen lässt. Too late to cancel.

Wenn man bei einigen seiner Zitate nicht weiß, dass sie von ihm kommen, denkt man unwillkürlich: «Der traut sich was.» Oder: «Endlich sagt's mal einer.» Die Beschäftigung mit ihm ist relevanter und brisanter denn je.

Zugegeben: Nicht alles, was ihm aus der Feder fließt, ist unproblematisch oder gar sakrosankt. Mit einigen Polemiken schießt Dostojewski weit über das Ziel hinaus. Er wäre der Erste, der dafür bereitwillig Prügel einstecken würde. Wer nicht wagt, ergebnisoffen zu denken, Irrtumsmöglichkeit eingeschlossen, der gewinnt keine neuen Erkenntnisse.

Wenn es um die kleinen Leute und ihre Sorgen geht, zieht Dostojewski sich Samthandschuhe über; wenn er sich die elitären Bescheidwisser vornimmt, schwingt er die Abrissbirne. So oder so schreibt er gegen den Status quo.

Woher nimmt er die Chuzpe? Woher die Legitimation? Was hat er, was andere nicht haben?

Klug wird man bekanntlich aus Erfahrung. Und davon hatte Dostojewski mehr als Kant, Hegel und Nietzsche zusammengenommen. Das geht aus seiner eindrucksvollen Biographie hervor.

Wenn es stimmt, dass das Leben die besten Geschichten schreibt, dann hat es sich bei Dostojewski die allergrößte Mühe gegeben. Was er erlebt, ist noch faszinierender, als was er seinen Romanfiguren andichtet.

Aus seinen persönlichen Aufzeichnungen und den Berichten seiner Bekannten sind wir detailliert über seinen Werdegang informiert. Über ihn wurden mehr Biographien verfasst als über die allermeisten anderen Schriftsteller. Die längste ist fünf Bände dick. Im Vorwort erklärt der amerikanische Autor Joseph Frank, dass er sich vor allem auf das literarische Werk des Dichters konzentriert. Sonst wäre er im Ganzen womöglich bei vier- statt zweitausend Seiten gelandet. So viel ist über Dostojewski zu sagen.

Liest man diese oder andere Lebensschilderungen, sind heruntergeklappte Kinnläden vorprogrammiert.

Was für ein Leben!

Was für eine Quälerei!

Was für ein Happy End!

Wow!

Was Dostojewski in seinen 59 Jahren erlebte, reicht nicht nur für mehrere Folgen einer Fernsehserie, sondern für viele Staffeln. Aufgewachsen in einem Armenkrankenhaus, schaffte er es bis zum gern gesehenen Gast des Zarenpalastes. Zwischendurch irrlichterte er durch Knast und Salons, zwischen der kasachischen Steppe und dem Genfersee, ist umgeben von Serienkillern und Gottesmännern. Und nicht als neutraler Beobachter, sondern als Betroffener.

Über weite Strecken ist sein Lebenslauf ein Leidenslauf.

Er war noch keine 18 Jahre alt, da hatte er schon beide Eltern verloren. Mit 36 befand er sich in der Verbannung, hinter ihm lagen eine Scheinhinrichtung und vier Jahre in einem Straflager. Im Alter von 46 hat er bereits seinen geliebten Bruder, seine erste Frau und eine Tochter begraben.

Auch von seinen Romanzen endeten die meisten unglücklich – bis das Glück in Gestalt einer jungen Stenographin an die Tür seiner schäbigen Mietswohnung klopfte.

Kein anderer der großen russischen Schriftsteller seiner Zeit musste so hart für sein tägliches Brot arbeiten, keiner erlebte so viele Abstürze und feierte so umjubelte Comebacks. Das Schreiben war für Dostojewski überlebenswichtig – um nicht zu verhungern und um nicht durchzudrehen. Wie alle anderen hochbegabten Schreibkünstler war er ein schwieriger Patient, launisch, hypersensibel, aber in puncto Menschenfreundlichkeit dann doch eine Ausnahmeerscheinung. Von vielen Geistesgrößen seiner Zeit kann man das nicht behaupten.

Dabei verfolgte er eine Mission, die er bereits als 17-Jähriger formulierte:

«Der Mensch ist ein Geheimnis. Man muss es enträtseln.»

Was bei der Rätsel-Lösung herausgekommen ist, verrät dieses Buch.

Es ist keine gewöhnliche Biographie, denn erstens gibt es davon schon genug und zweitens über Dostojewskis Leben seit Jahren keine wirklich neuen Erkenntnisse mehr. Die Archive sind leergesucht, jeder Notizfetzen ausgewertet. Was noch fehlt, ist eine Gesamtschau der Weisheiten, die Dostojewski uns mitzuteilen hat. Dieses Buch ist deshalb keine klassische Lebensgeschichte, eher eine Lebensschule, besser noch: eine Weisheitsschule.

Die 20 Kapitel folgen zwar einer chronologischen Ordnung, beginnen mit Dostojewskis Geburt und enden mit seinem Tod. Sie sind dabei aber primär an seinem Projekt «Mensch-Enträtselung» orientiert. Und so, wie uns der junge Sträfling Dostojewski auch noch in den letzten Romanen begegnet, hat der alte Dostojewski bei uns auch schon ganz vorn einige Auftritte. Es geht vor und zurück in seinem Leben, hin und her zwischen seinen privaten Notizen und seinen veröffentlichten Werken, dazu kommt das, was seine Zeitgenossen über ihn sagten.

Die stärkste Wirkung ist immer die unmittelbare. Aus diesem Grund kommt Dostojewski wo immer möglich im O-Ton zu Wort. Die Bühne gehört ihm. Collagenhaft haben wir zusammengestellt und kommentiert, was wir für die Erkenntnis-Essenz seines Schaffens und Lebens halten. Dass wir Dostojewski direkt zu uns reden lassen, passt auch zu seinem eigenen Stil. In seinen Romanen wird ausgiebig palavert. Dostojewski war überzeugt davon, dass Menschen sich der Wahrheit am besten im Dialog annähern. Leben ist schließlich Beziehungssache.

Und so ist auch dieses Buch im Gespräch entstanden, als Kollaboration von zwei sehr guten Freunden. Wir teilen unter anderem Dostojewskis christliches Bekenntnis, sind aber in anderen Bereichen so gegensätzlich wie manche Charakter-Paare in seinen Romanen: der eine, Markus, ein Geisteswissenschaftler aus Leipzig, der gerne joggt und Lounge-Pop hört; der andere, David, ein Sportwissenschaftler aus Köln, der Kampfsport und knochenharten Metal bevorzugt. Bei Dostojewski, der sowohl zart als auch hart kann, sind wir ein Herz und eine Seele.

Wir laden alle Leserinnen und Leser ein, sich ebenfalls von ihm rocken zu lassen.

Und damit genug des Warm-ups.

Vorhang auf für Fjodor Michailowitsch Dostojewski.

KAPITEL 1
SOHN

Dostojewski steht permanent unter Hochspannung. In seinen Büchern und im Leben. Mal kommt der Druck von außen, von den Umständen; mal wird er im Inneren erzeugt, durch Träume und Triebe. Und dann sind da noch die frühen Prägungen und späteren Erfahrungen, die ihn quälen, reizen, stimulieren.

Was für Dostojewski gilt, das gilt für alle Menschen. Wer sie begreifen will, muss auch die Herkunft und Kindheit ins Blickfeld nehmen. Dort wird die Saat gesät, die jeweils ihre ganz eigenen Früchte trägt. Im Fall von Dostojewski mischt sich unter die gute Saat jede Menge Unkraut. Beides geht gemeinsam auf und verwächst sich zu einer Person mit einem atemberaubenden Facettenreichtum. Deshalb ist sein Werk auch so vielschichtig, die darin enthaltene Weltsicht so komplex.

Alles beginnt am 11. November 1821, nach damaliger russischer Kalenderrechnung am 30. Oktober.[1] Der Ort, an dem er geboren wird, passt zum Titel seines ersten Romans, «Arme Leute».

Dostojewski kommt unter den Ärmsten der Armen zur Welt, genauer: den Krankesten der Armen. Im Moskauer Armen-Krankenhaus, etwas außerhalb des Stadtzentrums gelegen. Zum Kreml sind es drei Kilometer. Heute liegt das Dostojewski-Domizil an einer

---

[1] Die Daten der russischen, d. h.: julianischen, Kalenderrechnung liegen 13 Tage hinter denen der westeuropäischen, d. h.: gregorianischen, zurück. Im Folgenden wird bei Ereignissen in Russland die dortige Zeitrechnung, bei Ereignissen in Westeuropa die hier übliche Zeitrechnung benutzt.

Hauptverkehrsstraße und nahe einer U-Bahn-Station, die nach dem Dichter benannt ist. Von einem solchen Prestige ist die Familie damals weit entfernt. Vater Michail arbeitet als Arzt. Die Dienstwohnung befindet sich in einem Nebentrakt des Krankenhauses. Hier wächst der kleine Fjodor auf, in alltäglicher Nachbarschaft zu Leid, Siechtum, Tod.

Die Eltern wollen verhindern, dass aus der Nachbarschaft Freundschaft wird. Sie wollen ihre Kinder nicht dem rauen Ton und den schlechten Manieren der Patienten aussetzen. Gegen ihr strenges Verbot sucht Fjodor dennoch die Nähe dieser «Erniedrigten und Beleidigten», wie sein zweiter Roman heißt. Er schleicht sich durch den Privatgarten der Eltern hin zum Gitter des angrenzenden Krankenhausgartens.

> «Fjodor liebte es sehr, mit diesen Kranken heimlich, das heißt, wenn es sich irgendwie unbemerkt machen ließ, Gespräche anzuknüpfen, besonders, wenn Knaben unter ihnen waren; das aber war uns ein für alle Mal streng verboten, und der Vater war äußerst ungehalten, wenn ihm etwas von einem derartigen Ungehorsam zu Ohren kam.» (Andrej Dostojewski)[2]

Später nutzt er die Erfahrungen für seine ersten schriftstellerischen Arbeiten. Die Helden seiner frühen Werke bewohnen etwa einen abgetrennten Bereich der Küche einer Wirtschaft mit «fauligem, scharf süßlichem Geruch» (Arme Leute), den «dunkelsten und bescheidensten Winkel» (Herr Prochartschin), ein Zimmerchen mit «schmutzig

---

[2] Die Erinnerungen von Andrej Dostojewski sind zitiert aus: Orest Miller: Materialien zur Lebensbeschreibung Dostojewskis. In: F. M. Dostojewski. Sämtliche Werke. 2. Abteilung. 11. Band. Literarische Schriften. Übersetzt von E. K. Rahsin. Hrsg. von Moeller van den Bruck, 1923

grünen, verräucherten, staubigen Wänden» (Der Doppelgänger), eine «hässliche und feuchte Wohnung» (Erniedrigte und Beleidigte).

> «Ich hatte die Beobachtung gemacht, dass in einem engen Zimmer sich sogar die Gedanken beengt fühlen.» (Erniedrigte und Beleidigte)

Damit könnte er sein eigenes Zuhause beschrieben haben. Sein Kinderzimmer, einen kleinen und fensterlosen Raum, teilt er sich mit seinem älteren Bruder Michail. Mit diesem wächst er in einer Großfamilie auf. Je drei Brüder und drei Schwestern hat er, dabei ein besonders enges Verhältnis zu Michail und den beiden Nächstgeborenen, der Schwester Warwara und dem Bruder Andrej.

Ab dem 18. Lebensjahr muss sich Dostojewski als Vollwaise durchs Leben schlagen, als orientierungsloser «Jüngling», so der Titel seines vorletzten Romans.

In vielen Dostojewski-Büchern geht es um Familien, meistens kaputte, zusammengewürfelte oder auseinandergerissene. Rein äußerlich gesehen ist seine eigene Familie intakt und sogar vorbildlich.

Aber der heile Schein trügt.

Immerhin: Dostojewski erfährt, was viele seiner Roman-Charaktere schmerzlich vermissen – Nestwärme. Der Familienalltag ist außerdem von Frömmigkeit geprägt. Dostojewski selbst wird später behaupten, er sei in einer Musterfamilie aufgewachsen; nur seine fiktionalen Bücher lassen eine andere Sicht der Vergangenheit durchschimmern. Mit Anfang fünfzig schreibt er:

«Soweit ich nur zurückdenken kann, erinnere ich mich der Liebe meiner Eltern zu mir. In unseren Familien waren wir mit dem Evangelium beinahe seit der frühesten Kindheit vertraut. Ein jeder Besuch des Kremls und der Moskauer Kathedralen war für mich stets ein feierliches Ereignis. Die anderen hatten vielleicht keine solchen Erinnerungen wie ich. Ich denke oft darüber nach und frage mich: Was für Eindrücke nimmt wohl der größte Teil unserer jetzigen Jugend aus der Kindheit ins Leben mit?» (Tagebuch eines Schriftstellers, 1873)

Unter den berühmten Schriftstellern seiner Zeit ist Dostojewski mit seiner christlichen Erziehung die Ausnahme. Weder Tolstoi noch Turgenjew, Balzac, Flaubert, Dickens oder Thackeray hatten besonders geistlich ausgerichtete Eltern.

Gleichzeitig gilt: Viele der bedeutendsten christlichen Denker – unter anderem Augustinus, Pascal, Kierkegaard – sogen den Glauben buchstäblich mit der Muttermilch auf. Ihre Mütter – im Fall von Pascal und Kierkegaard auch die Väter – waren überzeugte Christen. Für sie alle war, wie für Dostojewski, der Glaube nichts Angelesenes und Angelerntes, sondern eine Wirklichkeit, in die sie hineinwuchsen.

«Unsere Eltern waren beide sehr religiös, besonders die Mutter. An jedem Sonn- und Feiertage mussten wir pflichtgetreu zum Frühgottesdienste gehen und am Abend vorher zur Abendmesse.» (Andrej Dostojewski)

Nicht nur die religiöse Unterweisung, sondern die gesamte schulische Erziehung findet bis zu seinem elften Lebensjahr zu Hause statt. Dostojewski ist das Produkt einer «Home Schooling»-Ausbildung. Vor allem seiner Mutter gelingt es, das kreative Talent ihres hochbegabten Sohns zu fördern. Rückblickend sieht Dostojewski sich hier im Vorteil gegenüber Kindern, deren Potenzial durch rigiden Frontalunterricht zerstört wird.

> «Die Phantasie ist eine dem Menschen angeborene Fähigkeit; sie überwiegt bei einem Kinde alle anderen Fähigkeiten und muss unbedingt genährt werden. Wenn man der Phantasie eines Kindes keine Nahrung gibt, kann sie leicht absterben, oder auch im Gegenteil – sich aus eigener Kraft übermäßig entwickeln, was ebenfalls schädlich ist.» (Brief an Nikolai Osmidow, 18.8.1880)[3]

Der ansonsten knickerige Vater geizt nicht, wenn es um die Anschaffung von Literatur geht. Die Dostojewskis abonnieren ein monatliches Magazin, in dem einige der besten Romane der damaligen Zeit als Fortsetzungsgeschichte erscheinen. Im Hause Dostojewski gibt es außerdem regelmäßige Lektüreabende. Die Eltern lesen abwechselnd vor, später dürfen auch Michail und Fjodor die Werke großer Autoren rezitieren.

> «Diese Lektüre hat zwar meine Phantasie und Empfindlichkeit außerordentlich angeregt, sie aber auf gute und nicht auf schlechte Bahnen gelenkt; ich habe aus dieser Lektüre viele schöne und erhabene Eindrücke geschöpft, die meiner Seele eine große Widerstandskraft gegen andere verführerische, leidenschaftliche und verderbliche Eindrücke verliehen haben.» (Brief an Nikolai Osmidow, 18.8.1880)

---

[3] Zu den Fundstellen der Dostojewski-Briefe siehe die Quellenhinweise im Anhang.

> «Der Mensch darf nicht ohne Keime des Positiven und Schönen aus der Kindheit ins Leben treten. Ohne Keime des Positiven und Schönen darf man keine Generation ins Leben ziehen lassen.» (Tagebuch eines Schriftstellers, Juli/August 1877)

Als Kind spielt Dostojewski mit Freunden aus der Nachbarschaft «Cowboy und Indianer».

> «Natürlich war Fjodor, als der Erfinder dieses Spieles, auch der Häuptling und Anführer des wilden Stammes. Michail dagegen beteiligte sich nur selten unmittelbar. Es passte nicht zu seinem Charakter. […] Ein anderes Spiel, das nur wir zwei spielten, war ‹Robinson und Freitag›, bei dem ich den Freitag spielen musste, da Fjodor selbstredend Robinson war.» (Andrej Dostojewski)

Ihn faszinieren Reiseberichte über ferne Länder, aber auch Geschichtsbücher, außerdem die Dramen von Friedrich Schiller.

> «In meiner unendlichen Phantasie sah ich mich bald als Perikles, bald als Marius, dann als einen Christen unter Kaiser Nero, als Teilnehmer an einem Ritterturnier.» (Petersburger Träume)
>
> «Mit zehn Jahren sah ich zu Moskau eine Aufführung der ‹Räuber› […], und ich kann nur sagen, dass der starke Eindruck, den diese Aufführung auf mich gemacht hatte, auf meine ganze weitere geistige Entwicklung überaus befruchtend gewirkt hat.» (Brief an Nikolai Osmidow, 18.8.1880)

Dostojewskis Verhältnis zu seinen Eltern ist ambivalent. Die Mutter liebt er zärtlich, seinen Vater respektiert und fürchtet er.

Das Psychoanalyse-Urgestein Sigmund Freud, 35 Jahre jünger als Dostojewski, attestierte ihm einen ausgeprägten «Ödipus-Komplex». Der Befund ist überzogen, aber nicht aus der Luft gegriffen. Dostojewskis Vater ist eine schwierige Persönlichkeit, und der kleine Fjodor empfindet ihm gegenüber mehr Angst als Zuneigung. Zu körperlichen Misshandlungen, die in vielen Elternhäusern die Regel waren, kommt es allerdings nicht.

> «Hier muss ich aber bemerken, dass unsere Eltern, ungeachtet der Heftigkeit des Vaters, uns Kinder sehr ‹human› behandelten; nie sind wir körperlich bestraft worden, und ich kann mich auch nicht erinnern, dass einer von den älteren Brüdern einmal auf die Knie befohlen oder in den Winkel gestellt worden wäre. Die größte Strafe bedeutete für uns eben dieses Aufbrausen des Vaters. So war es auch in den Lateinstunden: Bei dem geringsten Fehler der Brüder ärgerte er sich, nannte sie Faulpelze, Dummköpfe, und im äußersten Falle warf er sogar das Buch hin, ohne die Stunde zu beenden, und das war für uns immer die schlimmste Strafe.» (Andrej Dostojewski)

Mordgelüste gegenüber seinem Vater hegt der junge Dostojewski sicherlich keine. Aber es ist nicht von ungefähr, dass sein letzter Roman «Die Brüder Karamasow» von einem Vatermord handelt. Auch sonst kommen Väter bei Dostojewski überwiegend in den Varianten «abwesend», «unfähig», «böse» und «tot» vor. Mütter werden von ihm in der Regel sehr viel positiver dargestellt.

Vermutlich dachte er auch an seine Mutter, als er ein paar Jahre vor seinem Tod die Novelle «Die Sanfte» verfasste. Darin geht eine junge Frau an der Lieblosigkeit und Selbstbezogenheit ihres zwanghaften Gatten zugrunde. Nachdem sie sich in ihrer Verzweiflung aus dem

Fenster in den Tod gestürzt hat, erkennt der Ehemann sein Versagen. Er erinnert sich:

> «Sooft ich abends ins Haus kam, empfing sie mich ganz begeistert, erzählte mir mit ihrer kindlichen Stimme [...] von ihrer Kindheit und Jugend, von ihrem Elternhause, von Vater und Mutter. Ich dämpfte aber ihre Ekstase sofort mit einem kalten Wasserstrahl. Darin bestand eben mein ganzer Plan. Ihr Entzücken beantwortete ich mit Schweigen, mit einem zwar wohlwollenden Schweigen, aus dem sie aber leicht hätte schließen können, dass ich ein ganz anderer Mensch als sie und eigentlich ein Rätsel sei.» (Die Sanfte)

Ganz deckungsgleich mit der Beziehung von Maria und Michail Dostojewski ist diese Passage freilich nicht. Die Eheleute lieben einander tatsächlich, zeigen sich das auch. Aber dennoch: Ihre Beziehung ist kompliziert. Sehr sogar. Und die emotionalen Qualen der Mutter bleiben den Kindern nicht verborgen.

> «Es war in diesen Kindheitsjahren, als etwas Düsteres und Schweres von Fjodor Michailowitsch Besitz ergriff.» (Stepan Janowski, in einem Brief an Anna Dostojewski, 1884)[4]

Maria ist etwa zehn Jahre jünger als ihr Mann und gerade mal 20, als sie Fjodor zur Welt bringt. Dem Wesen nach eine Frohnatur, leidet sie sehr unter der depressiven Veranlagung ihres Ehemanns. Was alles noch schlimmer macht, ist dessen krankhafte Eifersucht und

[4] Zitiert nach: Marullo, Thomas Gaiton: Fyodor Dostoevsky. A Life in Letters, Memoirs, and Criticism. In the Beginning, 1821–1845, 2016, S. 32

Knauserigkeit. Immer wieder wirft er seiner an sich sparsamen Frau Verschwendungssucht vor.

Eine schriftliche Korrespondenz zwischen den beiden aus dem Jahr 1835, zwei Jahre vor ihrem Tod, dokumentiert auf erschütternde Weise den ehelichen Nervenkrieg. Michail ist verreist. Sich und seinen dunklen Gedanken überlassen, malträtiert er seine Frau mit seinen Leidens-Briefen. Der Briefwechsel, hier in Auszügen wiedergegeben, könnte aus einem der Romane ihres Sohnes stammen:[5]

> Michail: «Ich bin über alle Maßen traurig.»
> Maria: «Warum ängstigst du dich?»
> Michail: «Meine Angst bringt mich um!»
> Maria: «Denk doch an meine Liebe und die deiner Kinder!»
> Michail: «Warum sind deine Briefe an mich so kalt?» (Subtext: Was läuft da mit anderen Männern?)
> Maria: «Deine Briefe machen mich fertig. Du folterst dich selbst mit Verdächtigungen, die uns beide ruinieren.»
> Michail: «In dieser Woche war ich wieder traurig und wusste nicht ein und aus.»
> Maria: «Die Jahre vergehen, das Gesicht wird runzlig, und innere Freude verwandelt sich in schwere Trübsinnigkeit. Das ist wohl mein Schicksal, mein Lohn dafür, dass ich dich ausdauernd, leidenschaftlich geliebt habe. Ich muss mich wohl daran gewöhnen.»

Manchmal hören die Kinder die Mutter hysterisch schluchzen, weil sie die Vorwürfe ihres Gatten nicht mehr ertragen kann. Kurz nach der Geburt ihres letzten Kindes erkrankt sie an Tuberkulose. Die

[5] Der Briefwechsel ist zitiert nach ebd., S. 53–58.

Mitt-Dreißigerin stirbt 1837. In ihren letzten Stunden versammelt sich die ganze Familie um ihr Bett.

> «Sie bat um die Jesus-Ikone, segnete dann zuerst alle ihre Kinder und fügte kaum hörbare Segenswünsche und Ermahnungen hinzu. Dann tat sie das Gleiche mit Vater. Die Szene war herzzerreißend, und wir schluchzten alle. Bald darauf verlor sie das Bewusstsein.» (Andrej Dostojewski)

Womöglich macht Dostojewski sich später Vorwürfe dafür, dass er als Kind die Nöte seiner Mutter nicht ausreichend wahrgenommen hat. In einem unvollständig gebliebenen Roman, 13 Jahre nach dem Tod der Mutter verfasst, lässt er einen Teenager sagen:

> «Jetzt erst begreife ich die ganze Qual ihres Lebens und kann nicht ohne stechenden Schmerz im Herzen an ihr Martyrium denken.» (Njetotschka Neswanowa)

Noch schwerer nimmt der Vater den Verlust. Zu den wenigen Details, die Dostojewski seiner zweiten Frau Anna aus seiner Jugend erzählt, gehören die folgenden Sätze über die beinahe selbstmörderische Trauer seines Vaters.

> «Er stöhnte und ächzte, lief in seinem Zimmer auf und ab und rammte seinen Kopf immer wieder gegen die Wand.» (Anna Dostojewski)[6]

[6] Die Erinnerungen von Anna Dostojewski sind zitiert aus: Dostojewski, Anna Grigorjewna: Erinnerungen. Das Leben Dostojewskis in den Aufzeichnungen seiner Frau. Hrsg. von René Fülöp-Miller und Friedrich Eckstein, 1925

Teilweise auf eigenen Erfahrungen beruht der folgende Absatz aus einem Essay, das Dostojewski als 55-Jähriger verfasst. Darin betonte er die Bedeutung intakter Familienverhältnisse für das Kindeswohl und geht speziell auf die wichtige Rolle der Väter ein:

> «Die Not und die Sorgen der Väter hinterlassen in ihren Herzen von Kind auf die düstersten Bilder, die giftigsten Erinnerungen. Die Kinder erinnern sich bis ins späte Alter an den Kleinmut der Väter, an die Streitigkeiten in den Familien, an Zank, an die gegen sie als ‹überflüssige› Münder gerichteten Anklagen, bitteren Vorwürfe und sogar Flüche; und was das Schlimmste ist, sie erinnern sich zuweilen der Gemeinheit der Väter, ihrer niedrigen Handlungen, um eine Stelle oder Geld zu erlangen, ihrer hässlichen Intrigen und ihres abscheulichen Sklavensinns.» (Tagebuch eines Schriftstellers, Juli/August 1877)

Der obrigkeitshörige «Sklavensinn», den Dostojewski bei manchen Vätern kritisiert, ist bei seinem Vater ganz und gar nicht vorhanden. Von ihm erbt er ganz im Gegenteil ein ausgeprägtes Autonomiestreben. Der Freiheitsdrang des alten Dostojewski zeigt sich darin, dass er eine jahrhundertealte Familientradition aufkündigt. Seine männlichen Vorfahren waren Priester, und auch für ihn ist die klerikale Laufbahn vorherbestimmt. Aber Michail Dostojewski begehrt auf. Er verlässt das Priesterseminar, bricht die Brücken zur Familie ab, wird Arzt. Seinem Glauben bleibt er dennoch treu. In den Briefen, die von ihm erhalten sind, wimmelt es von entsprechenden Zeugnissen.

Wenn Michail Dostojewski von seiner beruflichen Neuorientierung einen freudvolleren Berufsalltag als den eines Dorfpriesters erwartet hat, wird er grausam enttäuscht. Die Endphase seines Studiums fällt mit Krieg und Massensterben zusammen. Statt sich in einer ruhigen Privatpraxis um die Wehwehchen reicher Adliger zu kümmern, sägt Michail in Feldlazaretten schreienden Schwerstverletzten faulige Gliedmaßen ab. Er ist bei der berühmt-blutigen Schlacht von Borodino dabei, auch bei der Evakuierung Moskaus. Er erlebt hautnah, wovon später der Schriftsteller Leo Tolstoi aus der Distanz in «Krieg und Frieden» schreibt. Manche Versehrte kann Michail Dostojewski retten, viele sterben ihm unter den Händen weg. Das traumatisiert ihn, macht ihn hart, verstärkt den Hang zur Schwermut.

Als er seine Frau heiratet und mit ihr eine Familie gründet, ist er bereits seelisch fertig. Daran ändert sich auch nicht viel, als er mit vierzig Jahren endlich befördert wird, mehr Geld, einen Adelstitel und ein Landgut inklusive rund hundert Leibeigener bekommt.

Auch das gehört zur Vergangenheit von Dostojewski. Sein Vater ist ein Sklavenbesitzer und wird – dazu gleich mehr – womöglich von seinen eigenen Sklaven ermordet. Auch deshalb wird Fjodor als Student zum erbitterten Gegner der Leibeigenschaft – und bleibt es bis zu deren Abschaffung 1861.

Nach dem Tod seiner Frau geht es mit Vater Michail endgültig bergab. Er versucht seine Depressionen im Alkohol zu ertränken. Mit der Trauer und dem Griff zur Flasche kommt die Bosheit. Während Sohn Fjodor aus gesundheitlichen Gründen später nur kleine Mengen von Alkohol vertragen wird, kann er an seinem Vater die tragischen Folgen der Sucht beobachten. Entsprechend häufig kommen Alkoholkranke in seinem Œuvre vor:

> «Je mehr ich trinke, desto mehr gräme ich mich. Darum eben trinke ich, weil ich aus diesem Getränk die Empfindungen des

> Mitleids und des Grams schöpfe. Ich trinke, weil ich doppelt leiden will.» (Schuld und Sühne)
>
> «Wie alle immer bezechten Leute war [er] sehr empfindsam, und wie alle zu tief gesunkenen Trinker ertrug er Erinnerungen an eine glückliche Vergangenheit schwer.» (Der Idiot)

Sind die väterlichen Schnaps-Exzesse, sein Selbstmitleid und seine Wuttiraden für die Kinder schon schwer verdaulich, sind seine Sex-Eskapaden noch verstörender. Michail ist kaum Witwer geworden, da macht er die jugendliche Haushälterin zu seiner Mätresse, schwängert sie sogar. Das gemeinsame Kind lebt allerdings nicht lange.

Gemunkelt wird auch, dass er ein anderes minderjähriges Mädchen aus der Nachbarschaft vergewaltigt hat. In beiden Fällen handelt es sich um Nichten bzw. Töchter von Leibeigenen. Heutzutage würde er aufgrund des schweren sexuellen Missbrauchs von Abhängigen zu einer hohen Haftstrafe verurteilt, damals ist sein Verhalten trauriger Standard unter Gutsbesitzern. Allerdings nicht für idealistische, sensible Gemüter wie Sohn Fjodor.

Der zweitälteste Dostojewski-Spross lebt zu dieser Zeit bereits im weit entfernten Petersburg. Der moralische Absturz seines Vaters bleibt Fjodor nicht verborgen, wenngleich er das ganze Ausmaß der Schlechtigkeit wohl höchstens erahnt. Seinem älteren Bruder schreibt er:

> «Der arme Vater tut mir leid! Er hat einen so merkwürdigen Charakter! Wie viel Kummer hat er schon erlebt! Es ist so bitter, dass man ihn mit nichts trösten kann! Weißt Du übrigens: Papa steht der Welt ganz fremd gegenüber. […] Die Welt hat

> ihn enttäuscht, und ich glaube, dass das unser aller Schicksal ist.» (Brief an Bruder Michail, 31.10.1838)

Den brieflichen Austausch zwischen Vater und Sohn dominiert dagegen ein Thema, das auch Dostojewskis sonstigen Postverkehr leitmotivisch durchzieht:

Geld. Oder vielmehr: der Mangel daran.

Dostojewski wird ein Leben lang von finanziellen Sorgen geplagt sein. Das liegt nicht zuletzt daran, dass er schlichtweg nicht mit Geld umgehen kann. Die Ursachen dieses Unvermögens lassen sich bis in die Kindheit zurückverfolgen.

> «Ich erinnere mich nicht, dass meine Brüder auch nur etwas Kleingeld zu ihrer Verfügung gehabt hätten; wahrscheinlich lernten sie erst in Petersburg den Wert des Geldes kennen, als der Vater sie dort allein zurückließ. Ich habe bereits erwähnt, dass der Vater es nicht liebte, uns Moral zu predigen, aber wie mir jetzt scheint, hatte er in der Beziehung doch eine kleine Schwäche: Er wiederholte nämlich ziemlich oft, dass er arm sei, dass seine Kinder, besonders die Söhne, sich darauf vorbereiten müssten, sich selbst ihren Weg zu bahnen, dass sie nach seinem Tode mittellos dastehen würden, und dergleichen mehr.» (Andrej Dostojewski)

In seinen Briefen aus Petersburg appelliert Dostojewski immer wieder an den Vater, ihn ähnlich finanziell auszustatten wie die anderen Eltern ihre Söhne. Im Frühjahr 1839 schreibt der 17-Jährige: «Ich muss mich, ob ich will oder nicht, nach den Gepflogenheiten meiner jetzigen Umgebung richten. [...] Warum soll ich ein

Außenseiter sein? So etwas ist oft von den größten Unannehmlichkeiten begleitet.»

Der Vater erhört den Bettelbrief und schickt dem Sohn das gewünschte Geld. In dem Begleitschreiben macht er Fjodor aber, wie früher seiner Frau, schwere Vorwürfe. Sinngemäß schreibt er ihm: Mit deiner Prasserei und Statussucht bringst du mich noch ins Grab.

Zehn Tage später, am 6. Juni 1839, ist er tatsächlich tot.

Die offizielle Diagnose lautet: Schlaganfall. Aber in der Nachbarschaft tuschelt man, einige seiner Leibeigenen hätten ihn totgeschlagen. Als Rache dafür, dass er sie ausbeutete, sie schlug und sich an ihren Mädchen verging. Zu einer Anklage kommt es nie, entweder aus Mangel an Beweisen oder weil man an einer Aufklärung des Falls nicht interessiert ist.

Ob Fjodor Dostojewski an einen natürlichen Tod seines Vaters oder einen Mord glaubt, ist bis heute unklar. Öffentlich äußerte er sich nicht dazu. Sein Freund und Arzt Stepan Janowski erinnert sich daran, dass Dostojewski äußerst ungern über seinen Vater und seine Mutter redete, weil die Erinnerung an beide zu schmerzlich war.

In Dostojewskis familiärem Umfeld geht man, wie aus den Memoiren seines Bruders Andrej und seiner Tochter Ljuba hervorgeht, von einem Mord am Vater aus.

Bemerkenswert ist in diesem Zusammenhang, dass sich Dostojewskis letzter Roman um die Ermordung eines lüsternen Vaters dreht. Der Täter ist sein unehelicher, als Folge einer Vergewaltigung geborener Sohn, der bei ihm als Diener angestellt ist.

Ganz nebenbei: Der Name der Sippe, «Karamasow», hat Ähnlichkeit mit «Karl Moor», dem Helden des bereits erwähnten Lieblingsdramas des jungen Dostojewski, Schillers «Die Räuber». Darin geht es um den Konflikt eines freiheitsliebenden Sohnes mit seinem bornierten Vater.

In persönlichen Gesprächen lässt Dostojewski zeitlebens dennoch nichts auf seinen Vater kommen. Er weiß, was er ihm verdankt: nicht nur die behütete Kindheit, sondern auch das Fundament seiner Schriftsteller-Karriere. Der Vater hat die Ausbildung seiner Söhne zur Chefsache gemacht, Bücher angeschafft, Tutoren engagiert, die Zulassung zur Top-Universität des Landes organisiert. Weil Michail und Fjodor bei ihrem französischen Privatlehrer kein Latein lernen, bringt der Vater es ihnen persönlich bei. Er will seinem Nachwuchs den Weg zu einer lukrativen Laufbahn ebnen. Andere Söhne wären an dem Leistungsdruck womöglich zerbrochen. Für Fjodor, den «High Potential»-Schüler, erweist sich der väterliche Drill langfristig als vorteilhaft.

Die Schwächen des Vaters rufen deshalb nicht seine Empörung, sondern sein Mitleid hervor. Sein Bruder Andrej erinnert sich an eine Unterhaltung. Fjodor ist damals schon weit über fünfzig.

> «Ich kam auf unsere Kindheit zu sprechen und erwähnte den Vater. Da ergriff mein Bruder plötzlich lebhaft meinen Arm oberhalb des Ellenbogens – das war so seine Angewohnheit, wenn er beim Sprechen seine Seele zu öffnen begann – und sagte mit Inbrunst: ‹Ja, weißt du auch, Bruder: Das waren doch die vorbildlichsten Menschen, die Fortgeschrittensten! [...] Und solche Mustereltern, solche Väter könnten wir, Bruder, nie sein!›» (Andrej Dostojewski)

Bei allen negativen Charakterzügen ist Dostojewskis Vater auch engagiert und idealistisch. In dieser Hinsicht schneidet Michail Dostojewski durchaus positiv ab, wenn sein Sohn ihn vier Jahrzehnte später mit den Vätern der nachfolgenden Generation vergleicht.

> «Die heutigen Väter haben [...] nichts Gemeinsames, nichts Verbindendes. In ihren Herzen fehlt eine große Idee, es fehlt der große Glaube an eine solche Idee. Aber nur ein solch großer Glaube ist imstande, in den Erinnerungen der Kinder etwas Schönes zu erzeugen, selbst trotz der grausamsten Umstände ihrer Kinderjahre, trotz der Armut und trotz des moralischen Schmutzes, der sie schon in der Wiege umgeben hat.»
> (Tagebuch eines Schriftstellers, Juli/August 1877)

Allen autobiographischen, journalistischen und belletristischen Texten von Dostojewski ist die Überzeugung gemeinsam: Väter sind wichtig. Schwierige Väter sind besser als gar keine. Starke Väter immunisieren gegen die Schmerzen, die das Leben mit sich bringt.

Die Streitereien der Eltern und deren früher Tod sind nicht die einzigen traumatischen Erfahrungen für den jungen Dostojewski. Eine neunjährige Spielkameradin, die Tochter eines Krankenhausangestellten, wird vor seinen Augen von einem Säufer vergewaltigt. Dostojewskis Vater versucht vergeblich, das Mädchen zu retten. Die Kleine stirbt.

Dieser Vorfall und auch die Affären seines Vaters erklären, warum das Thema sexueller Missbrauch für Dostojewski geradezu zu einer fixen Idee wird. Viele Zeitgenossen wundern sich, warum in so vielen seiner Werke heranwachsende Mädchen vergewaltigt werden. Die Antwort auf die Frage findet sich in Dostojewskis eigener Kindheit und Jugend. Kein anderer Schriftsteller seiner Zeit, Charles Dickens ausgenommen, rückte die Verletzlichkeit von Kindern und Jugendlichen derart in den Mittelpunkt des eigenen Schaffens.

Es ist bezeichnend, dass Dostojewski seinen eigenen schriftstellerischen Werdegang nicht als Flucht vor den Gespenstern seiner Kindheit interpretierte, sondern als Frucht der guten Saat, die in seinen ersten Jahren von zwar fehlerhaften, aber gutwilligen Eltern gesät worden war.

> «Es gibt nichts, was höher, stärker, gesünder und für das bevorstehende Leben nützlicher wäre als eine gute Erinnerung, und besonders eine, die noch aus der Kindheit, aus dem Elternhaus herrührt. Man erzählt Ihnen viel von Ihrer Erziehung, aber eine schöne, heilige Erinnerung, die man sich aus der Kindheit bewahrt hat, ist vielleicht die allerbeste Erziehung. Wer viele solche Erinnerungen mit ins Leben nimmt, ist fürs ganze Leben gerettet. Und selbst wenn sich nur eine einzige gute Erinnerung in unserem Herzen erhält, so kann auch die uns einmal zur Rettung dienen.» (Die Brüder Karamasow)

Die «heiligen Erinnerungen» beziehen sich nicht zuletzt auf die frühen Begegnungen mit der Heiligen Schrift. Die Mutter liest den Kindern aus einer «Kinderbibel» vor, die aus dem Deutschen übersetzt worden war.

> «Dieses Buch war mit einigen schlechten Steindrucken versehen, die die Erschaffung der Welt, Adam und Eva im Paradiese, die Sintflut und andere biblische Geschehnisse darstellten. Als ich vor nicht langer Zeit, Ende der siebziger Jahre, mit meinem Bruder Fjodor auf unsere Kindheit zu sprechen

> kam und u. a. auch dieses Buch erwähnte, erzählte er mir geradezu begeistert, dass es ihm gelungen sei, dieses alte Buch, aus dem wir gelernt hatten, wiederzufinden, und dass er es nun wie ein Heiligtum aufbewahre.» (Andrej Dostojewski)

Es ist ausgerechnet eines der rätselhaftesten Bücher der Bibel, «Hiob», das einen besonders starken Eindruck auf den jungen Dostojewski ausübt.

> «Dieses Buch [...] war eines der ersten im Leben, das mich tief beeindruckt hat, ich war damals fast noch ein kleines Kind!» (Brief an seine Frau Anna, 22.6.1875)

Vielleicht ahnt Dostojewski, dass auch *sein* Glaube durch viele leidvolle Erfahrungen getestet und letztendlich gestärkt werden wird. Möglicherweise wirkt in dieser Begeisterung auch die Erinnerung an eine Brandkatastrophe mit. Das Landgut der Familie fängt Feuer und wird völlig zerstört. Dostojewskis Tochter Ljuba berichtet davon in ihren Erinnerungen:[7]

> «Im ersten Augenblick glaubten meine Großeltern, sie wären vollkommen ruiniert; aber anstatt zu jammern, warfen sie sich vor den Heiligenbildern zu Boden und baten Gott, ihnen die Kraft zu geben, um die von ihm geschickte Prüfung würdig zu tragen. [...] Wie oft hat wohl mein Vater sich dieser Szene erinnert in seinem so unruhigen und so unglücklichen Leben.» (Ljuba Dostojewski)

---

[7] Die Erinnerungen von Ljuba (auch Ljubow bzw. Aimée Dostojewski) sind zitiert aus: Dostojewski, Aimée: Dostojewski. Geschildert von seiner Tochter A. Dostojewski, 1920

Die geistliche Erziehung hinterlässt ihre Spuren. Als Student bekommt Dostojewski von den Kommilitonen den Spitznamen «der Mönch». Er sticht hervor durch seine emsige Bibellektüre, das Studium christlicher Schriften und den regelmäßigen Kirchenbesuch. Nach dem Gottesdienst verstrickt er die Priester in theologische Debatten.

Am meisten hingezogen fühlt Dostojewski sich allerdings nicht zu klerikalen Würdenträgern. Ihn berührt die Frömmigkeit der kleinen Leute. Deren authentische Gottergebenheit unterscheidet sich vom religiösen Schaulaufen der Wohlhabenden und Angesehenen.

> «Ich erinnerte mich, wie ich als Kind in der Kirche zuweilen das einfache Volk betrachtete, das sich an der Tür drängte und jedem Träger von dicken Epauletten, jedem dicken Herrn und jeder reichgeputzten, aber außerordentlich frommen Dame, die unbedingt zu den vordersten Plätzen gingen und bereit waren, sich um diese ersten Plätze zu streiten, den Weg freigab. Ich hatte damals den Eindruck, dass dort am Eingange anders gebetet wurde als bei uns; demütig, andächtig, mit tiefen Verbeugungen und mit vollem Bewusstsein der eigenen Erniedrigung.» (Aufzeichnungen aus einem Totenhaus)

Es passt ins Bild, dass Dostojewski das intensivste religiöse Kindheitserlebnis einem Leibeigenen seines Vaters verdankt. Einige Jahrzehnte lang verschwindet die Episode aus seinem Gedächtnis. Während seiner Haftzeit erinnert er sich wieder daran. Fortan wird die Begegnung mit dem Bauern Marei für ihn zum Sinnbild der mütterlich-fürsorgenden Liebe Gottes.

Er ist damals etwa zehn Jahre alt. Während er alleine im Wald spielt, glaubt er, einen Ruf zu hören: «Ein Wolf! Ein Wolf!» Dieser Schreckensschrei ist, so erkennt er später, nur ein Produkt seiner Einbildung. Echt ist die Todesangst, die daraus resultiert. Er rennt auf das freie Feld hinaus und in die Arme des großen, schon etwas älteren Marei. Der Bauer tröstet den schluchzenden Jungen, sichert ihm Schutz zu und macht schließlich mit seiner erdverschmutzten Hand das Kreuzzeichen: «Christus sei mit dir, jetzt kannst du ruhig gehen.»

> «Nur Gott allein hat vielleicht von oben zugesehen, mit wie tiefem und allwissendem Menschengefühl, mit wie spürsinniger, nahezu weiblicher Zärtlichkeit das Herz manch eines tierisch unwissenden leibeigenen russischen Bauern erfüllt sein kann.» (Tagebuch eines Schriftstellers, Februar 1876)

Die naive Selbstverständlichkeit, mit der Marei seinen Glauben artikuliert, ist dem erwachsenen Dostojewski nicht gegeben. Aber er sehnt sich danach. Die Erinnerung an den Bauern Marei sorgt dafür, dass er die Antworten auf seine Glaubensfragen nicht von theologischen Experten erwartet, sondern sich eher ungebildete Gläubige zum Vorbild nimmt.

Mit elf Jahren endet für Fjodor der Heim-Unterricht. Mit seinem Bruder Michail kommt er auf eine Privatschule, dann auf ein renommiertes Internat, noch immer allerdings in der Nähe der elterlichen Wohnung. Unter ihren Mitschülern gelten sie als Sonderlinge.

> «So wie sie erzogen worden waren, […] unbekannt mit dem Leben, ohne Kameraden, ohne jemals in Gesellschaft gewesen zu sein, waren sie wie große Kinder, naive und romantische Träumer. Eine leidenschaftliche Freundschaft umschloss die beiden Brüder. Sie lebten in einer Traumwelt.» (Ljuba Dostojewski)

«Die Brüder pflegten überhaupt keinen Verkehr, auch nicht mit ihren Schulkameraden. [...] Der Grund, weshalb sie mit keinem ihrer Mitschüler verkehrten, ist wohl allem Anscheine nach in dem anspruchsvollen Misstrauen der Eltern, namentlich des Vaters, zu suchen, der in einer so wichtigen Sache, wie es die Wahl von Freunden ist, offenbar nicht wählerisch genug sein konnte. Fjodor hat selbst mehrfach erzählt, dass er beständig das Verlangen nach Freunden gehabt habe, doch infolge seiner überaus großen Empfindlichkeit sei es ihm nicht gegeben gewesen, Freundschaft zu pflegen. Es ist anzunehmen, dass seine Feinfühligkeit die unter Jungen üblichen derben Späße nicht ertrug. Dafür hat er, wie einer seiner Mitschüler sich erinnert, immer andere, besonders Neulinge, gegen die gleichfalls in allen Schulen üblichen Anrempelungen oder rüden Ausfälle der älteren Schüler verteidigt.» (Andrej Dostojewski)

Bald nach dem Tod der Mutter werden die Brüder getrennt. Zunächst reisen sie gemeinsam nach Petersburg. Dort sollen sie die «Militärische ingenieurtechnische Universität» besuchen. Michail fällt aber beim Gesundheitscheck durch. Er landet auf einer anderen Hochschule, wechselt schließlich ins vierhundert Kilometer entfernte Reval, das heutige estländische Tallinn.

Fjodor hat die Aufnahmeprüfung hingegen mit Bravour bestanden. Er soll zum technischen Zeichner ausgebildet werden. Das entspricht ganz und gar nicht seinem Wunsch, aber dem Willen seines Vaters. Er hält die literarischen Ambitionen seiner Söhne für Flausen.

Schriftstellerisch ist der Sechzehnjährige bis dahin noch nicht in Erscheinung getreten. Alles deutet auf eine solide Beamtenkarriere hin.

Aber wie bei seinem Vater und bei seinem literarischen Helden Karl Moor erweist sich bei Dostojewski der Freiheitsdrang stärker als die familiären Vorgaben.

KAPITEL 2
TRÄUMER

Vor der Schriftstellerei als Beruf kommt die Berufung.

Manchmal kommt der Ruf von außen, durch Lehrer und Mentoren.

Im Fall von Dostojewski ist es die innere Stimme, die ihn immer deutlicher in eine Profession drängt, die es damals eigentlich noch gar nicht als Beruf gibt. Schreiben gilt als Luxus derjenigen, die es sich neben dem Bewirtschaften der geerbten Güter leisten können. Aber Träume kosten nichts, und der junge Dostojewski lässt es sich ebenso wie sein Bruder nicht nehmen, wenigstens in Gedanken eine literarische Laufbahn einzuschlagen.

> «Ich und mein Bruder strebten damals nach einem neuen Leben, träumten von allem Schönen und Erhabenen. [...] Wir glaubten leidenschaftlich an etwas. [...] Wir dachten nur an die Poesie und die Dichter. Mein Bruder schrieb Verse, täglich an die drei Gedichte, selbst unterwegs, ich aber arbeitete im Geiste an einem Roman aus dem venezianischen Leben.» (Tagebuch eines Schriftstellers, Januar 1876)

Die beiden sind unterwegs nach Petersburg, als sie von der harten Wirklichkeit eingeholt werden. Auf den idealistischen Höhenrausch folgte die eiskalte Dusche.

Bei einem Zwischenstopp beobachten die Jugendlichen, wie ein angetrunkener Militärbeamter eine Postkutsche besteigt. Vor das Gefährt sind drei Pferde gespannt. Der Fahrgast, ein Feldjäger, setzt sich hinter den Kutschbock. Der Wagen hat sich kaum in Bewegung gesetzt, …

> «… als der Feldjäger sich plötzlich erhob, schweigend, ohne ein einziges Wort, mit seiner kräftigen rechten Hand ausholte und sie oben schmerzhaft auf den Nacken des Kutschers niedersausen ließ. Dieser erzitterte, beugte sich vor, hob die Peitsche und hieb aus Leibeskräften auf das Mittelpferd ein. Die Pferde stürmten vorwärts, aber dies vermochte den Feldjäger nicht zu besänftigen. Es war eine Methode dabei und keine Erbostheit, es war etwas Vorbestimmtes und auf langjähriger Erfahrung Begründetes; die schreckliche Faust hob sich und sauste wieder auf den Nacken hinab.» (Tagebuch eines Schriftstellers, Januar 1876)

«So wird es die ganze Strecke gehen», werden die beiden geschockten Brüder von ihrem Kutscher aufgeklärt. Der Feldjäger sei ein regelmäßiger Passagier und würde sich immer so aufführen, seine Kollegen übrigens auch. Fjodor malt sich aus, wie der verprügelte Kutscher mit seinen geschundenen Pferden von der Fahrt zurückkehrt, sich betrinkt und anschließend seine Wut an seiner Frau auslässt. Um tags darauf die Faust des nächsten sadistischen Feldjägers in seinem Nacken zu spüren. Ein Reigen sinnloser Gewalt.

> «Dieses entsetzliche Bild blieb mir mein ganzes Leben lang in Erinnerung. Niemals konnte ich diesen Feldjäger und vieles andere Schändliche und Grausame im russischen Volk vergessen und war dann später unwillkürlich lange Zeit geneigt, dies alles natürlich viel zu einseitig zu erklären.»

Mit «einseitig» meint Dostojewski ein Weltbild, in dem die Vertreter der staatlichen Obrigkeit pauschal böse und die Untertanen grundsätzlich schuldlos an der eigenen Misere sind. Er spielt an auf die sozialistischen Ideen, denen er in seinen zwanziger Jahren zeitweise anhing.

Mit der Kutscher-Szene ist ihm die Kluft zwischen der ritterlichen Welt, die er sich erträumt, und der grausamen Realität schmerzlich bewusstgeworden.

Der nächste Realitätsschock ereilt ihn, als er in Petersburg ankommt.

Mit der Hauptstadt und Kulturmetropole verbindet Dostojewski während seines ganzen restlichen Lebens eine Hassliebe. Er kann nicht *mit* ihr – zumindest nicht sich unbeschwert fühlen. Aber noch weniger kann er *ohne* sie – nämlich schreiben, denken, das pralle Leben erfahren. Er ist in Moskau aufgewachsen, allerdings abgeschottet vom urbanen Trubel. Seine schönsten Erlebnisse verbindet er mit dem Landgut seiner Eltern, wo er die Ferien verbrachte und sich in Sagenwelten hineinphantasierte.

Das Ambiente, das er in Petersburg vorfindet, erweist sich als viel stimulierender. Aber eben auch als viel anstrengender. Petersburg und seine Bevölkerung bescheren ihm emotionale Wechselbäder, lassen ihn zur Hochform auflaufen, drücken ihn gleichzeitig nieder. Ein symbiotisches, hochproduktives «Verhältnis», aber keine Liebesbeziehung.

Dostojewski hat ein Faible für alles, was organisch von unten gewachsen ist, aus der Volksseele kommt, sich auf tiefe russische Muttererde gründet. All das ist Petersburg gerade nicht, sondern etwas mehr als 100 Jahre zuvor aus dem sumpfigen Boden gestampft worden – als Kopfgeburt des West-fixierten Zaren «Peter des Großen», unter erzwungener Mitwirkung von zigtausenden Arbeitskräften.

So extrem wie die Petersburger Historie ist auch das Klima, mit langen kalten Wintern und kurzen heißen Sommern. Und die Menschen erst! Ein kompliziertes Volk – aber gerade deshalb Manna für Kreative.

> «In Petersburg gibt es viele Leute, die im Gehen Selbstgespräche halten. Es ist eben eine Stadt von Halbverrückten. [...] Es gibt wenige Orte, wo sich so viele düstere, starke, seltsame Momente, die auf die menschliche Seele wirken, vereinigt finden wie in Petersburg. Wie mächtig sind allein schon die Einwirkungen des Klimas! Und dabei ist nun Petersburg der administrative Mittelpunkt von ganz Russland, so dass der Charakter dieser Hauptstadt auf das ganze Reich zurückwirken muss.» (Schuld und Sühne)

Das Studium erlebt Dostojewski als freudlos.

Er flüchtet sich in die Literatur, liest neben Romanen auch christlich-philosophische Werke, etwa von Blaise Pascal, verfällt schließlich in Melancholie.

Er vermisst seinen Bruder.

Fjodor berichtet Michail von den «trüben Gedanken», die ihn heimsuchen. Liegt die Schwermut an seiner besonderen psychischen Disposition? Oder ist es ganz normal für einen Menschen, sich in einem Moloch wie Petersburg innerlich zerrissen zu fühlen?

> «Die Atmosphäre der Seele besteht aus einer Vermengung des Himmlischen mit dem Irdischen: Was für ein unnatürliches Kind ist also der Mensch. [...] Unsere Erde erscheint mir als

> ein Fegefeuer für himmlische Geister, die von sündigen Gedanken getrübt worden sind. Mir scheint, dass unsere Welt eine negative Größe geworden ist und dass alles Erhabene, Schöne und Geistige sich in eine Satire verwandelt hat.» (Brief an Bruder Michail, 9.8.1838)

Futsch ist schon bald die Aufbruchsstimmung, mit der er nach Petersburg gereist war. Immer weniger kann er sich mit dem Gedanken anfreunden, sein künftiges Leben in einer ministerialen Schreibstube zu verbringen.

> «Wenn ich vorwärtsschaue, so graut mir vor der Zukunft.» (Brief an Bruder Michail, 31.10.1838)

Dabei hätten viele russische Jugendliche nur zu gerne mit ihm getauscht. Schließlich steht einer lukrativen Karriere nichts im Weg. Die «Militärische ingenieurtechnische Universität» hat damals in Russland denselben Ruf wie heute weltweit Oxford, Harvard oder das «Massachusetts Institute of Technology». 1810 zur Zeit von Napoleon gegründet, soll sie der französischen Kaderschmiede, der «Ecole Polytechnique», Paroli bieten. Dostojewski bekommt hier eine wissenschaftliche Grundlagenausbildung, dazu eine Spezialqualifikation: Er wird zum technischen Zeichner qualifiziert, eine Tätigkeit, die damals so gefragt ist wie heute das Entwickeln von Software.

Das Studium, zu dem auch eine militärische Ausbildung gehört, dauert fünf Jahre. Dieser Aspekt in Dostojewskis Vita wird oft zu wenig gewürdigt. Bevor er als Autor von sich reden macht, ist er ein bestens ausgebildeter Ingenieur. Er lernt mit den klügsten Köpfen seiner Zeit, kann mit Zahlen jonglieren, präzise Skizzen anfertigen. Aber innerlich ist er oft in anderen Gefilden unterwegs.

> «Wie rein waren wir damals, wie unverdorben! [...] Was habe ich in meiner Jugend nicht alles geträumt, was habe ich nicht alles mit meinem ganzen Herzen, mit meiner ganzen Seele in goldenen und fieberhaften Träumen, wie in einem Opiumrausch erlebt. Es hat in meinem Leben keine volleren, heiligeren und reineren Augenblicke gegeben. Ich verirrte mich so weit in meine Träume, dass ich meine ganze Jugend verpasste, und als mich das Schicksal plötzlich auf die Beamtenlaufbahn stieß, so diente ich musterhaft. Aber sobald die Amtsstunden zu Ende waren, eilte ich in meine Dachkammer, zog meinen durchlöcherten Schlafrock an, schlug einen Band Schiller auf und träumte und berauschte mich, und litt Schmerzen, die süßer waren als alle Genüsse der Welt, und ich liebte, liebte.» (Petersburger Träume)

Der Bücherwurm fühlt sich nicht zu Nischenproduktionen hingezogen, sondern zu den Bestsellern seiner Zeit. Fjodor ist ein Träumer, aber kein Spinner oder Esoteriker. Er interessiert sich für die Romane, die noch heute als Meisterwerke gelten. Und davon erscheinen in seinen jungen Jahren, den 1820ern und 1830ern, jede Menge. J. F. Cooper veröffentlicht seinen «Letzten Mohikaner» (1826), Alessandro Manzoni «Die Verlobten» (1827), Stendhal «Rot und Schwarz» (1830). Dostojewski kennt diese Bücher. Seine persönlichen Vorlieben sind jedoch andere.

Seine Begeisterung für Friedrich Schiller ist bereits erwähnt worden. Der Enthusiasmus für den deutschen Dichter geht so weit, dass Dostojewski ein Schiller-Drama – «Maria Stuart» – teilweise ins Russische übersetzt. Die Themen, die Schiller umtreiben, Generationenkonflikt, Freiheitsdrang, Zivilcourage, bewegen auch ihn.

Wenig angetan ist Dostojewski hingegen von Goethe, er findet dessen Kunstverliebtheit lebensfremd; außerdem stößt ihn Goethes Pantheismus ab. Später bezeichnet er Goethe verächtlich als «alten Heiden». Dass auch Schiller nicht gerade ein rechtgläubiger Christ war, stört Dostojewski nicht.

> «[Schillers] Poesie ist dem Herzen zugänglicher als die Poesie Goethes und Byrons, und das ist sein großer Verdienst.» (Notizen zur Weltliteratur)[8]

Während Dostojewski an Schiller dessen Stil und Haltung beeindrucken, ist es bei Honoré de Balzac dessen ungeschminkte Darstellung der gesellschaftlichen Wirklichkeit. Der französische Schriftsteller arbeitet zwischen Ende der zwanziger und Mitte der vierziger Jahre an seiner groß angelegten Reihe «Die menschliche Komödie». Er veröffentlichte darin Geniestreiche wie «Vater Goriot», «Verlorene Illusionen» und «Das Chagrinleder».

Von einem Balzac-Roman, «Eugénie Grandet», fertigt Dostojewski wie bei Schiller eine russische Übersetzung an. Der tragische Plot von «Eugénie Grandet» entspricht genau seinem Geschmack: Eine Unschuld vom Lande wird zwischen ihrem steinreichen, geizigen Vater und ihrem attraktiven, selbstsüchtigen Cousin aufgerieben. Ähnliche Konflikte behandelte Dostojewski später in seinen eigenen Erzählungen, wenn auch auf weniger zynische Art. An Balzac bewundert er das psychologische Gespür, mit dem dieser seine Figuren zeichnet.

---

[8] Notizen zur Weltliteratur, in: Petersburger Träume. Ins Deutsche übertragen von Alexander Eliasberg, 1923

> «Balzac ist groß! Seine Charaktere sind Schöpfungen eines weltumfassenden Geistes.» (Brief an Bruder Michail, 9.8.1838)

Mehr noch als Balzac schließt Dostojewski einen anderen französischen Dichter ins Herz: Victor Hugo. Während Balzac sich darauf versteht, die Menschen schonungslos ehrlich darzustellen, gelingt es Victor Hugo auf bemerkenswerte Weise, Mitgefühl mit ihnen zu wecken, etwa in «Der Glöckner von Notre Dame» (1831), vor allem aber drei Jahrzehnte später in «Die Elenden» (1862).

> «Seine Idee ist die Grundidee der ganzen Kunst des neunzehnten Jahrhunderts. [...] Die Idee ist christlich und hochmoralisch. [...] Ihre Formel ist die Aufrichtung eines zugrunde gegangenen Menschen, der unter dem ungerechten Druck der Umstände, des Stillstandes und der öffentlichen Vorurteile zusammengebrochen ist. Diese Idee ist die Rechtfertigung der erniedrigten und von allen verworfenen Parias der Gesellschaft.» (Notizen zur Weltliteratur)

Noch in Dostojewskis Teenagerzeit erstrahlt ein neuer Stern am Literaturhimmel: Charles Dickens. Innerhalb weniger Jahre veröffentlicht der zehn Jahre ältere Engländer «Die Pickwickier», «Oliver Twist», «Nicholas Nickleby» und «Der Raritätenladen». Beim letztgenannten Roman rührt Dostojewski das Schicksal des tugendhaften Waisenmädchens Nell, das von einem Geldverleiher in den Tod getrieben wird, so sehr, dass er in «Erniedrigte und Beleidigte» seine eigene Titelheldin danach benennt. Dostojewski bezeichnet Dickens später als einen «großen Christen», unter anderem deshalb, weil er es geschafft hatte, in «fast jedem Roman [...] erniedrigte Menschen, Gerechte, [...] Nachgebende, Bedrückte und Narren in Christo auftreten zu lassen» (Tagebuch eines Schriftstellers, Juni 1876).

Eine ganz andere Art der Seelenverwandtschaft als bei Dickens empfindet Dostojewski, wenn er die Bücher des preußischen Beamten E. T. A. Hoffmann liest.

> «Was für ein echter, reifer Humor, was für eine Kraft der Wirklichkeit, was für eine Bosheit, was für Typen und Porträts und dabei was für eine Sehnsucht nach dem Schönen, was für ein lichtes Ideal.» (Notizen zur Weltliteratur)

Dickens versteht sich auf die Schilderung sozialer Missstände, Hoffmann auf das Ausloten seelischer Abgründe. Wer dem Menschen literarisch gerecht werden will, das spürt Dostojewski, muss sich in beiden Dimensionen auskennen.

Es ist nicht die Klassik vergangener Epochen, die Dostojewski anzieht. Er bevorzugt Literatur, die sein Blut in Wallung bringt, die ihm Türen zu unbekannten Welten öffnet, die heiße Eisen anfasst.

Seine Vorliebe für das Neue und das Wilde wird nirgendwo so deutlich wie bei der französischen Schriftstellerin George Sand. Sie gilt zu seiner Zeit als Skandalnudel und Revoluzzerin, wird von manchen Kritikern als sentimentale Vielschreiberin verhöhnt. Dostojewski sieht das ganz anders. Ihm schreibt George Sand aus der Seele. Tatsächlich gibt es einige überraschende Übereinstimmungen zwischen ihm, dem artigen Arztsohn, und der fast zwanzig Jahre älteren rauchenden, hosentragenden, promiskuitiven Adelsfrau.

George Sand hatte eigentlich einen ganz femininen, vornehmen Namen: Amantine Aurore Lucie Dupin de Francueil. Sie wuchs zwar in zerrütteten Familienverhältnissen, aber sonst behütet auf, besuchte eine Klosterschule, fügte sich in eine arrangierte Ehe mit einem älteren, saufenden Tunichtgut. Um ihr dreißigstes Lebensjahr vollzog sie den biographischen Relaunch. Sie trennte sich von ihrem Mann, ließ sich auf Affären ein. Mit ihren Romanen wurde sie zur Erfolgsautorin. Meistens geht es darin um Frauen oder Männer, die sich über die Bigotterie ihrer Umwelt hinwegsetzen, aber nie destruktiv agieren, sondern das Gute erstreben.

Von seiner ersten Sand-Lektüre weiß Dostojewski später noch genau, dass er «danach eine ganze Nacht fieberte», weil er «alles das, wovor er damals so behütet und beschützt wurde, aus diesen Romanen herauszulesen verstand». Diese Sätze finden sich in einem Nachruf, den er kurz nach George Sands Tod verfasst. Darin erläutert Dostojewski die Gründe für seine unveränderte Bewunderung der Dichterin. Sie verkörpert sein Ideal einer radikal unabhängigen, gleichzeitig werteorientierten Wahrhaftigkeit.

> «Sie konnte nicht anders als Größe lieben, sie konnte sich nicht mit Niedrigem aussöhnen. [...] Neben Geduld und der Anerkennung der Pflichtschuldigkeit trat auch ein ganz außergewöhnlicher Stolz der Anforderung und des Protestes hervor. Dieser Stolz war gerade deshalb kostbar, weil er aus jener höheren Wahrheit hervorging, ohne die die Menschheit sich niemals auf ihrer ganzen moralischen Höhe hätte erhalten können. Dieser Stolz basiert nicht auf der falschen Überzeugung, dass ich sozusagen besser bin als Du, und Du schlechter bist als ich, sondern ist einzig und allein das Gefühl der keuschesten Unfähigkeit, sich mit Unwahrheit und Laster auszusöhnen.» (Tagebuch eines Schriftstellers, Juni 1876)

Nicht alle Bücher, die den jungen Dostojewski ins Schwärmen bringen, sind importiert. Zum ersten Mal in der Geschichte Russlands produziert das Land eigene Schriftsteller von internationalem Format.

Der 26-jährige Michail Lermontow zeichnet in seinem Roman «Ein Held unserer Zeit» (1840) ein erschütterndes Porträt seiner Generation, die er als phlegmatisch, orientierungslos und unfähig zu echter Leidenschaft darstellt. «Meine Seele ist von der Welt verdorben, meine Phantasie ist unruhig, mein Herz unersättlich», klagt der Protagonist, ein Anti-Held. Er seufzt: «Das Traurige mutet uns lächerlich, das Lächerliche traurig an, und im Grunde sind wir, um die Wahrheit zu sagen, gegen alles recht gleichgültig, außer gegen uns selbst.»

Man kann sich vorstellen, dass Dostojewski bei der Lektüre zumindest innerlich heftig mit dem Kopf nickt.

Nikolai Gogol, fünf Jahre älter, macht sich in seiner Komödie «Der Revisor» (1836) über die naive Autoritätsgläubigkeit seiner Landsleute lustig. 1842 nimmt er deren Statusfixierung aufs Korn. In der Novelle «Der Mantel» leitet ein kleiner Beamter seinen Selbstwert von einem edlen Kleidungsstück ab und geht zugrunde, als der Mantel ihm gestohlen wird.

Dostojewskis größtes literarisches Idol, von seiner Jugend an bis zu seinem Tod, ist jedoch Alexander Puschkin. Als dieser an den Folgen eines Duells stirbt, trifft das Fjodor und Michail fast so sehr wie der Tod der eigenen Mutter.

> «Als meine Brüder von seinem Tode erfuhren und noch alle schrecklichen Einzelheiten hörten, glaubten sie, den Verstand zu verlieren. Fjodor sagte mehrmals in seinen Gesprächen mit

Michail, dass er, wenn wir nicht schon Familientrauer hätten, den Vater bitten würde, um Puschkin Trauer tragen zu dürfen.» (Andrej Dostojewski)

Als die beiden Dostojewski-Brüder 1838 nach Petersburg umziehen, sehen sie darin auch eine Art literarische Wallfahrt.

> «Ich einigte mich unterwegs mit meinem Bruder, gleich nach der Ankunft in Petersburg die Stelle des Duells aufzusuchen und in die einstige Wohnung Puschkins einzudringen, um das Zimmer zu sehen, in dem er seine Seele ausgehaucht hatte.» (Tagebuch eines Schriftstellers, Januar 1876)

Wie bei George Sand ist es bei Puschkin nicht nur dessen handwerkliches Können, das Dostojewski fasziniert. Puschkin ist der Elvis seiner Zeit. Ein lebender Epochenbruch. 1799 geboren, sticht er schon durch seinen dunklen Teint hervor. Sein Urgroßvater Hannibal, ein Page am Hof von Peter dem Großen, stammte aus dem heutigen Äthiopien. Einige Stationen seines Lebenslaufs haben Parallelen zu denen von Dostojewski: die Geburt in Moskau, die Zeit in der Verbannung, der Tod in Petersburg. Schon zu Lebzeiten ist Puschkin eine Legende. Seine Werke treffen ins Herz einer Jugend, die sich von Bevormundung befreien und ihren eigenen Weg finden will.

Puschkins zentrale Botschaft fasst Dostojewski später in seiner berühmten Rede zusammen, die er bei der Einweihung eines Denkmals für den Dichter hält:

> «Die Wahrheit ist nicht außerhalb deiner, sondern in dir selbst. Finde sie in dir, füge dich ihr selbst, bemächtige dich deiner selbst, und du wirst die Wahrheit sehen. Nicht in den Dingen

> ist diese Wahrheit, nicht außerhalb deiner, nicht irgendwo jenseits des Meeres, sondern vor allem in deiner eigenen Mühe an dir selbst. Wenn du dich besiegst, wenn du dich bändigst, wirst du so frei sein, wie du es dir niemals geträumt hast, und du wirst ein großes Werk beginnen und die andern freimachen und das Glück sehen. Denn dein Leben wird voll werden, und du wirst endlich dein Volk und seine heilige Wahrheit begreifen.» (Tagebuch eines Schriftstellers, August 1880)

Besonders hoch rechnet Dostojewski seinem Vorbild an, dass Puschkin die Antwort auf die russischen Fragen nicht bei ausländischen Experten gesucht hatte.

> «Überall hört man bei Puschkin seinen Glauben an den russischen Charakter, an dessen geistige Kraft heraus; und wo dieser Glaube ist, da ist auch eine Hoffnung, die große Hoffnung auf den russischen Menschen. [...] Kein russischer Schriftsteller, weder vor ihm, noch nach ihm, hatte sich so herzlich und verwandtschaftlich mit seinem Volk vereinigt wie Puschkin.» (Tagebuch eines Schriftstellers, August 1880)

Dostojewski ist bereits 58 Jahre alt, als er diese Gedanken formuliert. Als jugendlicher Leser ist sein Zugang zu Puschkin natürlich mehr intuitiv als intellektuell. Ihm eröffnet der hyper-vitale Puschkin den Zugang zu einer neuen aufregenden Welt. Hier werden nicht artig alte Traditionen beschworen. Hier wird das Leben gefeiert und der Möglichkeitssinn geschärft.

Eine besondere Wirkung üben zwei Puschkin-Werke auf Dostojewski aus. Zum einen die Erzählung «Pik-Dame», in der ein Soldat erst der Spielleidenschaft, dann dem Wahnsinn verfällt; zum anderen das Gedichtfragment «Kleopatra und ihre Liebhaber». Als Student deklamiert Dostojewski die wilden Zeilen mit Inbrunst vor seinen Kommilitonen. Sie sind begeistert von seiner Performance.

Der Inhalt ist alles andere als jugendfrei. In dem Gedicht bietet sich die ägyptische Königin römischen Soldaten zum Sex an – unter einer grausamen Bedingung: Wer mit ihr schläft, muss anschließend sterben.

> «Schauer fasste jeden,
> die Herzen zittern im Verzicht –
> und sie vernimmt die Flüsterreden
> mit stolzer Kälte im Gesicht,
> und streift das mutlose Gedränge
> der Anbeter mit einem Blick. […]
> Doch schon tritt einer aus der Menge,
> zwei andre bleiben nicht zurück:
> Sie kommen kühn, sind keine Knechte –
> die Königin erhebt sich stumm.
> Und also sind gekauft drei Nächte,
> und also sterben sie darum.»
> (Alexander Puschkin, Ägyptische Nächte)

Als 40-jähriger Mann gibt Dostojewski dem poetischen Erotik-Thriller eine moralisierende Bedeutung. Puschkin habe damit die Dekadenz des alten Heidentums angeprangert:

> «Aller Glaube ist bereits verloren; Hoffnung scheint nur noch ein leerer Wahn zu sein. Ideen verblassen und verschwinden, denn es fehlt ihnen der göttliche Funke. Die Gesellschaft hat sich dem Laster ergeben und ahnt in kalter Verzweiflung den

Abgrund vor sich, in den zu stürzen sie sich anschickt. Das Leben schleppt sich ziellos dahin. Die Zukunft ist leer, man muss alles der Gegenwart abverlangen, muss das Leben nur mit dem Heute füllen. Allein das Körperliche zählt noch, alles stürzt sich in Ausschweifungen, und um die fehlenden höheren geistigen Eindrücke zu kompensieren, werden die Nerven, wird der Körper mit allem gereizt, was nur geeignet ist, Sinnlichkeit zu erzeugen. Die schlimmsten Entartungen, die größten Abnormitäten werden allmählich zu etwas ganz Normalem. Sogar der Selbsterhaltungstrieb geht verloren. Kleopatra ist die Repräsentantin dieser Gesellschaft. [...] Es wird jedem klar, zu was für Menschen damals unser göttlicher Erlöser kam. Man begreift jetzt auch besser die Bedeutung des Wortes Erlösung.» (Zeit, 1861)

Dem Teenager-Dostojewski werden solche hochtrabenden Einordnungen egal gewesen sein.

Noch zu Lebzeiten der Eltern sorgt seine Puschkin-Leidenschaft für heftige Debatten am Küchentisch. Vor allem der Vater sorgt sich um die Wirkung, die Gedichte wie «Kleopatra und ihre Liebhaber» auf seine Söhne haben. Es kommt immer wieder zu Wortgefechten zwischen Fjodor und Michail und den Eltern.

Damals gärt es in Russland, ebenso wie in ganz Europa. Das Fass der Freiheitsbestrebungen läuft schließlich 1848 über. In vielen Ländern kommt es zu Revolutionen. In Russland sind die Verhältnisse besonders rückschrittlich und die Zensurauflagen des Zaren besonders streng. Unabhängige Zeitungen gibt es nicht. Der Informationsfluss aus dem Ausland ist reglementiert. Der schöngeistigen Literatur kommt deshalb eine besondere Bedeutung zu.

> «Damals kam es bei der Jugend oft vor: Wenn zwei oder drei zusammenkamen, sagte jemand: ‹Wollen wir nicht etwas von Gogol lesen, meine Herren?› – und man setzte sich hin und las oft die ganze Nacht. Sehr viele unter der damaligen Jugend waren von etwas beseelt und warteten gleichsam auf etwas.» (Tagebuch eines Schriftstellers, Januar 1877)

Dostojewskis eigene Protesthaltung ist zunächst ziemlich diffus. Als junger Mann denkt er nicht daran, die gesellschaftlichen Verhältnisse einer tiefschürfenden Analyse zu unterziehen oder gar ein revolutionäres Programm zu entwerfen. Sein Interesse ist anthropologischer Art. Als 17-Jähriger formuliert er seine ganz persönliche Mission.

> «Der Mensch ist ein Geheimnis. Man muss es enträtseln. Und wenn du es ein ganzes Leben lang enträtseln wirst, so sage nicht, du hättest die Zeit verloren. Ich beschäftige mich mit diesem Geheimnis, denn ich will ein Mensch sein.» (Brief an Bruder Michail, 16.8.1839)

An den Briefrand kritzelt Fjodor eine vielsagende Zusatzbemerkung. Er macht darin deutlich, dass er sich nicht mit der Rolle eines Beobachters zufriedengibt. Ihn treibt nicht nur psychologisches Interesse an, sondern auch spirituelle Sehnsucht und ästhetisches Gespür.

> «Wie viel Heiliges und Großes, Reines […] in dieser Welt. Moses und Shakespeare, alle […] nur zur Hälfte. Liebe! Liebe! […] Wie kann man nur seine Begeisterung mit dem Papier teilen. Die Seele birgt immer mehr in sich, wie viel man auch in Worten, Farben oder Tönen ausdrücken mag.» (Brief an Bruder Michail, 16.8.1839)

Anders als bei Goethes «Faust», dessen Wunsch nach Welterkenntnis von Hybris geprägt ist, liegen die Motive bei Dostojewski anderswo. Ihn treibt nicht die rationalistische Kontrollwut an, sondern das Staunen.

> «Ich bin ein großer Liebhaber von Geheimnissen. Ich bin ein Phantast, ein Mystiker, und ich muss Ihnen gestehen, dass Petersburg mir, ich weiß nicht warum, stets als ein Geheimnis erschien.» (Petersburger Träume)

In Petersburg angekommen, spürt Dostojewski zunächst Angst und Abscheu. Etwas später, er ist nun ungefähr zwanzig Jahre alt, bereitet ihm ein winterlicher Spaziergang ein Erweckungserlebnis.

> «Es gibt solche Augenblicke, wo alle geistigen und seelischen Kräfte sich krankhaft anstrengen und plötzlich wie in einer hellen Flamme des Bewusstseins auflodern. Und in diesem Augenblick wird dann die erschütterte Seele, die sich gleichsam im Vorgefühl, ja, vielleicht sogar schon im Vorgenuss des Zukünftigen quält, wie von einem prophetischen Traum erfüllt. Und man will so leben, so leben. Und das Herz, das in heißester, blindester Hoffnung aufflammt, will mit einem Mal gleichsam die Zukunft herausfordern – die Zukunft mit ihrer ganzen geheimnisvollen Unbekanntheit, auch mit Stürmen und Ungewittern, sofern sie nur Leben ist, wirkliches Leben!» (Njetotschka Neswanowa)

Dostojewski flaniert an einem Nachmittag am Stadtrand von Petersburg. Vom nördlichen Flussufer blickt er auf die Stadt. «Ich glaube, dass in dieser Minute mein Dasein anfing», stellt er später fest. Was sich ereignet, ist eigentlich nichts Besonderes, aber genau deshalb eben doch. Die Impression ist nicht neu. Doch diesmal liegt ein unerklärlicher Zauber auf der Stadt-Silhouette.

> «Es schien endlich, als gliche diese ganze Welt mit allen ihren Bewohnern, den Mächtigen und den Schwachen, mit allen ihren Behausungen, den Bettlerherbergen und den goldstrotzenden Palästen in dieser Dämmerstunde einem phantastischen Märchentraum, der jeden Augenblick entschwinden und sich im dunkelblauen Himmel als Rauch auflösen würde. [...] Ich erblickte gleichsam etwas Neues, eine vollkommen neue Welt, die mir unbekannt war, und die ich nur aus dunklen Gerüchten und geheimnisvollen Zeichen kannte.» (Petersburger Träume)

Das Atemberaubende im Alltäglichen sehen, das Wunderbare im Banalen: Genau das ist der Kniff, mit dem er als Autor zu Weltruhm gelangen wird. Aus kurzen Zeitungsnotizen wird er den Stoff für grandiose Epen beziehen. Die Reflexionen von 08/15-Existenzen wird er behandeln, als kämen sie aus dem Mund von Hamlet oder Macbeth.

> «Am Wunderbarsten sind oft Dinge, die sich in der Wirklichkeit abspielen. Wir sehen die Wirklichkeit fast immer so, wie wir sie sehen wollen, wie wir sie uns selbst, mit vorgefassten Ansichten, auslegen wollen. Und wenn wir zuweilen im Sichtbaren nicht das sehen, was wir haben sehen wollen, sondern das, was in Wirklichkeit ist, so fassen wir das, was wir sehen, als ein Wunder auf; das kommt gar nicht selten vor, und oft glauben wir, ich schwöre es, eher an ein Wunder und an eine Unmöglichkeit als an eine Wirklichkeit und Wahrheit, die wir nicht sehen wollen. Und so ist es immer auf der Welt, darin

besteht die ganze Geschichte der Welt.» (Tagebuch eines Schriftstellers, Januar 1877)

Fast allen seinen Geschichten liegen Metamorphosen zugrunde, bei denen sich das Niedrige in das Erhabene verwandelt und umgekehrt, bei denen Schäbiges glitzert und Prächtiges vergilbt. «Phantastischer Realismus» oder «Realismus im höheren Sinn», so nennt Dostojewski seine Herangehensweise. Er gibt sich nicht zufrieden damit, die Wirklichkeit zu dokumentieren, er will sie neu interpretieren.

Elf Jahre verbringt Dostojewski in Petersburg, bevor er verhaftet wird, viele Stunden davon als gedankenverlorener Spaziergänger. In einem Zeitungsartikel liefert er eine Beschreibung der urbanen «Träumer», ohne zu bekennen, dass er selbst dazugehört.

«Ihre bewegliche, flüchtige, leichte Phantasie ist schon erregt, die Einbildungskraft ist gestimmt, und eine ganze phantastische Welt mit Freuden und Leiden, mit der Hölle und dem Paradies, mit bezaubernden Frauen, Heldentaten, edlen Handlungen, stets mit einem titanischen Kampf, mit Verbrechen und allerlei Schrecken, bemächtigt sich plötzlich der ganzen Seele des Träumers. Über die Straße geht er mit gesenktem Kopf, ohne der Umgebung viel Beachtung zu schenken, manchmal auch ganz ohne an die Wirklichkeit zu denken, aber wenn ihm etwas auffällt, so nimmt die gewöhnlichste Bagatelle, die nichtigste und alltäglichste Erscheinung sofort ein phantastisches Kolorit an. Sein Blick ist schon so eingerichtet, um in allen Dingen das Phantastische zu sehen. Am hellen Tage geschlossene Fensterläden, eine verkrüppelte Alte, ein Herr, der ihm, mit den Händen fuchtelnd und laut mit sich selbst redend, entgegenkommt – wie man solche übrigens oft trifft –, eine Familienszene im Fenster eines armseligen hölzernen Häuschens – das sind für ihn fast Abenteuer.» (Petersburger Chronik, 15.6.1847)

Anders als bei vielen anderen Träumern drängen Dostojewskis Phantasien aus dem Kopf aufs Papier. Das Studium und der Beamtenjob sind für ihn unliebsame Zwischenstationen auf dem Weg ins Schriftstellerleben. Mit 17 Jahren schreibt er seinem Bruder:

«Mein einziges Ziel ist es, frei zu sein, dafür opfere ich alles.» (Brief an Bruder Michail, 16.8.1839)

Wie vor ihm Friedrich Schiller und nach ihm Hermann Hesse, ja wie überhaupt viele berühmte Schriftsteller, verabscheut Dostojewski jede Form von Kadavergehorsam. Er will kein Rädchen in einem seelenlosen Getriebe sein, keine Marionette im Dienst des Zaren. Seine Kameraden berichten später, Dostojewski habe sich oft kritisch über den Drill geäußert.

«Am häufigsten unterhielten wir uns über das Gegenwärtige, über das Leben in der Schule, den sogenannten Geist der Anstalt, das Erziehungssystem und Ähnliches. War doch dieses ausschließlich militärische System, dieses raue Verhalten der älteren Schüler zu den jüngeren, die Strenge der Vorgesetzten – bei völliger Ausschaltung eines zusammenfassenden Verfahrens in der Beurteilung der allgemeinen Werte eines Schülers – der Hauptgrund jenes geheimen Misstrauens, ja Hasses der Schüler gegen ihre Lehrer, der jede Beziehung zwischen ihnen zerstörte.»[9]

[9] Zitiert nach: Orest Miller: Materialien zur Lebensbeschreibung Dostojewskis. In: F. M. Dostojewski. Sämtliche Werke. 2. Abteilung. 11. Band. Literarische Schriften. Übersetzt von E. K. Rahsin. Hrsg. von Moeller van den Bruck, 1923

Dostojewski fürchtet, innerlich zu verkümmern. Nachdem er den Roman «Ein Held unserer Zeit» gelesen hat, diese Beschreibung eines verschwendeten Lebens, bricht es in einem Brief an seinen Bruder aus ihm heraus:

> «Tatsächlich, wie traurig gestaltet sich das Leben, und wie peinlich werden dann später die Augenblicke, wenn der Mensch fühlt, dass er irrte, er dabei aber in sich selber unermessliche Kräfte verspürt und nun erkennen muss, dass sie verbraucht wurden in einer falschen Tätigkeit und im Widerspruch zur eigenen Natur, in einer Wirksamkeit, die unwürdig war seiner Anlage, wenn er fühlt, dass die seelische Flamme erstickt wurde, ausgelöscht von Gott weiß wem, wenn das Herz in Stücke zerrissen war, und wodurch? Durch ein Leben, das würdig war eines Pygmäen, nicht aber eines Riesen; eines Kindes, nicht aber eines erwachsenen Menschen.» (Brief an Bruder Michail, 19.7.1840)

Er kann es gar nicht erwarten, das Studium abzuschließen und sich dann so schnell wie möglich in eine freie Autorentätigkeit abzuseilen.

> «Schneller zum Ziel, schneller in die Freiheit! Freiheit und Beruf sind eine große Sache. Mir träumt davon, und ich träume davon wieder wie früher.» (Brief an Bruder Michail, 27.2.1841)

Seine Kommilitonen spüren die innere Rastlosigkeit Dostojewskis. Er gibt sich keine sonderliche Mühe, bei den Lehrern und älteren Semestern zu punkten. Im Gegenteil.

> «Er hielt sich sehr fern von den Vorgesetzten und den älteren Kameraden. […] Besonders freundlich war er zu jenen, die ih-

rer Stellung gemäß im Institut weder etwas zu sagen hatten noch unter jemandes Schutz standen. Nach den Äußerungen einzelner seiner Kameraden erschien ihnen Fjodor Michailowitsch als Mystiker oder Idealist. Er fügte sich ohne zu murren allen Anforderungen des militärischen Dienstes, obwohl er gar keine Neigung dazu hatte. Von Natur eigenartig, doch nicht eigenwillig, gehörte er zu jenen seltenen Menschen, die sich mit den Gedanken und Handlungen der Gesellschaft, falls diese ihren eigenen Überzeugungen widersprechen, nicht leicht aussöhnen. Menschen dieses Schlages sind durch nichts unterzukriegen, selbst wenn ihnen ihre Hartnäckigkeit noch so teuer zu stehen kommt.»[10]

Im Sommer 1843 schließt Dostojewski sein Studium erfolgreich ab. Das spricht für seine Intelligenz und seinen Biss. Er knickt nicht unter Druck ein, schmeißt nicht frustriert hin. Er bewältigt die Herausforderungen, vor die das Leben ihn stellt.

Anschließend landet er als militärischer Zeichner in der Staatsbürokratie. Ein Job mit Potenzial. Wenn er sich nichts zuschulden kommen lässt, hat er bis ans Lebensende ausgesorgt. Er kann sich nun nach einer passenden Frau umsehen, eine Familie gründen und bis dahin sein Junggesellendasein genießen.

Aber so tickt Dostojewski nicht. Er empfindet die Arbeitsroutine als stupide und seelentötend. Statt sich wie manche Kollegen in das Petersburger Partyleben zu stürzen, verkriecht er sich in die vertraute Welt der Buchstaben und Ideen. Er liest und träumt. Endstation Sehnsucht.

---

[10] Zitiert nach ebd.

Gleichzeitig lebt er mittendrin im Großstadttrubel. Er zieht in eine Wohnung, die ganz zentral liegt. So sehr er sich immer wieder nach Ruhe sehnt, so sehr braucht er ein stimulierendes Umfeld. Bis zu seinem Lebensende wird er Unterkünfte bevorzugen, die sich an Straßenkreuzungen befinden.

Noch fehlen ihm das Geld und der Mut, alles auf eine Karte zu setzen und sich fortan ganz dem Bücherschreiben zu widmen. Er hat in Moskau wohlhabende Verwandte, aber die denken nicht daran, seine Ambitionen zu subventionieren. Sie bitten ihn stattdessen, er solle sich «nicht so sehr von Shakespeare hinreißen lassen», wie Fjodor seinem Bruder Michail berichtet.

Nach einem Jahr hält er es nicht mehr aus. Kurz vor seinem 23. Geburtstag informiert er seinen Bruder, dass er die Arbeitsstelle aufgeben wird.

> «Ich nehme den Abschied, weil ich nicht länger dienen kann. Das Leben freut mich nicht, wenn ich meine beste Zeit so sinnlos verschwenden muss. Im Übrigen hatte ich nie die Absicht, lange im Dienst zu bleiben. Warum soll ich meine besten Jahre verlieren? Die Hauptsache aber ist, dass man mich in die Provinz abkommandieren wollte; sage doch bitte selbst, was könnte ich ohne Petersburg anfangen? Wozu würde ich noch taugen? Du wirst mich sicher begreifen. Ich werde immer meinen Lebensunterhalt verdienen können. Ich bin ja jetzt frei.» (Brief an Bruder Michail, 30.9.1844)

Einen detaillierten Karriereplan hat er nicht. Dostojewski startet ins freie Schriftstellerleben, wie er sich später erinnert, «mit den unklarsten und unbestimmtesten Absichten» (Tagebuch eines Schriftstellers, Januar 1877).

Eine väterliche Autorität, die ihn an dem Kurswechsel hindert, gibt es nicht mehr. Sein Vater ist schon seit fünf Jahren tot. Aber nicht weit von ihm, im Zarenpalast, herrscht der russische Über-Vater. Nikolaus I. kann damit leben, dass seine Untertanen mangels Alternativen ihr Leben verträumen. Aber wehe, sie kommen auf revolutionäre Gedanken!

Doch genau die schwirren bald in Dostojewskis Kopf.

KAPITEL 3
REBELL

Ein schriftstellerisches Prinzip lautet: «Schreib über das, was du kennst.» Dieser Maxime bleibt Dostojewski sein ganzes Leben lang treu.

Für sein Erstlingswerk wählt er keine Burg, keinen Palast, keine Abtei als Schauplatz. Sondern den Ort, der ihm vertraut ist: eine mickrige Beamtenwohnung.

Er hat den Job als Militärzeichner kaum angetreten, als er schon beginnt, die Eindrücke nach Dienstschluss zu einem Roman zu verarbeiten. Innerhalb weniger Monate stellt er eine erste Version fertig, «mit Leidenschaft, fast mit Tränen», wie er später in seinem «Tagebuch eines Schriftstellers» (Januar 1877) verrät.

Als hätte er Angst, jemand könnte ihm die Idee klauen, behält er die Handlung für sich. Seinem Bruder gegenüber macht er nur Andeutungen. Er arbeite an einem Roman à la Balzac, schreibt er ihm. Er hofft, dass die Veröffentlichung seine Eintrittskarte zur schriftstellerischen Freiheit wird.

> «Ich bin mit meinem Roman außerordentlich zufrieden. Ich bin außer mir vor Freude.» (Brief an Bruder Michail, 30.9.1844)

Er hat sich für eine ungewöhnliche Erzählvariante entschieden: den Briefroman. Im vorherigen Jahrhundert war das Genre der Renner, aber mittlerweile ist es aus der Mode gekommen, eine Geschichte in Form einer Briefkorrespondenz zu erzählen. Noch weniger verkaufsträchtig ist der Titel, für den Dostojewski sich schließlich entscheidet. Er verheißt das Gegenteil von guter Unterhaltung: «Arme Leute».

Für Dostojewski wird der Titel zum Lebensprogramm. Von mehr oder weniger Minderbemittelten, ob in materieller oder spiritueller Hinsicht, handeln fast alle seine Werke.

Die Hauptfigur von «Arme Leute» ist eine der Figuren, deren Gesellschaft die Petersburger gerade *nicht* suchten, weder in der Prosa noch im Alltag: Makar verdient sich seinen kargen Sold damit, dass er Dokumente abschreibt. Der End-Vierziger hat einen so geringen Selbstwert, dass er sich als «nützliche Ratte» bezeichnet. Doch plötzlich entflammt die Liebe sein verkümmertes Herz. Seine Zuneigung gilt einer Nachbarin: der jungen Arbeiterin Warwara, die durch ein früheres Techtelmechtel sozial stigmatisiert ist. Aber für Makar ist sie das große Los. «Gestern war ich glücklich, über die Maßen glücklich, unglaublich glücklich!», beschreibt er sein Frühlingserwachen. Ein halbes Jahr später ist alles vorbei: «Sie fahren weg. Ich möchte lieber, dass man mir das Herz aus der Brust reißt als Sie von mir weg.» Das Schicksal hat zugeschlagen und Warwara einen reicheren Verehrer über den Weg geschickt. Das Happy End ist eben etwas, das über die Verhältnisse armer Leute geht.

Nachdem Dostojewski sich selbstständig gemacht hat, überarbeitet er das Manuskript mehrfach. Schließlich landet es in den Händen des führenden Literaturkritikers von Petersburg, Wissarion Belinski. Der hat schon mitgeholfen, Lermontow und Gogol groß herauszubringen. Belinski liest die ersten Sätze. Und flippt aus vor Begeisterung. Genau so ein Autor fehlt Russland angesichts der bevorstehenden sozialen Umwälzungen. Sprachgewaltig und vertraut mit den Lebensbedingungen der gewöhnlichen Menschen. Alleine die Art, in der Dostojewski die Unterkunft seines traurigen Helden beschreibt! Ein ganz neuer Sound.

> «Stellen Sie sich also einen langen Korridor vor, ganz dunkel und unsauber. Auf seiner rechten Seite ist eine Wand ohne Fenster und Türen, links aber sind lauter Türen und Türen; wie in einem Gasthofe ziehen sie sich in langer Reihe hin. [...] Das ist eine feuchte, schmutzige Wendeltreppe; die Stufen sind ausgetreten und die Wände so schmierig, dass die Hand daran kleben bleibt, wenn man sie anfasst. Auf jedem Absatz stehen zerbrochene Kästen, Stühle und Schränke; alte Lappen hängen zum Trocknen da; die Fensterscheiben sind zerschlagen; es stehen Kübel mit allerlei Unreinigkeiten umher: mit Schmutz, Kehricht, Eierschalen und Fischblasen; es herrscht ein übler Geruch.» (Arme Leute)

Nicht nur das Ambiente, auch das Innenleben armer Leute zeichnet Dostojewski so eindrucksvoll wie selten ein Autor vor ihm.

> «Er, der Arme, hat an allem etwas auszusetzen; er sieht auch Gottes Welt anders an, als es andere Menschen tun, und jedem Vorübergehenden wirft er einen schiefen Blick zu und schaut ängstlich und misstrauisch um sich und horcht auf jedes Wort, ob da nicht etwa über ihn gesprochen wird, zum Beispiel, dass er so schlecht gekleidet sei. Und jedermann weiß, [...] dass ein armer Mensch wertloser ist als ein alter Lappen und von niemand geachtet wird.» (Arme Leute)

So treffend kann sich nicht einmal Gogol ausdrücken, und der ist zwölf Jahre älter. Belinski ist überzeugt, ein Wunderkind aufgespürt zu haben. Er fackelt nicht lange und lädt Dostojewski zu sich ein. Dort überschüttet er ihn mit Komplimenten. An die Begegnung kann der Dichter sich noch mehr als dreißig Jahre später detailgenau erinnern.

> «Er sprach mit Feuer, mit brennenden Augen: ‹Verstehen Sie denn selbst›, wiederholte er einige Mal aufschreiend, wie es seine Gewohnheit war, ‹was Sie geschrieben haben!? [...] Haben Sie auch selbst diese ganze schreckliche Wahrheit erfasst, auf die Sie uns hingewiesen haben? Es kann nicht sein, dass Sie es mit Ihren zwanzig Jahren verstehen. Ihr unglücklicher Beamter hat es im Dienst zu solcher Erniedrigung gebracht, dass er nicht mal den Mut hat, sich für unglücklich anzusehen, und jede Klage fast für Freigeisterei hält. [...] Sie haben das tiefste Wesen der Sache berührt, haben mit einem Wink auf alles Wichtigste hingewiesen. [...] Das ist das Geheimnis des Künstlerischen, das ist die Wahrheit der Kunst. Ihnen, dem Künstler, ist die Wahrheit enthüllt und verkündet, sie ist Ihnen als ein Geschenk zugefallen; halten Sie dies Geschenk teuer, bleiben Sie ihm treu, und so werden Sie ein großer Dichter werden.›» (Tagebuch eines Schriftstellers, Januar 1877)

Das Lob von höchster Stelle versetzt den 23-Jährigen in einen emotionalen Rausch. Er spricht später vom «herrlichsten Augenblick in meinem ganzen Leben».

> «Ich fühlte mit meinem ganzen Wesen, dass in meinem Leben ein feierlicher Moment angebrochen war, eine Wandlung für immer, dass etwas ganz Neues begann.» (Tagebuch eines Schriftstellers, Januar 1877)

In wenigen Wochen wird Dostojewski aus der Anonymität in die höchsten kulturellen Kreise der Stadt katapultiert. Belinski führt ihn in die Salon-Szene ein, macht ihn bekannt mit anderen jungen Genies wie Iwan Turgenjew. Die neuen Freunde kommen aus wohlhabenden Familien, registrieren amüsiert, wie linkisch Dostojewski sich in der High Society aufführt. Ihm fehlt jede soziale Eleganz. In Diskussionen tritt er hektisch und schrill auf. Wenn Gegenwind kommt, reagiert er beleidigt. Weil er bei Kritik sofort auf der Palme ist, provozieren ihn die Salon-Insider erst recht mit frechen Sprüchen. Und lachen sich schlapp, wenn er wieder einmal aus der Haut fährt.

Aber noch ist der ungelenke Shooting-Star obenauf. Seine Briefe an den Bruder Michail dokumentieren, wie ihm die positive Resonanz zu Kopfe steigt.

> «Von den ‹Armen Leuten› spricht bereits halb Petersburg.» (Brief an Bruder Michail, 8.10.1845)
>
> «Mein Ruhm steht jetzt in seiner höchsten Blüte. Man bringt mir überall unglaubliche Achtung und kolossales Interesse entgegen. […] Wenn ich dir alle meine Erfolge aufzählen wollte, so würde mir das Papier dazu nicht ausreichen. […] Sie sind alle ausnahmslos in mich verliebt.» (16.11.1845)
>
> «Mein Ruhm hat seinen Höhepunkt erreicht. Im Lauf von zwei Monaten wurde ich nach meiner Berechnung fünfunddreißigmal in verschiedenen Zeitschriften erwähnt. In einzelnen Kritiken werde ich über alle Maßen gelobt.» (1.4.1846)

Wimmelte es in seinen Briefen früher noch von religiösen Bekenntnissen, fehlt neuerdings jeder Bezug auf Gott. Auch der Tonfall gegenüber Frauen, von denen er früher nur mit galanter Zurückhaltung gesprochen hatte, verändert sich. Zumindest in der Korrespondenz mit Michail gibt er neuerdings den Großstadt-Macho.

> «Alle die Minnchen, Klärchen, Mariannchen usw. sind schöner als je, sie kosten aber furchtbares Geld. Dieser Tage haben mich Turgenjew und Belinski wegen meines unordentlichen Lebenswandels ganz fertiggemacht.» (16.11.1845)

Treu bleibt er sich dafür als Autor. Er will große Kunst verfassen, nicht den Massengeschmack befriedigen.

Also strickt er nicht einfach weiter an der bewährten Erfolgsmasche, veröffentlicht nicht einen weiteren Arme-Leute-Roman.

Die nächste Etappe im Projekt «Mensch-Enträtselung» ist die Auslotung des menschlichen Bewusstseins. Statt von Balzac und Dickens lässt er sich diesmal von E. T. A. Hoffmann inspirieren, wechselt von der sozialromantischen auf die phantastische Ebene.

In der Novelle «Der Doppelgänger» geht es um Selbstzweifel und Identitätsverlust. Protagonist ist wieder ein Beamter, Jakow Goljadkin, der um die Liebe eines Mädchens kämpft. Seine Chancen stehen noch schlechter als die von Makar. Das Problem ist diesmal aber nicht die knappe Kasse, sondern ein Doppelgänger, der sich in sein Leben drängt. Dabei verschwimmen, für den Helden wie für den Leser, die Grenzen zwischen Hirngespinst und Realität. Nach und nach macht der böse Zwilling dem armen Goljadkin die Identität streitig. Am Ende winkt er ihm hinterher, als Goljadkin in die Psychiatrie abtransportiert wird.

> «Die Wagentür wurde zugeschlagen; die Peitsche fiel klatschend auf die Rücken der Pferde; die Pferde zogen an. […] Alle stürzten hinter Herrn Goljadkin her. Gellendes, wütendes Geschrei aller seiner Feinde schallte ihm als Abschiedsgruß nach. Eine Zeitlang huschten noch einige Gestalten um den Wagen herum, der

Herrn Goljadkin entführte; aber allmählich blieben sie zurück und verschwanden schließlich ganz. Am längsten von allen blieb Herrn Goljadkins unedler Zwillingsbruder. Die Hände in die Taschen seiner grünen Uniformhosen gesteckt, lief er mit zufriedener Miene einher, indem er bald von der einen, bald von der anderen Seite an den Wagen heransprang; manchmal griff er auch nach dem Fensterrahmen, hängte sich daran, steckte den Kopf ins Fenster und warf Herrn Goljadkin zum Abschied Kusshändchen zu.» (Der Doppelgänger)

Bei seinen «Armen Leuten» hat es fast ein Jahr gedauert, bis sie als Buch veröffentlicht wurden: am 15.1.1846. Weil er Geld braucht, kann er mit dem «Doppelgänger» nicht so lange warten. Die Novelle erscheint bereits am 30.1.1846.

Zwei Wochen zwischen höchstem Triumph und krachender Niederlage.

Eine abruptere Erfolgs-Achterbahn hat kaum ein Autor vorzuweisen.

Denn: «Der Doppelgänger» floppt brutal.

Die Leser sind enttäuscht und verstört von dem bitterbösen Ende. Belinski ist peinlich berührt davon, dass der von ihm gehypte neue Stern am Literaturhimmel so schnell verglüht ist. Er rächt sich mit einem Verriss.

Dostojewski ist zerknirscht.

«Diese Novelle ist mir entschieden missglückt. Aber die Grundidee war recht gut.» (Brief an Bruder Michail, 1.4.1846)

Mittlerweile gilt der «Doppelgänger» unter Literaturkennern als das bessere, jedenfalls originellere der beiden ersten Dostojewski-Werke. Aber er ist damit seiner Zeit voraus. In den 1840er Jahren ist Gesellschaftskritik gefragt, nicht psychologische Nabelschau.

Immer unverhohlener machen die Schönwetterfreunde um Turgenjew sich über ihn lustig. Dostojewski fühlt sich verraten.

> «Die Freundschaft basiert größtenteils auf der Erniedrigung des einen und der Überlegenheit des andern.» (Der Spieler)

Seine Desillusionierung richtet sich aber auch gegen sich selbst. Strotzten die Briefe an seinen Bruder vor kurzem noch von Selbstlob, gibt es bald immer mehr selbstkritische Passagen:

> «Alle meine Verlagsprojekte sind durchgefallen.» (26.11.1846)
>
> «Ich erscheine lächerlich und abstoßend und muss unsagbar darunter leiden, dass mich meine Mitmenschen falsch beurteilen. Man sagt, ich sei trocken und herzlos.» (Januar/Februar 1847)

Bei aller Bereitschaft zur Selbstkritik bleibt Dostojewski überzeugt davon, dass sein Instinkt ihn nicht trügt und die Wirklichkeit komplexer ist, als es die kulturellen Meinungsführer wahrhaben wollen.

> «Es gibt so viele hässliche, gemeine und beschränkte graubärtige Philosophen, Lebenskünstler und Pharisäer, die auf ihre Lebenserfahrung, das heißt Unpersönlichkeit (denn sie sind alle nach der gleichen Schablone), stolz sind, zu nichts taugen, die immerwährend Zufriedenheit mit dem Schicksal, einen Glauben an Irgendetwas, Beschränkung im Leben und Zufriedenheit mit seiner Lage predigen und dabei gar nicht an den

> Sinn dieser Worte denken. […] Sie verurteilen mit unendlich kleinlicher Gehässigkeit die starke glühende Seele eines jeden, der sich ihrem abgeschmackten Tagesprogramm und Lebenskalender nicht fügen will. Wie gemein sind doch diese Prediger des falschen irdischen Glückes!» (Brief an Bruder Michail, Januar/Februar 1847)

In seinem nächsten Romanprojekt verarbeitet er die Enttäuschung. Darin lässt er einen erfolgreichen Violinisten auftreten, der einen anderen Musiker vor den Tücken des Kulturbetriebs warnt:

> «Vorläufig kennt dich noch niemand, und es will dich auch niemand kennen, so ist nun einmal die Welt. Das wird anders werden, sobald man erfährt, dass du Talent hast. Dann werden dich Neid, kleinliche Gemeinheit, vor allem aber Dummheit viel mehr bedrücken, als es Armut je vermag. Ein Talent bedarf der Teilnahme, es will verstanden sein. Du aber wirst dann erst sehen, wie die Leute sind, die dich umgeben, sobald du nur annähernd etwas erreicht hast. Was sich in dir durch mühevolle Arbeit, Entbehrungen, Hunger und schlaflose Nächte herausgearbeitet hat, das werden sie geringschätzen, verachten oder überhaupt nicht beachten. Sie werden dich nicht ermutigen, dich nicht trösten, diese deine zukünftigen Freunde. Sie werden dir auch nicht sagen, was in dir gut und echt ist, wohl aber werden sie mit boshafter Freude deine Fehler hervorheben, werden gerade darauf hinweisen, was an dir schlecht ist, und darauf, worin du irrst, und unter dem äußeren Anschein der Kaltblütigkeit und der Gleichgültigkeit oder gar Verachtung deiner Person werden sie über jeden deiner Fehler frohlocken, als hätten sie ein Fest zu feiern – und Fehler hat doch wohl ein jeder! Du aber bist hochmütig, bist oft am

> unrechten Platz stolz, du könntest leicht einen dünkelhaften Wicht kränken, und dann wehe dir! Du bist allein und ein Einziger, sie aber sind viele, und sie werden dich mit Stecknadeln zu Tode quälen.» (Njetotschka Neswanowa)

Der Roman ist als Magnum Opus angelegt, als epische Erzählung der Irrungen und Wirrungen des Waisenmädchens Njetotschka. Fertig werden allerdings nur die ersten Kapitel. Darin geht es vor allem um ihren Vater, den Geigenspieler Jefimow. Er hat großes Talent gezeigt, sich aber von den Vorschusslorbeeren nie erholt. Der Glaube, ein verkanntes Genie zu sein, beherrscht sein ganzes Leben und treibt ihn in die Alkoholsucht. Er vernachlässigt seine Familie ebenso wie das Geigenspiel. Um seine Illusion zu bewahren, rührt er die Violine zuletzt nicht mehr an. Doch die Selbsttäuschungsblase platzt. Das Konzert eines berühmten Virtuosen konfrontiert Jefimow mit der erschütternden Erkenntnis, dass der Andere das Genie, er selbst aber nur Mittelmaß ist.

> «Das Richtschwert, das schon immer über seinem Kopf gehangen, als habe er Zeit seines Lebens in unsagbaren Qualen jeden Augenblick erwartet, dass es auf ihn niederfallen werde – nun endlich war es wirklich gefallen.» (Njetotschka Neswanowa)

Wenige Tage später stirbt Jefimow. Er hat das Zerschellen seines Selbstbildes nicht ertragen.

Die Geschichte ist unverkennbar autobiographisch geprägt. Denn Dostojewski kennt sich mit Selbstzweifeln aus. Sie verfolgen ihn seit dem «Doppelgänger»-Debakel. Ist sein erster Erfolg nur eine Eintagsfliege gewesen und er selbst ein One-Hit-Wonder?

Noch will Dostojewski nicht aufgeben. Was ihn auszeichnet, ist sein Arbeitseifer. Er beherzigt den Rat, den sein Roman-Geiger Jefimow ausgeschlagen hat:

> «Gäbe dir Gott wenigstens ein Zehntel meiner Ausdauer. Lerne und trinke nicht [...]. Und die Hauptsache: Fange noch einmal ganz von vorne an, mit dem ABC der Kunst.» (Njetotschka Neswanowa)

Also schreibt er weiter wie um sein Leben. Eine Rückkehr an den Beamten-Schreibtisch ist für den 25-Jährigen undenkbar. Inzwischen ist auch sein älterer Bruder Michail nach Petersburg gezogen, sein jüngerer Bruder Andrej ebenfalls. Dostojewski besucht sie sporadisch. In seinen Briefen schildert er seinen Kampf um ein erfolgreiches Comeback.

> «Ich weiß nicht, wie lange noch diese Hölle, diese Armut und die vielen eiligen Arbeiten dauern werden. O könnte ich einmal Ruhe haben.» (Brief an Bruder Michail, Januar/Februar 1847)
>
> «Ich bin wie im Rausch. Ich sehe das Leben um mich herum gar nicht, habe keine Zeit, zur Besinnung zu kommen!» (Brief an Bruder Michail, April 1847)

Für «Minnchen, Klärchen, Mariannchen» und andere echte oder eingebildete Liebschaften hat er nun definitiv keine Zeit mehr. Er brütet und schreibt vor sich hin, artikuliert in seinen Texten die eigenen Seelenqualen.

> «Es sind nicht die schwachen Herzen, die sich das Unglück aussucht. Das Unglück wählt sich ein starkes Herz zum

Wohnsitz aus, das nur im Stillen blutige Tränen vergießt und nicht darauf aus ist, anderen Leuten ein billiges Schauspiel zu bieten.» (Die Wirtin)

Dostojewski schreibt nicht nur an seinem neuen Roman, sondern auch Zeitungsartikel und Erzählungen. Die Sujets, die er darin behandelt, ähneln sich. Es geht um zerplatzte Träume, gescheiterte Pläne:

Ein verstorbener Sparfuchs entpuppt sich als Krösus («Herr Prochartschin»).

Bei einem Alkoholiker ist die Beschaffungsgier stärker als der Besserungswille, so dass er einen Freund und Gönner beklaut («Der ehrliche Dieb»).

Ein Bräutigam landet wegen Geldsorgen und Überarbeitung statt vor dem Traualtar im Krankenhaus («Ein schwaches Herz»).

Eifersüchtige Ehemänner machen sich bei der Hatz auf Nebenbuhler zum Affen («Die fremde Frau», «Der eifersüchtige Ehemann»).

Verträumte Großstadt-Singles verlieben sich kurz und erfolglos – mal in die unglücklich verheiratete Frau des boshaften Vermieters («Die Wirtin»), mal in eine vermeintlich sitzengelassene 17-Jährige («Helle Nächte»).

Allen Erzählungen gemeinsam ist, dass sie traurig enden – ganz besonders, wenn der Titel eigentlich eine besinnlich-fröhliche Lektüre garantiert. Wer bei «Ein Christbaum und eine Hochzeit» die Glocken süß klingen hört, wird umso mehr überrascht durch die finalen dumpfen Moll-Töne. Ein bräsiger Landbesitzer macht sich bei einer Weihnachtsfeier an ein 11-Jähriges Mädchen heran, weil er auf deren Mitgift scharf ist. Fünf Jahre später schleppt er die Unglückliche vor den Traualtar:

> «Die antike Strenge ihrer Gesichtszüge verlieh ihrer Schönheit etwas Ernstes und Majestätisches. Doch durch diese Strenge und Feierlichkeit, durch diese Traurigkeit hindurch leuchtete noch die ganze Unschuld ihrer frühen Jugend. Aus ihrem ganzen Wesen sprach etwas unsagbar Naives, Weiches, Kindliches, das ohne Worte um Gnade zu flehen schien.» (Ein Weihnachtsbaum und eine Hochzeit)

Was die frühen von den späten Werken unterscheidet, ist das Fehlen jeder Hoffnungsperspektive.

Aber auch an etwas anderem mangelt es ihm zu diesem Zeitpunkt noch, nämlich an der vielleicht wichtigsten Schriftsteller-Ressource: Erfahrung.

Er kann den Erfolg von «Arme Leute» auch deshalb nicht wiederholen, weil er sich in seinen Milieu- und Personenschilderungen im Kreis dreht. Immer wieder kommen dieselben Verlierertypen vor, immer wieder das Milieu kleiner Beamten und erfolgloser Künstler. Und sonderlich tiefschürfend sind deren Gedanken auch nicht. Die Abgründe der menschlichen Seele, die er später so meisterhaft beschreibt, ahnt Dostojewski zu diesem Zeitpunkt allenfalls.

Dostojewski spürt selbst, dass er in eine kreative Sackgasse geraten ist. Für Bildungsurlaub fehlt ihm das Geld, von einer schöpferischen Auszeit kann er nur träumen. Stattdessen zermartert er sich, genau wie seine erfundenen Figuren, das Hirn. Später spricht er von der «Periode meiner uferlosesten und leidenschaftlichsten Phantasien» (Tagebuch eines Schriftstellers, Januar 1876). Er hat den Großstadtblues. Womöglich plagen ihn auch Depressionen.

> «[Ich] litt zwei Jahre lang an einer seltsamen moralischen Krankheit. Ich verfiel in Hypochondrie. Es gab eine Zeit, da ich sogar die Vernunft verlor. Ich war übertrieben reizbar, hatte eine krankhaft entwickelte Empfindlichkeit und die Fähigkeit, die gewöhnlichsten Vorfälle ins Unermessliche zu verzerren.» (Brief an Eduard Totleben, 24.3.1856)

Für Dostojewski wird Wirklichkeit, was sein Vorbild Honoré de Balzac kurz zuvor in seinem Roman «Verlorene Illusionen» beschrieben hat. Darin gerät der sensible Dichter Lucien in die Mühlen des Pariser Kulturbetriebs und sieht schließlich im Selbstmord seinen letzten Ausweg.

So weit kommt es mit Dostojewski nicht. Seine Wut richtet sich gegen die Verhältnisse, die sein Talent am Blühen hindern. Wenn er schon nicht populär sein kann, dann wenigstens revolutionär.

Reformbedarf gibt es im Zarenreich jede Menge. Noch existiert die Sklaverei in Gestalt der Leibeigenschaft. Von Meinungs- und Pressefreiheit kann keine Rede sein. Der Veränderungsdruck wird verschärft durch die radikalen philosophischen Ideen, die aus Westeuropa kommen, vor allem aus Deutschland.

Ludwig Feuerbach erklärt die Religion zu einer reinen Projektion menschlicher Sehnsüchte. Max Stirner befördert das «Ich» und dessen Bedürfnisse zur einzigen moralischen Instanz. Karl Marx und

Friedrich Engels treten mit ersten «ökonomisch-philosophischen» Texten auf den Plan.

Mit revolutionären Ideen war Dostojewski bereits durch seinen Entdecker Belinski in Kontakt gekommen.

> «Damals aber, in den ersten Tagen unserer Bekanntschaft, als er sich gleich mit ganzem Herzen an mich schloss, beeilte er sich sofort, und zwar mit der treuherzigsten Hast, mich zu seinem Glauben zu bekehren. Ich übertreibe seinen glühenden Drang zu mir, wenigstens in den ersten Monaten unserer Bekanntschaft, nicht im Geringsten. Ich lernte ihn als leidenschaftlichen Sozialisten kennen, und er begann mit mir sogleich vom Atheismus zu sprechen. [...] Als Sozialist musste er natürlich als Erstes das Christentum niederwerfen – er wusste, dass die Revolution unbedingt mit dem Atheismus zu beginnen hatte. Es galt für ihn also, zunächst die Religion niederzureißen, aus der die sittlichen Grundlagen der von ihm bekämpften Gesellschaft hervorgegangen waren. Familie, Eigentum, sittliche Verantwortlichkeit des Einzelnen – all das wurde von ihm radikal verneint.» (Tagebuch eines Schriftstellers, 1873)

Mittlerweile ist Belinski vor der Zensur und einer möglichen Verhaftung ins Ausland geflüchtet. Von dort schickt er obrigkeitskritische Briefe in die Heimat, die allerdings streng verboten werden. Auch ohne Belinskis Talent zum Netzwerken wächst die Zahl der Regimegegner. Sie treffen sich in geheimen Zirkeln. Dort wird diskutiert, wie man die Autokratie durch eine Demokratie ersetzen kann, welche Rolle die Kirche künftig spielen soll und ob Staaten und Familien nicht eigentlich überholt sind.

Zu einem solchen Zirkel stößt der driftende Dostojewski: dem «Petraschewski-Kreis».

Die Clique ist benannt nach dem Gastgeber Michail Petraschewski. Er und Dostojewski haben einige Gemeinsamkeiten. Beide sind gleich alt, Söhne von Militärärzten und mit dem Beamtenleben vertraut. Petraschewski arbeitet tagsüber offiziell als Übersetzer für die Regierung und abends heimlich an deren Umsturz. Später wird der russische Revolutionär Lenin über den «Petraschewski-Kreis» sagen, dass damit die bürgerlich-intellektuelle Widerstandsbewegung gegen die Zaren-Herrschaft ihren Anfang genommen hat.

Dostojewski ist mit von der Partie. Er besucht regelmäßig die Treffen, bleibt aber ein Außenseiter. Der Gastgeber und die meisten Teilnehmer sind Atheisten, und Dostojewski will seinem Glauben zumindest vorläufig nicht abschwören.

Was die anderen jungen Rebellen an Dostojewski schätzen, ist sein inneres Feuer. Dostojewski schweigt zwar meistens. Aber wenn er sich zu Wort meldet, hören ihm alle zu. Durch eine Halsentzündung hat seine Stimme einen heiseren, beinahe flüsternden Klang. Das erhöht allerdings noch ihre Wirkung.

> «Er verlor fast ganz die Stimme und konnte nur mit Mühe flüsternd sprechen, so dass er schwer zu verstehen war. [...] Wer sich seiner Art zu sprechen erinnert, wird zugeben, dass seine Stimme nicht ganz natürlich klang – sie kam sozusagen mehr aus der Brust, als dies bei anderen Menschen der Fall ist.» (Andrej Dostojewski)

Wenn ein Text vorgelesen werden soll, um anschließend darüber zu diskutieren, fällt die Wahl oft auf Dostojewski.

Das ist auch der Fall, als jemand aus der Runde ein besonders brisantes Schreiben in die Hände bekommt. Es stammt von Belinski. Der Literaturkritiker ist inzwischen im Ausland verstorben. Einer seiner letzten Briefe ist an den Schriftsteller Gogol gerichtet. Dieser hat eine Wandlung zum religiösen Eiferer vollzogen, ist sogar nach Jerusalem gepilgert. Belinski kritisiert ihn scharf und holt bei dieser Gelegenheit zu einer Generalabrechnung an den russischen Zuständen aus.

Dostojewski hat keine Ahnung davon, dass die Geheimpolizei inzwischen einen Spitzel in die Runde eingeschleust hat. Er erklärt sich bereit, den Brief vorzulesen – auch wenn viele Aussagen darin gar nicht seine eigene Meinung wiedergeben. Belinski giftet unter anderem gegen die Kirche:

> «Es braucht keine Predigten (es hat ihrer genug gehört!), keine Gebete (es hat ihrer genug heruntergeleiert!), sondern das Wiedererwachen des Gefühls der Menschenwürde im Volke, das so viele Jahrhunderte hindurch in Schmutz und Unrat verlorengegangen war – es braucht Rechte und Gesetze, die nicht den Lehren der Kirche entsprechen, sondern dem gesunden Menschenverstand und der Gerechtigkeit.» (Wissarion Belinski, Brief an Nikolai Gogol, 15.7.1847)

Im weiteren Verlauf des Briefs beschrieb der Literaturkritiker Jesus als Sozialrevolutionär, dessen Lehre geradezu im Widerspruch zur russischen Kirche stünde.

> «Er brachte den Menschen als Erster die Lehre von der Freiheit, Gleichheit, Brüderlichkeit und besiegelte und bekräftigte mit seinem Martertod die Wahrheit seiner Lehre. Und sie war nur so lange eine Heilslehre für die Menschen, bis sie sich zur Kirche organisierte und die Orthodoxie zu ihrem Grundprinzip erhob. Die Kirche aber trat als Hierarchie in Erscheinung, mithin als Vorkämpferin der Ungleichheit, als Liebediener der weltlichen Macht, als Gegner und Verfolger der Brüderlichkeit unter den Menschen – was sie auch bis auf den heutigen Tag geblieben ist.»

Das Christentum als Religion habe beim russischen Volk ausgespielt, versichert Belinski.

> «Blicken Sie schärfer hin, und Sie werden sehen, dass es ein von Natur tief atheistisches Volk ist. Es steckt zwar noch viel Aberglauben in ihm, aber keine Spur von Religiosität.»

Nicht nur die Kirche bekommt ihr Fett weg – das ganze Zarenreich wird als rückständig und reformbedürftig abgekanzelt.

> «Russland bietet den abscheulichen Anblick eines Landes, wo Menschen mit Menschen Handel treiben, […] eines Landes endlich, wo es nicht nur keinerlei Garantien für die Unantastbarkeit der Person, der Ehre und des Eigentums gibt, sondern nicht einmal eine Polizeiordnung, sondern nur riesige Korporationen von beamteten Dieben und Räubern!»

Das ist verbales Dynamit.

Bei insgesamt drei Treffen liest Dostojewski das toxische Schreiben vor. Aber bloße Worte reichen ihm nicht mehr. Er will aktiv werden, die breitere Öffentlichkeit mobilisieren. Er stößt zu einer anderen revolutionären Zelle. Dort wird geplant, eine Druckerpresse anzuschaffen und damit Flugblätter zu drucken.

So weit kommt es allerdings nicht. Am 23. April 1849 wird Dostojewski verhaftet.

Während des Verhörs streitet er alle revolutionären Pläne ab. Er gibt zu, sich für eine Abschaffung der Zensur ausgesprochen zu haben, distanziert sich aber von Belinskis Brandbrief.

> «Ich habe diesen Artikel einzig und allein als literarisches Dokument vorgelesen, fest davon überzeugt, dass er keinen Menschen in Versuchung bringen kann.» (Verhörprotokoll)[11]

Hartnäckig weigert er sich, die anderen Teilnehmer des Kreises zu belasten. Er versichert auch, dass seine beiden Brüder unschuldig sind. Michail und Andrej sind nämlich zeitweise auch im Gefängnis gelandet, werden jedoch wieder freigelassen.

Dass er nach wie vor mit einigen sozialistischen Idealen liebäugelt, verhehlt Dostojewski nicht. Er kriecht nicht zu Kreuze. Nachdem er alles andere verloren hat, will er wenigstens nicht seine Selbstachtung aufgeben.

> «Damals war ich immer noch von der Wahrheit meiner Ansicht überzeugt, wollte nicht alles gestehen und wurde dafür strenger bestraft.» (Brief an Eduard Totleben, 24.3.1856)

---

[11] Zitiert nach: Nikolai F. Beltschikow: Dostojewski im Prozeß der Petraschewzen, 1977

Acht Monate lang sitzt Dostojewski im Untersuchungsgefängnis, die meiste Zeit davon in Einzelhaft.

Während dieser Zeit schreibt er eine Erzählung, die erst acht Jahre später veröffentlicht wird: «Ein kleiner Held». Es ist seine bisher sonnigste Geschichte. Typisch Dostojewski: Ausgerechnet in der tiefsten Dunkelheit sieht er das Licht am hellsten.

In der Erzählung geht es um einen 10-jährigen Jungen, der an einem mehrtägigen Fest schwerreicher Verwandter teilnimmt. Deren Protzerei beeindruckt ihn zunächst sehr, so wie den Autor ein paar Jahre zuvor der Glamour der Petersburger Salonwelt in den Bann geschlagen hatte:

> «Damals aber konnte freilich nur das glänzende Äußere des Bildes meinen Kinderaugen auffallen, dieser allgemeine Lebensschwung, diese Pracht und Heiterkeit. Dies alles von mir bis dahin noch nie Gesehene, nie Gehörte beeindruckte mich dermaßen, dass ich mich in den ersten Tagen förmlich verlor und mein junger Kopf schwindelig wurde.» (Ein kleiner Held)

So wie Dostojewski macht auch sein unschuldiger Held einen Reifeprozess durch. Er begreift, dass die üppige Festdekoration nur die seelische Armseligkeit kaschiert und dass auf dem Grund vermeintlich tiefsinniger Monologe nichts als Leere gähnt.

> «Das ganze Streben dieser Herren in der Welt ist darauf gerichtet, alles in grober Weise zu verspotten und kurzsichtig zu verurteilen, und sie bekunden dabei einen maßlosen Hochmut. Da sie nichts weiter zu tun haben, als fremde

> Fehler und Schwächen herauszufinden und laut zu verkünden, und da sie genauso viel Gutherzigkeit besitzen, wie davon der Auster zuteilgeworden ist, so wird es ihnen nicht schwer, unter Anwendung der notwendigen Vorsichtsmaßregeln ohne Anstoß in der Welt zu leben. Darauf sind sie außerordentlich stolz. […] Die ganze Natur, die ganze Welt ist für sie nichts anderes als ein einziger prächtiger Spiegel, der dazu geschaffen ist, dass unser Götze sich ununterbrochen in ihm bewundern kann, ohne außer sich sonst jemand oder sonst etwas zu sehen; unter solchen Umständen ist es nicht zu verwundern, dass ihm alles auf der Welt so hässlich vorkommt. Für alles hat er eine Phrase in Bereitschaft und (was bei ihnen der Gipfel der Geschicklichkeit ist) die allermodernste Phrase. […] Aber mit ihren stumpfen Organen erkennen sie die Wahrheit nicht in einer abweichenden, unfertigen Übergangsform und stoßen alles von sich, was noch nicht ausgereift ist, sich noch nicht geklärt hat und noch gärt.»

Statt politische Pamphlete zu verfassen, die von der Gefängniszensur vermutlich ohnehin kassiert worden wären, schreibt sich Dostojewski seinen Frust über das Kultur-Establishment von der Seele. Sein Misstrauen gegenüber Geschmacksautoritäten und vermeintlichen Vordenkern wird sein Leben lang anhalten.

In der Erzählung erweist sich der Junge den Erwachsenen als überlegen. Er bewährt sich beim Ritt auf einem wilden Pferd und gewinnt sogar die Zuneigung der einzig anderen positiven Figur, einer schönen Frau, die – wie könnte es bei Dostojewski anders sein – unglücklich mit einem reichen Prahlhans verheiratet ist. Zum Schluss küsst sie den Jungen auf den Mund.

> «Meine ganze Seele begann, sich seltsam dumpf und süß zu sehnen, als sähe sie etwas, was sie noch nie gesehen, als wäre plötzlich ein Ahnen in ihr erwacht. Furchtsam und doch voll Freude begann mein Herz etwas Geheimnisvolles zu ahnen, leicht bebend vor Erwartung […]. Mit diesem Augenblick endete meine Kindheit.» (Ein kleiner Held)

Auch für Dostojewski geht ein Lebensabschnitt zu Ende.

Oder, wie es zunächst scheint, sein Leben.

Die Beweislage gegen Dostojewski und seine angeblichen Mitverschwörer ist zwar dünn, und die ihnen nachgewiesenen Verfehlungen sind gering. Aber der Zar und die Chefs seiner Sicherheitsbehörden wollen ein Exempel statuieren. Damit es in Russland nicht so weit kommt wie zuvor in den westeuropäischen Ländern.

Am 22. Dezember 1849 wird der Schuldspruch über Dostojewski und die anderen Revolutionäre veröffentlicht. Zur Last gelegt wird ihnen nichts weniger als ein «Plan zur Hervorrufung eines allgemeinen Aufstandes». Weiter heißt es in dem Behördenschreiben:

> «Die verderblichen Lehren, die im ganzen westlichen Europa Unruhen und Aufstände erzeugt haben und die mit dem Sturz und der Zertrümmerung jeglicher Ordnung und jedes Wohlstandes der Völker drohen, haben bedauerlicherweise auch in unserem Vaterlande einen gewissen Widerhall gefunden. […] Eine Anzahl unbedeutender, meist junger und sittenloser Menschen träumte von der Möglichkeit, die heiligsten Rechte der Religion, der Gesetzlichkeit und des Eigentums niederzutreten. […] Gotteslästerungen, dreiste Worte gegen die ge-

heiligte Person Seiner Majestät des Kaisers, Auslegung der Regierungsmaßnahmen in tendenziös entstellender Weise und Schmähung der Staatsvertreter: Das waren die Waffen und Mittel.»

Am selben Tag erfährt Dostojewski seine Strafe. Die Maximalstrafe.

«Das Militärgericht befindet den Angeklagten Dostojewski insoweit für schuldig, als er nach Erhalt der Kopie eines verderblichen Briefes [...] diesen Brief in Versammlungen vorgelesen hat [...]. Das Militärgericht hat deshalb den Ingenieur-Leutnant a. D. Dostojewski [...] unter Aberkennung des militärischen Ranges und aller Vermögensrechte zum Tode durch Erschießen verurteilt.»

Als ihm das Urteil vorgelesen wird, wartet bereits das Erschießungskommando.

Dostojewski ist 28 Jahre alt.

KAPITEL 4
STRÄFLING

Literatur ist oft bipolar. «Liebe» und «Tod» heißen die großen Themenkomplexe. Es geht um die intensivste Form des Seins und um die abgrundtiefste Angst, die vor dem Nicht-Sein.

Zur Liebe hat Dostojewski jede Menge zu sagen.

Es gibt aber auch kaum einen Dichter, der dem Tod so nahekommt und ihm dann doch von der Schippe rutscht. Dostojewski ist bei seiner eigenen Hinrichtung dabei.

Es ist der 22. Dezember 1849, zwei Tage vor Heiligabend.

Gemeinsam mit vierzehn weiteren Verurteilten wird Dostojewski auf einen schneebedeckten Paradeplatz geführt. Es ist bitterkalt, um die 20 Grad minus. Ein eisiger Wind weht. Die Delinquenten tragen keine Mäntel, nur weiße Hemden. Dass sie sich tödlich erkälten könnten, ist ihre geringste Sorge. Ihnen wird feierlich verkündigt, dass in wenigen Minuten ihre Erschießung bevorsteht.

It's «Knocking on Heaven's Door» time.

Die Sonne bricht durch den graubewölkten Himmel. Dostojewski sieht darin ein Hoffnungszeichen. «Das kann doch nicht sein, dass man uns hinrichtet», raunt er einem Mitverurteilten zu. Der verweist auf einen vorgerollten Lastwagen, auf dem sich Kisten stapeln. Särge vermutlich. Der Auftritt eines Priesters macht alle Hoffnungen zunichte. Er bittet zur Beichte. Das sieht nun endgültig nach tödlichem

Ernst aus. Nur einer der Todeskandidaten macht davon Gebrauch. Dostojewski küsst das Kruzifix, das der Priester ihm hinhält. «Wir werden zusammen sein mit Christus», sagt er tapfer. Der Atheist Petraschewski kann sich einen spöttischen Kommentar nicht verkneifen, raunt einem Kameraden zu: «Heb' deine Füße höher, sonst kommst du mit einem Schnupfen in den Himmel.» Um Gnade fleht keiner von ihnen. Man will erhobenen Hauptes in den Tod gehen.

> «Die Angelegenheit, für die man uns verurteilte, die Gedanken, die Begriffe, die unseren Geist beherrschten – die erschienen uns nicht nur nicht reueheischend, sondern geradezu als etwas uns Läuterndes, als ein Märtyrertum, für das uns vieles vergeben werden würde.» (Tagebuch eines Schriftstellers, 1873)

Mit dabei auf dem verschneiten Paradeplatz sind neben Tausenden von Schaulustigen zwei Männer namens Alexander. Sie werden in Dostojewskis Leben noch wichtige Rollen spielen. Als Zuschauer präsent ist der 16-jährige Gymnasiast Alexander Wrangel, der später zu einem engen Freund und Gönner wird; und als Leiter des Hinrichtungskommandos ist der Zarensohn und Thronfolger Alexander vor Ort. Heutigen Lesern mag da ein Song der «Toten Hosen» in den Sinn kommen: «Hey, hier kommt Alex, Vorhang auf für seine Horrorshow …»

Einen gruseligen Soundtrack gibt es auch: Trommelwirbel.

Die ersten drei Männer werden an Pfähle gebunden. Dostojewski befindet sich in der zweiten Dreier-Gruppe.

Was Dostojewski und seine Leidensgenossen nicht wissen: Der Zar hat das Todesurteil abgemildert in eine Haftstraße mit anschließender Verbannung. In den Kisten auf dem Lastfahrzeug befinden sich keine Särge, sondern Pelze für den Abtransport nach Sibirien.

Der Abschreckung halber hat der Zar allerdings darauf bestanden, mit dem Verlesen der Begnadigung zu warten. Die Verurteilten sind somit die Protagonisten einer sadistischen Psycho-Show. Wie sie abläuft, schildert Dostojewski wenige Stunden später seinem Bruder:

> «Ich war der sechste in der Reihe; wir wurden in Gruppen von je drei Mann aufgerufen, und so war ich in der zweiten Gruppe und hatte nicht mehr als eine Minute. Ich dachte an Dich, mein Bruder, und an die Deinen; in dieser letzten Minute standest Du allein vor meinem Geiste; da fühlte ich erst, wie sehr ich Dich liebe, mein geliebter Bruder! [...] Schließlich wurde Rückzug getrommelt, die an den Pfahl Gebundenen wurden zurückgeführt, und man las uns vor, dass seine Kaiserliche Majestät uns das Leben schenkte.» (Brief an Bruder Michail, 22.12.1849)

Welche Qualen Dostojewski in diesen Minuten auszustehen hat, lässt sich seinen späteren Werken entnehmen. Fürst Myschkin, «Der Idiot», schildert sie eindrucksvoll aus zweiter Hand, und auch Raskolnikow, der Held von «Schuld und Sühne», nimmt auf das traumatisierende Erlebnis Bezug:

> «Die Ungewissheit und der Widerwille gegen dieses Neue, das geschehen und sogleich eintreten würde, seien furchtbar gewesen; aber er sagte, nichts habe ihm während dieser Zeit größere Pein bereitet als der unaufhörliche Gedanke: ‹Wie aber, wenn ich nun nicht zu sterben brauchte? Wenn ich weiterleben könnte – welche unendliche Perspektive! Und das alles würde dann mein sein! Ich würde jede Minute in eine ganze

Ewigkeit verwandeln; nichts von meiner Zeit würde ich verlieren, jede Minute berechnen, keinen Augenblick nutzlos verschwenden.›» (Der Idiot)

«Wo habe ich doch gelesen, wie ein zum Tode Verurteilter eine Stunde vor seinem Tod spricht oder denkt? Dass, wenn ihm die Möglichkeit gewährt würde, irgendwo hoch oben auf einem Felsen zu leben, auf einer so schmalen Platte, dass gerade nur die beiden Füße Raum zum Stehen fänden, und ringsumher wären Abgründe, Ozean, ewige Finsternis, ewige Einsamkeit und ewiger Sturm, und wenn er so, auf dem schmalen Platz stehend, sein ganzes Leben, tausend Jahre, eine Ewigkeit zubringen könnte: dass es ihm dann besser scheinen würde, so zu leben, als gleich zu sterben. Nur leben, leben, leben!» (Schuld und Sühne)

Während es dem Dichter gelingen wird, diese Grenzerfahrung literarisch zu verarbeiten, kostet sie einige andere Verurteilte buchstäblich den Verstand. Durch das Erlebnis wird Dostojewski zu einem heftigen Kritiker der Todesstrafe – selbst bei schweren Delikten.

«Einen Menschen wegen eines Mordes zu töten ist als Strafe weit schlimmer als das Verbrechen selbst. Tötung auf Grund eines Urteilsspruchs ist unvergleichlich grauenhafter als Raubmord. Der Mann, der von Räubern umgebracht wird, nachts im Walde oder sonst wo, hofft doch ganz bestimmt immer noch auf Rettung bis zum letzten Augenblick. […] Hier aber wird diese letzte Hoffnung, mit der man zehnmal leichter stirbt, einem ganz sicher geraubt; hier liegt ein Urteil vor, und eben in der Gewissheit, dass man ihm nicht entgehen kann, liegt die ganze entsetzliche Qual, und es gibt auf der Welt nichts Schlimmeres als diese Qual.» (Der Idiot)

Dostojewski kann später deshalb so überzeugend und leidenschaftlich über die Auferstehung schreiben, weil er selbst einen Vorgeschmack davon bekommen hat. Statt zu seiner Endstation wird der Petersburger Paradeplatz zum Wendepunkt in seinem Leben. Nie wieder, so war er in diesem Moment überzeugt, würde er das Leben als Selbstverständlichkeit oder gar als Zumutung geringschätzen.

Was ihm nun bevorsteht, ist allerdings kein erfülltes, sondern ein äußerst limitiertes Leben.

Für die nächsten vier Jahre wird ihm jede Form der schriftlichen Kommunikation, ja überhaupt der schriftstellerischen Betätigung, untersagt. Vorher darf er noch einen letzten Brief an seinen Bruder schreiben.

> «Ich reiße mich los von allem, was mir teuer war. Es tut weh, alles zu verlassen. [...] Ich bin nicht verzweifelt und habe den Mut nicht verloren. Leben gibt es überall, das Leben ist in uns selbst, nicht außer uns. Ich werde von Menschen umgeben sein, werde unter ihnen Mensch sein und es immer bleiben. Sich vom Unglück nicht beugen, nicht umwerfen lassen, was auch immer geschieht, das nenne ich leben, das ist die Aufgabe unseres Daseins. Das habe ich eingesehen, dieser Gedanke ist mir in Fleisch und Blut übergegangen. [...] Noch habe ich ja mein Herz und mein Fleisch und Blut, die imstande sind, zu lieben und zu leiden, zu wünschen und sich zu erinnern. Und das ist wohl der eigentliche Inhalt unseres Daseins. Ich blicke zurück auf die Vergangenheit und denke an die verlorene Zeit, die dahingegangen ist in Irrungen, Verfehlungen, Trägheit, Unkenntnis des Lebens. Warum habe ich den Wert des Lebens nicht besser erkannt? Wie oft habe ich mich an mei-

> nem Herzen und meiner Seele vergangen!! Mein Herz blutet. Das Leben ist ein Geschenk, das Leben ist ein Glück, jede Minute kann zur Ewigkeit des Glücks werden. Wenn das die Jugend nur wüsste! Nun gestaltet sich mein Leben neu, es wurde neu geboren in neuer Form. Ich schwöre Dir, dass ich die Hoffnung nicht aufgeben werde, dass mein Herz und meine Sinne rein bleiben werden. Ich werde zum Besseren wiedergeboren.» (Brief an Bruder Michail, 22.12.1849)

Kein Substantiv kommt in dem Brief so häufig vor wie «Leben».

Es fällt auf, dass Dostojewski zwar von Wiedergeburt, Reinheit und Hoffnung redet, seine innere Umkehr aber nicht in einen christlichen Kontext verortet. Gott kommt in dem Brief nicht vor. Er bittet nicht um himmlischen Schutz, sondern hofft ganz allgemein auf «Glück».

> «Ob es aber der Körper aushält, weiß ich nicht. Ich mache mich als ein Kranker auf den Weg. Ich habe eine schwere Halsentzündung. Doch wollen wir auf das ‹Glück› vertrauen.» (Brief an Bruder Michail, 22.12.1849)

Seine Überlebenschancen sind, realistisch gesehen, gering. Seit Jahren klagt er über körperliche und seelische Erkrankungen. Wie soll er da die extremen Haftbedingungen in Sibirien aushalten?

> «Dostojewski war ein Hypochonder im Extrem. Er fürchtete Schlaganfälle und Lähmungen so sehr, dass er alles tat, was er konnte, um sich vor Aufregung und Kummer zu schützen. Für Außenstehende erschien Dostojewskis Hypochondrie oft lächerlich, und er nahm oft großen Anstoß daran, wenn Leute dachten oder ihm sagten, er sei nicht krank.» (Stepan Jankowski)

Aber Dostojewski nimmt die Herausforderung tapfer an. Als Michail zu ihm vorgelassen wird, um sich von ihm zu verabschieden, ist Fjodor gefasst. Die Brüder umarmen sich. Michail weint, Fjodor tröstet ihn.

Der Schlitten mit den Sträflingen rauscht am Weihnachtsmorgen durch das festlich geschmückte Petersburg. Er passiert sogar die hell erleuchtete Wohnung des Bruders Michail. Zehn Jahre werden bis zu ihrem Wiedersehen vergehen.

Nach einem Monat erreicht der Transport das Gefangenenlager in Omsk, der Hauptstadt von Sibirien. Es handelt sich um eine ehemalige Festung, die vor langer Zeit als Bastion gegen asiatische Eindringlinge errichtet worden war. Die Winter dauern hier ein halbes Jahr lang. Manchmal ist es so kalt, dass Nasenlöcher und Augen zufrieren.

Was nun beginnt, ist einerseits eine grausame Strapaze, andererseits ein anthropologisches Intensivstudium, ein Praktikum im Inferno der Unmenschlichkeit. Die abgründige Tiefe seiner künftigen schriftstellerischen Arbeiten verdankt Dostojewski den Erfahrungen, die er im Omsker Knast macht.

> «Vier Jahre Zuchthaus waren eine lange Schule.» (Tagebuch, 1873)

Es grenzt an ein Wunder, dass Dostojewski die nächsten Jahre überlebt. Viele seiner sehr viel vitaleren Mit-Verurteilten haben das Straflager dagegen nicht mehr verlassen. Die Unterbringung ist für ihn, den freiheitsliebenden Schöngeist, in vieler Hinsicht der Wirklichkeit gewordene Albtraum. Zuvor hat er in einer Wohngemeinschaft mit zwei angehenden akademischen Größen gelebt, nun muss er eine Baracke mit ungebildeten Verbrechern teilen. Dazu kommen schwere Ketten an den Füßen, Sträflingskleidung, ein halbgeschorener Kopf und harte körperliche Arbeit.

Einige der Tiefpunkte seines Aufenthalts schildert er im ersten nach Ende der Haft verfassten Brief. Adressat ist, wie schon beim Abschiedsbrief, sein Bruder Michail.

> «Zuweilen verließen mich bei schlechtem Wetter, bei Regen oder im Winter bei unerträglichem Frost, meine Kräfte. Einmal musste ich vier Stunden bei einer Extraarbeit verbringen. Und zwar bei solchem Frost, dass das Quecksilber einfror. Es waren vielleicht 40 Grad unter null. Ich hatte mir einen Fuß erfroren. […] Wir wohnten alle zusammen in einer Kaserne. […] Im Sommer ist es darin unerträglich heiß und im Winter unerträglich kalt. Alle Dielen sind verfault. Auf dem Fußboden liegt der Schmutz einige Zoll hoch, man kann jeden Augenblick ausgleiten und hinfallen. […] Wir sind zusammengepfercht wie die Heringe in einem Fass. Man heizt den Ofen mit sechs Holzscheiten; im Zimmer ist es dabei so kalt, dass Eis nicht einmal auftaut; der Dunst ist unerträglich. […] Alle Zuchthäusler stinken wie die Schweine. […] Wir schliefen auf bloßen Brettern; einem jeden war nur ein Kopfkissen erlaubt. Wir bedeckten uns mit kurzen Halbpelzen, und die Füße blieben die ganze Nacht bloß. So froren wir ganze Nächte hindurch. Flöhe, Läuse und anderes Ungeziefer gab es Scheffel voll.» (Brief an Bruder Michail, 22.2.1854)

Sofort nach Ende der Haft wird Dostojewski beginnen, seine Erfahrungen aufzuschreiben. Sie erscheinen einige Jahre später als «Aufzeichnungen aus einem Totenhaus». Um dem Konflikt mit der Zensur aus dem Weg zu gehen, präsentiert er seine Gefängnismemoiren nicht als autobiographischen Bericht, sondern gibt sie als die Erinnerungen eines fiktiven Häftlings aus.

Obwohl die Schilderungen äußerst plastisch sind, weiß Dostojewski, dass er seinen Lesern nur einen oberflächlichen Eindruck der ausgestandenen seelischen Qualen vermitteln kann.

> «Man ist wohl ein Mensch, aber ein anderer Mensch: Die Füße sind gefesselt. Ringsherum starren spitze Palisadenpfähle. Hinten steht ein Soldat mit seinem Bajonett. Man muss beim Trommelsignal aufstehen, unter dem Stocke arbeiten, und wenn man sich unterhalten will, so hat man zweihundertfünfzig Kameraden. [...] Es ist ein verfluchtes und trostloses Leben! Man kann es sich schwer vorstellen, man muss es selbst durchmachen, um es zu kennen!» (Unveröffentlichtes Bruchstück aus «Aufzeichnungen aus einem Totenhaus»)[12]

Als besonders schmerzlich empfindet Dostojewski den Verlust der Privatsphäre, die Unmöglichkeit des Rückzugs an einen stillen Ort, die permanente Überwachung durch Wärter, die ununterbrochene Gegenwart der Mitgefangenen.

> «Seit fast fünf Jahren bin ich ständig unter Bewachung oder mit vielen Menschen zusammen und nicht eine Stunde für mich allein.» (Brief an Bruder Michail, 22.2.1854)

[12] Unveröffentlichtes Bruchstück aus «Aufzeichnungen aus einem Totenhaus», in: Fjodor Dostojewski, Petersburger Träume, übertragen von Andreas Eliasberg, 1923

> «Das Alleinsein ist ein normales Bedürfnis, wie das Essen und Trinken […]. Die ständige Gesellschaft von Menschen wirkt wie ein Gift oder Pest.» (Brief an Natalja Fonwisina, Ende Februar 1854)
>
> «Ich habe nie begreifen können, wie es möglich ist, seinen Nächsten zu lieben. Gerade die einem am nächsten stehen, kann man meiner Ansicht nach nicht lieben, höchstens noch die Fernstehenden. […] Damit man einen Menschen lieben kann, muss er sich versteckt halten; sowie er sein Gesicht zeigt, ist die Liebe verschwunden.» (Die Brüder Karamasow)

Schlimm genug, dass man ihn zusammen mit Schwerstkriminellen eingepfercht hat, dem Abschaum der Gesellschaft. Erschwerend kommt für den harmoniebedürftigen Dichter hinzu, dass ihm die Mithäftlinge ablehnend gegenüberstehen. Er ist allein unter Feinden. Aus deren Sicht ist er nicht etwa privilegiert, sondern das Allerletzte – als Repräsentant der verhassten Oberschicht.

> «Es sind rohe, gereizte und verbitterte Menschen. Der Hass gegen den Adel ist grenzenlos. Sie empfingen uns, die wir alle vom Adel sind, feindselig und mit Schadenfreude. Sie hätten uns am liebsten aufgefressen, wenn sie nur gekonnt hätten.» (Brief an Bruder Michail, 22.2.1854)
>
> «Selbst wenn [der adelige Sträfling, Anmerkung der Verfasser] es mit den Jahren endlich erreicht, dass man ihn zu verfolgen aufhört, so wird er ihnen dennoch ewig ein Fremder bleiben und ewig schmerzvoll seine Isolierung und Einsamkeit empfinden.» (Aufzeichnungen aus einem Totenhaus)
>
> «Ich hatte an meiner Seite kein einziges Geschöpf, mit dem ich herzliche Worte hätte wechseln können.» (Brief an Eduard Totleben, 24.3.1856)

Oft erleidet Dostojewski Todesängste. Zwischen den Häftlingen kommt es immer wieder zu gewalttätigen Auseinandersetzungen, auch mit tödlichen Folgen. Dostojewski muss in jeder Minute damit rechnen, dass man ihm ein Messer in den Rücken rammt oder ihn im Schlaf erwürgt.

Manche Triebmörder, denen er begegnet, lassen ihn zu dem illusionslosen Schluss kommen:

> «Lieber eine Feuersbrunst, lieber Pest und Hunger als ein solcher Mensch in der Gesellschaft.» (Aufzeichnungen aus einem Totenhaus)

Über die resozialisierende Wirkung solcher Strafgefangenenlager muss man ihn anschließend nicht mehr belehren. Er erkennt: Die Besserungsanstalten lassen die Insassen noch weiter degenerieren.

> «Alle Verbannungen zur Zwangsarbeit, zu denen früher noch Körperstrafen kamen, bessern niemand und schrecken keinen Verbrecher ab; denn die Zahl der Verbrechen vermindert sich nicht, sondern wächst immer mehr.» (Die Brüder Karamasow)

Von Kuschel-Justiz hält er dennoch nichts. Als in den 1870er Jahren die Urteile milder und sogar für schwere Verbrechen Freisprüche gefordert werden, beharrt er auf der grundsätzlichen Notwendigkeit des Strafvollzugs.

> «Die Selbstläuterung durch Leiden ist leichter, viel leichter, sage ich Ihnen, als jenes Los, das Sie vielen von ihnen bereiten, indem Sie alle ausnahmslos freisprechen. Sie flößen ihnen mit

dem Freispruch vor Gericht nur Zynismus ein.» (Tagebuch eines Schriftstellers, 1873)

«Die Entfernung aus der Gesellschaft ist ein unverzichtbarer Aspekt sozialer Gerechtigkeit.» (Notizen 1876/1877)[13]

Der Zwangsarbeit gewinnt Dostojewski durchaus auch eine positive Wirkung ab. Er versucht darin eine Art Fitness-Programm zu sehen. Einmal wird er für zwei Monate abkommandiert, schwere Ziegel von einem Flussufer zu einer Baustelle zu schleppen. Auf dem über hundert Meter langen Weg muss er immer wieder den Festungswall hoch- und herunterklettern.

«Mir gefiel daran, dass diese Arbeit meine Kräfte fühlbar steigerte. Anfangs konnte ich nur je acht Ziegel im Gewicht von je zwölf Pfund tragen. Dann gelangte ich aber auf zwölf und fünfzehn Ziegel, und das machte mir große Freude. Die physische Kraft ist im Zuchthaus nicht weniger nötig als die moralische, um all die materiellen Beschwerden dieses verfluchten Lebens tragen zu können. Ich aber wollte auch nach der Entlassung aus dem Zuchthaus noch leben.» (Aufzeichnungen aus einem Totenhaus)

Mauern bauen, Ziegel brennen, Erde umgraben – das sind immerhin produktive Tätigkeiten. Die Alternative, das Nichtstun, wäre aus Dostojewskis Sicht viel schlimmer.

«Ohne Arbeit und ohne rechtmäßiges, normales Eigentum kann der Mensch nicht leben; er gerät auf Abwege und wird

[13] Zu den Fundstellen der Dostojewski-Notizen siehe die Quellenhinweise im Anhang.

zum Tier. Und darum hatte jeder im Gefängnis infolge eines natürlichen Drangs und eines Gefühls der Selbstachtung sein Handwerk und seine Beschäftigung. [...] In dieser Arbeit liegen ein Sinn und ein Zweck. Der Zwangsarbeiter wird manchmal von ihr gefesselt, will sie möglichst geschickt, ergiebig, gut machen. Hätte man ihn aber gezwungen, zum Beispiel Wasser von einem Kübel in den anderen zu gießen und von dem zweiten in den ersten, Sand zu stoßen, einen Haufen Erde von einem Platz auf den anderen zu schleppen und zurück, ich glaube, der Gefangene hätte sich nach einigen Tagen erhängt.» (Aufzeichnungen aus einem Totenhaus)

In der Katorga, so die russische Bezeichnung für das Zwangsarbeiterlager, absolviert Dostojewski einen Crashkurs in Kriminologie und Psychopathologie.

«Im Gefängnis hörte ich Erzählungen von den schrecklichsten, unnatürlichsten Handlungen, von den ungeheuerlichsten Morden, die mit unbändigstem, mit kindlich heiterstem Lachen erzählt wurden.» (Aufzeichnungen aus einem Totenhaus)

Was Dostojewski besonders auffällt, sind die Paradoxien im Verhalten der Häftlinge: die Widersprüche zwischen ihren Selbsteinschätzungen und ihren Verbrechen, das Nebeneinander von kindlicher Naivität und monströser Brutalität. Die meisten Inhaftierten gaben ihre Schuld zu, ohne sich dafür schuldig zu fühlen. In seinen «Aufzeichnungen aus einem Totenhaus» gibt Dostojewski mehrfach seiner Verwunderung darüber Ausdruck.

«Wie ich schon sagte, habe ich im Laufe mehrerer Jahre unter allen diesen Menschen nicht das geringste Anzeichen von Reue, nicht den leisesten schweren Gedanken über das verübte Verbrechen wahrgenommen, und die Mehrzahl von ihnen hielt sich innerlich vollkommen im Recht. Das ist eine Tatsache. Natürlich sind Prahlsucht, schlechte Beispiele, falsche Scham in vielen Fällen die Ursache davon. Anderseits aber: Wer darf sagen, dass er die Tiefe dieser verlorenen Herzen erforscht und in ihnen das vor der ganzen Welt Verborgene gelesen hätte? Man könnte jedoch immerhin im Laufe so vieler Jahre wenigstens etwas bemerken, in diesen Herzen wenigstens einen Zug wahrnehmen und entdecken, der von einem inneren Schmerz und Leiden zeugte. Aber das war nicht der Fall, ganz bestimmt nicht.»

«Im Allgemeinen sprachen sie von ihrer Vergangenheit wenig, erzählten nicht gerne und waren sichtlich bemüht, an das Vergangene nicht zu denken. Ich kannte unter ihnen Mörder, die derartig lustig und derartig wenig nachdenklich waren, dass man hätte wetten können, ihr Gewissen habe ihnen nie einen Vorwurf gemacht. Aber es gab auch finstere, fast immer schweigsame Gesichter.»

«Denn es war kaum einer unter ihnen, der sich seiner Schuld innerlich bewusst war. Hätte jemand von den Nichtsträflingen versucht, einem Gefangenen sein Verbrechen vorzuhalten [...], so hätte das Fluchen kein Ende genommen. Und was für Meister sie alle im Schimpfen waren! Sie fluchten mit Raffinement, mit Künstlerschaft.»

Bemerkenswert findet Dostojewski den destruktiv-zwanghaften Charakter vieler Handlungen. Manche Häftlinge sind schlichtweg unfähig, ihre kriminellen Impulse zu unterdrücken.

«Einer der Diebe war mir später außerordentlich ergeben, obwohl er nicht aufhörte, mich bei jeder passenden Gelegenheit

> zu bestehlen. Er machte es ohne Bedenken, fast unbewusst, gleichsam aus Pflicht, und es war unmöglich, ihm zu zürnen.» (Aufzeichnungen aus einem Totenhaus)

Vermutlich ist der kleptomanische Mithäftling derselbe wie der Dieb, durch den Dostojewski sein einziges Buch und kostbarsten Besitz, seine Bibel, vorläufig verlor. Der Dieb verkaufte die Bibel weiter, um das Geld unmittelbar danach in Alkohol zu reinvestieren.

> «Er hatte wohl großes Verlangen zu trinken, und wenn er etwas wollte, so musste es auch geschehen. So ein Mensch ist imstande, seinen Mitmenschen wegen eines Viertelrubels abzuschlachten, um für diesen Viertelrubel ein Fläschchen Schnaps zu kaufen, während er zu einer andern Zeit sich auch hunderttausend Rubel entgehen ließe.» (Aufzeichnungen aus einem Totenhaus)

An einem Ort, an dem es an allem mangelt, hat der kleine Rest von Besitz eine ungeheuer große Bedeutung: als Schlüssel zu einem Minimum von Autonomie.

> «Nach Geld ist der Sträfling krampfhaft gierig bis zum Wahnsinn. [...] Geld ist gemünzte Freiheit, und darum ist es für einen Menschen, dem die Freiheit vollständig entzogen ist, zehnmal wertvoller als gewöhnlich.» (Aufzeichnungen aus einem Totenhaus)
>
> «Was ist nun höher als das Geld für den Sträfling? – Die Freiheit oder wenigstens ein Traum von der Freiheit.» (Aufzeichnungen aus einem Totenhaus)

Mit der Zeit verschwimmen die Unterschiede, die Dostojewski zwischen sich und den anderen Zwangsarbeitern wahrnimmt. Er selbst ist überrascht davon, wie viele Gemeinsamkeiten es zwischen ihm und Verbrechern gibt, von denen er früher nur mit Abscheu in Zeitungsnotizen gelesen hatte.

> «Je unerfüllbarer die Hoffnungen waren und je mehr der Träumer selbst von ihrer Unerfüllbarkeit überzeugt war, umso hartnäckiger und schamhafter trug er sie in seinem Innern, konnte aber auf sie niemals verzichten. Wer weiß, vielleicht schämte sich mancher in seinem Innern dieser Hoffnungen. […] Vielleicht beruhten gerade auf dieser fortwährenden heimlichen Unzufriedenheit mit sich selbst diese ungewöhnliche Unduldsamkeit dieser Leute in ihren täglichen Beziehungen, diese Unversöhnlichkeit und diese Vorliebe, übereinander zu spotten. Und wenn manchmal einer von ihnen, der naiver als die anderen war, es wagte, laut auszusprechen, was sich alle anderen bloß dachten, und sich über die Hoffnungen und Träumereien zu ergehen, so wurde er von den anderen sofort auf eine rohe Weise zurechtgewiesen, unterbrochen und ausgelacht; aber ich glaube, dass dabei gerade diejenigen die Unduldsamsten waren, die in ihren Träumereien und Hoffnungen noch weiter gingen als er.» (Aufzeichnungen aus einem Totenhaus)

Als freier Mann hatte ihm die Literatur geholfen, die Diskrepanz zwischen Wirklichkeit und Wunschtraum zu überwinden. Die zumeist ungebildeten Mithäftlinge haben sich dagegen krimineller Methoden bedient, um die Lücke zu schließen. Aber eben darin gleichen alle einander: in der Auflehnung gegen den Status quo, im Aufbegehren gegen den Stachel des «So ist es nun mal». Ist es nicht das, fragt Dostojewski, was das Menschsein überhaupt ausmacht – die Fähigkeit zur Devianz.

> «Menschen sind überall Menschen. Selbst unter den Raubmördern im Zuchthaus habe ich in diesen vier Jahren Menschen

kennengelernt. Glaube mir, es gibt unter ihnen tiefe, starke und schöne Naturen, und es machte mir oft große Freude, unter einer rohen Hülle Gold zu finden.» (Brief an Bruder Michail, 22.2.1854)

«Meistens sind die Menschen, sogar die schlechten, viel naiver und offenherziger, als wir gemeinhin annehmen.» (Die Brüder Karamasow)

In der Katorga verabschiedet sich Dostojewski von dem moralischen Rigorismus, mit dem er die Menschen bis dahin in «Gute» und «Böse» unterteilt hatte. Die rote Linie, die das Edle vom Gemeinen unterscheidet, läuft quer durch das Herz jedes Menschen.

Dabei hätte Dostojewski gute Gründe gehabt, sich den Mithäftlingen gegenüber moralisch überlegen zu fühlen. Gibt es nicht einen himmelgroßen Unterschied zwischen seinem sozialrevolutionären Engagement und den Untaten von Kinderschändern und Serienmördern? Dostojewski stellt das in Frage. Jeder Mensch wird schuldig: gegen sich selbst, gegen Mitmenschen, gegen Gott. Und wenn auch zumeist tief verborgen, ist die Fähigkeit zu abscheulichen Taten doch in einem jeden Menschen angelegt.

«Es kann auf Erden keinen Richter über einen Verbrecher geben, der nicht zuerst anerkennt, dass er selbst ein Verbrecher ist.» (Notizen zu «Die Brüder Karamasow»)

«Ich bin der Meinung, dass der beste Mensch durch Gewöhnung verrohen und abstumpfen kann, bis zur Stufe eines wilden Tieres. Blut und Macht berauschen. Es entwickelt sich Rohheit und Ausschweifung; dem Geist und dem Gefühl werden die abnormalsten Dinge zugänglich und schließlich angenehm.» (Aufzeichnungen aus einem Totenhaus)

Immer stärker fallen Dostojewski die positiven Gemeinsamkeiten zwischen allen Menschen auf.

> «Durch keine Brandmale, durch keine Ketten kann man ihn zwingen zu vergessen, dass er ein Mensch ist. Und da er ein Mensch ist, muss man ihn auch wie einen Menschen behandeln. Mein Gott! Eine menschliche Behandlung kann ja sogar einen solchen zu einem Menschen machen, in dem das Ebenbild Gottes schon längst vernichtet ist. Das ist ihre Rettung und Freude.» (Aufzeichnungen aus einem Totenhaus)
>
> «Man kann auch dort [...] in einem Sträfling und Mörder ein menschliches Herz finden und ihm nähertreten, auch dort kann man leben und lieben und leiden. Man kann in diesem Sträfling das erstarrte Herz auferwecken und wiederbeleben, man kann ihn jahrelang liebevoll pflegen und endlich eine hohe Seele und einen Geist aus der dunklen Höhle zum Licht emporheben, man kann einen Engel aus dem Grab erwecken und einen Helden auferstehen lassen.» (Die Brüder Karamasow)

Nicht nehmen kann man den Verurteilten auch die Zugehörigkeit zum eigenen Volk. Mit Ausnahme der wenigen ausländischen Gefangenen fühlen sich die Häftlinge als Russen und ziehen aus dieser Tatsache einen gewissen Stolz. Und sie halten fest an ihrem Glauben an Gott, wenngleich auf eher unreflektierte Weise. Diese Erkenntnis lässt Dostojewski in «Die Brüder Karamasow» einfließen.

> «Die russischen Verbrecher sind noch gläubig.»
>
> «Für einen Sträfling ist es unmöglich, ohne Gott zu leben, noch unmöglicher als für jemand, der kein Sträfling ist.»

Der Alltag im Zuchthaus bedeutet Gemeinschaft mit sadistischen Aufsehern und zahlreichen überaus geschickten Dieben. Für die Sträflinge hat so zwangsläufig all das einen besonderen Wert, was ihnen nicht zu nehmen ist. Ein letzter Rest von Würde und von einer Bedeutung in der Welt, in der sie an den äußersten Rand abgedrängt sind. Deshalb kommt der Volks- und Glaubensgemeinschaft eine so wichtige Bedeutung zu. Weil sie über die Mauern hinweg ins Gefängnis hineinreicht.

Das spürt auch Dostojewski. Während ihm die Petersburger Schickeria die Lust am Glauben und den Stolz aufs Vaterland verleidet hat, findet er beides ausgerechnet im «Totenhaus» wieder. Angeblich machen die mit ihm verurteilten Verschwörer einen ähnlichen Erkenntnisprozess durch:

> «Weder Jahre der Verbannung noch Leiden brachen uns. [...] Es war etwas anderes, was unseren Blick, unsere Ansichten, Überzeugungen und Herzen änderte. Dieses andere war: die unmittelbare Berührung mit dem Volk, die brüderliche Vereinigung mit ihm im gemeinsamen Unglück, die Einsicht, dass man selbst zu Volk geworden, mit ihm gleichgestellt, ja sogar auf seine niederste Stufe hinabgedrückt war.» (Tagebuch eines Schriftstellers, 1873)

Mit besonderer Sehnsucht erwarten die Häftlinge die christlichen Feste, allen voran Weihnachten und Ostern. Dann dürfen sie zum Gottesdienstbesuch das Lager verlassen. Hier erleben sie, was ihnen im Knastalltag fehlt: Schönheit, Erhabenheit und das Gefühl von Zugehörigkeit zur gesamten Christenheit.

> «Ich war lange nicht mehr in der Kirche gewesen. Der Fastengottesdienst, der mir aus meiner fernen Kindheit im El-

ternhause so gut vertraut war, die feierlichen Gebete, die tiefen Verbeugungen – dies alles weckte in meiner Seele längst Vergangenes und rief mir die Eindrücke meiner Kinderjahre in Erinnerung, und ich besinne mich noch, wie angenehm es war, wenn wir morgens über den im Laufe der Nacht leicht gefrorenen Erdboden, unter Bewachung von Soldaten mit geladenen Gewehren ins Gotteshaus geführt wurden. [...] In der Kirche stellten wir uns in einem dichten Haufen am Eingang auf dem allerletzten Platz auf, so dass wir höchstens die laute Stimme des Diakons hören und ab und zu durch die Volksmenge den schwarzen Ornat und die Glatze des Geistlichen sehen konnten.» (Aufzeichnungen aus einem Totenhaus)

Weit weniger positiv als über die Delinquenten äußert sich Dostojewski über die Lagerleitung.

Besonders negativ hat er den Assistenten des Lagerkommandanten in Erinnerung, Major Kriwtzow, «eine ganz außergewöhnliche Kanaille, ein kleinlicher Barbar, Trunkenbold, Schikaneur, kurz: das größte Scheusal, das man sich vorstellen kann» (Brief an Bruder Michail, 22.2.1854).

Mit seinen willkürlichen Gewalt-Exzessen erinnert Kriwtzow an den Typ «sadistischer Aufseher», den man aus Hollywood-Gefängnisfilmen wie «Der Unbeugsame» (1967) oder «Die Verurteilten» (1994) kennt. Er lässt die Häftlinge wegen nichtiger Anlässe auspeitschen. Besonders gefürchtet ist die «grüne Straße». Hier werden Häftlinge durch einen Korridor spalierstehender Wärter geschleift, die ihn dabei mit Spießruten halb totprügelten. Major Kriwtzow weidet sich bereits vor der Tortur an der panischen Angst der Opfer. Die Ursache für die Degeneration des Majors in ein «Tier in Menschengestalt» sieht Dostojewski in dessen Machtfülle. Sie hat jedes empathische Gefühl in ihm abgetötet.

> «Ein schrecklicher Mensch war der Major gerade deshalb, weil ein solcher Mensch eine fast unbeschränkte Macht über zweihundert Menschen hatte. An und für sich war er nur ein unordentlicher und böser Mensch, weiter nichts. Die Gefangenen betrachtete er als seine natürlichen Feinde, und das war sein Hauptirrtum. Er hatte tatsächlich einige Fähigkeiten, aber alles, sogar das Gute, war in ihm irgendwie entstellt. [...] Die Eigenschaften eines Henkers finden sich im Keime fast in jedem modernen Menschen.» (Aufzeichnungen aus einem Totenhaus)

Die Angst vor der «grünen Straße» ist so groß, dass manche Sträflinge sich selbst verletzen oder neue Verbrechen begehen, um die Qualen durch einen Aufenthalt im Krankenlager oder einen neuen Prozess wenigstens für eine Weile aufzuschieben.

Auch Dostojewski zittert unentwegt davor, sich «irgendeine Bestrafung zuzuziehen», daneben zermürbt ihn «die vollständige Unterdrückung des Geistes» (Brief an Bruder Michail, 22.2.1854).

Angesichts solcher Erfahrungen könnte man eigentlich davon ausgehen, dass sich Dostojewskis Menschenbild insgesamt verdüstert hätte. Aber das Gegenteil ist der Fall. Seine Wertschätzung für die Mitmenschen nimmt zu.

Das liegt zum einen am weichen Kern, den er hinter der rauen Schale manches Mitgefangenen findet.

Am meisten jedoch beeindruckt ihn die Freundlichkeit, die ihm von außerhalb der Gefängnismauern entgegengebracht wird – von völlig Fremden und bereits vor Antritt der Haft. Seine spirituelle Erneuerung nimmt hier ihren Anfang:

Auf einer Station zwischen Petersburg und Omsk warten vier Frauen auf den Häftlingstransport. Es handelt sich um drei Gattinnen und eine Tochter der sogenannten «Dekabristen», einer Gruppe von verurteilten Revolutionären, die vor fünfundzwanzig Jahren ihre Ehemänner freiwillig in die Verbannung begleitet hatten. Für Kritiker des Zarenregimes gelten sie seitdem als Heldinnen. Die damals noch jungen Frauen hätten ein neues Leben beginnen können, statt sich aus Solidarität mit ihren Männern für die sibirische Einöde zu entscheiden. Hier sehen sie ihre Aufgabe auch darin, andere Häftlinge zu ermutigen. Sie haben sich angewöhnt, wie Dostojewski bewundernd vermerkt, «in jedem Unglücklichen einen Bruder» zu sehen. Bei arktischer Kälte treten sie auf Dostojewski und die anderen Gefangenen zu.

> «Diese herrlichen, in fünfundzwanzigjährigem Leiden und Selbstaufopferung erprobten Seelen! Wir bekamen sie nur flüchtig zu sehen, denn man kontrollierte uns streng. Sie schickten uns aber Kleider und Nahrungsmittel, trösteten und ermutigten uns.» (Brief an Bruder Michail, 22.2.1854)
>
> «Sie hatten alles hingegeben: Adel, Reichtum, Verbindungen und Verwandte, hatten alles geopfert für die höchste sittliche Pflicht, für die freieste Pflicht, die es überhaupt gibt. Sie, die selbst in nichts schuldig waren, ertrugen in langen fünfundzwanzig Jahren alles, was ihre verurteilten Männer zu ertragen hatten. Unser Zusammensein währte eine Stunde. Sie segneten uns auf den neuen Weg, bekreuzigten uns und schenkten einem jeden das Neue Testament.» (Tagebuch eines Schriftstellers, 1873)

Wenn diese Frauen seit einem Vierteljahrhundert freiwillig die größten Strapazen auf sich nehmen, so beschließt Dostojewski, dann wird auch er sich nicht von der Haft unterkriegen lassen.

Nach Ende seiner Zeit in Omsk bedankt er sich schriftlich bei zwei der Wohltäterinnen. Eine davon, Praskowja Annenkowa, war unter dem Namen Pauline Gueble in Frankreich geboren. Sie hatte vor dem Umzug nach Sibirien als Modistin gearbeitet. Dostojewski versichert ihr:

> «Ich glaube, dass solch schöne Seelen wie Sie immer glücklich sein müssen; nur die Schlechten sind unglücklich.» (Brief an Praskowja Annenkowa, 18.10.1855)

Auch die Gefängnisärzte beeindrucken Dostojewski.

> «Es ist allen Häftlingen in ganz Russland bekannt, dass die mitleidigsten Menschen für sie die Ärzte sind. Diese machen keinen Unterschied zwischen den Arrestanten und den anderen Menschen, den sonst unwillkürlich fast alle machen, höchstens mit Ausnahme des gemeinen Volkes. So ein Arzt wirft dem Arrestanten niemals sein Verbrechen vor, wie entsetzlich dieses auch sei, und verzeiht ihm alles um der Strafe willen, die er trägt, und überhaupt wegen seiner unglücklichen Lage. Nicht umsonst nennt das ganze Volk in Russland das Verbrechen ein Unglück und die Verbrecher Unglückliche.» (Aufzeichnungen aus einem Totenhaus)

Die moralische Qualität der ganz gewöhnlichen Leute zeigt sich nicht nur darin, dass sie die Menschenwürde der Sträflinge achten. Sie leisten auch materielle Unterstützung.

«Die höhere Klasse unserer Gesellschaft hat keine Ahnung, wie Kleinkaufleute, Kleinbürger und unser ganzes Volk sich um die ‹Unglücklichen› sorgt! Fast ununterbrochen werden Almosen gegeben, fast immer in Gestalt von Brot, Semmeln und Kalatschen [eine russische Brotsorte, Anmerkung der Verfasser], viel seltener in Geld. Ohne diese Almosen wäre an vielen Orten den Gefangenen [...] das Leben zu schwer.» (Aufzeichnungen aus einem Totenhaus)

Die wichtigste Erkenntnis, die Dostojewski den Omsker Jahren verdankt, gilt allerdings seiner eigenen Person. In Krisenzeiten lernt man, woran man bei anderen Menschen ist. Allen voran: bei sich selbst. Der ständige Drill, die permanente Kontrolle durch Wärter und Mithäftlinge, die Atmosphäre von Gewalt, Angst, Einschüchterung – das alles geht nicht spurlos an Dostojewski vorüber.

«Ja, zäh ist der Mensch! Der Mensch ist ein Wesen, das sich an alles gewöhnt – und ich glaube, das ist die treffendste Definition für ihn.» (Aufzeichnungen aus einem Totenhaus)

«Mein Charakter ist inzwischen schlechter geworden; ich war im Umgang mit den Leuten launisch und ungeduldig.» (Brief an Bruder Michail, 22.2.1854)

«Dieses lange farblose, physisch und moralisch schwere Leben hat mich erdrückt.» (Brief an Natalja Fonwisina, Ende Februar 1854)

Während seine äußeren Umgangsformen verkümmern, erlebt er gleichzeitig eine seelische Transformation.

«Diese Änderung vollzog sich nicht so schnell, sondern ganz allmählich und erst nach sehr, sehr langer Zeit. Es war nicht

Stolz, nicht Eigenliebe, was dem Eingeständnis im Wege stand. Und dabei war ich vielleicht einer von jenen (ich spreche nun wieder von mir allein), denen die Rückkehr zur Volkswurzel, zum Erkennen der russischen Seele, zur Anerkennung des Volksgeistes von Hause aus am meisten erleichtert war. [...] Wenn es also auch mir, sage ich, so schwer war, mich schließlich von der Lüge und Unwahrheit fast all dessen, was wir zu Hause für Licht und Wahrheit gehalten hatten, zu überzeugen, so frage ich mich: Wie schwer muss es dann erst den anderen gefallen sein, allen denen, die viel tiefer dem Volk entfremdet waren, die aus Familien stammten, in denen die Entzweiung mit dem Volk ererbt war und schon von den Vätern und Großvätern übernommen wurde?» (Tagebuch eines Schriftstellers, 1873)

Durch die Scheinhinrichtung und das Straflager ist sein Leben dem härtesten Stresstest unterzogen worden. Ihm wird jeder körperliche Komfort genommen, aber auch das geistige Gerüst und die Ideologien und Phantasien, an denen er sich bis dahin aufgerichtet hat. Geblieben ist ihm die Kraft, die er aus der Lektüre des Neuen Testaments bezieht. Die tröstende Botschaft vom Leben nach dem Tod. Und ein Erlebnis, das tiefe Spuren in ihm hinterlassen hat – die selbstlose Liebe der Dekabristen-Frauen, die in ihm, dem Sträfling, einen Bruder sahen.

In den Jahren vor seiner Verhaftung waren seine Gedanken ziellos herumgeirrt. Nun findet er zu einem neuen Weltbild, dessen Dimensionen sich aus den drei christlichen Leitkategorien Glaube, Hoffnung und Liebe bilden. Künftig gründet sich sein Denken auf den Glauben an Gott, der sich in Christus offenbart hat. Er richtet seine Hoffnung auf das von Christus versprochene ewige Leben.

Und er entschließt sich, sein Leben in liebevoller Verbundenheit mit seinen Mitmenschen, insbesondere seinen Volksgenossen, zu leben.

Auch wenn Dostojewski den Eindruck hat, dass man ihn in Petersburg vergessen hat, nehmen seine alten Bekannten an seinem harten Schicksal durchaus Anteil. In den Jahren nach seiner Haftentlassung spricht sich herum, was er dort erlebt hat. Der Lyriker und Publizist Nikolai Nekrassow, in dessen Zeitschrift «Arme Leute» erschienen war, verfasst sogar ein Gedicht zu Ehren Dostojewskis. Darin geht es um eine Art «Der Club der toten Dichter» im Gefängnis. In dem Poem wird ein gebildeter Häftling, der Dostojewski nachempfunden ist, von seinen Mitgefangenen zunächst verächtlich behandelt. Durch seine Integrität und Klugheit gewinnt er aber allmählich den Respekt der anderen. Schließlich wird er ihr Lehrmeister und moralisches Vorbild.

> «Es war einer unter uns / Er war derjenige, den wir anfangs nicht mochten. / Er sagte nichts / Er arbeitete langsam und sparsam. […] Er hat uns befriedet, er hat uns entwaffnet / Er hat uns den Abgrund offenbart / In den wir kopfüber stürzten […] Wir haben ihn nicht gleich verstanden / Aber er hat uns geduldig unterrichtet / Er teilte mit uns, auf brüderliche Art und Weise / Die Reichtümer seines Herzens […] Er spricht, wir hören auf ihn. / Und dann voller neuer Gedanken / Vergessen wir unsere Ketten.» (Nikolai Nekrassow, Die Unglücklichen)

Es spricht für Dostojewski, dass er mit dieser schmeichlerischen Charakterisierung durchaus nicht einverstanden ist. Seine Tochter schreibt:

> «Als mein Vater aus Sibirien zurückkam, zeigte ihm Nekrassow dieses Gedicht und sagte zu ihm: ‹Sie sind der Held!› Mein Vater war sehr gerührt von diesen Worten, bewunderte das Gedicht ‹Die Unglücklichen› sehr; als aber seine literarischen Freunde ihn fragten, ob Nekrassow ihn richtig geschildert habe, antwortete mein Vater lächelnd: ‹O nein, er hat meine Bedeutung übertrieben. Ich war im Gegenteil der Schüler der Sträflinge.›» (Ljuba Dostojewski)

Dostojewski selbst ist es, der während seiner Haftzeit eine innere Transformation durchmacht.

> «Ich will dir gar nicht sagen, welche Wandlungen meine Seele, mein Glaube, mein Geist und mein Herz in diesen vier Jahren durchgemacht haben. […] In meiner Seele ist alles klar.» (Brief an Bruder Michail, 22.2.1854)

Die entscheidenden Impulse zum inneren Relaunch verdankt er der Lektüre des Neuen Testaments, das ihm die Dekabristen-Frauen geschenkt haben – und in welchem sie auch ein paar Rubel als finanzielle Starthilfe versteckten.

> «Vier Jahre lang lag es im Zuchthaus unter meinem Kopfkissen. Ich las es manchmal und las auch anderen daraus vor. Nach diesem Buch lehrte ich einen jungen Zuchthäusler lesen.» (Aufzeichnungen aus einem Totenhaus)

Dieser «Zuchthäusler» ist ein junger Muslim namens Ali. Er wächst Dostojewski schon in den ersten Tagen der Haft dadurch ans Herz, dass er ihn nicht wie die anderen Häftlinge schneidet, sondern ihn freundlich begrüßt. Ali stammt aus dem Kaukasus und ist wegen eines Raubmordes verurteilt worden. Dazu angestiftet hatten ihn seine älteren Brüder. Der Familienehre zuliebe hatte er sich ihnen angeschlossen. Nun verbüßt er eine mehrjährige Haft.

> «Man konnte sich schwer erklären, wie dieser Jüngling es fertigbrachte, während seines ganzen Zuchthauslebens ein so sanftes Herz, eine so strenge Ehrlichkeit, eine solch sympathische Herzlichkeit zu bewahren und weder zu verrohen noch zu verderben. Er hatte übrigens trotz seiner scheinbaren Weichheit eine starke und standhafte Natur. Ich habe ihn später gut kennengelernt. Er war keusch wie ein reines Mädchen, und jede gemeine, zynische, schmutzige oder ungerechte Tat im Zuchthaus entzündete ein Feuer der Entrüstung in seinen schönen Augen, die dadurch noch schöner wurden. Aber er mied jeden Streit und jeden Wortwechsel, obwohl er nicht zu denen gehörte, die sich ungestraft beleidigen ließen, und verstand sehr gut, für sich einzustehen. Aber er stritt sich mit niemand; alle liebten ihn und erwiesen ihm jede Freundlichkeit. [...] Ich halte Ali für ein gar nicht gewöhnliches Wesen und erinnere mich an meine Begegnung mit ihm als eine der schönsten meines Lebens. Es gibt Menschen, deren Charakter von Natur aus so schön und so gottbegnadet ist, dass sogar der bloße Gedanke, sie könnten sich einmal zum Schlechten verändern, einem unmöglich erscheint.» (Aufzeichnungen aus einem Totenhaus)

Fjodor und Ali verbringen viele Nächte als Nachbarn; ihre Pritschen befinden sich nebeneinander. Ali unterstützt Fjodor bei handwerklichen Tätigkeiten, Fjodor revanchiert sich, indem er ihm beibringt, Russisch zu lesen und zu schreiben. Als Unterrichtsmaterial steht ihnen nur das Neue Testament zur Verfügung. Sie lesen von Jesus, den Ali «Isa» nennt.

> «Einmal hatte ich mit ihm die ganze Bergpredigt gelesen. Ich merkte, dass er einige Stellen mit besonderem Gefühl sprach. Ich fragte ihn, ob ihm das Gelesene gefalle. Er warf mir einen schnellen Blick zu und errötete. ‹Ach ja!›, antwortete er. ‹Isa ist ein heiliger Prophet. Isa sprach göttliche Worte. So schön!› – ‹Was gefällt dir denn am meisten?› – ‹Wo er sagt: ‹Vergib, liebe, tue niemand was zuleide und liebe deine Feinde.› Ach, so schön sagt er das!›» (Aufzeichnungen aus einem Totenhaus)

Viele Jahre nach seiner Entlassung aus der Haft, Dostojewski ist bereits 56 Jahre alt, reist eine Gruppe von Studenten von Moskau nach Petersburg. Sie bitten den inzwischen berühmten Dichter um Tipps für ihren künftigen Lebensweg. Dostojewski berichtet von seinen Gefängniserfahrungen und den Lehren, die er daraus gezogen hat:

> «In den schrecklichsten Zeiten meines Lebens, als mich alle verließen, gab es nur ein Wesen, das mich die ganze Zeit über unterstützte. Dieses Wesen war Gott. Er hat mich in Seiner Unterstützung nie zurückgewiesen. Ich fühle aus eigener Erfahrung, dass es nichts Schlimmeres gibt als Atheismus oder das Fehlen von Glauben. Allen Menschen, die sich davon überzeugen wollen, dass dies wahr ist, schlage ich vor, ins Gefängnis zu gehen. Wenn sie dort nicht Selbstmord begehen, dann werden sie zu echten Gläubigen. […] Wenn Sie nicht glauben, versuchen Sie, sich so zu verhalten, wie ich es vorschlage; fangen Sie an zu glauben, ohne Zweifel und Zögern, ohne Vorbedingungen, und dann werden Sie verstehen, dass es helfen wird, jede Unternehmung, jedes Geschäft, das Sie

> machen, zu unterstützen, und jeder Misserfolg von Ihnen wird Ihnen nicht schrecklich erscheinen, und dann wird alles für Sie in diesem Leben möglich werden.» (V. Abeldiaew)[14]

Ein neuer Horizont von Möglichkeiten eröffnete sich für Dostojewski am 15. Februar 1854. Nach fast vier Jahren werden ihm die Ketten abgenommen und die Gefängnistüren vor ihm aufgestoßen.

Allerdings führt ihn der Weg noch lange nicht in die Freiheit. Er ist verpflichtet, fortan als gemeiner Soldat zu dienen.

Nachdem Omsk bereits etwa dreitausend Kilometer von Petersburg entfernt liegt, geht es noch einmal fast tausend Kilometer weiter von zu Hause weg – ins heutige Kasachstan. Dostojewski muss befürchten, die Heimat nie wiederzusehen und allmählich auch die innere Bindung an seine Wurzeln zu verlieren.

> «Ich komme jetzt in eine wahre Wüste, nach Asien, und dort [...] werden mich, wie mir scheint, meine ganze Vergangenheit, alle Erinnerungen und Eindrücke verlassen.» (Brief an Natalja Fonwisina, Ende Februar 1854)

Vom Regen geht es in die Traufe. Oder besser: vom Eis in den Sand.

Der Militärstützpunkt Semipalatinsk, heute Semei, liegt mitten in der Steppe. Die Landschaft ist so trostlos, dass die Sowjets daraus später ein Atomwaffen-Testgelände machen.

---

[14] V. Abeldiaev, «Im Andenken an Dostojewski», in: Peter Serikin: The Dostoevsky Archive. Firsthand Accounts of the Novelist from Contemporaries' Memoirs and Rare Periodicals, 1997, S. 135

In den 1850er Jahren herrscht noch Leben in der Region. Aber anders als in Petersburg flanieren nicht aufgeputzte Großstadtschönheiten über breite Boulevards, sondern traben Kamele über staubige Pisten. In diesem «Sandplatz des Teufels», so der Spottname des Kaffs, muss Dostojewski auf unbestimmte Zeit als Soldat dienen. Schriftstellerische Betätigung ist ihm untersagt. Stattdessen muss er exerzieren, stundenlang strammstehen und auf günstigere Umstände hoffen.

Unter den etwa fünftausend Einwohnern können nur die wenigsten lesen und schreiben. Die meisten sind nicht Christen, sondern Muslime. Es gibt vielleicht ein Dutzend Menschen, die an russischer Literatur interessiert sind. Unter ihnen befindet sich ein junger Mann, der Dostojewski kennt, wenn auch nur durch die Lektüre und eine flüchtige, einseitige Begegnung: Alexander Wrangel, der die Fast-Exekution mitverfolgt hatte, ist inzwischen zum Staatsanwalt aufgestiegen und tritt Ende 1854 in Semipalatinsk seine erste Stelle an. Mit ihm freundet sich Dostojewski an.

Noch ein zweiter Alexander tritt auf schicksalhafte Weise in sein Leben. Der Zarensohn, der die Exekutionseinheit befehligt hatte, übernimmt nach dem Tod seines Vaters Nikolaus im März 1855 die Regierungsgeschäfte. Alexander II. gilt als vergleichsweise liberal und progressiv. Dostojewski wartet nicht lange. Er nutzt die Chance und bittet einen Bekannten, Eduard Totleben, sich beim Zaren für ihn einzusetzen.

> «Wenn man seelische und geistige Kräfte hat, die man nicht anwenden kann, leidet man schwer an der Untätigkeit. Der militärische Beruf liegt mir nicht. […] Den Beruf eines Schriftstellers habe ich stets für einen ehrenvollen und nützlichen gehalten. Ich habe die Überzeugung, dass ich nur auf diesem

> Gebiet nutzbringend wirken kann, dass ich eine gewisse Aufmerksamkeit auf mich lenken, meinen guten Ruf wiedererlangen und mir das Leben einigermaßen erleichtern könnte; denn ich besitze nichts als gewisse, vielleicht auch recht bescheidene literarische Fähigkeiten.» (Brief an Eduard Totleben, 24.3.1856)

Der Zar begnadigt ihn – stückchenweise. Ein Jahr nach Abfassung des Briefs bekommt Dostojewski eine Beförderung, seine Bürgerrechte zurück und die Erlaubnis, Bücher zu veröffentlichen. Schließlich kann er auch die Entlassung aus dem Militärdienst erwirken. Weil ihm aber immer noch untersagt ist, in die Hauptstadt zurückzukehren, richtet er einen weiteren Brief an den Zaren – diesmal persönlich an ihn adressiert:

> «Ich habe eine Frau und einen Stiefsohn, für den ich sorgen muss. Ich besitze keinerlei Vermögen und erwerbe mir die Mittel zum Leben einzig und allein durch literarische Arbeit, die bei meinem krankhaften Zustand schwer und anstrengend ist. [...] Ärztliche Hilfe kann ich jedoch nur in Petersburg erhalten. [...] In Ihren Händen liegt mein ganzes Schicksal, meine Gesundheit, mein Leben!» (Brief an Zar Alexander II., zwischen 10. und 18.10.1859)

Der Zar lässt sich erweichen. Kurz vor Weihnachten 1859, exakt zehn Jahre nach seiner Deportation, kehrt Dostojewski nach Petersburg zurück. Seine Lern- und Wanderjahre sind vorbei. Nun geht es ans Umsetzen.

> «Es scheint wohl wahr zu sein, dass die ganze zweite Hälfte des menschlichen Lebens sich gewöhnlich nur aus Gewohn-

heiten zusammensetzt, die man in der ersten Hälfte erworben hat.» (Die Dämonen)

Ganz jung ist er nicht mehr, sondern bereits 38 Jahre alt. Er ist ein Familienvater ohne Einkommen, geplagt von regelmäßigen epileptischen Anfällen und schmerzhaften Hämorrhoiden. In den Jahren vor seiner Rückkehr hat er bereits zwei Erzählungen verfasst. Sie haben wenig Resonanz erzielt.

Inzwischen gibt es ganz andere Sterne am russischen Literaturhimmel: seinen alten Bekannten Turgenjew («Das Adelsnest»), dazu Iwan Gontscharow («Oblomow») und einen jungen Aristokraten namens Leo Tolstoi («Kindheit», «Jugendjahre», «Familienglück»).

Mit Dostojewski rechnet niemand mehr. Sein letzter und einziger Erfolg, «Arme Leute», liegt fast fünfzehn Jahre zurück. Er ist ein «Has-Been», eine vergangene, vielleicht auch schon vergessene Größe.

Doch Dostojewski gelingt mehr als nur ein bescheidener Wiederaufstieg, nämlich das grandioseste Comeback der Literaturgeschichte.

KAPITEL 5
PATIENT

Den Lebenslauf von Dostojewski könnte man genauso gut Leidenslauf nennen, so viele schmerzhafte Probleme stellen sich ihm in den Weg.

Vollwaise mit 17.

Kometenhafter Aufstieg und kratertiefer Absturz in der Publikumsgunst mit 25.

Mit 28 Scheinhinrichtung und Straflager. Hier und anschließend in der Verbannung verbringt er zehn Jahre, ausgerechnet die Zeit der normalerweise größten physischen Kraft und höchsten psychischen Konzentration. Andere Schriftsteller produzieren in ihren Dreißigern ihre Meisterwerke. Dostojewski ist das Schreiben teilweise sogar ganz verboten.

Witwer mit 42.

Im selben Jahr, 1864, stirbt sein engster Angehöriger und bester Freund, sein Bruder.

Später muss er zwei seiner vier Kinder begraben, jeweils diejenigen, an denen er am meisten hängt.

Dann sind da noch Depressionen, Epilepsie, Unterleibserkrankungen, Lungenleiden, Spielsucht, Geldsorgen, Geschäftsflops, Bankrotte, Zensurverbote.

Und schließlich der frühe Tod mit nur 59 Jahren. Die anderen großen russischen Dichter leben deutlich länger. Turgenjew wird immerhin 64, Gontscharow 79, Tolstoi 82.

Dostojewski trägt nicht nur einen Stachel im Fleisch, sondern Dutzende. Sein Leben gleicht einem Marsch durch ein Kaktusfeld.

Wo Verbitterung vorprogrammiert scheint, kommt er aber zur gegenteiligen Erkenntnis. Leben ist zwar Leiden – aber trotzdem schön.

Die epileptischen Anfälle sind der bekannteste Eintrag in seiner Krankenakte. Sie suchen ihn im Durchschnitt einmal pro Monat heim, manchmal sogar täglich. Im Bittgesuch an den Zaren erklärt er, dass sie während seiner Haft begonnen haben. Anschließend, in seiner Zeit als Soldat, fürchtet er nichts mehr, als dass die Attacken ihn während einer einsamen Nachtwache ereilen und er ohne fremde Hilfe in der engen Uniform erstickt.

Überhaupt lebt Dostojewski in ständiger Furcht vor Anfällen. Sie können ihn in den ungünstigsten Momenten überkommen: bei romantischen Verabredungen oder bei öffentlichen Vorträgen. Ausgelöst werden sie vor allem durch stresshafte Situationen. Die Folge ist ein erheblicher mentaler Verschleiß.

> «Jeder Anfall schwächt mein Gedächtnis, die Phantasie, meine seelischen und körperlichen Kräfte. Das Ende meiner Krankheit muss Lähmung, Tod oder Wahnsinn sein.» (Brief an Zar Alexander II., zwischen 10.10. und 18.10.1859)

Der zunehmende Gedächtnisverlust macht ihm besonders zu schaffen. Glaubt man seiner zweiten Frau Anna, zerbrechen daran mehrere freundschaftliche Beziehungen. Gute Bekannte nehmen ihm übel, dass er bei den Begegnungen ihre Namen nicht parat hat. Er selbst bekennt als Mitte-50-Jähriger, dass er inzwischen Teile der Handlung seiner eigenen Romane, darunter «Schuld und Sühne», vergessen hat.

So unangenehm ihm seine Anfälle in Gegenwart anderer Menschen sind, so wenig scheut Dostojewski sich davor, öffentlich darüber zu reden. Als er den Brief eines weiblichen Fans erst mit einiger Verzögerung beantwortet, entschuldigt er sich mit dem Hinweis auf seine Krankheit:

> «… außerdem habe ich neulich drei epileptische Anfälle erlitten, und zwar von solcher Kraft und in so rascher Aufeinanderfolge, wie es mir seit Jahren nicht vorgekommen ist. Nach jedem Anfall war ich körperlich und geistig so zerschlagen, dass ich zwei und drei Tage darauf weder arbeiten oder schreiben noch lesen konnte.» (Brief an A. Gerassimowa, 7.3.1877)

In vertrauter Runde erzählt Dostojewski ausführlich von seiner Epilepsie. Besonders in Erinnerung bleibt ihm eine Attacke während seiner Verbannung in Semipalatinsk. Er streitet gerade mit einem atheistischen Freund über die Existenz Gottes. Auf dem Höhepunkt der Debatte hört er das Osterglockengeläut einer Kirche.

> «… und ich fühlte, wie der Himmel zur Erde kam und mich verschlang. Ich fand wirklich Gott und wurde von ihm erfüllt. ‹Ja, Gott existiert›, schrie ich – und sonst erinnere ich mich an nichts! ‹Ihr seid alle gesunde Menschen›, fuhr er fort, ‹und ihr habt nicht die geringste Vorstellung von jenem Glück, das wir Epileptiker in der Sekunde vor dem Anfall empfinden. Mohammed versichert in seinem Koran, dass er das Paradies gesehen habe und

> dort gewesen sei. Alle klugen Toren sind davon überzeugt, dass er einfach ein Lügner und Betrüger ist. Aber nein! Er lügt nicht! Er war tatsächlich im Paradies, während des Anfalls der Epilepsie, an der er gleich mir litt. Ich weiß nicht, ob diese Glückseligkeit Sekunden oder Stunden oder Monate währt, aber glauben Sie mir aufs Wort, alle Freuden, die das Leben geben kann, würde ich für sie nicht eintauschen!»» (Sonja Kowalewski)[15]

Auch in vielen seiner Romane beschreibt Dostojewski das Phänomen ekstatischer Bewusstseinszustände.

> «Bei krankhaften Zuständen zeichnen sich die Träume oft durch ungemeine Lebhaftigkeit, Klarheit und außerordentliche Ähnlichkeit mit der Wirklichkeit aus. Der eigentliche Gegenstand des Traumes ist dabei manchmal ganz ungeheuerlich. Die näheren Umstände aber und die ganze Art, wie sich der Hergang abspielt, sind so wahrscheinlich und mit so feinen, überraschenden, aber künstlerisch zu dem Gesamtbild durchaus passenden Einzelheiten ausgestattet, dass der Träumende sie im wachen Zustand, selbst wenn er ein Dichter wie Puschkin oder Turgenjew wäre, nicht ersinnen könnte.» (Schuld und Sühne)

In zwei seiner größten Romane nehmen Epileptiker tragende Rollen ein: zum einen Smerdjakow, der Vatermörder in «Die Brüder Karamasow», zum anderen Myschkin, der christusähnliche Held in «Der Idiot». An Myschkin verdeutlicht Dostojewski den ambivalenten Charakter der Krankheit. Einerseits kostet sie den grundanständigen Fürsten letztendlich die Geisteskraft. Andererseits beschert sie ihm die erhabensten geistigen Erfahrungen, nämlich «die höchste Stufe

[15] Kowalewski, Sonja: Jugenderinnerungen, 1960

der Harmonie und Schönheit», «ein bisher ungeahntes Gefühl der Fülle, der Balance und des Ausgesöhntseins», «eine außerordentliche Steigerung des Selbstbewusstseins». Myschkin findet, ebenso wie ganz offenbar der Autor, zu einem «Ja» gegenüber der Erkrankung, sieht in ihr mindestens so viel Segen wie Fluch.

> «Wenn er in jener Sekunde, das heißt in dem letzten Augenblick des Bewusstseins vor dem Anfall, manchmal noch die Möglichkeit fand, zu sich selbst klar und mit Bewusstsein zu sagen: ‹Ja, für diesen Augenblick könnte man das ganze Leben hingeben!›, so war dieser Augenblick sicherlich das ganze Leben wert.» (Der Idiot)

Dostojewski schildert den Anfall als euphorisierenden Flash, der sich auf seinem Höhepunkt in einen heftigen Schmerz verwandelt.

> «Die Empfindung des Lebens und das Bewusstsein der eigenen Persönlichkeit verzehnfachten sich in diesen Augenblicken, die nur die Dauer eines Blitzes hatten. Verstand und Herz waren von einem ungewöhnlichen Licht durchleuchtet, all seine Aufregungen, all seine Zweifel, all seine Beunruhigungen mit einem Schlage besänftigt, in eine höhere Ruhe voll klarer, harmonischer Freude und Hoffnung, voll Verstand und Einsicht in die letzten Gründe der Dinge aufgelöst. Aber diese Momente, diese Lichtblitze waren nur Vorläufer jener letzten, entscheidenden Sekunde (es war nie mehr als eine Sekunde), mit der der Anfall selbst begann. Diese Sekunde freilich war unerträglich.» (Der Idiot)

Nicht nur wegen seiner Epilepsie ist Dostojewski ein chronisch kranker Mensch. Es gibt weitere Baustellen. Noch als Militärstudent beantragt er einen Monat Urlaub, «weil ich an einem Stechen in meiner Brust und fortgesetztem Gliederreißen leide». Bei seinem Bruder klagt er über Hämorrhoiden. Im Gefängnis, vermutlich wegen der Kälte, plagt ihn sein entzündeter Unterleib unentwegt. Oft liegt er im Lager-Krankenhaus. Auch nach der Entlassung vergeht kaum ein Tag ohne Schmerzen.

> «Ich leide seit einem Monat an Hämorrhoiden. Sie haben wahrscheinlich nicht die geringste Ahnung von dieser Krankheit und ihren Anfällen. Es geht schon seit drei Jahren so, jedes Jahr zwei Monate, Februar und März. Was für eine Plage ist das. Fünfzehn Tage lang musste ich auf dem Sofa liegen bleiben, und fünfzehn Tage lang konnte ich meinen Stift nicht halten. Und jetzt habe ich nur noch fünfzehn Tage Zeit, um fünf gedruckte Seiten zu schreiben.» (Brief an Alexander Wrangel, 18.2.1866)

Noch weit mehr Probleme als sein Hinterteil bereitet die Lunge. Sie ist unnatürlich aufgebläht, was zu Hustenreiz und Atemnot führt. In seinem letzten Jahrzehnt reist er viermal zu Kuraufenthalten nach Bad Ems, um seine Qualen zu lindern. In einem Brief an seine Frau schildert Dostojewski das tägliche Massengurgeln mit dem Heilwasser:

> «In einem Kabinett sind an die zwanzig Plätze in der Art von Pissoirs, und alle zwanzig Personen gurgeln gleichzeitig. Das ist ein Konzert!» (Brief an Ehefrau Anna, 30.6.1875)

Trotz aller Kuren bläht sich die Lunge weiter auf. Dass er eine Tabakdose nach der anderen leerraucht, verschärft das Lungenleiden.

Gleichzeitig ist Dostojewski gegen ein anderes verbreitetes Laster resistent. Sowohl sein Vater als auch mindestens zwei Brüder sind alkoholabhängig. Dagegen trinkt Dostojewski nie mehr Alkoholisches als ein bis zwei Gläser. Nicht etwa, weil er keinen Wein oder Wodka mag, sondern weil er beides wegen seiner Epilepsie nicht verträgt. Alkohol erhöht das Anfall-Risiko.

Dafür verfällt er einer anderen Sucht, die weniger seine Gesundheit angreift als vielmehr seinen Geldbeutel: die Spielleidenschaft. Etwa acht Jahre lang ist sein Glück wesentlich vom Lauf der Roulettekugel abhängig.

Wie seine Haft, seine Epilepsie und andere krisenhafte Erfahrungen verarbeitet Dostojewski auch seine Spielsucht literarisch. Der Held des Romans «Der Spieler», den er 1865 verfasst, trägt eindeutig autobiographische Züge. Das Objekt der romantischen Begierde des Helden heißt genauso wie die damalige Herzensdame von Dostojewski, Polina. Und wie in dem Roman gibt es auch in seinem eigenen Leben eine reiche Erbtante. Außerdem wimmelt der Roman von Insider-Beobachtungen und typischen Zocker-Durchhalteparolen.

> «Spieler haben ja Verständnis dafür, wie ein Mensch es fertigbringt, fast vierundzwanzig Stunden lang auf einem Fleck bei den Karten zu sitzen und weder rechts noch links zu blicken.»
>
> «Warum sollte ich nicht auferstehen können? Ja! Ich brauche nur ein einziges Mal im Leben ein guter Rechner zu sein und Geduld zu haben; das ist alles! Ich brauche mich nur ein einziges Mal charakterfest zu zeigen, und in einer Stunde kann ich mein Schicksal völlig umändern! Die Hauptsache ist Charakterfestigkeit.»

Der Roman endet schließlich mit dem Mantra aller Selbstbetrüger:

«Morgen, morgen wird sich alles wenden!»

Dass seine Spielsucht eine Charakterschwäche ist, gibt Dostojewski unumwunden zu. Typisch ist ein Schwung von Briefen, die er seiner frisch angetrauten zweiten Ehefrau Anna schreibt. Darin enthalten ist das minutiöse Protokoll seines zunehmenden Kontrollverlusts. Das Ehepaar wohnt damals in Dresden, als Dostojewski seinem destruktiven Trieb folgt und alleine in die Casino-Metropole Bad Homburg aufbricht. Von Anfang an macht er sich Vorwürfe, ist aber außerstande, seine Leidenschaft zu zügeln. Seine Briefe dokumentieren die inneren Kämpfe des Spielsüchtigen, das Ringen von Leidenschaft und Gewissen. Und sie lassen erahnen, welche Qualen die täglichen Nachrichten für die Gattin bedeutet haben müssen.

> «Immerzu dachte ich an Dich und fragte mich: Warum habe ich meine Anja verlassen? […] Warum fahre ich? […] Gott hat Dich mir anvertraut, damit nichts von den Keimen und Reichtümern Deiner Seele und Deines Herzens verloren geht, sondern alles reich und üppig gedeiht und erblüht; er gab Dich mir, damit ich meine schweren Sünden durch Dich sühne, indem ich Dich Gott darbiete – gebildet, orientiert, bewahrt, gerettet vor allem, was niedrig ist und den Geist abtötet; ich aber kann (obwohl mir dieser Gedanke ständig auch vorher gekommen war, besonders beim Beten), ich aber kann Dich mit so charakterlosen, unvernünftigen Sachen wie dieser meiner dummen Reise hierher selber kopfscheu machen. […] Eine Dummheit begehe ich, eine Dummheit, und vor allem eine Schlechtigkeit, und schwach bin ich, aber hier ist eine winzige Chance. […] Ich werde zwei Tage, allerhöchstens drei bleiben. Anders geht es nicht – selbst wenn ich Erfolg haben sollte.» (Brief an Ehefrau Anna, 17.5.1867)

«Am liebsten hätte ich gestern den ganzen Tag geschlafen. Aber da war das Spiel, von dem ich mich nicht losreißen konnte.» (18.5.1867)

«Der gestrige Tag war für mich miserabel. Ich habe allzu viel (relativ gesehen) verloren. Was ist zu tun? Ich mit meinen Nerven darf nicht spielen.» (19.5.1867)

«Ich habe gestern alles verspielt, bis zur letzten Kopeke, bis zum letzten Gulden. [...] Wirst Du mir alles verzeihen?» (20.5.1867)

«Das Spiel ist aus, ich möchte schnellstens zurückkommen. Schicke mir doch umgehend [Geld].» (21.5.1867)

«Da ich nun schon etwa zwanzigmal an den Spieltisch getreten bin, habe ich die Erfahrung gemacht, dass man, wenn man kaltblütig spielt, ruhig und mit Berechnung, unmöglich verlieren kann! Ich schwöre Dir: Es ist – unmöglich.» (22.5.1867)

«Vielleicht konntest Du schon das Geld an mich absenden, und ich erhalte es heute. Es wäre dringend notwendig. Ich habe keine Kopeke.» (23.5.1867)

«Nenne mich nicht Schuft! Ich habe ein Verbrechen begangen. Ich habe alles verspielt, was Du mir geschickt hast.» (24.5.1867)

«Was wird jetzt mit uns?» (25.5.1867)

«Wenn ich heute das Geld von Dir erhalte, dann bemühe ich mich nach Kräften, noch heute abzureisen. [...] Mein Engel, mein Freund, verzeih mir.» (26.5.1867)

Schließlich kann er sich doch noch losreißen, aber nur, um den Gläubigern zu entkommen, nicht aus Einsicht.

Im Herbst desselben Jahres hat der Spielteufel ihn schon wieder im Griff. Den nächsten reuevollen Brief erhält Anna aus dem schweizerischen Saxon, nahe Martigny.

> «Anja, Liebe, meine Teure, ich habe alles verspielt, alles, alles! O mein Engel, sei nicht traurig und mach Dir keine Sorgen. Sei gewiss, nun endlich kommt die Zeit, da ich Deiner würdig sein und Dich nicht mehr bestehlen werde wie ein widerlicher, gemeiner Dieb.» (Brief an Ehefrau Anna, 18.11.1867)

Dass russische Dichter der Zockerei frönen, ist nichts Neues. Von Leo Tolstoi ist bekannt, dass er als Jung-Erwachsener sein Lieblingshaus beim Kartenspiel verliert. Es gibt aber keinen anderen Dichter, der so zwanghaft an den Spieltisch gekettet ist und der es sich gleichzeitig so wenig leisten kann. Unentwegt muss Dostojewski Freunde, Bekannte, sogar Rivalen wie Turgenjew anpumpen. Immer wieder verpfändet oder verkauft er eigene Kleidungsstücke, sogar die seiner Frau, ja selbst die Eheringe. Nachdem er seine Taschenuhr versetzt hat, muss er monatelang fremde Menschen auf der Straße nach der Uhrzeit fragen.

Die Hilflosigkeit, mit der Dostojewski seiner Obsession gegenübersteht, gibt vor allem seiner Frau Rätsel auf.

> «Anfangs erschien es mir seltsam, dass Fjodor Michailowitsch, der so tapfer viele verschiedene Leiden in seinem Leben ertragen hatte (Festungshaft, Schafott, Verbannung, den Tod des geliebten Bruders, der Gattin), nicht die Willenskraft aufbrachte, sich zu beherrschen, bei einer bestimmten Höhe des Verlusts haltzumachen [...]. Ich sah darin sogar eine gewisse Erniedrigung, die seines erhabenen Charakters unwürdig war, und es berührte mich schmerzlich und kränkte mich, diese Schwäche bei meinem teuren Mann zu entdecken. Doch bald begriff ich, dass das nicht bloße Willensschwäche, sondern eine den Menschen vollkommen verschlingende Leidenschaft

war, etwas Elementares, gegen das nicht einmal ein starker Charakter ankämpfen kann. Man musste sich damit abfinden, die Spielsucht als eine Krankheit sehen, gegen die es kein Mittel gibt.» (Anna Dostojewski)

Ein unergründliches Mysterium ist die Spielleidenschaft Dostojewskis dennoch nicht. Es gibt durchaus vernünftige Erklärungen.

Sein erster Spieleinsatz in Wiesbaden wirkt wie eine Einstiegsdroge. Der Erfolg fixt ihn an. Er gewinnt nämlich eine große Geldsumme. Diese rauschhafte Erfahrung ist fortan im Belohnungszentrum seines Gehirns fest installiert. Mit jedem neuen Spiel jagt er dem Hochgefühl des ersten Mals nach.

Auffällig ist überdies, dass die Spielsucht bei Dostojewski kein lebenslanges Phänomen ist. Sie fällt in seine rastlose Lebensphase, als er zunächst alleine, später in Begleitung seiner zweiten Ehefrau, durch Europa irrlichtert. Offenbar gibt ihm das Spielen einen emotionalen «Kick», der ihm über den alltäglichen Frust hinweghilft.

Und schließlich entspricht das Glücksspiel seiner Persönlichkeitsstruktur. Er versteht sich selbst als Träumer. Und was steckt hinter dem Spielen schon anderes als der Traum von dem Jackpot und der materiellen Sorgenlosigkeit? Außerdem verschafft ihm das Spielen ein Gefühl der Freiheit und des Abenteuers. Dass die Jagd nach dem Thrill der Freiheit wiederum zwanghaft ist, gehört zu den Paradoxien seines Charakters.

Im Frühjahr 1871 ist plötzlich und endgültig Schluss. Zumindest im Hinblick auf die Spielsucht. Wieder einmal erlebt Dostojewski eine Auferstehung, eine Lösung von ungesunden Bindungen, einen

Durchbruch zu wahrer Freiheit. Nachdem er noch einmal das Casino von Wiesbaden besucht hat, informiert er seine Frau:

> «Mir ist Großes widerfahren. Die abscheuliche fixe Idee, die mich beinahe zehn Jahre lang (oder richtiger: seit dem Tode meines Bruders, als ich plötzlich mit Schulden beladen dastand) gequält hat, ist verschwunden. Ich träumte bisher noch immer, zu gewinnen. […] Jetzt ist alles vorbei. Das war das letzte Mal. Meine Hände sind frei.» (Brief an Ehefrau Anna, 28.4.1871)

Diesmal handelt es sich nicht, wie so oft vorher, um ein leeres Versprechen. Dostojewski zockt tatsächlich nie wieder, auch wenn er bei seinen Reisen zur Kur nach Bad Ems die Möglichkeit zu Abstechern nach Wiesbaden, Bad Homburg und Baden-Baden gehabt hätte.

Mit der Heilung von der Spielsucht verbessern sich die finanziellen Verhältnisse im Hause Dostojewski. Geldmangel bleibt aber ein Dauerthema. In seinen Studentenjahren hat er seinen Vater mit seinen Betteleien in Rage versetzt. Auch in der Haft ging es immer wieder um kleine Geldsummen, schließlich wurden damit unter der Hand Privilegien ergattert. Während der Verbannung in der kasachischen Steppe pumpt er seine Familie in Petersburg unentwegt um Geld an. Nach der Rückkehr aus dem Exil bleibt er Stammgast bei Gläubigern und Pfandleihern. In seinen Briefen wimmelt es von Bitten um Kredite und Vorschüsse.

Überhaupt ist die Beschäftigung mit seiner Korrespondenz ernüchternd, wenn man darin die erhabene Thematik seiner Erzählwerke erwartet. Stattdessen geht es in vielen Schreiben alleine um die Geldbeschaffung.

> «Wie gerne ginge ich wieder ebenso viele Jahre ins Zuchthaus, nur um meine Schulden zu bezahlen und mich wieder frei zu fühlen. Jetzt muss ich wieder einen Roman unter der Fuchtel schreiben, das heißt aus Not und in Hast. Er wird sehr wirkungsvoll werden, aber ist denn das mein Ziel? Die Arbeit aus Not, um des Geldes willen, erdrückt mich und frisst mich auf.» (Brief an Alexander Wrangel, 14.4.1865)

Die finanziellen Nöte verfolgen ihn bis an die Schwelle zum Tod. In seinem allerletzten Brief geht es nicht um hohe Ideale, sondern um den schnöden Mammon. Dabei hat er mit «Die Brüder Karamasow» gerade seinen bis dato größten Bestseller abgeliefert. Dennoch bittet er den Chefredakteur, in dessen Blatt das Buch als Fortsetzungsgeschichte erschienen ist, erneut um einen Vorschuss.

> «Im Augenblick habe ich sehr wenig Geld. [...] Ich muss nämlich gerade eine Ausgabe bestreiten und brauche unbedingt Geld, sonst gleitet mir die Sache aus den Händen.» (Brief an Nikolai Ljubinow, 26.1.1881)

Solche flehentlichen Bitten machen deutlich: Dostojewski nimmt das Leid nicht leicht. Geldsorgen, Krankheit, Schikanen rauben ihm Kraft und Lebensfreude, schränken seinen Entfaltungsraum ein, belasten seine Beziehungen. Dostojewski ist weder Masochist noch Asket. Er leidet unter den Beschwernissen, dem billigen Essen, den einfachen Unterkünften.

> «Um allen diesen Schulden gerecht zu werden, war Fjodor Michailowitsch gezwungen, über seine Kräfte zu arbeiten und überdies sich und seiner Familie nicht nur Vergnügen und

> Komfort, sondern selbst die Befriedigung der alltäglichsten Bedürfnisse zu versagen.» (Anna Dostojewski)

Tatsächlich resultieren die finanziellen Probleme längst nicht nur aus seiner Spielsucht. Er kann mit Geld schlichtweg nicht umgehen. Schon in seinen jungen Petersburger Jahren lässt er sich, wie seine damaligen Freunde übereinstimmend berichten, immer wieder bestehlen, über den Tisch ziehen, zu Fehleinkäufen verleiten.

Dostojewski ist zudem ein Genussmensch. Seine Tochter attestiert ihm eine «phantastische Vorstellung von Sparsamkeit». Was das bedeutet, erlebt sie, wenn ihr Vater sie auf Einkaufstouren mitnimmt.

> «Mit dem Interesse eines Leckermäulchens verfolgte ich seine originelle Art, Einkäufe zu machen. Ging ich mit meiner Mutter hin, so kam sie mit einem bescheidenen Päckchen in der Hand wieder heraus. Begleitete ich aber meinen Vater, so verließen wir das Geschäft mit leeren Händen, aber ein paar kleine Jungen gingen uns voraus oder folgten uns und trugen vergnügt in der Erwartung eines guten Trinkgeldes große Körbe.» (Ljuba Dostojewski)

Zu den Widersprüchen in Dostojewskis Charakter gehört, dass er in Finanzfragen schnell außer Rand und Band gerät. In puncto Sauberkeit ist er aber alles andere als ein Messie, sogar sehr penibel. Ob zuhause oder unterwegs: Er achtet streng auf äußere Korrektheit.

> «Wenn mein Vater aufstand, machte er zuerst Gymnastik. […] Er nahm sorgfältige Waschungen vor mit viel Wasser, Seife und Parfüm. Dostojewski hatte eine wahre Leidenschaft für

> Reinlichkeit. [...] Niemals habe ich ihn im Schlafrock oder in Pantoffeln gesehen, in denen sich die Russen einen großen Teil des Tages zu bewegen pflegen. Gleich vom Morgen an war er korrekt gekleidet, mit Stiefeln und Krawatte und einem schönen weißen Hemd mit gestärktem Kragen. Mein Vater trug immer gute Anzüge. Auch in der Zeit, als er noch arm war, ließ er bei dem besten Schneider der Stadt arbeiten. Er pflegte seine Kleidung sehr, bürstete sie immer selbst und besaß das Geheimnis, sie lange neu zu erhalten. [...] Wenn mehrere Freunde gleichzeitig meinen Vater besuchten und Stühle und Sessel in Unordnung brachten, stellte er sie nach dem Weggehen der Gäste selbst an ihren Platz. Auch auf seinem Schreibtisch herrschte die größte Ordnung. Die Zeitungen, die Zigarettenschachtel, die Briefe, die er empfing, die Bücher, die er zu Rate zog – alles musste an seinem Platz bleiben. Die kleinste Unordnung regte meinen Vater auf.» (Ljuba Dostojewski)

Dass sich ein Perfektionist wie er mit dem Chaos seines Lebens so gut arrangiert, verwundert keinen mehr als Dostojewski selbst.

> «Es ist ein erstaunliches Ding: Aus schwerem Unglück und schwerer Prüfung trug ich ungewöhnliche Munterkeit und Selbstvertrauen davon.» (Brief an Bruder Michail, 9.3.1857)

In seinen Briefen lamentiert er zwar häufig, aber meistens ohne eine Spur von Bitternis oder Rachsucht. Er schickt seinem schwierigen Vater keine Verwünschungen hinterher ins Grab. Er grollt nicht dem Zaren, der ihm die besten Jahre seines Lebens geraubt hat. Er trägt es seinen Familienangehörigen nicht nach, dass sie ihm während seiner Haftzeit kein einziges Mal geschrieben haben.

Umgekehrt vergisst er nie die Wohltaten, die ihm zuteilwurden. Gerne erinnert er sich an einen Lagerkommandanten, der ihm wohlgesinnt war und ihm das letzte Jahr in der Haft erleichterte.

> «So sehr Dostojewski es hasste, von den im Zuchthaus erlittenen Leiden zu sprechen, so sehr liebte er es, der Menschen zu gedenken, die in dieser schweren Prüfungszeit gut zu ihm waren.» (Ljuba Dostojewski)

Dostojewski versteht es, sich auf die Habenseite des Lebens zu konzentrieren. Er ignoriert, soweit wie möglich, die Narben der Haft und schüttelt sich den kasachischen Staub von den Klamotten.

Ein späterer Mitarbeiter staunte darüber …

> «… dass an ihm nicht die geringste Spur einer Verbitterung oder Kränkung durch die von ihm ausgestandenen Leiden zu bemerken war und nie auch nur der Schatten des Wunsches, die Rolle eines Märtyrers zu spielen.» (Nikolai Strachow)[16]

Dostojewski versteht sich als Reporter von den Frontlinien des menschlichen Daseinskampfes. Da gehören eigene Verletzungen zum Berufsrisiko. Er sieht nach vorne und überhaupt vorzugsweise das Beste in den Menschen. Sein Freund, der Philosoph Wladimir Solowjow, hält diese Vergebungsbereitschaft für Dostojewskis schönste Charaktereigenschaft.

[16] Strachow, Nikolai: Zur Lebensgeschichte Dostojewskis, in: F. M. Dostojewski. Sämtliche Werke. 2. Abteilung. 12. Band. Literarische Schriften. Übersetzt von E. K. Rahsin. Hrsg. von Moeller van den Bruck, 1923

«Dadurch offenbarte er eine sittliche Macht des Geistes, die stärker war als jede äußere Kraft.» (Wladimir Solowjow)[17]

Während Menschen prinzipiell dazu neigen, Kritik intensiver wahrzunehmen als Lob – und das Unglück mehr zu fürchten, als das Glück zu schätzen –, ist es bei Dostojewski gerade umgekehrt. Im Gegensatz zu den Porträts, die ihn deprimiert wirken lassen, überwiegt bei ihm die Lebensfreude.

«Wenn einen das Herz bedrückt, krank und traurig ist, dann erfrischen und beleben die Erinnerungen es wieder, so wie Tautropfen an einem feuchten Abend nach einem heißen Tag eine arme, verschmachtete, von der Glut des Tages welk gewordene Blume erfrischen und beleben.» (Arme Leute)

«Es liegt kein Glück in der Bequemlichkeit; das Glück wird um den Preis des Leidens erkauft. Das ist das Gesetz unseres Planeten. […] Der Mensch ist nicht zum Glück geboren. Der Mensch erwirbt sein Glück durch Leiden.» (Notizen zu «Schuld und Sühne»)

Nicht zuletzt liefern ihm die leidvollen Erfahrungen jede Menge Stoff für die literarische Arbeit sowie die Motivation, den eigenen Frust künstlerisch zu bewältigen.

«Was einem weh tut, davon redet man.» (Die Brüder Karamasow)

[17] Wladimir Solowjew: Reden über Dostojewskij, 1992

KAPITEL 6
ROMANTIKER

«Zur Abwechslung hätte ich gerne mal Glück.
Das Pech, das ich bisher hatte,
könnte aus einem guten Menschen einen bösen machen.
Deshalb lass mich bitte, bitte, bitte
Dieses Mal haben, was ich will.»
(The Smiths: Please, Please, Please, Let Me Get what I Want)

Zugegeben: Diese Verse sind nicht von Dostojewski, sondern von der 80er-Jahre-Rockband «The Smiths». Aber die Selbstmitleids-Hymne passt gut auf Dostojewski und seine lange Zeit erfolglose Liebessuche. Über die einzelnen Stationen der emotionalen Odyssee sind wir bestens informiert. Seine romantischen Verstrickungen füllen ganze Bücher, seine eigenen nicht mitgezählt.

Konstruktive Lebenshilfe sollte man sich davon allerdings nicht erwarten. Zur Weisheit, die Dostojewski lehrt, gehört auch, dass sie in der Liebe nicht vor Dummheit schützt. Die gute Nachricht: Selbst für schwierigste Fälle gibt es immer noch Hoffnung auf ein Happy End.

Dostojewski findet schließlich sein Liebesglück, wenn auch über lange und schmerzhafte Umwege.

Aus der eigenen Familie bringt er nicht unbedingt die besten Voraussetzungen für zielführendes Paarungsverhalten mit. Die Ehe seiner Eltern war eine Liebesheirat und «hielt», sonderlich glücklich war sie aber nicht. Vielleicht veranlasst auch dies den jungen Dostojewski zur Flucht in Traumwelten. Bis zu seiner Deportation nach Sibirien, in seinem immerhin schon 29. Lebensjahr, kommt er auf sage und schreibe null romantische Verhältnisse. Das geht aus den Berichten seiner damaligen Bekannten hervor. Sie machen sich mit Vergnügen über seine Schüchternheit lustig. Schadenfroh erzählt man sich, dass er in Ohnmacht fiel, als er einer stadtbekannten Schönheit vorgestellt wurde.

Einmal gesteht er seinem Bruder, zärtliche Gefühle für eine bekannte Schauspielerin zu empfinden. Sie ist ein Jahr älter als er, spielt aber in einer ganz anderen gesellschaftlichen Liga. Außerdem ist sie verheiratet. Er lernt sie eines Abends bei dem Schriftsteller Iwan Panajew kennen.

> «Ich habe mich, wie es scheint, in seine Frau verliebt. Sie ist klug und schön, dabei liebenswürdig und ungewöhnlich aufrichtig.» (Brief an Bruder Michail, 16.11.1845)

Es bleibt bei einer harmlosen Schwärmerei.

Dass Dostojewski die Dienste von Prostituierten in Anspruch nimmt, ist reine Spekulation. Wenn seine Freunde ihm einen «unordentlichen Lebenswandel» vorhielten, dann meinten sie wohl eher seinen allzu lockeren Umgang mit dem Geld.

Äußerlich besonders attraktiv ist Dostojewski nicht, aber auch nicht abstoßend: 1,68 Meter groß, mit hoher Stirn, dünnen Lippen, die er oft zusammenkneift, dünnem dunkelblondem Haar. Aufmerksamen Beobachtern fällt sein flackernder, manchmal stechender Blick sowie sein linkischer Gang auf. Wenn sich eine Frau in ihn verguckt, dann höchstens auf den zweiten oder dritten Blick. Eher auf den ersten

Klang. Denn seine Stimme besitzt einen eigentümlichen Zauber, insbesondere wenn er sich in Ekstase redet.

In seinen frühen Prosa-Werken wimmelt es von liebessehnsüchtigen Protagonisten. Ob studentische Träumer oder angegraute Malocher – sie hoffen vergeblich auf romantische Erfüllung. Immer wieder scheitert es am geringen Selbstwert, am fehlenden Mut. Ein keuscher Kuss, den eine verheiratete Frau einem Jungen auf die Lippen drückt, ist da schon fast das Nonplusultra.

In der Regel tragen die Dostojewski-Figuren ihr Schicksal mit Fassung. Der Held in «Helle Nächte» beklagt sich nicht darüber, dass sein Schwarm ihn nach vier stundenlangen Dates für ihren alten Verehrer sitzen lässt.

> «Dass ich die Kränkung nicht verziehe, Nastenka; dass ich dein heiteres, wolkenloses Glück mit einem Schatten trübte [...] – nie, nie werde ich das tun! Dein Himmel sei immer heiter, dein liebes Lächeln licht und sorglos, und du selbst sei gesegnet für den Augenblick der Seligkeit und des Glücks, den du einem andern einsamen und dankbaren Herzen schenktest! Mein Gott! Ein ganzer Augenblick der Seligkeit! Genügte er nicht für ein ganzes Menschenleben?» (Helle Nächte)

Seinen Figuren gleich befindet sich der junge Dostojewski auf dem erotischen Abstellgleis. Mit der Verhaftung verschwinden die Weichen dann endgültig aus dem Sichtfeld – sieht man einmal ab von den bitterarmen Gelegenheits-Prostituierten, die sich den Häftlingen zur Verfügung stellen. Dostojewski macht von dieser Möglichkeit allerdings keinen Gebrauch. Er reagiert auch empört, als ihm in Semipalatinsk seine Wirtin die sexuellen Dienste ihrer beiden Töchter anbietet. Solch schmutzige Aktivitäten passen nicht zu seinem ritterlichen Selbstbild.

Kurz darauf begegnet er seiner großen Liebe.

Sie heißt wie seine Mutter: Maria. Wie auch er fühlt sie sich als Fremdkörper in der Garnisonsstadt Semipalatinsk. Die 30-Jährige ist mit einem alkoholkranken Beamten verheiratet und träumt von einem besseren Leben. Sie ist hübsch, hat sinnliche Lippen und ein melancholisches Naturell. Schön und traurig, das ist genau die Mischung, die Dostojewski wie nichts anderes in Wallung bringt.

Ihm muss es vorkommen, als würde er in eine seiner eigenen Geschichten hereinstolpern. Wie oft hat er dort Dreiecksverhältnisse skizziert – mit der Frau als Opfer eines liebesunfähigen Gatten und mit einem jungen Idealisten als Nebenbuhler. Er ist zwar nicht mehr ganz so jung, 32 Jahre bei der ersten Begegnung, aber im Herzen ein naiver Schwärmer. Ausgerechnet im «Sandplatz des Teufels» stößt er nun auf diese zarte Blume. Als sie sich auch ihrerseits zu dem gefallenen Dichter hingezogen fühlt, ist es um ihn geschehen.

> «Schon der Umstand allein, dass eine Frau mich so freundschaftlich behandelt hat, war ein großes Ereignis in meinem Leben.» (Brief an Maria Isajewa, 4.6.1855)
>
> «Sie erschien mir in der traurigsten Zeit meines Geschicks und erweckte meine Seele zum Leben. Sie belebte in mir die ganze Existenz, weil ich ihr begegnet bin. [...] Was das für ein Engel ist, was für eine Seele!» (Brief an Alexander Wrangel, 9.11.1856)

Musste er unfreiwillig ans Ende der Welt reisen, um dort das perfekte Match zu finden? Das ist zu schön, um wahr zu sein.

Ist es auch.

Ein Jahr nach ihrer ersten Begegnung muss Maria schon wieder wegziehen, im Schlepptau ihres Ehemanns, der versetzt worden ist: 800 Kilometer in die Ferne. Dostojewski schickt ihr einen jammervollen Brief hinterher.

> «Mein Herz ist nun einmal so beschaffen, dass alles, was ihm lieb und wert ist, tief hineinwächst, und wenn man es herausreißt, gibt es immer Wunden und Schmerzen. Ich lebe jetzt hier ganz allein und weiß gar nicht, was ich mit mir anstellen soll; alles ist mir verleidet. Eine entsetzliche Leere!» (Brief an Maria Isajewa, 4.6.1855)

Bald darauf erhält Dostojewski eine freudige Nachricht. Marias Ehemann ist gestorben. Einer gemeinsamen Zukunft steht nichts im Weg. Wenn nur erst ein wenig Geld für die Hochzeit gespart ist. Denkt er.

Doch Maria hat sich inzwischen in einen jungen Volksschullehrer verliebt. Während Dostojewski in Semipalatinsk seine Exerzier-Runden drehen muss, malt er sich die Schäferstündchen von Maria mit dem Lehrer aus.

> «Zwei Wochen lang verharrte ich in solchen Qualen, in einer solchen Hölle, in einer solchen Erregung des Bluts, dass ich sogar jetzt noch vor Schrecken nicht mehr […] kann.» (Brief an Alexander Wrangel, 13.4.1856)

Unverhofft wendet sich das Blatt zum Besseren. Ausgerechnet die Finanzen spielen Dostojewski nun in die Karten. Neben ihrer Leidenschaft für Maria teilen die Liebes-Kontrahenten nämlich auch den

Mangel an Barem. Wegen seines geringen Gehalts kann der Lehrer keine Familie ernähren. Maria, die nicht nur an sich selbst, sondern auch an ihren Sohn Pawel denken muss, hält sich deshalb Dostojewski warm und den Briefkontakt aufrecht. Ein ganzes Jahr lässt sie ihn zappeln. Er steigert sich in zunehmend hysterische Phantasien hinein.

> «Brief auf Brief, und wiederum sehe ich, dass sie sich grämt, weint und [den Lehrer] von neuem mehr liebt als mich! Ich will nichts sagen: Gott mit ihr! Ich weiß noch nicht, was ohne sie mit mir sein wird. Ich werde verloren sein, aber auch sie ist verloren. [...] Sie hat die Welt gesehen [...], und nun ist sie bereit, einen Jüngling von 24 Jahren zu heiraten, einen Sibiren, der nichts gesehen hat, nichts weiß, kaum gebildet ist [...]. Alles kann später geschehen. Was wird geschehen, wenn er sie mit dem niederträchtigen Vorwurf beleidigt, [...] dass sie auf seine Jugend spekuliert habe, das Leben habe wollüstig verschlingen wollen – und mit ihr, mit ihr, was ist dann mit ihr?! Dem reinen, schönen Engel, der sich das vielleicht anhören müsste! [...] Mein Herz zerreißt dabei. Ich liebe ihr Glück mehr als mein eigenes. [...] Wenn Sie wüssten, was das für ein Engel ist, mein Freund! Sie haben sie niemals richtig gekannt; eine jede Minute von neuem etwas Originelles, vernünftig Gedachtes, Geistreiches, aber auch Paradoxes, unendlich Gutes, wahrhaft Edles – sie hat ein ritterliches Herz: Sie wird sich zugrunde richten. Sie kennt sich nicht, aber ich kenne sie!» (Brief an Alexander Wrangel, 14.7.1856)

Mit zeitlichem Abstand kommt er zu einer weniger schmeichelhaften Einschätzung von Maria. Sie ist inzwischen gestorben, als er die Novelle «Der ewige Gatte» verfasst. Für die Beschreibung der Ehefrau steht ziemlich unzweifelhaft Maria Modell.

«Mit ihrer geistigen Bildung war es nur schwach bestellt; sie besaß unstreitig einen scharfen Verstand, der sich aber fast immer nur einseitig betätigte. Sie hatte die Manieren einer besseren Provinzdame und außerdem allerdings viel Taktgefühl; auch besaß sie einen feinen Geschmack, bekundete ihn aber vorzugsweise nur in der Art, wie sie sich kleidete. Ihr Charakter war ein entschiedener, herrschsüchtiger. Kompromisse mit ihr waren ein Ding der Unmöglichkeit; bei ihr hieß es: Entweder alles oder nichts. In schwierigen Lagen bewies sie eine erstaunliche Festigkeit und Beharrlichkeit. Es fehlte ihr nicht an Großherzigkeit; aber damit war fast immer eine maßlose Ungerechtigkeit verbunden. [...] Dem Liebhaber war sie treu, jedoch nur so lange, bis sie seiner überdrüssig wurde. Sie quälte den Liebhaber gern; aber sie liebte es auch, ihn zu belohnen. Leidenschaftlichkeit, Grausamkeit und Sinnlichkeit waren bei ihr hervorstechende Charakterzüge. Sie hasste die Unmoral, verurteilte sie mit unglaublicher Strenge und – war selbst unmoralisch. [...] Im Allgemeinen verhielt sie sich gegen alles Bücherwesen und gelehrte Wissen gleichgültig wie gegen etwas vollständig Nebensächliches.» (Der ewige Gatte)

Doch noch lässt sich Dostojewski nicht davon abbringen, Marias Selbstbezogenheit als unschuldiges Zögern zu interpretieren. Sich selbst stilisiert er zum aufopferungsvollen Retter der tapferen Witwe. Er entblödet sich nicht, den perplexen Wrangel um finanzielle Hilfe zu bitten – nicht für sich selbst, sondern für den Lehrer.

«Wenn sie ihn schon heiratet, dann muss wenigstens Geld da sein. Dazu braucht er eine Stellung, man müsste ihn irgend-

> wohin versetzen. […] Dies alles ist für sie, allein für sie, […] so dass sie wenigstens nicht in Armut leben muss, wenigstens das.» (Brief an Alexander Wrangel, 14.7.1856)

Während andere berühmte Schriftsteller seiner Epoche reihenweise Frauen verführen, bescheidet Dostojewski sich vorübergehend mit der Rolle des Anti-Casanovas. Er verzeiht nicht nur der Frau, die ihn abblitzen lässt, er unterstützt sogar seinen Rivalen. Immerhin gibt er in dem Bittbrief an Wrangel zu, dass er in seinem romantischen Überschwang kaum noch zurechnungsfähig ist: «Ich bin wie ein Geistesgestörter.»

Aber der träge Lehrer macht keine Anstalten, sich um eine bessere Anstellung zu bemühen. Und Dostojewski steigert sich immer weiter in seinen Verliebtheitstaumel.

> «Maria bedeutet wie früher alles in meinem Leben. Ich habe alles hingeworfen, ich denke an nichts außer an sie. […] Ins Grab würde es mich bringen oder buchstäblich zum Selbstmord, wenn ich sie nicht sehen könnte. […] Ich weiß, dass ich in vielen meiner Beziehungen zu ihr nicht vernünftig handle, da ich ja fast keine Hoffnung habe – doch ob ich Hoffnung habe oder keine, mir ist das gleich. Ich denke über nichts mehr nach. Ich möchte sie nur sehen, nur hören möchte ich sie! Ich unglückseliger Irrer! Liebe in dieser Form ist Krankheit.» (Brief an Alexander Wrangel, 9.11.1856)

Der positive Nebeneffekt der Gefühls-Achterbahn ist, dass er künftig viel Verständnis für andere unglücklich Verliebte und Eifersüchtige haben wird.

> «Gerade die Eifersüchtigen verzeihen am ehesten, und das wissen auch alle Frauen. Der Eifersüchtige ist fähig, außerordentlich schnell zu verzeihen – selbstverständlich nachdem er zuvor eine furchtbare Szene gemacht hat; er verzeiht zum Beispiel Untreue, die beinahe schon erwiesen ist; Umarmungen und Küsse, die er selbst gesehen hat, wenn er beispielsweise gleichzeitig irgendwie zu der Überzeugung gelangen kann, dass dies ‹zum letzten Mal› gewesen ist, dass sein Nebenbuhler von dieser Stunde an verschwinden oder dass er selbst die Geliebte an einen Ort bringen wird, wohin der Nebenbuhler niemals kommt.» (Die Brüder Karamasow)

Schließlich ist es nicht der Lehrer, sondern Dostojewski selbst, der einen bescheidenen Karrieresprung macht. Er bekommt einen höheren Posten und etwas mehr Gehalt. Das ändert aus Marias Sicht alles. Nun lässt sie sich nicht mehr lange bitten und nimmt seinen Antrag an.

Ihr Herz hängt allerdings immer noch an dem Lehrer. Dostojewskis Tochter aus zweiter Ehe, Ljuba, behauptet später, der Hauslehrer habe noch in der Nacht vor der Hochzeit mit Maria geschlafen – um am nächsten Tag als Trauzeuge neben ihr und dem gehörnten Bräutigam zu stehen. Vermutlich handelt es sich dabei aber um üble Nachrede. Ljuba wie auch ihre Mutter lassen an Maria kaum ein gutes Haar. Aber auch der Rest von Dostojewskis Familie steht ihr reserviert gegenüber. Sein Bruder Michail hat aus der Ferne verfolgt, wie Maria sich seinem Bruder gegenüber aufführt. Er rät Dostojewski von der Eheschließung ab.

Schon nach wenigen Wochen ist klar, dass Michails Warnungen berechtigt gewesen sind. In der Hochzeitsnacht oder kurz danach erleidet Dostojewski vor Aufregung einen schweren epileptischen Anfall.

Bis dahin hat er seine Krankheit vor Maria geheim gehalten. Aus gutem Grund, wie ihre Reaktion zeigt. Sie hat kein Verständnis für den Kranken. Sie fürchtet, von ihrem verstorbenen Alkoholiker-Gatten nun an einen Geistesgestörten geraten zu sein. Auch seine geringe soziale Stellung macht sie ihm zum Vorwurf. Im Streit beschimpft sie ihn immer wieder als «ehrlosen Zuchthäusler».

Nachdem die Brautwerbung etwa zwei Jahre gedauert hat, sind die Flitterwochen schon nach wenigen Tagen vorbei. Davon zeugt auch der Brief, den Dostojewski wenige Wochen nach der Trauung an seinen Bruder schreibt. Nun klingt er deutlich ernüchtert.

> «Sie ist ein gutes und zärtliches Wesen, ein wenig schnell, hastig, stark sensibel. Ihr früheres Leben hat in ihrer Seele krankhafte Spuren hinterlassen. Die Übergänge in ihren Empfindungen sind bis zur Unmöglichkeit rasch, aber niemals hört sie auf, gut und edel zu sein. Ich liebe sie sehr. Manchmal hat sie mich auch lieb.» (Brief an Bruder Michail, 9.3.1857)

Davon, dass Verliebtheit und Liebe durchaus nicht identisch sind und dass Liebe oft Leiden bedeutet, braucht ihm künftig niemand etwas zu erzählen. In seinen Büchern greift er die Erfahrung der eigenen Enttäuschung immer wieder auf.

> «Weißt du auch, dass man einen Menschen aus Liebe absichtlich quälen kann? Meistens tun das die Frauen. Tatsächlich, ich habe selbst eine solche gekannt: ‹Ich liebe dich so sehr›, sagt sie, ‹und so quäle ich dich denn aus lauter Liebe, du aber sollst das fühlen.›» (Aufzeichnungen aus dem Kellerloch)
>
> «Du wirst sie sehr hassen, dieser jetzigen Liebe und all der Qualen wegen, die du jetzt auf dich nimmst.» (Der Idiot)

> «Sich verlieben, das bedeutet nicht dasselbe wie lieben. Sich verlieben kann man, auch wenn man hasst.» (Die Brüder Karamasow)

Die treusorgende Ehefrau, die er sich gewünscht hat, erweist sich außerdem bald als Pflegefall. Maria ist kränklich, nörgelt viel. An Dostojewskis literarischer Tätigkeit zeigt sie kaum Interesse. Nach dem Umzug nach Petersburg stürzt sie sich nicht etwa ins gesellschaftliche Leben, sondern zieht sich zurück, malträtiert ihn mit Klagen. Von gemeinsamen Kindern ist schon lange keine Rede mehr.

Schließlich erkrankt sie an Tuberkulose, wie schon Dostojewskis Mutter. Verbreitet ist die Schwindsucht, wie man die oft tödliche Krankheit damals nannte, auch unter zeitgenössischen Romanheldinnen – etwa Marguerite in «Die Kameliendame» und Fantine in «Die Elenden».

Auch ein erneuter Wohnortwechsel, diesmal aus dem feuchten Petersburg ins trockenere Moskau, kann Maria nicht retten. Im April 1864 stirbt sie mit 39 Jahren.

> «Sie liebte mich grenzenlos, ich liebte sie auch über alle Maßen, und doch lebten wir nicht glücklich miteinander [...]. Je unglücklicher wir waren, desto mehr hingen wir aneinander. Das mag sonderbar scheinen, aber es war so. Sie war die ehrenhafteste, großmütigste, vornehmste Frau aller Frauen, die ich in meinem ganzen Leben gekannt habe.» (Brief an Alexander Wrangel, 31.3.1865)

Die Trauer über den Verlust von Maria ist noch frisch, als wenige Monate später sein Bruder, bester Freund, Geschäftspartner und einziger Vertrauter Michail stirbt.

> «Und nun stand ich mit einem Mal ganz allein da, und mich packte das Entsetzen. Mein ganzes Leben war mitten entzweigebrochen. Auf der einen Seite, die nun hinter mir lag, befand sich alles, wofür ich gelebt hatte, und auf der anderen, mir noch unbekannten Seite, alles Fremde, alles Neue – und nicht ein Herz, das mir jene beiden hätte ersetzen können. Mein Leben hatte buchstäblich keinen Sinn mehr.» (Brief an Alexander Wrangel, 31.3.1865)

Was Dostojewski seinem Freund verschweigt: Ungeteilt ist die Liebe zu seiner Gemahlin schon einige Zeit nicht gewesen. Eineinhalb Jahre vor ihrem Tod lässt er sich auf eine folgenschwere Affäre ein.

Seine Beziehung zu Polina Suslowa ist eine «amour fou», eine völlig durchgeknallte Leidenschaft.

Die beiden begegnen sich Ende des Jahres 1862 in Petersburg. Dostojewski genießt damals schon wieder einen gewissen Promi-Status. Sein Comeback verdankt er Zeitschriftenartikeln, vor allem aber seinen druckfrischen Gefängnis-Memoiren. Er wird zu Vorlesungen an der Universität eingeladen.

Im Publikum sitzt die bildhübsche Polina, Tochter eines neureichen Unternehmers. Studieren ist den Frauen damals noch untersagt, aber zuhören dürfen sie und von einer Karriere träumen, wenn schon nicht als Akademikerin, so doch als Dichterin. Die 21-Jährige verknallt sich in den zwanzig Jahre älteren Autor, der sie nicht nur mit seinen Büchern, sondern auch mit seiner Biographie beeindruckt. Schließlich ist er für seine freiheitlichen Überzeugungen zum Tode verurteilt worden, hat mit Haft und Verbannung teuer für seine Ideale bezahlt. Zuletzt hat er mit einer Reportage über Paris und

London, Zielorte seiner ersten Auslandsreise überhaupt, für Aufsehen gesorgt. Er geißelt darin den seelenlosen Materialismus der West-Metropolen. Er kennt sich also aus in der Welt. Wer, wenn nicht er, kann jungen Idealistinnen Orientierung geben?!

Polina wählt das einfachste Mittel, um ihn auf sich aufmerksam zu machen. Sie bittet ihn um Ratschläge für ihre eigenen schriftstellerischen Arbeiten. Der emotional ausgezehrte Dichter verliebt sich Hals über Kopf. Es kommt zu Treffen, schließlich zum Sex.

Polina hat keine moralischen Probleme mit der Beziehung zu einem verheirateten Mann, sie glaubt an die «freie Liebe». Trotzdem verspürt sie bald schon Reue, aus egoistischen Gründen. Dostojewski ist ihr erster Liebhaber und im Bett eine absolute Enttäuschung. Einem Bekannten gegenüber bestätigt Polina ein paar Jahre später, sie habe …

> «… in meiner ersten Jugend der Schönheit des Mannes keine Beachtung geschenkt und meine erste Liebe ist ein Mann von vierzig Jahren gewesen.» (Polina Suslowa, Tagebuch, 16.11.1864)[18]

Geradezu traumatisch verläuft aus ihrer Sicht ihr «erstes Mal». Die poetisch gestimmte Liebesnovizin erlebt Dostojewski als grobmechanische Triebmaschine. Ähnlich enttäuschend verlaufen für sie auch die nächsten intimen Begegnungen.

[18] Zu den Briefen, Tagebüchern und autobiographischen Texten von Polina Suslowa siehe ihr Buch: Dostojewskis ewige Freundin. Mein intimes Tagebuch. Übersetzt von Rosa Symchowitsch, 1931

> «Du hieltest vielleicht das Genießen für eine Notwendigkeit, aus dem gleichen `Grunde, aus welchem ein berühmter Arzt oder Philosoph zu behaupten pflegte, man müsse sich einmal im Monat betrinken.» (Polina Suslowa, Briefentwurf, 1863)

Während Dostojewskis Leidenschaft immer heftiger lodert, kochen Polinas Gefühle bald auf Sparflamme. Im Sommer 1863 reist sie nach Paris – und der testosterongesteuerte Autor hinterher. Der über Jahrzehnte aufgestaute Liebeshunger bricht sich ungestüm Bahn.

Statt Dostojewski in die Arme zu fallen, eröffnet Polina ihm in Paris, sie habe sich inzwischen in einen anderen Mann verliebt, den spanischen Latin Lover Salvador. «Du bist zu spät gekommen», lässt sie Dostojewski wissen.

Die Worte treffen Dostojewski ins Mark. Schon wieder ist er der weinende Dritte in einem Dreiecksverhältnis.

Polina verarbeitet die denkwürdige Episode in einer Novelle mit dem vielsagenden Titel «Der Eine und Einzige». In der Erzählung lässt sie den abgeblitzten Mann, der eindeutig die Züge von Dostojewski trägt, jammern:

> «Ich bin nicht mehr allzu jung, und in meinen Jahren ist die Liebe mehr als ein bloßes Spiel. Du hast für mich sehr viel bedeutet: Deine Liebe war mir zuteilgeworden wie eine Gnade Gottes, unerwartet, ungeahnt, unverhofft. Dein junges Leben neben mir hatte mir neue Hoffnung geschenkt, mir den Glauben an das Leben und die Reste meiner Kraft wiedergegeben.» (Polina Suslowa, Der Eine und Einzige)

Dostojewski schöpft wieder Hoffnung, als Polina ihrerseits eine herbe Enttäuschung erlebt. Der schöne Salvador will die Beziehung zu ihr zur Kategorie «offen» hinunterstufen und sich weitere Liebschaften gönnen. So weit gehen Polinas Vorstellungen von freier Liebe aber nicht. Um ihren Frust zu betäuben, nimmt Polina Dostojewskis Angebot an, mit ihr nach Italien zu reisen. Großmütig verspricht Dostojewski, ihr den Seitensprung nicht nachzutragen.

> «Fjodor Michailowitsch meinte, man dürfe der ganzen Sache keine allzu große Aufmerksamkeit schenken; ich hätte mich natürlich beschmutzt, aber das sei eine Zufälligkeit.» (Polina Suslowa, Tagebuch, 1.9.1863)

Dostojewski plagen inzwischen noch andere Sorgen. Bei einem Frust-Trip nach Wiesbaden hat er alles Geld verspielt und sich sogar verschuldet. In der Not bleibt ihm kein anderer Ausweg, als Polina um einen Kredit zu bitten. Er schreckt sogar nicht davor zurück, die Schwester seiner Frau Maria anzubetteln. In dem Brief, den er ihr nach Russland schickt, simuliert er heuchlerisch den treusorgenden Ehemann, erkundigt sich nach dem Wohlbefinden seiner Frau und seines Stiefsohns Pawel, genannt «Pascha».

> «Schreiben Sie mir, mein Täubchen, alles, was Sie von Pascha wissen und was Sie über Maria hören. Ich mache mir ganz schreckliche Sorgen über ihren Gesundheitszustand. Möge ihr Gott das Beste zukommen lassen.» (Brief an Warwara Konstant, 1.9.1863)

Rückblickend fragte sich unter anderem seine Tochter, warum die moralischen Grenzmarkierungen ihres Vaters zeitweise derart porös werden konnten.

> «Betrachtet man diesen Abschnitt aus Dostojewskis Leben, so fragt man sich erstaunt, wie ein Mann, der mit zwanzig Jahren enthaltsam wie ein Heiliger gelebt hatte, mit vierzig solche Torheiten begehen konnte. [...] Wer mit zwanzig Jahren keine Torheiten macht, begeht sie mit vierzig.» (Ljuba Dostojewski)

Sexuell untreu ist Dostojewski seiner Frau auf der Italien-Reise nicht. Allerdings ist seine Keuschheit unfreiwillig. Polina hat der Reise nämlich nur unter der Bedingung zugestimmt, dass sie wie «Bruder und Schwester» unterwegs sind, also in einer rein platonischen Verbindung. Dennoch häufen sich die Streitereien. Oft geht es um Politik. Polina schwärmt für linke Ideale, für Sozialismus und Nihilismus, Dostojewski wandelt sich immer mehr zum Konservativen. Von zärtlichen Gefühlen füreinander ist bald keine Rede mehr.

> «Jene Freundschaft, auf die beide so lange gebaut hatten, war unter dem Druck des täglichen Beisammenseins immer mehr geschwunden.» (Polina Suslowa, Der Erste und Einzige)

Wie sehr Dostojewski unter dieser emotionalen Hängepartie leidet, kann man in seinem Roman «Der Spieler» nachlesen. Dort verfällt ein Hauslehrer dem lasziven Charme einer Generalstochter, die nicht zufällig Polina heißt. Der Roman entsteht zwei Jahre nach der gemeinsamen Reise und dokumentiert den selbstzerstörerischen Gefühlstaumel, in dem sich Dostojewski damals befindet.

> «Ich sehe überall nur Sie, und alles Übrige ist mir gleichgültig. [...] Es ist in mir oft ein unwiderstehliches Verlangen aufgestiegen, Sie zu prügeln, zu verstümmeln, zu erwürgen.

Und, was glauben Sie, wird es nicht dahin kommen? Sie versetzen mich in eine fieberhafte Raserei. [...] Ich liebe Sie ohne Hoffnung und weiß, dass ich Sie nach einer solchen Tat noch tausendmal mehr lieben werde. Wenn ich Sie einmal töte, so werde ich ja auch mich selbst töten müssen; aber ich werde den Selbstmord möglichst lange hinausschieben, um den unerträglichen Schmerz, dass Sie nicht mehr da sind, auszukosten. Ich will Ihnen etwas sagen, was kaum zu glauben ist: Ich liebe Sie mit jedem Tag mehr, und doch ist das beinah unmöglich.»

«Wenn ich ihr ein spitzes Messer langsam in die Brust hätte bohren können, so hätte ich, wie ich glaube, nach diesem Messer mit Wonne gegriffen. Und trotzdem schwöre ich bei allem, was heilig ist: Hätte sie zu mir auf [einem hohen] Aussichtspunkt gesagt: ‹Stürzen Sie sich hinab!›, so würde ich mich sogleich hinabgestürzt haben, und sogar mit Wonne.» (Der Spieler)

Der Unmut, den Dostojewski verspürt, richtet sich auch gegen sich selbst. Warum, fragt er sich, lässt er sich derart erniedrigen, lässt sich wie ein Hund an der Leine durch halb Europa ziehen? Gleich nach seiner Rückkehr fließt sein Selbsthass in den existentialistischen Rundumschlag «Aufzeichnungen aus dem Kellerloch».

«Wir wissen nicht, woran wir uns anschließen und was wir festhalten sollen, was wir lieben und hassen, verehren und verachten sollen. Wir halten es sogar für eine Last, dass wir Menschen sein sollen. Menschen mit wirklichem, eigenem Leib und Blut; wir schämen uns dessen, betrachten es als eine Schande und möchten eine Art von nie da gewesenen Universalmenschen sein. Wir sind Totgeburten.» (Aufzeichnungen aus dem Kellerloch)

Irgendwann stellt Polina Dostojewski die Frage, ob er bereit ist, sich für sie von seiner Frau scheiden zu lassen. Das wiederum lehnt Dostojewski kategorisch ab. Als er erfährt, dass sich der gesundheitliche Zustand seiner Frau rapide verschlechtert, reist er sofort zurück nach Russland. In den nächsten Monaten bis zu ihrem Tod pflegt er Maria.

Nur wenige Monate später befinden er und Polina sich schon wieder in regem Briefkontakt, umgarnen einander, streiten miteinander.

> «Ich begreife nicht, wieso Dir mein Charakter aufgehört hat zu gefallen, wie Du in Deinem letzten Brief geschrieben hast. Ich habe noch alle die Lobeshymnen in Erinnerung, die Du meinem Charakter einst gesungen hast. [...] Ich hätte Lust, Dich zu sehen, so wie Du jetzt bist, nach Verlauf dieses Jahres.» (Brief von Polina Suslowa, Anfang Juni 1864)

Wegen geschäftlicher Probleme kann Dostojewski ihrer Einladung nach Frankreich nicht folgen. Der neue Anlauf, Polina für sich zu gewinnen, beginnt daher erst im darauffolgenden Jahr. Dabei schaltet er sogar deren jüngere Schwester ein, heult sich bei ihr aus.

> «Apollinaria ist eine große Egoistin. Egoismus und Ehrgeiz sind bei ihr kolossal ausgeprägt. Sie fordert von den Menschen alles, sie fordert alle Vollkommenheit, sie verzeiht keine einzige Unvollkommenheit [...], und sich selbst befreit sie von den geringsten Verpflichtungen anderen Menschen gegenüber. Sie wirft mir bis heute vor, dass ich ihrer Liebe unwürdig war. [...] Sie tut mir leid, denn ich sehe voraus, dass sie ewig unglücklich sein wird.» (Brief an Nadeschda Suslowa, 19.4.1865)

Das harsche Urteil hindert ihn nicht daran, weiter um Polina zu werben:

> «Ich schließe dich fest in meine Arme.» (Brief an Polina Suslowa, 10.8.1865)
>
> «Ich fahre fort, Dich mit Briefen, und dazu noch mit umfangreichen, zu bombardieren.» (Brief an Polina Suslowa, 12.10.1865)

Im Herbst hält er es nicht mehr aus, macht ihr einen Heiratsantrag. Und noch einen. Und wieder einen. Polina lässt sich nicht erweichen und lässt ihn immer wieder abblitzen.

> «Heute war Fjodor Michailowitsch bei mir, und die ganze Zeit haben wir uns gestritten und einander widersprochen. Er bietet mir schon seit längerem seine Hand und sein Herz an und ärgert mich damit bloß.» (Polina Suslowa, Tagebuch, 2.11.1865)

Dostojewski reagiert mit giftigen Worten auf die erneute Abfuhr:

> «[Er sagte:] ‹Du kannst mir nicht verzeihen, dass du dich mir einmal hingegeben hast, und willst dich an mir rächen. Das ist ein echt weiblicher Zug.›» (Polina Suslowa, Tagebuch 2.11.1865)

Polina wiederum macht sich einen Spaß daraus, den bindungswütigen Dostojewski zu irritieren. Sie zeigt sich von der exzentrischen Seite, macht sich über seine Religiosität lustig.

> «Ich sagte ihm […], ich wolle eine Heilige werden. Ich werde barfuß im Kreml-Garten in Moskau tanzen und erzählen, Engel unterhielten sich mit mir.» (Polina Suslowa, Tagebuch 6.11.1865)

Endlich fällt bei Dostojewski der Groschen. Er erkennt: Die Tür, an der er so lange gerüttelt hat, klemmt nicht nur. Sie ist verschlossen. Selbst wenn eine Ehe mit Polina zustande käme, würde sie in einer Katastrophe enden. Dostojewski kapiert und kapituliert, stellt seine Werbe-Offensive ein.

Dafür ist es fortan Polina, die innerlich nicht von ihm loskommt. Ihre Wut darüber vertraut sie zur selben Zeit ihrem Tagebuch an, als Dostojewski sich in «Der Spieler» seine Enttäuschung von der Seele schreibt.

> «Ich hasse ihn einfach. Er hat mir so viel Leid zugefügt. Vor allem, wenn man bedenkt, dass man es hätte vermeiden können. Ich sehe jetzt klar, dass ich mich nicht mehr verlieben kann, dass ich kein Glück in den Freuden der Liebe finden kann, weil mich die Zärtlichkeit der Männer immer an meine früheren Beleidigungen und Leiden erinnern wird.» (Polina Suslowa, Tagebuch, 15.9.1866)

Eine Zeitlang herrscht Funkstille. Im Frühjahr des folgenden Jahres meldet sich Polina erneut per Brief bei Dostojewski. Seine Antwort schockiert sie. Er klärt sie nämlich darüber auf, dass er mittlerweile verheiratet ist. Und zwar glücklich. Statt Liebesschwüren hat er diesmal eine schonungslose Persönlichkeitsanalyse für Polina parat:

> «Du schriebst, Dir sei sehr traurig zumute. Ich weiß nichts über Dein Leben in diesem letzten Jahr, noch ist mir bekannt, was in Deinem Herzen vorgegangen ist. Nach allem aber, was ich von Dir weiß, bist Du kaum fähig, glücklich zu sein. [...] Du hältst die Menschen immer wieder entweder für unendlich überlegene, strahlende Wesen oder aber für Schurken und

> Nichtswürdige. Ich urteile aufgrund von Erfahrungen.» (Brief an Polina Suslowa, 5.5.1867)

Ein kaum verkappter Seitenhieb auf Polina ist seine Beschreibung der neuen Ehefrau Anna: «Sie hat ein Herz und versteht.»

Glaubt man Dostojewskis Tochter, begegnen sich Polina und Fjodor noch einmal wenige Monate vor dessen Tod. Ob sich die Szene im Detail tatsächlich so abspielt, wie von Ljuba Dostojewski beschrieben, kann bezweifelt werden. Sie macht aus ihrer Verachtung von Polina keinen Hehl, stellt sie als durchgeknallten Vamp dar. Aber ganz aus der Luft gegriffen wird die folgende Szene wohl doch nicht gewesen sein. Die Pointe passt zu dem zunehmend schlechten Personengedächtnis, das seine Frau Dostojewski attestiert.

> «Als meine Mutter eines Tages ausgegangen war, meldete das Mädchen meinem Vater den Besuch einer unbekannten Dame, die sich ihren Namen zu nennen weigerte. Dostojewski war es gewohnt, Unbekannte zu empfangen, die ihm beichteten; so bat er das Mädchen, sie in sein Arbeitszimmer zu führen. Eine schwarzgekleidete Dame, das Gesicht dicht verschleiert, trat bei meinem Vater ein und setzte sich schweigend nieder. Dostojewski sah sie verwundert an. ‹Welchem Anlass verdanke ich die Ehre, Sie bei mir zu sehen?› Statt einer Antwort warf die Unbekannte plötzlich den Schleier zurück und sah ihn mit tragischer Miene an. Mein Vater runzelte die Stirn – er war kein Freund von Tragödien. ‹Wollen Sie mir Ihren Namen nennen, gnädige Frau?›, fragte er trocken. ‹Wie, Sie erkennen mich nicht?›, murmelte die Besucherin mit der Miene einer beleidigten Königin.

‹Nein wirklich, ich erkenne Sie nicht. Warum wollen Sie denn Ihren Namen nicht sagen?› – ‹Er erkennt mich nicht!›, seufzte die Dame in Schwarz theatralisch.» (Ljuba Dostojewski)

Erst als die Frau beleidigt von dannen gezogen ist, erkennt Dostojewski in ihr Polina. Er fürchtet, die Ex-Geliebte tödlich beleidigt zu haben, rechnet mit dem Schlimmsten. Was, wenn Polina aus Rache seinen Kindern auflauert und sie tötet?

Polina zieht eine andere Konsequenz. Sie heiratet. Einen fast zwanzig Jahre jüngeren Dostojewski-Fan, der sich selbst als «Kellerloch-Mensch» bezeichnet. Nach ein paar Jahren trennen sich die Eheleute schon wieder. Polina stirbt einsam mit 78 Jahren.

Höchst lebendig ist sie dafür in Dostojewskis Werken konserviert. In jedem Roman, den er seit der ersten Begegnung schreibt, finden sich Spuren von Polina. Sie ist das Vorbild für Dostojewskis faszinierendste Frauengestalten. Die Liebe, die nicht fürs Leben getaugt hat, eignet sich vorzüglich für größte Literatur.

Und Dostojewski?

Der verfällt nach dem Tod seiner Frau in Torschlusspanik. Polina ist seine erste Wahl als neue Gattin. Aber zwischen den vielen Körben, die er von ihr bekommt, sondiert er seine Chancen bei anderen Frauen. Sein Beuteschema ist immer das gleiche. Er fühlt sich zu jüngeren, rebellischen Naturen hingezogen.

Im Herbst 1864, als Polina in Frankreich lebt, macht er die Bekanntschaft der etwa 30-jährigen Aussteigerin Martha Brown.[19]

Während Polina Salons frequentiert, kennt Martha sich auf der Straße aus. Sie heißt eigentlich Elisabetha und entstammt einer wohlhabenden russischen Familie. Sie hat ihr Elternhaus verlassen und ist quer durch Europa gereist. Als ihr Geld aufgebraucht ist, lässt sie sich von Männern aushalten. Sexuell ausgebeutet und völlig abgebrannt landet sie unter den Brücken von London. Fast begeht sie aus Verzweiflung Selbstmord, da macht sie die Bekanntschaft christlicher Missionare. Auf deren Vermittlung heiratet sie einen amerikanischen Matrosen, der aber bald darauf stirbt. Martha kehrt zurück nach Russland, wird die Geliebte mehrerer Männer, landet schließlich bei einem alkoholkranken Zeitungsreporter namens Gorski.

Gorski wendet sich hilfesuchend an Dostojewski. Von ihm bekommt er manchmal Recherche-Aufträge. Er berichtet Dostojewski von seiner Angst, dass Martha aus Armut auf den Strich gehen könnte. Vielleicht, so hofft Gorski, hat Dostojewski ja eine Arbeit für sie, als Übersetzerin oder Autorin.

Mit seinem Bittgesuch trifft er bei Dostojewski ins Schwarze. Ein gefallenes Mädchen vor dem endgültigen Abgrund zu retten: Das ist ein Angebot, dass der ewig-ritterliche Schriftsteller nicht ausschlagen kann. Er lädt Martha zu sich ins Büro, ist von der hübschen Erscheinung angetan. Die wilde Globetrotterin erweist sich als zarte Seele. Es funkt zwischen den beiden. Allerdings muss Martha kurz darauf wegen einer schweren Erkrankung ins Hospital eingeliefert werden. Von dort schreibt sie Dostojewski einen Brief, in dem sie noch einmal Details aus ihrer bewegten Vergangenheit schildert.

---

[19] Die folgenden Brief-Exzerpte sind zitiert aus: Leonid Grossman. Dostoevsky. A Biography, 1975

> «Ich war schon immer der Meinung, das Leben sei dazu da, um einem aufregende Erlebnisse zu bescheren. […] Mit [meinem vorherigen Geliebten] bin ich bis zur Bettelei hinabgesunken, mit Gorski habe ich die äußersten Grenzen des Vagabundenlebens erreicht. […] Ich schwöre Ihnen, dass ich mich bisher nie traute, zu jemandem so offen zu sein.» (Brief von Martha Brown, 24.12.1865)

Die Beschäftigung als Redakteurin hat sie sich, so schreibt sie, inzwischen aus dem Kopf geschlagen. Sie sei dafür schlichtweg «nicht ausreichend begabt».

Dostojewski revanchiert sich für ihre Offenherzigkeit, indem er ihr Geld und Wein ins Krankenhaus schickt, sie besucht. Er bietet ihr an, nach der Entlassung aus dem Krankenhaus zu ihm zu ziehen.

Martha greift den Vorschlag dankbar auf, wenngleich sie sich sorgenvoll fragt, «ob es mir gelingen wird, Sie im physischen Sinne zu befriedigen oder nicht, und ob zwischen uns jene geistige Harmonie bestehen wird, von der das Fortbestehen unserer Bekanntschaft abhängen wird».

Dostojewskis Antwortbriefe sind nicht erhalten. Aber aus dem folgenden Schreiben von Martha kann man erahnen, dass diesmal *er* derjenige ist, der auf die Bremse tritt. Die erste romantische Euphorie ist weg. Die Vernunft siegt. Dostojewski muss sich eingestehen: Die Beziehung zu einer derart verkrachten Existenz ist nicht das, was er gerade braucht.

Inzwischen ist man vom «Sie» ins «Du» gewechselt. Martha merkt, dass Dostojewski allmählich wieder auf Distanz geht, und lässt ihre Enttäuschung durchblicken.

> «Ich bin im Moment recht niedergeschlagen, unabhängig davon, ob unsere Beziehung nun kurz oder lang währen wird. Aber ich schwöre, dass kein materieller Gewinn zu vergleichen ist mit der Tatsache, dass Du mich trotz meines schlechten Charakters höher einschätzt als ich mich selbst.» (Brief von Martha Brown, Januar 1865)

Dostojewski ermutigt Martha, wieder beim Alkoholiker Gorski einzuziehen. Sie bedankt sich für den Ratschlag. Damit endet die Romanze. Anders als bei Polina ist die Affäre nie über die Gefühlsebene hinausgegangen und hat nur einen Winter gedauert.

Wie alles Wichtige, das ihm passiert, verewigt Dostojewski auch diese Episode in Form von Literatur. Die Begegnungen mit Gorski, dem Trinker, und Martha, der gefallenen höheren Tochter, ist eine der Inspirationsquellen für «Schuld und Sühne».

Nicht aus der Gosse, sondern aus den höheren Gesellschaftskreisen kommt die junge Frau, der Dostojewski als Nächstes den Hof macht.

Anna Krukowski lebt in behüteten Verhältnissen auf dem Gut ihres Vaters, eines pensionierten Generals. Anna ist 21, ihre Schwester Sonja 15, beide sind hochintelligent. Sonja wird später als Mathematikerin eine der berühmtesten Wissenschaftlerinnen des 19. Jahrhunderts. Anna heiratet einen französischen Revolutionär, macht die Bekanntschaft von Karl Marx.

Als sie Dostojewski kennenlernt, unternimmt sie gerade ihre ersten schriftstellerischen Versuche. Sie hat eine Erzählung verfasst, in der ein adeliges Mädchen sich in einen Sozialarbeiter verliebt und ihm zuliebe ihre Stellung aufgibt, schließlich sogar ihr Leben opfert. Sie schickt das Manuskript an Dostojewski, fragt zaghaft nach, ob er eine Chance auf Veröffentlichung in seiner Zeitschrift sieht. Anna ist überglücklich über die Antwort. Dostojewski verspricht, die Erzählung zu veröffentlichen, und ergänzt:

> «Uns Redakteuren von Zeitschriften ist so oft die traurige Pflicht auferlegt, junge Schriftsteller, die uns ihre ersten literarischen Versuche zur Prüfung einsenden, zu enttäuschen. In Ihrem Falle wäre mir dies sehr schmerzlich gewesen. Aber während ich las, verschwand meine Furcht, und ich gab mich mehr und mehr dem Zauber jener jugendlichen Unmittelbarkeit, jener Aufrichtigkeit und Wärme des Gefühls hin, von denen Ihre Erzählung erfüllt ist. Eben diese Eigenschaften bestechen bei Ihnen so sehr, dass ich fürchte, ich befinde mich auch jetzt unter deren Einfluss, deshalb wage ich es noch nicht, kategorisch und unparteiisch auf die Frage zu antworten, die Sie mir stellen: ‹Ob sich mit der Zeit eine große Schriftstellerin aus mir entwickeln wird?› […] Ich werde mich aufrichtig freuen, wenn Sie mir etwas mehr über sich selbst mitteilten; wie alt Sie sind, in welcher Umgebung Sie leben.» (Sonja Kowalewski)

Anna lässt sich nicht lange bitten. Bald korrespondieren die beiden wie alte Bekannte. Noch näher kommen sie sich, als Annas Familie für ein paar Monate nach Petersburg kommt. Bald geht Dostojewski in ihrem Feriendomizil ein und aus. Was ihm an Etikette und Stil fehlt, macht er wett durch sein Erzähltalent. Die Nacherzählung seiner Fast-Hinrichtung und seiner Häftlings-Zeit schlagen die ganze Familie in ihren Bann.

> «Allgemeine Gespräche konnte Fjodor Michailowitsch nicht vertragen. Er sprach bloß in Monologen, und das auch nur

dann, wenn ihm alle Anwesenden sympathisch waren und mit gespannter Aufmerksamkeit zuhörten. Wenn diese Bedingungen erfüllt waren, konnte er so schön sprechen, so malerisch und anschaulich, wie ich keinen anderen je gehört.» (Sonja Kowalewski)

Bei einem Empfang, den Annas Familie ausrichtet, kommt es jedoch zu einem Eklat.

«Der Ärger begann schon in dem Augenblick, als Dostojewski die Schwelle des Salons betrat. Wie alle nervösen Menschen empfand er eine peinliche Verlegenheit, wenn er in eine unbekannte Gesellschaft geriet, und je dümmer, unsympathischer und bedeutungsloser ihm diese erschien, desto verwirrter wurde er, und durch das Gefühl des Ärgers aufgeregt, suchte er nun, mit irgendjemandem Streit anzufangen. [...] Das Allerschlimmste aber war, dass er den Anspruch erhob, Anna ganz für sich allein zu haben. Er führte sie in einen Winkel des Salons und ließ deutlich die Absicht erkennen, sie von dort nicht mehr fortzulassen. Das verstieß selbstverständlich gegen alle Regeln gesellschaftlichen Anstands, überdies war sein Benehmen ihr gegenüber alles andere als salonfähig: Er fasste sie an den Händen und beugte sich, wenn er mit ihr sprach, bis zu ihrem Ohr. Anna selbst wurde es unbehaglich zumute, und die Mutter war außer sich.» (Sonja Kowalewski)

Dostojewski ist nicht nur auf Anna fixiert, sondern auch auf einen jungen deutschen Soldaten, den er für einen Nebenbuhler hält.

«Dostojewski brauchte nur einen Blick auf diese schöne, hohe, selbstzufriedene Gestalt zu werfen, um sie auch schon bis zur

Raserei zu hassen. Der junge Kürassier, malerisch in einen Fauteuil hingestreckt, ließ die modern genähten Pantalons, die seine langen, schlanken Beine eng umschlossen, in ihrer ganzen Schönheit sehen.» (Sonja Kowalewski)

Dostojewski steigert sich in die Vorstellung hinein, der ganze Empfang sei ein Vorwand der Eltern, um Anna mit dem deutschen Schnösel zu verkuppeln. Dostojewski glaubt, ein Déjà-vu zu erleben. Wieder eine Dreiecksgeschichte – und er selbst in der Verliererrolle! Dostojewski schäumt innerlich.

«Den Hauptgesprächsstoff in diesem Winter bildete das Buch eines englischen Geistlichen, ein Vergleich zwischen der Orthodoxie und dem Protestantismus. In dieser russisch-deutschen Gesellschaft war das ein für alle interessantes Thema, und als es berührt wurde, begann die Unterhaltung lebhafter zu werden. Die Mutter, selbst eine Deutsche, bemerkte, dass einer der Vorzüge der Protestanten den Orthodoxen gegenüber darin bestehe, dass sie die Bibel häufiger zu lesen pflegen. ‹Ja, ist denn die Bibel für Salondamen geschrieben?›, fiel plötzlich Dostojewski ein, der bisher hartnäckig geschwiegen hatte. ‹Wie heißt es denn da? *Am Anfang schuf Gott Mann und Frau.* Und weiter: *Und der Mann wird Vater und Mutter verlassen und seiner Frau anhangen.* So verstand Christus die Ehe! Und was sagen dazu alle Mütterchen, die bloß daran denken, wie man die Töchter nur noch vorteilhafter versorgen könnte?!› Dostojewski sagte das mit ungewöhnlichem Pathos. Er krümmte sich, wie jedes Mal, wenn er sich aufregte, zusammen, und schien seine Worte wie Pfeile abzuschießen. Die Wirkung war verblüffend. Alle diese wohlerzogenen Deutschen verstummten und glotzten ihn an. Erst nach Verlauf von einigen Sekunden begriffen plötzlich alle die ganze Unschicklichkeit des Gesagten, und alle begannen durcheinander zu sprechen, um den peinlichen Vorfall zu vertuschen. Dostojewski sah noch einmal alle böse, mit einem herausfordernden Blick, an, verbarg sich dann wieder in seinem Winkel und brachte bis zum Schluss des Abends kein Wort mehr hervor.» (Sonja Kowalewski)

Es ist das alte Spiel mit Dostojewski und den Frauen. Aus der Ferne und im zwanglosen Gespräch bewundern sie ihn. Sobald er seine sperrigen Seiten zeigt, verlieren sie das Interesse an ihm, jedenfalls als potenziellem Ehemann. Anna behandelt ihn nun deutlich kühler, widerspricht ihm immer häufiger, trifft ihn sogar absichtlich an seinem wundesten Punkt. Sie kritisiert Puschkin.

«‹Die heutige Jugend ist dumpf und unentwickelt!›, schrie Dostojewski manchmal. ‹Ihr sind geputzte Stiefel mehr wert als Puschkin.› – ‹Puschkin ist in der Tat für unsere Zeit veraltet›, bemerkte ruhig die Schwester, wohl wissend, dass man Fjodor Michailowitsch durch nichts so wütend machen konnte wie durch eine unehrerbietige Bemerkung über Puschkin. Dostojewski war außer sich vor Zorn, nahm den Hut und erklärte feierlich: Mit einer Nihilistin zu streiten sei unnütz, und sein Fuß werde unser Haus nicht mehr betreten.» (Sonja Kowalewski)

Ein paar Tage später macht er Anna Krukowski dennoch einen Heiratsantrag. Sie weist ihn ab. Im Nachhinein ist er ihr dafür dankbar. Sie haben einfach nicht zueinander gepasst, wie er seiner zweiten Ehefrau Anna Dostojewski erklärt:

«Sie ist ein Mädchen von hohem sittlichen Wert, aber ihre Überzeugungen sind den meinen geradezu entgegengesetzt, und nachgeben kann sie nicht, dazu ist sie ein zu gerader Charakter. Unsere Ehe wäre kaum glücklich gewesen.»

Auch Anna Krukowski bleibt Dostojewski freundschaftlich verbunden. Ihrer Schwester erklärt sie, warum sie ihm den Laufpass gegeben hat.

«Er braucht eine ganz andere Frau, als ich es bin. Seine Frau muss sich ihm ganz, ganz widmen, ihm ihr ganzes Leben hingeben und nur an ihn denken. Und das kann ich nicht. Ich will selbst leben! Überdies ist er so nervös und anspruchsvoll.» (Sonja Kowalewski)

Allmählich verliert Dostojewski die Hoffnung, dass es tatsächlich eine zu ihm passende Frau gibt. Alle amourösen Anbahnungsversuche sind desaströs gescheitert. Es gibt noch eine junge Schwägerin, deren Ehemann im Sterben liegt und bei der sich Dostojewski Hoffnungen macht. Er wartet gar nicht erst ab, bis der Verwandte das Zeitliche gesegnet hat. Er informiert dessen Frau über seine Absichten, lässt sich schon mal als Interessenten vormerken.

Man hat den Eindruck, inzwischen ist ihm alles egal. Hauptsache, er ist bald fest liiert. Pietätvolle Rücksicht kann er da nicht mehr nehmen.

Aber dann passiert, womit er gar nicht mehr gerechnet hat: Das Glück klopft an seine Tür.

Eigentlich hat er sich dahinter verbarrikadiert. Er steht unter enormem Zeitdruck. Er muss einen überlebenswichtigen Auftrag ausführen. Für einen relativ kleinen Kredit hat Dostojewski einem Verleger einen neuen Roman versprochen. Dabei schreibt er in diesen Tagen schon «Schuld und Sühne» als Fortsetzungsgeschichte. Auch dafür hat er einen kräftigen Vorschuss bekommen und muss regelmäßig neue Kapitel liefern. Wie soll er da zeitgleich noch ein weiteres Buch verfassen?

Unmöglich, denkt sich der raffinierte Kreditgeber. Er zwingt Dostojewski zu einer irren Entschädigungsgarantie für den Fall, dass der versprochene Roman nicht fristgemäß fertig wird. Dann würden ihm, dem Verleger, die kompletten Rechte an allen Büchern zufallen, die Dostojewski in den nächsten zehn Jahren verfassen wird. Dem Autor droht damit nichts weniger als ein Jahrzehnt schriftstellerische Sklaverei.

Der Name des versprochenen Romans passt zu dem Himmelsfahrtskommando: «Der Spieler». Dostojewski wird zum Gambler, spielt um seine berufliche Existenz. «Rien ne va plus», auch außerhalb des Roulettetisches.

Bald scheint es, als hätte er sich verzockt. Das Stichdatum ist der 31. Oktober 1866. Anfang Oktober hat Dostojewski noch kein einziges Wort an dem Roman geschrieben. Schon rein physisch ist er außerstande, den langen Text in so kurzer Zeit handschriftlich zu formulieren.

Ein Freund hat eine Idee. Wie wäre es, wenn er zur Unterstützung eine Stenographin anstellt? Der Berufszweig ist brandneu. Der erste Petersburger Ausbildungsjahrgang ist gerade erst fertig geworden. Der Freund empfiehlt Dostojewski, es mit der Klassenbesten zu versuchen. Sie hat gerade erst ihren 20. Geburtstag gefeiert.

Anna Snitkina, so heißt sie.

Dostojewski signalisiert, dass er sich diese Option vorstellen kann. Der Freund erkundigt sich bei Anna, ob sie Interesse an dem Job hat. Er hält aber auch einen Warnhinweis für angebracht: «Dostojewski ist ein äußerst mürrischer Herr, sehr finster. Ich weiß nicht, wie Sie mit ihm auskommen werden.»

Anna hat mit Begeisterung die «Aufzeichnungen aus einem Totenhaus» gelesen, ist gerade mit der Lektüre von «Schuld und Sühne» beschäftigt. Sie ist positiv gestimmt.

Ihr erster Eindruck von Dostojewski ist jedoch enttäuschend. Er hat so gar nichts von einem großen Künstler.

> «Er kam mir eher wie ein Pädagoge vor. Sein Gesicht schien mir ziemlich böse.» (Anna Dostojewski)

In den folgenden Tagen entspannt sich Dostojewski. Mit Annas Unterstützung kann er sein Schreibpensum deutlich erhöhen.

Anna ist nicht nur effektiv, sie ist auch unkompliziert. Es macht ihr nichts aus, sich bis spät abends in der Wohnung eines alleinstehenden Mannes aufzuhalten. Sollen die Nachbarn ruhig reden.

Dostojewski wiederum unterlässt alle Zudringlichkeiten. Seine ganze Energie fließt in den Roman, der gleichzeitig eine Art Lebensbeichte wird. Anna lernt beim Diktat von «Der Spieler» ihren künftigen Ehemann kennen, vor allem dessen Schattenseiten. Ihm selbst hilft der Schreibprozess dabei, über Polina hinwegzukommen. Umso aufmerksamer registriert er die Vorzüge seiner flinken Stenographin. In einem späteren Brief, ausgerechnet an Polina, beschreibt er sie so:

> «Ein junges und recht hübsches Mädchen, zwanzig Jahre alt, aus guter Familie, mit glänzenden Abgangszeugnissen vom Gymnasium, mit einem außerordentlich gütigen und offenen Charakter.» (Brief an Polina Suslowa, 5.5.1867)

Was die beiden zusammenschweißt, ist die gemeinsame «Mission Impossible», den Roman rechtzeitig fertigzustellen. Wie in einem Thriller diktieren und schreiben Fjodor und Anna um die Wette. Buchstäblich auf die letzte Minute gelingt es ihnen, das Manuskript fertigzustellen und fristgemäß abzuliefern.

Mittlerweile ist beiden klargeworden, dass sie mehr verbindet als das Romanprojekt.

> «Gegen Schluss des Romans merkte ich, dass mich meine Stenographin aufrichtig liebte, obgleich sie mir davon nie ein Wort gesagt hatte, und auch mir hat sie zunehmend gefallen.» (Brief an Polina Suslowa, 5.5.1867)

Acht Tage nach der Manuskript-Abgabe trägt Dostojewski seiner Mitarbeiterin feierlich die Idee für einen angeblichen neuen Roman vor.

Es ist der «Pitch» seines Lebens und eine Szene wie aus einer romantischen Komödie.

Dostojewski skizziert für Anna den Protagonisten des geplanten Romans, einen Schriftsteller:

> «Ein frühzeitig gealterter, unheilbar kranker Mensch, die Hand gelähmt, düsteren Gemüts, misstrauisch, sanften Herzens zwar, aber unfähig, seine Gefühle auszudrücken; ein begabter

> Künstler vielleicht, jedoch ein Pechvogel, dem es zu seiner steten Qual auch nicht ein einziges Mal im Leben geglückt war, seine Ideen in der Form zu verwirklichen, wie er es erträumt hatte.» (Anna Dostojewski)

Anna dämmert es, dass Dostojewski von sich selbst spricht.

Der Künstler, so führt Dostojewski weiter aus, soll auf eine junge Frau treffen, «bescheiden, klug, gütig und lebensfroh». Beiläufig erwähnt er, dass die Frau Anfang 20 ist und so heißt, wie Anna von ihren Freunden genannt wird: Anja.

Anna ist klar, dass sie selbst gemeint ist. Sie hakt nach:

> «Ist sie denn auch schön, Ihre Heldin?» – «Keine Schönheit, aber sehr hübsch und anziehend. Ich liebe ihr Gesicht.»

Das will Anna hören. Aufgeregt und zugleich amüsiert verfolgt sie, wie Dostojewski «mit bebender Stimme» auf die Pointe zustrebt:

> «Stellen Sie sich vor, dieser Künstler wäre ich. Dass ich Ihnen eine Liebeserklärung machte und Sie bäte, meine Frau zu werden. Sagen Sie, was würden Sie mir darauf antworten?»

Annas Antwort ist für Dostojewski eine Premiere. Schon oft ist er mit Liebesgeständnissen vorgeprescht, aber noch nie auf eine sperrangelweit geöffnete Tür gestoßen. Diesmal ist es anders. Anna druckst nicht herum, sondern strahlt ihn an.

> «Ich würde Ihnen antworten, dass ich Sie liebe und das ganze Leben lang lieben werde.»

Dostojewski jubiliert, wie Anna in ihren Erinnerungen notiert:

> «Ich möchte nicht die Worte voll zärtlicher Liebe wiedergeben, mit denen mich Fjodor Michailowitsch in jenem unvergesslichen Augenblick beschenkte – sie sind mir ein Heiligtum.»

Neu ist für Dostojewski auch die Erfahrung, dass auf den emotionalen Höhenflug nicht die baldige Ernüchterung folgt. Zwei Monate nach dem Antrag flattern die Schmetterlinge in seinem Bauch heftiger denn je.

> «Mit einer solchen Frau nicht glücklich zu sein, ja, ist denn das überhaupt möglich?! Liebe mich, Anja; ich will dich grenzenlos lieben.» (Brief an Anna Snitkina, 2.1.1867)

Am 15. Februar findet in der Petersburger Dreifaltigkeitskirche die Trauung statt.

Ein paar Wochen zuvor ist in einer Zeitschrift die letzte Folge seines bis dato größten schriftstellerischen Erfolgs «Schuld und Sühne» erschienen. Der Roman handelt vom verbrecherischen Fall eines Möchtegern-Weltverbesserers und seiner Erneuerung durch die Liebe einer selbstlosen Frau. Die letzten Sätze des Romans klingen, als sei Dostojewski dabei von seinem eigenen Liebesglück inspiriert worden. Auf jeden Fall passt das Finale zu der euphorischen Stimmung, mit der er und Anna in das gemeinsame Leben starten:

> «Sie war so glücklich, und sie war es so wider alles Erwarten geworden, dass sie über ihr Glück ganz erschrocken war. […] Er überlegte nicht einmal, dass das neue Leben ihm doch nicht

ganz umsonst zuteilwerde, dass er vielmehr einen hohen Preis dafür entrichten, es mit einer großen zukünftigen Tat werde bezahlen müssen … Aber hier beginnt bereits eine neue Geschichte, die Geschichte der allmählichen Erneuerung eines Menschen, die Geschichte seiner allmählichen Sinneswandlung, des allmählichen Überganges aus einer Welt in eine andere, des Bekanntwerdens mit einer neuen, ihm bis dahin völlig unbekannten Wirklichkeit.» (Schuld und Sühne)

KAPITEL 7
FAMILIENMENSCH

Dostojewski ist ein Mensch, der viel liebt.

Am meisten seine eigene Familie.

Auch wenn er unter der Strenge und Schwermut seines Vaters gelitten hat, preist er sich zeitlebens glücklich, in einigermaßen geordneten Verhältnissen aufgewachsen zu sein.

> «Mag es in der Familie auch noch so schlecht sein, es sind doch immer Vater und Mutter und keine Feinde, keine Fremden. Und wenn sie einem auch nur einmal im Jahre ihre Liebe zeigen. Man weiß doch, dass man hier zu Hause ist.» (Aufzeichnungen aus dem Kellerloch)

Entsprechend schwer zu schaffen macht ihm der Verlust der familiären Geborgenheit: durch den Tod seiner Eltern, durch die Trennung von seinem Lieblingsbruder Michail, schließlich durch Haft und Verbannung.

Auch wenn das Verhältnis zu seiner ersten Frau zuletzt ziemlich zerrüttet ist, will er sich nicht von ihr losreißen. Er verzichtet darauf, in der Fremde mit Polina sein Glück zu suchen, und kehrt zu der Sterbenden zurück. Ihr Tod schmerzt ihn sehr.

Einen überspitzten Einblick in seine ambivalente Gefühlslage – tiefe Trauer über den Verlust, gepaart mit der Freude über den Wiedergewinn der Freiheit – findet man in seinem letzten Roman.

> «Fjodor Pawlowitsch war betrunken, als er vom Tod seiner Gattin erfuhr; er soll auf die Straße gelaufen sein und mit zum Himmel erhobenen Armen voll Freude ausgerufen haben: ‹Nun lässest du mich in Frieden fahren.› Nach anderen Berichten soll er geweint und geschluchzt haben wie ein Kind. [...] Durchaus möglich, dass beides zutraf: dass er sich über seine Befreiung freute und dabei auch seine Befreierin beweinte – alles zugleich.» (Die Brüder Karamasow)

Eine ganz andere Spannung spiegeln die Gedanken wider, die er in seiner Trauer notiert. Während er neben ihrer aufgebahrten Leiche die Totenwache hält, gibt er seinem Schmerz über das eigene Versagen Ausdruck, aber auch der Hoffnung auf eine Wiedervereinigung in der Ewigkeit.

> «Mascha liegt auf dem Tisch. Werde ich Mascha wiedersehen? – Einen Menschen lieben wie mich selbst? Bloß auf das Gebot Christi hin ist es nicht möglich.» (Notiz, 16.4.1864)[20]

Bei seinen Romanen und Erzählungen fällt auf, dass glückliche Ehen dort weitgehend Fehlanzeige sind. Anders als bei Leo Tolstoi, dessen große Romane «Krieg und Frieden» und «Anna Karenina» das eine oder andere Vorzeige-Paar enthalten, sind die Ehen bei Dostojewski mehr oder weniger problematisch und seine Protagonisten überwiegend gar nicht verheiratet. Dabei entstehen seine wichtigsten Werke in den Jahren, in denen er selbst glücklich liiert ist. Aber als Autor reizt ihn prinzipiell eben das, was nicht funktioniert.

---

[20] Über Christus. Meditationen an der Bahre, in: Der unbekannte Dostojewski. Übersetzt von Vera Mitrofanoff-Demelic. Hrsg. von René Fülöp-Miller und Friedrich Eckstein, 1926

Dass die Chemie zwischen Dostojewski und seiner zweiten Ehefrau Anna stimmt, bezeugen beide übereinstimmend.

Schon kurz nach der Hochzeitsfeier kommt der erste Test.

Dostojewski erleidet mehrere epileptische Anfälle hintereinander. Doch anders als Maria, die ihren Ekel offen zum Ausdruck brachte, ist Anna der Situation gewachsen. Sie kümmert sich liebevoll um den Kranken, während er sich von den Anfällen erholt.

> «Zum ersten Male erkannte ich da, an welcher schrecklichen Krankheit Fjodor Michailowitsch litt. Ich hörte sein stundenlang andauerndes Schreien und Stöhnen, sah sein vom Leiden bis zur Unkenntlichkeit verzerrtes Gesicht und die wie im Wahnsinn erstarrten Augen, ich verstand nicht seine unzusammenhängenden Worte.» (Anna Dostojewski)

Aber es gibt auch Streit. In den ersten Ehejahren beinahe täglich. Wenn 24 Stunden ohne Auseinandersetzung verlaufen, verbucht Anna das schon als kleinen Triumph.

> «Heute haben wir uns den ganzen Tag nicht gestritten.» (Anna Dostojewski, Tagebuch, 1.6.1867)

Das liegt insbesondere an Dostojewski, seinen Launen, seiner Sturheit, seiner Spielsucht.

Vermutlich gibt es keinen Schriftsteller von Weltrang, über dessen Ehealltag in den ersten Jahren wir so gut informiert sind wie bei Dostojewski. Seine Frau führt ein ausführliches Tagebuch und erlaubt damit höchst private Einblicke.

Für das junge Ehepaar, von denen der Ehemann mit seinen 45 Jahren nicht mehr ganz so jung ist, verlaufen die ersten vier Ehejahre im Ausnahmemodus. Seine Schulden zwingen Dostojewski zur Flucht ins Ausland, und Anna muss ihm wohl oder übel folgen. Sie freut sich sogar auf die Luftveränderung. Sie glaubt, dass beide in ein paar Monaten wieder zuhause sind.

Von wegen.

Das Exil dauert vier Jahre, führt die beiden unter anderem nach Dresden, Genf und Florenz. Anna trägt die Absonderlichkeiten ihres Gatten mit erstaunlicher Fassung. Wie viel Geduld sie aufbringen muss, verrät ihr Tagebuch.

> «Fedja wurde böse und fing an, sich wie ein kleines Kind von mir abzuwenden, und behauptete, er sei beleidigt.» (31.5.1867)
>
> «Ich drang ständig in ihn, mir doch zu sagen, warum er eigentlich ärgerlich war. Da wurde er endgültig zornig und ging plötzlich in die entgegengesetzte Richtung. […] Schließlich stand ich auf, um ihm gute Nacht zu wünschen. Da sagte er mir, dass ich doch kürzlich erst so schlimm Kopfschmerzen gehabt hätte; wenn der Kopf schon wieder schmerzte, dann könne es nur vom Im-Bett-Liegen kommen. Darüber wurde ich furchtbar böse, umso mehr, als ich sehr müde war und schon von daher nicht mehr klar begriff, worum es eigentlich ging. Jedenfalls sagte ich ihm, wenn er mir nicht glauben wolle, dann soll er es bleiben lassen: Ich ging hinaus und schlug die Tür hinter mir zu. Eine Minute später kam er und erklärte mir, er wolle sich mit mir aussprechen, und schrie plötzlich ganz tragisch auf: ‹Nein, Anna Grigorjewna, unter Ihrem Pantoffel werde ich nie stehen!› Ich brach in schallendes Gelächter

aus und antwortete ihm, ich wolle schlafen, er sei sehr selbstsüchtig.» (2.6.1867)

«Er ist heute sehr ernst, offenbar möchte er nicht sprechen. Ich fragte ihn, ob er etwa böse auf mich sei. Er sagte, er sei nicht im Geringsten böse, aber er habe nachgedacht und beschlossen, wie er vorgehen müsse, und dass wir zwischen uns eine Grenze ziehen müssten. Ich antwortete ihm kühn, er möge nur Grenzen ziehen, wie er wolle, aber ich würde mich dem niemals beugen, deshalb würden all diese Grenzziehungen gleich wieder zunichte, und alles bliebe beim Alten. Überhaupt fand ich das sehr komisch.» (3.6.1867)

«[In der Konditorei] hielt es Fedja für notwendig, über die Dresdner Butter zu schimpfen und zu behaupten, die Butter sei hier ganz widerwärtig. Die Besitzerin verteidigte sich und versicherte, sie habe sehr gute Butter. Fedja unterbrach sie schroff und sagte, auch ihre Butter sei schlecht. Er findet ein wahres Vergnügen darin, wie er selbst sagt, den Deutschen schonungslos ins Gesicht zu sagen, was ihm nicht passt. So kamen wir unlängst in eine Konditorei, wo ich Schlagsahne aß. Fedja kostete ein wenig davon und behauptete, er habe bisher noch nie so abscheuliche Schlagsahne gegessen. Die Bäckerin dachte, er habe versehentlich das falsche Wort gebraucht, und sagte: ‹Gut, wollten Sie sagen?› Aber Fedja wiederholte noch einmal: ‹abscheulich›. Die Bäckersfrau war darüber offenbar gekränkt, und mir schien, sie hätte uns am liebsten aus dem Geschäft geworfen.» (14.6.1867)

«Er meinte, es gäbe auf der Welt keinen edelmütigeren Menschen als mich, er wolle mich nur nicht loben, denn ich sei noch sehr jung und alles bei mir im Werden, ich würde das Leben noch überhaupt nicht kennen. Denn wenn ich es kennen würde, so hätte ich sicher nicht einen so bejahrten, zahnlosen, liederlichen alten Bock von einem alten Sünder zum Ehemann genommen.» (15.6.1867)

«Fedja sagte heute immer wieder, ich sei gut, eine Heilige, ich bräuchte um nichts zu beten, ich sei ohne Sünde, er sehe in mir eine Heilige, das Musterbild einer Frau, ohne Fehl.» (19.6.1867)

«Als ich fragte, was denn los sei, fuhr er mich an, was mich das anginge, und verkündete dann, er leide schon seit sieben Stunden [...]. Wenn ich fortfahren würde, ihn so anzuschreien, springe er aus dem Fenster. Er war in einer schrecklichen Verfassung, schrie, er sei sich seiner Schuld bewusst und begreife unsere schreckliche Lage, und sagte plötzlich aus heiterem Himmel heraus, er hasse mich.» (11.8.1867)

Voll des Lobes ist Dostojewski in seinen Briefen in die Heimat. Seinem Freund Apollon gegenüber bekennt er sein Erstaunen, dass Anna seinen «krankhaften» Charakter so gut erträgt.

«Anna Grigorjewna erwies sich in der Tat als viel stärker, als ich erwartet hatte; in vielen Fällen war sie mein schützender Engel. In ihr ist zur gleichen Zeit viel Kindliches und Jugendliches, was sehr schön und durchaus notwendig ist, was ich aber kaum erwidern kann.» (Brief an Apollon Maikow, 28.8.1867)

Anders als ihr Mann empfindet Anna den Altersunterschied als nicht so gravierend. Tochter Ljuba erinnert sich:

«Oft habe ich meine Mutter gefragt, wie sie in einen Gatten habe verliebt sein können, der doppelt so alt als sie selber war. – ‹Aber er war noch jung!›, antwortete sie dann lächelnd:

‹Wenn du wüsstest, wie jung dein Vater noch war. Er lachte, scherzte, amüsierte sich über alles, wie ein junger Mensch.›» (Ljuba Dostojewski)

Wenn es um finanzielle Angelegenheiten geht, ist das Verhältnis geradezu umgekehrt. Hier verhält sich Dostojewski pubertär, seine Frau abgeklärt.

Die Geldnot bringt Dostojewski auf die Idee, sein Glück noch einmal am Roulettetisch zu versuchen. Seit diesem Rückfall ist er außer Rand und Band, verzockt immer wieder das ganze Ehevermögen, schnorrt in Briefen bei Freunden und Verwandten, meistens denen seiner Frau, um dann wieder alles zu verspielen. Er schreckt nicht einmal davor zurück, die teuersten Kleidungsstücke seiner Frau zu verpfänden.

«Und dann kränkt er mich noch, gibt [dem Stiefsohn] Pascha und den Angehörigen Geld, während meine Kleider, mein Mantel und meine Möbel verpfändet werden, aber das kümmert mich wenig. Und wenn er Gott weiß was verspielt hat, bin denn dann nicht ich die erste, die ihn tröstet?» (Anna Dostojewski, Tagebuch, 18.8.1867)

«Schon zwei oder drei Tage lang setzte mir Fedja zu, ich sei so schlecht gekleidet wie eine Köchin; wohin man auf der Straße schaue, alle seien gut gekleidet, nur ich allein sei Gott weiß wie angezogen. Es tat mir weh, das zu hören, wo ich doch selbst sehr gut weiß, dass ich mich schlecht kleide. Aber was soll ich denn tun?» (21.9.1867)

Inzwischen hat sich Anna mit der Tatsache arrangiert, dass sie ihren Mann nicht mit Argumenten vom Spieltisch losreißen kann. Sie verzichtet auf Vorwürfe. Sie bemerkt, dass die Roulette-Exzesse zwar verheerende finanzielle Folgen haben, aber sich auch positiv auf Dostojewskis Schaffenskraft auswirken. Wenn er geschlagen vom Spieltisch zurückkehrt, richtet er sich am Schreibtisch wieder auf, produziert herrlichste Prosa, unter anderem «Der Idiot» und große Teile von «Die Dämonen».

Immer wieder verspricht Dostojewski seiner Frau hoch und heilig, nie wieder zu spielen. Und immer wieder bricht er das Versprechen. Dass Anna trotzdem nicht aufhört, ihn zu lieben, erstaunt und rührt ihn.

> «Die liebende Frau vergöttert selbst die Laster, selbst die Verbrechen des Geliebten. Er wird für seine Verbrechen niemals solche Rechtfertigungen ausfindig machen, wie sie sie für ihn ausdenken wird.» (Die Sanfte)

Anna ist nicht nur nachsichtig, sondern auch vorausschauend. Sie hat Geschäftsinstinkt. Nach der Rückkehr in die russische Heimat gründet sie den «Verlag Dostojewski». Hier veröffentlicht sie die Bücher ihres Mannes, nachdem sie als Zeitschriften-Fortsetzungsgeschichten erschienen sind.

Nach zehn Jahren Ehe ist Dostojewski saniert. Zwar plagen ihn immer wieder Geschäftssorgen, aber sie sind dank Anna nicht mehr existenzgefährdend.

Auch die sexuelle Chemie stimmt zwischen den beiden. Anna notiert in ihrem Tagebuch immer wieder, dass sie einander «leidenschaftlich gute Nacht gewünscht hätten». Von seinen Kur-Aufenthalten in Bad Ems schreibt Dostojewski seiner Frau, dass er sich in erotischen Träumen nach ihr verzehrt.

«Ich brauche Dich sehr in diesem Augenblick. Verstehst Du? Ist es denn wahr, dass Du von mir träumst? Vielleicht nicht von mir. Ich küsse Deine Füßchen und *alles.*» (Brief an Ehefrau Anna, 12.7.1873)

«Ich küsse Deine Hände und Deine Füße und wünschte, dass Du mich wenigstens den zehnten Teil von dem lieben mögest, wie ich Dich liebe, nicht nur mit Worten.» (13.8.1873)

«Ich träume von Dir in wachem Zustand. Ich sitze da und trinke Kaffee oder Tee und denke nur an Dich, aber nicht allein in dieser einen, sondern in jeglicher Hinsicht. Und da bin ich zu der Überzeugung gelangt, Anja, dass ich Dich nicht nur liebe, sondern auch in Dich verliebt bin und dass Du allein meine Herrin bist, und das nach zwölf Jahren! Und im irdischsten Sinn gesprochen, ist es auch so, obwohl Du Dich doch natürlich schon verändert hast und älter geworden bist, seit ich Dich [...] kennenlernte. Aber jetzt, ob Du es glaubst oder nicht, gefällst Du mir auch in dieser Hinsicht unvergleichlich besser als damals.» (16.8.1879)

«Unter gar keinen Umständen kann ich in dieser Hinsicht von Dir, meiner entzückenden Verwöhnerin, lassen, denn hier geht es nicht allein ums Verwöhnen, sondern auch um jene Bereitschaft, jenen Zauber und jene intime Offenheit, mit der ich dieses Verwöhnen von Dir empfange.» (16.8.1879)

«Du bist für mich eine Schönheit, eine Schönheit, und Du bist tatsächlich eine Schönheit, für alle eine Schönheit.» (19.8.1879)

Die Schattenseite seiner leidenschaftlichen Liebe ist die Eifersucht. Während der Exil-Jahre registriert er argwöhnisch alle Blicke, die sie auf männliche Passanten richtet. Gänzlich aus der Fassung gerät er, als er während eines Kuraufenthalts in Bad Ems einen Brief von

Anna bekommt. Darin berichtet sie ihm davon, in Petersburg zufällig einen früheren Verehrer getroffen zu haben. Dostojewski unterzieht den Brief daraufhin einer beinahe kriminologischen Analyse:

> «Die Handschrift ist eine andere, die Buchstaben sind gesetzt, wie es sich gerade traf, die Hand hat gezittert. [...] Ich erkläre es ganz einfach so: Du hast ihn getroffen [...], der gut tanzt und mir ähnlich ist, warst hingerissen, Dein Herzchen hüpfte.» (Brief an Ehefrau Anna, 30.7.1876)

Dostojewski argwöhnt, dass hinter dem nonchalanten Bericht seiner Frau Absicht steckt und sie ihn absichtlich eifersüchtig machen will. Ganz grundlos ist dieser Verdacht nicht. Zwei Monate zuvor hat sich Anna nämlich einen Scherz erlaubt. Aus einer Laune heraus hat sie ihrem Mann einen anonymen Brief geschickt. Darin informiert eine «unbekannte, aber wohlgesinnte Person» Dostojewski über eine Affäre seiner Frau. Um sich zu vergewissern, solle Dostojewski in Annas Medaillon nachsehen, dort befinde sich das Porträt ihres Liebhabers. Wie Dostojewski auf den Brief reagiert, beschreibt Anna ausführlich in ihren «Erinnerungen»:

> «Fjodor Michailowitsch warf mir einen zornigen Blick zu, ging noch zweimal durchs Zimmer und blieb fast drohend vor mir stehen. ‹Du trägst ein Medaillon?›, fragte er mit gepresster Stimme. – ‹Ja.› – ‹Zeig es mir.› – ‹Wozu? Du hast es ja schon öfter gesehen.› – ‹Z-e-i-g m-i-r d-a-s M-e-d-a-i-l-l-o-n!›, schrie er nun mit der vollen Kraft seiner Stimme. [...] Endlich gelang es ihm, das Medaillon mit der Feder zu öffnen – und darin sah er auf der einen Seite das Porträt unserer [Tochter] und auf der anderen sein eigenes. Ganz betroffen starrte er die Bilder an und schwieg.» (Anna Dostojewski)

Der Scherz ist schnell aufgeklärt, lässt Dostojewski aber dennoch aufgewühlt zurück.

> «Bedenke nur, was für ein Unglück hätte geschehen können. Ich wäre imstande gewesen, dich in meinem Zorn zu erwürgen. Da kann man wirklich sagen: Gott hat mit unseren Kindern Mitleid gehabt; was wäre mir doch für eine ewige Qual beschieden gewesen, wäre in mir auch nur der leiseste Zweifel an deiner Treue zurückgeblieben. Ich flehe dich an, mit solchen Dingen nicht zu scherzen; im Zorn bin ich unzurechnungsfähig.» (Anna Dostojewski)

Hat es bei seiner ersten Frau noch mit der Monogamie gehapert, ist Dostojewski Anna in den vierzehn Jahren ihrer Ehe treu. Seine Zuneigung zeigt sich auch darin, dass er ihr von seinen Kuraufenthalten täglich ausführliche Briefe schickt, obwohl er das Briefeschreiben nach eigenem Bekenntnis eigentlich verabscheut.

Nach seinem Tod heiratet die damals 34-jährige Anna nicht mehr, sondern widmet sich der Pflege seines Andenkens. Ihre eigenen Erinnerungen an Dostojewski blieben über die Jahre ungetrübt positiv.

> «Zeit meines Lebens ist es mir ein Rätsel geblieben, dass mein guter Mann mich nicht nur geliebt und verehrt hat, wie viele Männer ihre Frauen lieben und ehren, sondern mich geradezu angebetet hat, als wäre ich ein besonderes, eigens für ihn geschaffenes Wesen. Und dies nicht etwa nur in der ersten Zeit unserer Ehe, sondern auch in den Jahren bis zu seinem Tode. Ich habe mich doch wahrhaftig weder durch Schönheit noch durch Talent oder besondere geistige Entwicklung ausgezeichnet und hatte ja nur Mittelschulbildung genossen. Und siehe

da, trotz alledem erwies mir ein so kluger und begabter Mann eine Achtung, die fast an Anbetung grenzte. [...] Gewiss waren wir beide Menschen ganz verschiedener Konstruktionen mit verschiedenen Ansichten. Ein jeder von uns blieb sich jedoch selbst treu, ohne dass der eine den anderen nachgeahmt und seine Eigenart verloren, ohne dass die Seele des einen die des anderen beeinträchtigt hätte. Ich bewahrte meine Individualität und er die seine. Auf diese Weise fühlten wir uns beide – mein guter Mann und ich – seelisch vollkommen frei. [...] Dieses gegenseitige Verhalten hat es uns möglich gemacht, die ganzen vierzehn Jahre unserer Ehe in ungetrübtem Glück zu verleben.» (Anna Dostojewski)

Bei allem posthumen Lob: Ein perfekter Ehemann ist Dostojewski nicht – und ebenso wenig ein fehlerfreier Familienvater. Aber er nimmt beide Rollen ernst. In seinen journalistischen und literarischen Arbeiten geht es oft um das Themengebiet «Kinder und Erziehung». Er will hier mit gutem Beispiel vorangehen – anders als einige berühmte Pädagogik-Experten.

«Rousseau hat kein Recht, von Erziehung zu sprechen, denn er hat sich von seinen eigenen Kindern losgesagt.» (Njetotschka Neswanowa)

Als er mit 46 Jahren endlich Vaterfreuden erlebt (am 28.1.1869), ist er vor Freude außer sich über die Tochter Sonja.

«Ich verbringe den halben Tag damit, sie zu küssen, und kann nicht weggehen. Eine Engelsseele ist tatsächlich zu uns eingeflogen. Das Kind ist erst einen Monat alt, aber sie hat sogar schon meinen Gesichtsausdruck, mein ganzes Gesicht, inklusive der Falten auf der Stirn. Sie liegt da und sieht aus, als würde sie einen Roman schreiben.» (Brief an Apollon Maikow, 3.4.1868)

Umso größer ist sein Schmerz, als das Mädchen mit nur drei Monaten an einer Lungenentzündung stirbt. «Nie wieder habe ich ihn in so wilder Verzweiflung gesehen», schreibt seine Frau. Er selbst schüttet sein Herz bei seinem Freund Apollon aus:

> «Das kleine, so unglückliche, so winzige Geschöpf von kaum drei Monaten hatte für mich schon ein Gesicht und einen Charakter. Sie fing gerade an, mich zu erkennen und zu lieben, und lächelte immer, wenn ich mich ihr näherte. Und nun sagt man mir, um mich zu trösten, dass ich wohl noch mehr Kinder haben werde. Aber wo ist Sonja? Wo ist das kleine Geschöpf, für das ich wahrlich gern den Tod am Kreuz erlitten hätte, damit es nur am Leben geblieben wäre?» (Brief an Apollon Maikow, 30.5.1868)
>
> «Als ich an ihrem Sterbetag aus dem Haus ging, um Zeitungen zu lesen, und noch keine Ahnung davon hatte, dass sie nach zwei Stunden sterben sollte, verfolgte sie so aufmerksam alle meine Bewegungen und sah mich mit solchen Augen an, dass ich es heute noch vor mir sehe, und die Erinnerung wird von Tag zu Tag lebendiger. Nie werde ich sie vergessen, nie wird mein Gram ein Ende nehmen! Und wenn ich einmal ein anderes Kind bekommen sollte, so weiß ich gar nicht, ob ich es werde lieben können, wo ich die Liebe hernehmen werde.» (Brief an Apollon Maikow, 4.7.1868)

Tatsächlich bekommen die Dostojewskis noch dreimal Familienzuwachs. Im Jahr nach dem Tod der kleinen Sonja kommt die Tochter Ljuba zur Welt (14.9.1869). Noch als Kleinkind hat sie einen Unfall, der sie zur Invalidin macht. Der nächste Sohn, Fjodor (geboren am 16.7.1871), bereitet Dostojewski Sorgen durch seine Lernschwierigkeiten.

> «Wenn nur Fedja möglichst schnell lesen lernte!» (Brief an Ehefrau Anna, 19.8.1879)
>
> «Fedja bitte ich sehr, mich zu trösten und das Lesen zu erlernen.» (25.8.1879)
>
> «Fedja werden sie in Moskau bestimmt auslachen, weil er noch nicht lesen kann. Auch mich haben sie in meiner Kindheit ausgelacht, weil ich hinter meinem Bruder zurück war.» (1.9.1879)

Noch mehr als an Fjodor hängt Dostojewski an seinem Jüngsten, Aljoscha (geboren am 12.8.1875). Ausgerechnet während der Vorbereitungen zu seinem Roman über Kinder-Eltern-Beziehungen, «Die Brüder Karamasow», erleidet Aljoscha einen schweren epileptischen Anfall. Er stirbt unter Krämpfen. Er ist nicht einmal drei Jahre alt geworden.

> «Fjodor Michailowitsch war durch den Tod unseres jüngsten Sohnes furchtbar erschüttert; er hatte Aljoscha ganz seltsam – mit einer fast krankhaften Liebe – geliebt, als hätte er dessen frühen Tod geahnt. Seinen Schmerz erhöhte noch der Umstand, dass das Kind an Epilepsie zugrunde gegangen war, die es von ihm geerbt hatte.» (Anna Dostojewski)

Dostojewski befindet sich zu dieser Zeit gerade an den Vorbereitungen zu «Die Brüder Karamasow». Unschwer lässt sich sein eigenes Leid in dem eines Säufers erkennen, der herzzerreißend über den

Tod seines Sohnes trauert. Den schwindsüchtigen Helden des Romans benennt Dostojewski nach seinem verstorbenen Sohn, Aljoscha. Dieser ist es, der den Trauernden mit feinem Gespür beisteht:

> «Sollen sie sich ausweinen! [...] Trösten kann man da natürlich nicht. Wir wollen ein Weilchen weggehen und dann wiederkommen.» (Die Brüder Karamasow)

Wie wichtig Väter für die Entwicklung ihrer Kinder sind, macht Dostojewski in vielen seiner Romane deutlich. Rastlos und zerstörerisch führen sich hier vor allem Männer auf, die früh entwurzelt wurden oder keine Nestwärme erlebten – wie Pjotr Werschowenski und Nikolai Stawrogin in «Die Dämonen» oder Dimitri und Iwan in «Die Brüder Karamasow».

Entsprechend ernst nimmt Dostojewski seine eigene Vaterrolle. Regelmäßig liest er seinen Kindern vor, am liebsten aus Büchern, die ihn selbst geprägt haben. Wie seine Tochter in ihren «Erinnerungen» schildert, hapert es dabei gelegentlich am Timing. Als Dostojewski sie mit Schillers «Die Räuber» begeistern will, ist Ljuba gerade einmal sieben.

Dostojewski kann als Vater aber auch anders, ausgelassener. Er spielt mit seinen Kindern, tanzt sogar mit ihnen herum.

Da er selbst kein Morgenmensch ist, erst um 11 Uhr aufsteht, legt er auf das abendliche Zu-Bett-bringen-Ritual besonderen Wert.

> «Er kam in unser Kinderzimmer, um uns gute Nacht zu wünschen, uns seinen Segen zu geben, ein kurzes Gebet [...] zu sprechen.» (Ljuba Dostojewski)

Wenn er unterwegs ist, bittet er seine Frau in seinen Briefen um «mehr kleine Einzelheiten» über die Entwicklung der Kinder.

> «Hier gibt es viele Kinder. Sobald ich eine Kinderstimme höre, stockt mir das Herz. Gestern Abend, als ich mit dem Umziehen fertig war, dachte ich nur an Dich und die Kinder.» (Brief an Anna Dostojewski, 13.7.1874)

Für Dostojewski ist die eigene Familie nicht Stressfaktor, sondern Ort der Geborgenheit. Der von Selbstzweifeln und innerer Unruhe erfüllte Mann genießt die Gegenwart der Menschen, von denen er sich bedingungslos geliebt weiß. Ganz in seinem Element ist er bei den wichtigsten Familienfeierlichkeiten, allen voran beim Weihnachtsfest.

> «Besonders viel Mühe gab er sich mit dem Weihnachtsbaum; er verlangte unbedingt, es müsse ein großer, reich verästelter Baum gekauft werden, den er selbst schmücken wollte. [...] Fjodor Michailowitsch führte seine Kleinen feierlich in den Salon. Die Kinder staunten über die funkelnden Lichter, den Schmuck und die Spielsachen, die rings um den Baum lagen. Der Vater teilte die Geschenke aus: Die Tochter bekam eine entzückende Puppe und ein Puppenservice, der Sohn eine große Trompete, auf der er sofort blies, und eine Trommel. Den größten Eindruck auf die beiden Kinder machten zwei große Pferde aus Pappmaché mit wunderbaren Mähnen und Schweifen. Sie waren einem Holzschlitten vorgespannt, der für zwei Personen Raum bot. [...] Fjodor Michailowitsch war vielleicht noch seliger als seine beiden Kinder.» (Anna Dostojewski)

Aber natürlich bereitet ihm die Familie auch Sorgen. Eine davon betrifft seine Ahnung, dass er früh sterben wird. Er fürchtet, seine Kinder würden anschließend mittellos dastehen und dem harten Wettbewerb der Welt nicht gewachsen sein.

> «Wir müssen etwas zurücklegen, Anja, müssen den Kindern etwas hinterlassen, dieser Gedanke quält mich immer am meisten, wenn ich mit dem Treiben der Menschen persönlich in Berührung komme und sie in ihrem Egoismus sehe.» (Brief an Ehefrau Anna, 3.8.1879)

Weniger konfliktfrei ist Dostojewskis Beziehung zum Stiefsohn aus erster Ehe. Pawel, genannt Pascha, ist antriebsschwach und undiszipliniert. Er ähnelt darin seinem biologischen Vater. Als Jugendlicher fliegt er von der Schule. Alle Versuche seines Stiefvaters, ihm eine gute Ausbildung zu sichern, schlagen fehl. Mit seiner Mutter Maria streitet er sich immer wieder. Weil er ihre Nerven zu sehr strapaziert, will sie ihn schließlich nicht mehr sehen, nicht einmal, als sie im Sterben liegt. Nach ihrem Tod klammert sich Pawel umso heftiger an seinen Stiefvater. Als dieser heiratet, reagiert er mit Eifersucht. Von Respekt seiner neuen Stiefmutter gegenüber kann keine Rede sein, auch deshalb, weil Pawel ein Jahr älter ist als Anna.

«Die Frechheiten und Grobheiten, die sich Pawel mir gegenüber erlaubte, waren mir ganz unerträglich», klagt Anna in ihren Erinnerungen, in denen sie den Verletzungen durch Pawel sogar ein eigenes Kapitel widmet. Die Kapitelüberschrift sagt alles: «Der Feind im Haus.» Tatsächlich lebt Pawel mit den beiden unter einem Dach, bis sie sich ins Ausland absetzen. Anna ist heilfroh, seinen gehässigen Kommentaren zu entkommen. Aber Dostojewski plagt das schlechte Gewissen.

«Wenn Du glaubest, ich würde Dich nach meiner Heirat vergessen […], so hast Du Dich gründlich getäuscht. […] Eines ist nur schlimm: Deine Unbildung. Wenn Du schon wirklich keine Lust hast, etwas zu lernen, so höre wenigstens auf meinen Rat: Du musst jedenfalls auf Deine moralische Bildung achtgeben.» (Brief an Stiefsohn Pawel, 22.10.1867)

«Sei versichert, dass Du immer mein Sohn, mein ältester Sohn bleiben wirst. Aus mir spricht nicht die Pflicht, sondern mein Herz. Wenn ich Dich oft angeschrien habe und böse gegen Dich war, so ist nur mein schlechter Charakter schuld daran; ich liebe Dich so, wie ich nur selten einen Menschen geliebt habe.» (3.3.1868)

Aus der Ferne versucht er vergeblich, Pascha neue Jobs zu vermitteln.

«Was aus ihm werden soll, weiß ich nicht. Wo will er hinaus? […] Diese Anschauungen, diese Begriffe, diese Eitelkeit! Das ist typisch. Aber andererseits – darf ich ihn denn im Stich lassen? Es fehlt nicht mehr viel, und er wird mit diesen Anschauungen ein Gorski oder Raskolnikow.» (Brief an Apollon Maikow, 30.5.1868)

Die beiden Namen lassen erkennen, wie sehr Dostojewski sich sorgt. Gorski ist der Alkoholiker-Geliebte der Dostojewski-Flamme Martha Brown, Raskolnikow der tragische Held von «Schuld und Sühne».

Ganz so tief sinkt Pascha nicht. Er schlägt keine Verbrecherlaufbahn ein, heiratet, windet sich irgendwie durchs Leben und pumpt seinen Vater immer wieder an, sogar noch, als dieser im Sterben liegt.

Anna Dostojewski ist sicher voreingenommen, wenn sie in ihren Memoiren immer wieder die Selbstlosigkeit Dostojewskis gegenüber seiner Familie betont. Noch in der Verlobungszeit beobachtet sie mit Entsetzen, wie Dostojewski im November seinen Wintermantel verpfändet, um seinen Verwandten mit dem Geld auszuhelfen, «wobei ihm seine Verwandten versicherten, das warme Tauwetter werde anhalten».

> «Mit Empörung dachte ich an alle diese Nichtstuer, da ich sah, wie die ewigen Geldsorgen Fjodor Michailowitsch seine gute Stimmung raubten und sich schädlich auf seine Gesundheit auswirkten.» (Anna Dostojewski)

Immer wenn Dostojewski vorübergehend liquide ist, stehen seine Angehörigen mit vorgestreckten Händen Schlange.

Zu den klammen Verwandten gehören neben Pawel auch Dostojewskis jüngster Bruder Nikolai, ein Alkoholiker, sowie Emilia, die Witwe seines ältesten Bruders. Ihr gegenüber sieht Dostojewski sich besonders in der Pflicht.

Lange Zeit ist Michail seine wichtigste Bezugsperson gewesen. Mit ihm verbinden ihn die Erlebnisse und Zukunftsträume der Jugend, vor allem aber das gemeinsame Interesse an Literatur. Dostojewski ist der unternehmungslustigere der beiden, Michail der etwas schwerfälligere Bedenkenträger. Sie ergänzen sich hervorragend.

> «Dich zu lieben – das ist für mich durchaus ein Bedürfnis! Ich bin völlig frei, ich hänge von niemandem ab, unser Band ist aber so fest, mein Lieber, dass ich mit Dir irgendwie im Leben verwachsen zu sein glaube.» (Brief an Bruder Michail, 19.7.1840)

> «Absolut aufrichtige Beziehungen hatte ich bisher zu keinem Menschen, mit Ausnahme meines Bruders.» (Verhörprotokoll)

Umso mehr schmerzt es Fjodor, dass Michail ihm während seiner Haftzeit keinen einzigen Brief schickt. Die Gründe für den vierjährigen Kommunikationsabbruch sind bis heute ungeklärt und bleiben wohl auch Dostojewski ein Rätsel.

> «Du hast mir dadurch viel egoistischen Kummer gemacht [...]. Ich entschuldigte Dich, ich bemühte mich, Rechtfertigungen für Dich zu finden, beruhigte mich, so oft ich eine fand, und gab kein einziges Mal meinen Glauben an Dich auf; ich weiß, dass Du mich liebst.» (Brief an Bruder Michail, 22.2.1854)

Mit Michails Unterstützung gelingt Fjodor das Comeback als Erfolgsautor. Gemeinsam geben sie eine Zeitschrift heraus und starten nach deren Verbot ein neues publizistisches Projekt. Der plötzliche Tod des Bruders mit nur 43 Jahren trifft ihn heftiger als vorher der Verlust seiner Ehefrau.

> «Dieser Mann liebte mich mehr als alles andere auf der Welt, sogar mehr als seine Frau und seine Kinder, die er anbetete.» (Brief an Bruder Andrej, 29.7.1864)

Nach Michails Tod wirft dessen Witwe Dostojewski vor, ihren Mann auf dem Gewissen zu haben. Er habe den Bruder zum Einstieg ins riskante Zeitschriftengeschäft verleitet. Der Stress habe Michail umgebracht. Als Wiedergutmachung greift Dostojewski Emilia und ihren Kindern unter die Arme.

> «Seine Familie war vollkommen mittellos, sie hätte höchstens betteln gehen können. Ich war ihre einzige Hoffnung, und sie alle, die Witwe und die Kinder, drängten sich um mich und erwarteten von mir ihre Rettung.» (Brief an Alexander Wrangel, 9.4.1865)

Dostojewski entschließt sich außerdem, die soeben gegründete neue Zeitschrift weiterzuführen – trotz der hohen Schulden, die darauf lasten. Er will Michail nicht als Bankrotteur dastehen lassen, das gemeinsame Start-up doch noch zum Erfolg führen. Alle Welt soll wissen, dass sein Bruder ein großes Talent gewesen ist, ein Vorzeige-Journalist. Entsprechend hymnisch fällt der Nachruf aus, den er in der Zeitschrift veröffentlicht.

> «Er war ein gebildeter, kultivierter Mensch, ein Verehrer der Literatur und selbst Literat, ein leidenschaftlicher Liebhaber der Poesie und selbst Poet. Mit seiner Sehnsucht nach dem Ideal und seinem Bedürfnis nach sittlicher Überzeugung eignete er sich seine Überzeugungen selbständig an, erst nachdem er sie sozusagen am eigenen Leib erlebt hatte. […] Er hörte gerne fremde Ratschläge und fragte gerne andere um Rat. […] Er war ein Mensch von ungewöhnlicher Bescheidenheit, aber voller edelster Selbstachtung, was eigentlich nur denjenigen, die ihm besonders nahestanden, bekannt war. Aber er schloss sich nur selten jemandem intim auf; er musste dazu den Menschen vollkommen, liebevoll in sein Herz fassen, aber sein Herz gab er nicht leicht wahllos hin. Doch diejenigen, die er liebte, wissen, wie er zu lieben verstand.» (Einige Worte über Michail M. Dostojewski, 1864)[21]

Dieser Nachruf ist einer der letzten Artikel, die in der neuen Zeitschrift erscheinen. Sie muss aus Mangel an Erfolg eingestellt werden.

Noch eine weitere Frau hat Dostojewski besonders in sein Herz geschlossen: Sonja, die Tochter seiner acht Jahre jüngeren Schwester Vera. Er liebt die Familienidylle, die er in Veras Haus vorfindet.

> «Es ist eine Freude, Deine Kinder anzusehen. Bei Euch im Hause geht es allerdings sehr ausgelassen und laut zu; auf allem liegt aber der Stempel eines guten und friedlichen Familienlebens.» (Brief an Schwester Vera, 13.1.1868)

Als Dostojewskis erste Ehefrau im Sterben liegt, kümmert sich Veras Gatte, ein Arzt, um die medizinische Versorgung. Assistiert wird ihm dabei von Sonja, die damals 18 Jahre alt ist. Dostojewski ist beeindruckt.

> «Ich erkannte in Ihnen ein seltenes, besonderes Wesen und ein seltenes, schönes Herz, und vor allem erkannte ich Sie in jenem Winter, als [meine Frau] Maria starb.» (Brief an Nichte Sonja, 13.1.1868)

Er zollt Sonja für ihre Hilfsbereitschaft den größten Tribut. Er benennt den rettenden Engel in «Schuld und Sühne» nach ihr, später auch seine eigene Tochter. Er sieht in Sonja eine Seelenverwandte. Sie interessiert sich ebenfalls für Literatur, will sich nicht mit einem Hausfrauendasein zufriedengeben und, wenn überhaupt, nur aus Liebe heiraten. Dostojewski ermutigt sie in ihrem Unabhängigkeitsstreben.

---

[21] Einige Worte über Michail M. Dostojewski, in: Fjodor Dostojewski: Eine verfängliche Frage. Aufsätze. Feuilletons. Übersetzt von Walter Schade. Hrsg. von Gerhard Dudek und Michael Wegner, 1988

> «Gehen Sie geraden Weges, ohne Kompromisse im Leben. [...] Vielleicht liebe ich in Ihnen gerade das, woran ich selbst kranke. Ich liebe an Ihnen besonders diese starke Haltung – Ihr Ehrgefühl, Ihre Anschauungen und Überzeugungen.» (Brief an Nichte Sonja, 13.1.1868)

Später arbeitet Sonja für die führende Literaturzeitschrift, den «Russischen Boten», übersetzt unter anderem Werke des Dostojewski-Idols Charles Dickens. Allerdings sorgt ein Erbschaftsstreit dafür, dass sie und ihre Eltern sich von Dostojewski entfremden. Es geht dabei um die Erbschaft einer reichen Tante.

Nur wenig Zeit bleibt Dostojewski für tiefe Freundschaften. Man kann sie an wenigen Fingern abzählen.

Zwei Freundschaften haben eher episodenhaften Charakter:

Da ist einmal Alexander Wrangel. Mit ihm pflegt er während seiner Verbannungszeit eine intensive Beziehung.

Die andere Lebensabschnitt-Freundschaft ist die zu Wladimir Solowjow. Der christliche Philosoph wird in seinen letzten Petersburger Jahren sein wichtigster Gesprächspartner.

Beide sind viel jünger als Dostojewski: Wrangel zehn Jahre, Solowjow über dreißig Jahre.

Der einzige gleichaltrige Weggefährte, den Dostojewski bereits in seinen zwanziger Jahren kennengelernt hatte, ist der Schöngeist und Literaturexperte Apollon Maikow.

Nach seinem Tod gibt es kaum eine engere Bekanntschaft, die ihre Erinnerung an Dostojewski nicht auf die eine oder andere Art zu Protokoll gibt. Diese Reminiszenzen fallen fast einhellig positiv aus. Zwar werden Dostojewskis Schwächen keineswegs unter den Tisch gekehrt; er hat sie ja selbst freimütig bekannt. Aber an seiner Herzensgüte lässt kaum jemand einen Zweifel. Insofern darf man der Charakterisierung seiner Frau, die natürlich alles andere als unparteiisch war, durchaus Glauben schenken.

> «Er war gütig, großherzig, edel, gerecht, uneigennützig, zartfühlend und voll Mitleid wie kein zweiter. Und seine Wahrheitsliebe, seine unbestechliche Aufrichtigkeit, die ihm so viele Feinde gemacht haben. Es gibt keinen Menschen, der von meinem Mann weggegangen wäre, ohne einen Rat, einen Trost oder Hilfe in irgendeiner Form erhalten zu haben.» (Anna Dostojewski)

KAPITEL 8
FEMINIST

Dostojewski verehrt Frauen. Und längst nicht nur als Sehnsuchtsobjekte und Liebespartnerinnen. Bei seinen Romanen fällt auf, dass darin alle möglichen faszinierenden Frauengestalten auftreten, wirklich böse Frauen dagegen gänzlich fehlen. Wenn Frauen schuldig werden, dann aus Schwäche oder Leidenschaft, also unter mildernden Umständen. Zu den kaltblütigen Grausamkeiten, die Dostojewski besonders abstoßen, sind Frauen aus seiner Sicht kaum imstande. Schließlich verfügen sie über einen charakterlichen Vorzug, der ihm besonders wichtig ist:

Empathie.

Seine Schulkameraden und Kommilitonen berichten, dass der junge Dostojewski sich zotigen Unterhaltungen verweigert. Ganz ähnlich verhält sich sein literarischer Ideal-Mann, Aljoscha Karamasow.

> «Er konnte gewisse Worte und Gespräche über Frauen nicht vertragen.» (Die Brüder Karamasow)

In seinen zwanziger Jahren gerät er auf Abwege, degradierte Frauen zumindest in seiner Phantasie zu reinen Lustobjekten. In dieser Hinsicht begrüßt er geradezu die erzwungene Auszeit in der Haft.

> «Das Leben in den Kasematten hat jedes sinnliche Verlangen in mir erstickt, das nicht ganz rein war.» (Brief an Bruder Michail, 22.12.1849)

Prägenden Einfluss auf sein Frauenbild hat die Begegnung mit den «Dekabristen-Frauen». Ihr karitativer Einsatz, das Verteilen kleiner Geschenke an die Gefangenen, blieb ihm sein ganzes Leben vor Augen – als Vorbild selbstloser Menschlichkeit.

> «Eine Frau ist eine geborene Adelige und, wenn sie moralisch würdig ist, sogar Königen gleich.» (Notizen, 1872–1875)
>
> «Glücklich derjenige, dem Gott immer eine Frau sendet.» (Die Dämonen)

Dass Frauen sich nicht nur adelig aufführen, sondern auch asozial verhalten können, lernt Dostojewski nach seiner Haftentlassung. An seiner grundsätzlichen Wertschätzung des weiblichen Geschlechts ändert das nichts. Immer öfter erlebt er Frauen nicht nur als Wohltäterinnen und Versucherinnen, sondern als höchst stimulierende Konversations-Partnerinnen.

> «Fjodor Michailowitsch hatte viele aufrichtige Freunde unter den Frauen. Sie vertrauten ihm gerne ihre Geheimnisse an und erbaten in Gewissensfragen seinen freundschaftlichen Rat, den er niemals verweigerte.» (Anna Dostojewski)
>
> «Besonders die Studentinnen bewunderten Dostojewski, der sie immer mit Achtung behandelte.» (Ljuba Dostojewski)

Frauen stacheln Dostojewskis Neugier an. Schließlich hat er sich die Menschen-Enträtselung als Lebensaufgabe vorgenommen. Frauen stellen ihn aufgrund ihrer Andersartigkeit und Vielschichtigkeit vor eine überaus knifflige Herausforderung.

> «Der Mensch ist eine so komplizierte Maschine, dass man in manchen Fällen nicht daraus klug wird, und besonders, wenn

dieser Mensch auch noch eine Frau ist. […] Manche Frau bezaubert den Mann durch ihre Schönheit oder durch sonst etwas in einem Augenblick, während man eine andere ein halbes Jahr lang studieren muss, ehe man erkennt, was an ihr ist und dass, um eine solche Frau zu durchschauen und liebzugewinnen, es nicht ausreicht, sehen zu können und einfach zu allem bereit zu sein, sondern man außerdem auch noch einer besonderen Begabung bedarf.» (Der Jüngling)

Dostojewski ist fasziniert von der Radikalität, mit der manche Frauen ihren Herzenswünschen folgten.

«Ich kannte ein Mädchen […], das sich nach mehreren Jahren einer rätselhaften Liebe zu einem Mann, den sie jeden Augenblick ganz bequem hätte heiraten können, selbst unüberwindliche Hindernisse ausdachte und sich in einer stürmischen Nacht von einem felsigen Steilufer in einen ziemlich tiefen, reißenden Fluss stürzte und darin umkam – einzig und allein, um Shakespeares Ophelia zu gleichen.» (Die Brüder Karamasow)

«[Sie] war eine hitzige Dame, die sich leicht hinreißen ließ und dann mit einem Mal, ohne lange zu überlegen, alle Anker lichtete und ins offene Meer hinaussegelte, ohne nach dem Wetter zu fragen.» (Der Idiot)

«Die angeborene Sanftmut stand ihr noch im Weg. Wenn ein solches Wesen einmal ausbricht und lostobt, so wird man ihm doch immer anmerken, auch wenn es die Grenze überspringt, dass es sich dabei Gewalt antut, sich aufpeitscht und verstellt und mit der angeborenen Keuschheit und Scham selbst am allerwenigsten fertigwerden kann. Gerade deshalb können solche Naturen mitunter so ungeheuerlich an Maß verlieren, dass

unsere beobachtende Vernunft ihren Augen nicht mehr traut.»
(Die Sanfte)

Wie man Dostojewskis Briefen entnehmen kann, ist er ein sinnlicher Mensch. Noch als beinahe Sechzigjähriger schwelgt er in erotischen Phantasien; die Briefe an Anna wimmeln von entsprechenden Andeutungen. In seine erste Frau verliebt er sich wegen ihrer Schönheit. Seine alles verzehrende Leidenschaft für Polina gründet sich auch auf deren Attraktivität. Zeitweise hat es ihm außerdem die Frau seines Freundes Stepan Jankowski angetan, die hübsche Schauspielerin Alexandra.

Alle diese betörenden Erfahrungen fließen ein in die Beschreibung seiner fiktiven «Femme fatale» schlechthin, Nastassja Filippowna in «Der Idiot». Hier wird deutlich, dass für Dostojewski nicht nur äußerliche Attribute eine Frau anziehend machen. Gänzlich unwiderstehlich werden sie, wenn sie von dunklen Erinnerungen bedrückt und von inneren Spannungen zerrissen werden. Schuld sind sie ja nicht selbst, sondern die Männer, die sie dahin gebracht haben. Nastassjas Biographie ist von Traumata durchzogen. Als Kind wurde sie missbraucht, als Teenager zur Edelhure abgerichtet.

«Ein grenzenloser Stolz, eine grenzenlose Verachtung, die fast wie Hass aussah, lagen in diesem Gesicht, und zu gleicher Zeit etwas Zutrauliches, erstaunlich Offenherziges. Dieser Kontrast erweckte bei dem, der diese Züge betrachtete, sogar ein gewisses Mitleid. Diese blendende Schönheit war geradezu unerträglich, die Schönheit des blassen Gesichts, der fast eingefallenen Wangen und glühenden Augen – eine seltsame Schönheit! [...] ‹In diesem Gesicht ... liegt so viel Leid ...›, sagte der Fürst. [...] ‹Eine solche Schönheit ist eine Macht›, erwiderte Adelaida enthusiastisch. ‹Mit einer solchen Schönheit kann man die Welt umdrehen.›» (Der Idiot)

Als junger Mann ist Dostojewski beim Anblick einer attraktiven Frau in Ohnmacht gefallen. Und noch in seinen vierziger Jahren spürt er in der Gegenwart von Schönheiten einen Kontrollverlust, den er sonst nur vom Roulette-Spiel kennt.

> «Wenn sich ein Mensch in eine schöne Frau, in einen weiblichen Körper oder auch nur in einen Körperteil verliebt – nur ein sinnlich Veranlagter wird das begreifen –, so gibt er für diese Frau seine eigenen Kinder hin und verkauft für sie seinen Vater und seine Mutter und sein russisches Vaterland!» (Die Brüder Karamasow)
>
> «Die Schönheit ist der Frau am Anfang gegeben, um den Mann zu fesseln, denn das moralische Band ist da noch schwach. Später ist die Schönheit nicht mehr nötig, man liebt die Frau, weil man seelisch zusammenwächst.» (Notizen, 1880/1881)

So sehr die körperliche und seelische Schönheit von Frauen ihn verzaubert, so sehr verstört es Dostojewski, wenn Frauen in der Blüte ihres Lebens Selbstmord begehen. In den sechziger und siebziger Jahren des 19. Jahrhunderts häuften sich die Berichte über Frauen, die sich aus Verzweiflung töteten. Sogar die Tochter eines bekannten Schriftstellers, Alexander Herzen, ist darunter.

> «Diese Selbstmorde sind bei uns in der letzten Zeit so häufig geworden, dass niemand mehr von ihnen spricht. Die russische Erde scheint keine Kraft mehr zu haben, die Menschen festzuhalten. Wie viele zweifellos ehrliche Menschen gibt es

> aber auf dieser Erde, ganz besonders ehrliche Frauen.» (Tagebuch eines Schriftstellers, Mai 1876)

Dostojewski reagiert aufgewühlt, als er in einer Zeitschrift den Abschiedsbrief einer Selbstmörderin liest. Die 25-jährige Hebamme hatte sich überarbeitet, war in Depressionen verfallen und schließlich dem Gedanken gefolgt: «Wo kann man besser ausruhen als im Grab?» Dostojewski sieht in ihrem Entschluss ein Symptom für die spirituelle Ausgezehrtheit seiner Zeit.

> «Sie ist müde geworden, offenbar, weil das Leben sie langweilt und sie den Glauben an die Wahrheit, an irgendeine Pflicht verloren hat. Es ist, mit einem Wort, der gänzliche Verlust des höchsten Ideals des Seins. So starb das arme junge Mädchen. Ich heule nicht über dich, du Arme, aber lass mich dich bemitleiden. Lass mich deiner Seele eine Auferstehung zu einem solchen Leben wünschen, in dem du dich nicht mehr langweilen sollst. Ihr Lieben, Guten, Edlen, wohin geht ihr von uns, warum ist euch dieses finstere, dumpfe Grab so lieb?» (Tagebuch eines Schriftstellers, Mai 1876)

Aus Dostojewskis Sicht sind es besonders Frauen, die an der materialistischen Oberflächlichkeit und statusfixierten Verlogenheit der Epoche leiden. Deshalb verbindet er auch gerade mit Frauen die Hoffnung auf eine geistliche Erneuerung.

> «Die Frau lügt weniger, viele lügen sogar gar nicht, aber nichtlügende Männer gibt es fast nicht. […] Die Frau ist im Handeln energischer und ausdauernder. Sie ist ernster als der Mann. Sie will die Sache der Sache selbst wegen, und nicht des Scheines wegen. Sollen wir denn nicht in der Tat von

dieser Seite eine große Hilfe erwarten?» (Tagebuch eines Schriftstellers, 1873)

«[Es gibt] einen Anstieg der spirituellen Bedürfnisse, besonders bei Frauen. Einen Wunsch nach uneigennütziger Teilnahme, nach der Tat selbst, nach Gebet. Sie schreiben Briefe, studieren, lesen, recherchieren, fordern Erklärungen. Der Aufstieg der Frauen in unserem Land unterliegt keinem Zweifel. Die Männer waren schon immer unbeständig, und jetzt sind sie noch mehr korrumpiert worden von Aufdringlichkeit und Zynismus.» (Notizen, 1876/1877)

«Die russische Frau hat alle Hindernisse, allen Spott keusch verachtet, sie äußerte fest ihren Willen, an der allgemeinen Sache mitzuwirken, und sie tat das nicht nur uneigennützig, sondern auch aufopfernd. Der russische Mann hat sich in den letzten Jahrzehnten hingegen furchtbar der Verderbnis des Erwerbs, des Zynismus und des Materialismus ergeben. Die Frau aber blieb dem reinen Dienst der Idee, der Anbetung der Idee viel treuer. [...] Ich sehe übrigens auch einige Fehler der modernen Frau und den wichtigsten von ihnen: ihre außerordentliche Abhängigkeit von gewissen, eigentlich männlichen Ideen.» (Tagebuch eines Schriftstellers, Mai 1876)

Mit diesen «männlichen Ideen» meint Dostojewski die damals populären Ideologien des Kommunismus, Anarchismus und Nihilismus. Für ihn handelt es sich dabei um theoretische Konstrukte, die nicht der vielschichtigen Lebenswirklichkeit entsprechen. Frauen haben Dostojewski zufolge einen ganzheitlicheren Zugang zum Leben.

Für Dostojewski sind Frauen nicht nur in den Disziplinen Glaube und Hoffnung die wahren Champions. Auch die höchste christliche

Tugend, die Liebe, praktizieren sie vorbildlich. Von der weiblichen Caritas schwärmt er in seiner Erzählung «Ein kleiner Held», die er 1849 in der Untersuchungshaft verfasst. Dort gelandet ist er bekanntlich durch die Teilnahme an revolutionären Männerzirkeln. Hier diskutierte MANN über die bessere Welt, während FRAU ohne langes Palaver daran arbeitete.

> «Es gibt Frauen, die im Leben geradezu wie barmherzige Schwestern sind. Vor ihnen braucht man nichts zu verbergen, nichts zu verschweigen, wenigstens nichts, was in unserer Seele krank und verwundet ist. Wer leidet, der gehe getrost zu ihnen und fürchte nicht, ihnen zur Last zu fallen, denn nur selten weiß jemand von uns, wie viel unendlich geduldige Liebe, wie viel Mitgefühl und welch Allverzeihen in manchen Frauenherzen sein kann. Ganze Schätze an Mitempfinden, Trost und Hoffnung ruhen in diesen reinen Herzen, die so oft selbst verwundet sind – Herzen, die viel trauern, mehr als andere lieben, aber die eigenen Wunden behutsam vor jedem neugierigen Blick verbergen, denn tiefes Leid schweigt und verbirgt sich. Diese Frauen schreckt weder die Tiefe der fremden Wunde noch deren Fäulnis ab.» (Ein kleiner Held)

Frauen sind Männern moralisch überlegen: Diese anthropologische Erkenntnis unterbreitet Dostojewski ein paar Jahre später seiner Bald-Ehefrau Maria.

> «Selbst der beste Mann ist manchmal nur ein Klotz. Das weibliche Herz, das weibliche Mitleid, die weibliche Teilnahme, die unendliche Güte, von der wir keine Ahnung haben und die wir in unserer Dummheit oft gar nicht bemerken, sind unersetzlich.» (Brief an Maria Isajewa, 4.6.1855)

Zugegeben: Dostojewski formuliert sein Frauenlob hier nicht ohne taktischen Hintersinn. Schließlich ist er auf Freiersfüßen unterwegs. Er kennt, bei aller Bewunderung für die weiblichen Stärken, auch deren Schwäche:

> «[Er] brachte schließlich das stärkste und zuverlässigste Mittel zur Eroberung von Frauenherzen in Anwendung, jenes Mittel, das nie versagt und schlechterdings bei allen Frauen ohne Ausnahme seine Wirkung tut. Das Mittel ist allgemein bekannt: die Schmeichelei.» (Schuld und Sühne)

Beim Flirten, so lernt Dostojewski, kann man nicht dick genug auftragen. Beim Beichten eigener Schwächen gilt seiner Erfahrung nach das umgekehrte Prinzip. Hier ist weniger mehr.

> «Um keinen Preis wird sie dir einfach und ohne Weiteres verzeihen, sondern sie wird dich hundsgemein herunterputzen, wird dir Dinge vorhalten, die niemals geschehen sind, wird alles hervorholen, ohne etwas zu vergessen, sondern eher noch Erfundenes hinzufügen – erst dann wird sie dir verzeihen. Und die es so machen, sind noch die besten von ihnen! Den letzten Fetzen Haut wird dir so ein Weib abkratzen, eine solche Lust zur Schinderei steckt in ihnen, kann ich dir sagen, in allen ohne Ausnahme, in diesen Engeln, ohne die wir nicht leben können! [...] Jeder ordentliche Mann muss unter dem Pantoffel wenigstens einer Frau stehen. Das ist meine Überzeugung oder mehr noch: mein Gefühl. Der Mann muss sich großmütig fügen, und das gereicht ihm nicht zur Schande, nicht einmal einem Helden, nicht einmal einem Cäsar! Aber um Verzeihung darfst du trotzdem nicht bitten, niemals und um keinen Preis!» (Die Brüder Karamasow)

Und noch eine Lehre hat Dostojewski gemacht: Vor der Heirat sollen Männer sich nicht im Gefühlsüberschwang dazu hinreißen lassen, alte Sünden allzu umfassend zu bekennen.

> «Jede Frau, die zum Altar geht, legt sich in dieser Weise etwas aus der Vergangenheit ihres Mannes als Reservewaffe hin.» (Die Dämonen)

Im Rahmen gängiger Stereotype bewegt sich Dostojewski, wenn er Frauen als übermäßig emotional beschreibt.

> «Sie schätzen über alles das lebendige Gefühl, das lebendige Wort, am meisten aber die Aufrichtigkeit. Indem sie aber an die Aufrichtigkeit, die manchmal falsch ist, glauben, lassen sie sich auch von den Meinungen hinreißen.» (Tagebuch eines Schriftstellers, Mai 1876)
>
> «Sehr empörte mich bei meinem Mann, dass er in unseren Diskussionen den Frauen meiner Generation jegliche Zähigkeit des Charakters, alles beharrliche und langdauernde Streben zur Erreichung eines bestimmten Zieles grundsätzlich absprach.» (Anna Dostojewski)

Dennoch sind es gerade solche Frauen, mit denen Dostojewski sich am liebsten umgibt. Er unterhält sich gerne mit Nonkonformistinnen, Feministinnen, hippiehaften Frauen. Damit ist er seiner Zeit voraus. Der Zug in Richtung Gleichberechtigung nimmt erst langsam Fahrt auf. 1858 öffnen die ersten russischen Mädchengymnasien. In Westeuropa kommen die ersten Frauen zu akademischen Ehren.

Mit zwei wissenschaftlichen Pionierinnen steht Dostojewski auf vertrautem Fuß: Nadeschda, die jüngere Schwester von Polina, studiert in der Schweiz Medizin und gründet danach in Petersburg als erste Frau eine Arztpraxis. Dostojewski ist von ihren Erfolgen sichtlich beeindruckt, nennt Nadeschda «eine seltene Persönlichkeit, edel, ehrlich, groß». Sonja, die jüngere Schwester von Anna Krukowski, macht eine noch spektakulärere Karriere. In Stockholm wird sie 1884 zur europaweit ersten Mathematik-Professorin ernannt.

Beide Frauen geben Dostojewski einen wichtigen Anteil an ihren Karrieren. Er hatte sie darin bestärkt, ihre Talente auszuschöpfen und ihren Berufungen zu folgen.

Seiner geliebten Nichte Sonja rät Dostojewski entschieden davon ab, sich lediglich auf ein Leben als treusorgende Gattin vorzubereiten.

> «Beschäftigen Sie sich mit Ihrer Bildung und verschmähen Sie mir nicht eine Fachbildung, überhasten Sie sich nicht, und vor allem denken Sie daran, dass Sie noch recht jung sind. Alles hat seine Ordnung. Sie müssen wissen, dass die Frauenfrage und insbesondere die Frage der russischen Frau ja sogar im Laufe unseres Lebens einige große und herrliche Schritte voranmachen wird.» (Brief an Nichte Sonja, 13.1.1868)

Im Gegensatz zu vielen Christen seiner Zeit sieht Dostojewski in der Frauen-Emanzipation keine Gefahr für die traditionelle Familienordnung. Seine Tochter Ljuba versteigt sich dazu, ihn als ersten Feministen Russlands zu deklarieren.

> «Er amüsierte die Frauen nicht und wollte sie nicht berücken; er sprach ernsthaft mit ihnen wie mit Gleichgestellten. Niemals wollte er der russischen Mode gehorchen und den Frauen die Hand küssen; er behauptete, dass dieser Handkuss

demütigend für sie sei. ‹Männer, die den Frauen die Hände küssen, betrachten sie als Sklavinnen und wollen sie dadurch trösten, dass sie sie wie Königinnen behandeln›, pflegte er zu sagen. ‹Wenn sie später in ihnen die Gleichgestellten erkennen werden, werden sie sich damit begnügen, ihnen die Hand zu drücken wie ihren Kameraden.›» (Ljuba Dostojewski)

Für Dostojewski ist die Befreiung der Frauen aus alten Rollenzwängen kein Widerspruch zum Evangelium. Sie ergibt sich im Gegenteil logisch aus der Botschaft Jesu. Das schärft er den konservativen Gegnern der Frauen-Emanzipation ein.

«Alle Emanzipation läuft auf die christliche Menschenliebe hinaus, auf die Selbstaufklärung im Namen der gegenseitigen Liebe – einer Liebe, die die Frau mit Recht auch ihr gegenüber erwarten darf. Unserer Meinung nach reduziert sich die ganze Frage der Emanzipation auf das allgemeine und immerwährende Problem des Fortschritts und der Entwicklung. Je richtiger sich eine Gesellschaft entwickelt, je normaler sie wird, desto mehr nähert sie sich dem Ideal der Menschlichkeit an; und unser Verhältnis zu den Frauen wird sich von selbst klären, ohne irgendwelche festen Pläne und Utopien.» (Antwort an den «Russischen Boten», in: «Zeit», 1861)[22]

Im selben Artikel tritt Dostojewski im Namen der gesamten «Zeit»-Redaktion für die romantische und sexuelle Selbstbestimmung von Frauen ein. Die immer noch gängige Praxis, dass junge Frauen gegen

---

[22] Antwort an den «Russischen Boten», «Zeit», 1861, in: Eine verfängliche Frage. Aufsätze. Feuilletons. Übersetzt von Walter Schade. Hrsg. von Gerhard Dudek und Michael Wegner, 1988

ihren Willen von ihren Eltern an vermeintlich gute Partien verheiratet werden, geißelt er als legale Form von Prostitution. Er bekräftigt:

> «… dass wir die Verheiratung junger Mädchen mit reichen Lustgreisen unmoralisch finden, weil wir einen solchen Verkauf des Körpers, vollzogen im Namen der Moral und des Gehorsams, nicht weniger unmoralisch und verwerflich finden als jeden anderen Verkauf des Körpers auch.»

Dass Frauen sich ihre Ehemänner selbst aussuchen und uneingeschränkten Zugang zu akademischen Berufen bekommen sollen, ist für Dostojewski nicht nur ein Gebot der Nächstenliebe, sondern auch der politischen Vernunft.

> «Unsere Frauen sind jetzt im Aufstieg und werden vielleicht vieles retten. […] Die Frauen sind unsere große Hoffnung. […] Wenn man bei uns die Hochschulbildung für die Frauen, mit allen Rechten, die sie gibt, aufrichtig und vollkommen zuließe, würde Russland Europa im großen Werk der Erneuerung der Menschheit wieder um einen großen und originellen Schritt überholen.» (Tagebuch eines Schriftstellers, Mai 1876)
>
> «Kann man denn der Frau, die ihren Heldenmut so klar bewiesen hat, noch immer die volle Gleichberechtigung mit dem Mann in Bezug auf die Bildungsmöglichkeiten, Beschäftigungen und Ämter versagen, wo wir jetzt doch gerade auf sie unsere volle Hoffnung setzen, nachdem sie sich für die geistige Erneuerung und moralische Erhöhung unserer Gesellschaft so verdient gemacht hat?» (Tagebuch eines Schriftstellers, September 1877)

Solche Verlautbarungen sorgen dafür, dass Dostojewski immer wieder von Frauenrechts-Aktivisten aufgesucht und auch als Redner zu deren Veranstaltungen eingeladen wird. Dabei macht der Dichter keinen Hehl daraus, dass er einen evolutionären Gleichberechtigungs-Prozess allen revolutionären Bestrebungen vorzieht. Überhaupt stößt ihn, auch in der Frauenfrage, alles Radikale ab.

> «Fedja liebte die damaligen Nihilistinnen wirklich nicht! Ihre Verneinung alles Frauenhaften, ihr Sich-gehen-Lassen, ihr derber, burschikoser Ton riefen in ihm nur Abscheu und Ekel hervor.» (Anna Dostojewski)
>
> «Der ganze Fehler der ‹Frauenfrage› besteht darin, dass man Unteilbares trennt, Mann und Frau einzeln betrachtet, während sie doch ein einziger geschlossener Organismus sind.» (Notizen, 1880/1881)

Mit den pro-feministischen Ausführungen in seinem «Tagebuch eines Schriftstellers» schafft sich Dostojewski eine wachsende weibliche Fangemeinde. Er gilt als ein Autor, der Frauen ernst nimmt.

Dostojewski ist angetan vom pragmatischen Pioniergeist der jungen Frauengeneration. In den siebziger Jahren öffnen sich die ersten russischen Universitäten für Frauen. Die ersten Studentinnen sind von einem ganz anderen Schlag als die Polinas und Marthas. Das merkt der inzwischen 54-jährige Dostojewski, als er Besuch von zwei Zwanzigjährigen bekommt. Sie haben sich ein Herz gefasst und den berühmten Schriftsteller spontan in seiner Wohnung aufgesucht. Sie sind überrascht, als seine Frau sie ohne Umstände vorlässt. Dostojewski ist von der Begegnung höchst angetan.

> «Sie erzählten, dass sie beide Studentinnen der medizinischen Akademie seien, dass es dort schon an die 500 Frauen gebe und dass sie zur Akademie gegangen wären, ‹um Hochschul-

> bildung zu erlangen und später Nutzen zu bringen›. Diesem Typus der neuen Mädchen bin ich noch nicht begegnet (von den alten Nihilistinnen kenne ich eine Menge, ich kenne sie persönlich und studierte sie gut). Glauben Sie mir, dass ich selten eine bessere Zeit verbracht habe als die zwei Stunden mit diesen Mädchen. Welche Einfachheit, Natürlichkeit, Frische des Gefühls, Reinheit des Geistes und Herzens, aufrichtigster Ernst und aufrichtigster Frohsinn! Durch sie lernte ich natürlich viele Mädchen kennen, die ebenso waren, und ich gestehe Ihnen, der Eindruck war stark und freundlich.» (Brief an Christina Altschewskaja, 9.4.1876)

Dostojewski wird mit Leserinnen-Briefen überschwemmt, in denen Frauen ihn um Lebenshilfe bitten. Er enttäuscht sie nicht. Trotz der hohen Arbeitsbelastung nimmt er sich die Zeit, viele dieser Briefe ausführlich zu beantworten. Wie den Brief einer jungen Frau, die sich zum Erlernen eines praktischen Berufs verpflichtet fühlt. Sie überlegt, Hebamme zu werden. «Wäre es nicht besser», fragt Dostojewski zurück, «wenn Sie erst einmal andere Ziele verfolgten und für Ihre Allgemeinbildung sorgten?»

Einer anderen Fragestellerin bescheinigt Dostojewski, dass ihr Brief «leidenschaftlich und aufrichtig» klingt. Er bietet ihr deshalb ein persönliches Mentoring-Gespräch an: «Wenn Sie wollen, können Sie bei mir vorbeikommen.»

Was Dostojewski für viele Frauen so sympathisch macht, ist seine unprätentiöse Art. Er versteht sich nicht als Guru. Er begegnet den Fragestellerinnen auf Augenhöhe. Schließlich hat er sich selbst aus schwierigen Verhältnissen nach oben gearbeitet, hat Hindernisse überwunden, um seiner gottgegebenen Stimme Gehör zu verschaffen. Er kann nachempfinden, was Frauen fühlen, die aus der häuslichen Enge in die gesellschaftliche Weite drängen.

Ganz ergriffen ist er von einem Brief, den er ein Dreivierteljahr vor seinem Tod erhält. Eine junge Frau schildert ihren inneren Zwiespalt: zwischen Pflicht und innerer Berufung, zwischen Realitätssinn und Wunschtraum. – «Kenne ich!», schrieb ihr Dostojewski zurück:

> «Aus diesem Grunde muss ich Sie als eine mir verwandte Seele betrachten, denn Ihr innerer Zwiespalt entspricht ganz genau dem meinigen. Er verursacht große Qualen und zugleich ein großes Wonnegefühl. Dieser Zwiespalt bedeutet nichts anderes, als dass Sie ein verstärktes Selbstbewusstsein, ein Bedürfnis nach Selbstkritik und ein in Ihrer Natur begründetes Gefühl für die moralische Pflicht gegen sich selbst und die ganze Menschheit haben. Wenn Ihr Verstand weniger entwickelt wäre, wenn Sie beschränkter wären, so wären Sie weniger empfindsam und hätten diesen Zwiespalt nicht. Im Gegenteil, an seine Stelle wäre große Selbstüberhebung getreten. Und doch ist dieser Zwiespalt eine große Qual. […] Leben Sie wohl. Ihr Ihnen herzlich ergebener und seelenverwandter Freund.» (Brief an Fräulein N. N., 11.4.1880)

Heutzutage ist Dostojewskis Image als Frauenversteher und Frauenförderer verblasst. Zu Lebzeiten wird er für sein pro-feministisches Engagement jedoch öffentlich ausgezeichnet. Im Anschluss an eine aufsehenerregende Rede anlässlich einer Puschkin-Gedenkveranstaltung wird er von einem Pulk weiblicher Fans eingeschlossen:

> «Sie küssten mir die Hände, setzten mir zu. […] Zwischendurch hatten sie es geschafft, einen prächtigen Lorbeerkranz

> von anderthalb Metern Durchmesser zu kaufen, und am Ende der Sitzung stürmte eine Menge Damen (über hundert) auf die Bühne und ehrte mich vor dem ganzen Saal mit dem Kranz: ‹Für die russische Frau, von der Sie so viel Gutes gesagt haben!› Alle weinten.» (Brief an Ehefrau Anna, 8.6.1880)

Manche Frauen führen sich geradezu wie Groupies auf. Einmal kursiert das Gerücht, Dostojewski sei von seiner Frau verlassen worden und stünde kurz davor, vor Kummer zu sterben. Daraufhin lässt eine Lehrerin aus der Provinz alles stehen und liegen. Sie reist nach Petersburg, um bei Dostojewski einzuziehen und ihm den Haushalt zu organisieren. Der Schriftsteller ist zunächst perplex, dann zornig über das Gerücht. Anna Dostojewski reagiert amüsiert-verständnisvoll.

> «Der Gedanke, den berühmten Dichter, den seine nichtswürdige Frau verlassen hatte, pflegen zu können, schien sie zu diesem Schritt bewogen zu haben, vielleicht auch die Aussicht, seine letzten Lebenstage mit ihm zu verbringen und dann den Rest ihres Lebens stolz sein zu können, dass der Dichter in ihren Armen gestorben sei. Die arme Unbekannte tat mir unsagbar leid.» (Anna Dostojewski)

Wie bei vielen selbsterklärten männlichen Feministen kann auch bei Dostojewski die Praxis mit der Theorie nicht immer mithalten. Im Hause Dostojewski entspricht die Rollenverteilung der damaligen gesellschaftlichen Realität. Die Frau schafft, der Mann schafft an. Anna kümmert sich um die häuslichen Angelegenheiten, unterstützt ihren Mann dazu bei der Arbeit, während er ganz in seiner Schriftstellertätigkeit aufgeht. Den einen oder anderen Macho-Spruch kann er sich auch nicht verkneifen. Auch er ist eben bei aller Fortschrittlichkeit, wie er selbst zugibt, manchmal doch nur «ein Klotz».

«Ich lebe mit meiner Frau im besten freundschaftlichen Einvernehmen. Sie ist geduldig, und meine Interessen gehen ihr über alles.» (Brief an Nichte Sonja, 7.11.1868)

KAPITEL 9
KINDERFREUND

Dostojewski ist ein Nervenbündel. Er schwankt zwischen sanfter Melancholie und tiefer Verzweiflung. Dabei leidet er an seiner Umwelt genau wie an sich selbst, kommt sich schmutzig und unzulänglich vor. Nichts wünscht er sich so sehr wie Seelenfrieden.

Er weiß immerhin, wo er ihn findet. Bei Kindern.

> «Durch den Umgang mit Kindern wird die Seele gesund.» (Der Idiot)

Während konservative Zeitgenossen über die damalige «Jugend von heute» schimpfen, sieht Dostojewski die junge Generation in einem äußerst positiven Licht.

> «Es hat in unserem russischen Leben noch nie eine Periode gegeben, in der die Jugend [...] in ihrer überwiegenden Mehrheit so aufrichtig war, so nach Wahrheit lechzte, so opferfreudig ihr Leben für die Wahrheit und für jedes Wort der Wahrheit hingeben wollte wie jetzt.» (Brief an eine Gruppe Moskauer Studenten, 18.4.1878)

Seine Zuneigung zu Kindern und Jugendlichen beginnt nicht erst mit seiner eigenen Vaterschaft. Bereits sein zweiter, halbfertiger Roman «Njetotschka Neswanowa» handelt von einem Waisenmädchen. Während der Untersuchungshaft hat er sich dadurch getröstet, dass er eine Geschichte über einen Jungen schreibt, «Ein kleiner Held». Nachdem er aus der Verbannung nach Petersburg zurückgekehrt ist, fesseln immer wieder Kinder seine Aufmerksamkeit. Bis zu seinem Lebensende wird das so bleiben.

> «Die Kinder sind merkwürdige Menschen, sie verfolgen einen im Traum und im Wachen.» (Tagebuch eines Schriftstellers, Januar 1876)
>
> «Der Umgang mit Kindern veredelt einen Menschen. Ohne diesen Edelmut kann man nicht überleben.» (Notizen, 1876/77)

Die Gründe für Dostojewskis Liebe zu Kindern sind zahlreich. In ihnen begegnet er Menschen, die noch nicht von der Gemeinheit ihrer Umwelt, von der Last der eigenen Fehler niedergedrückt sind. Vor allem sind sie auf beneidenswerte Weise sie selbst, spielen keine Rolle, agieren authentisch. Das gilt vor allem für das kindliche Lachen. Während sich in die Heiterkeit der Erwachsenen häufig etwas Gekünsteltes, ja sogar Niederträchtiges mischt, geben sich Kinder ohne Hintersinn der Freude des Augenblicks hin.

> «Nur die Kinder verstehen in idealer Vollkommenheit zu lachen, und darum sind sie auch so entzückende Wesen.» (Der Jüngling)

Auch die Theologie spielt bei Dostojewskis Kinderliebe eine Rolle. Er kommt aus der orthodoxen Tradition, wo das Konzept der Erbsünde keine Rolle spielt. Für Dostojewski kommen Kinder unmittelbar aus der Schöpferhand Gottes. Sie sind nicht wie die Erwachsenen schon völlig mit dem Sündenvirus infiziert. Auf ihren Gesichtern liegt noch der Abglanz des himmlischen Lichts, bevor der Schatten der Welt sich auf sie legt.

> «Gott liebt die ersten Gedanken von Kindern.» (Der Jüngling)

> «Liebt ganz besonders die Kinder, denn auch sie sind frei von Sünde wie die Engel! Sie leben zu unserer Rührung, zur Läuterung unserer Herzen, als Hinweis für uns, wie wir werden sollten. Wehe dem, der einem Kind etwas zuleide tut!» (Die Brüder Karamasow)

Gleichzeitig entgeht Dostojewski die Kehrseite des kindlichen Bei-sich-Seins nicht: die manchmal destruktive kindliche Selbstbezogenheit.

> «Niemand ist so undankbar gegen die Liebe wie ein Kind. Seine Dankbarkeit ist oft eigennützig: Sie ist die Erkenntlichkeit für alle Annehmlichkeiten, mit denen man es umgibt. […] Das Kind ist seiner Natur nach ein Despot.» («Der Knabe Larenika», unveröffentlichte Episode aus «Njetotschka Neswanowa»)[23]
>
> «Die Kinder in der Schule sind ein erbarmungsloses Volk. Einzeln sind sie Engel Gottes, zusammen jedoch sehr oft erbarmungslos.» (Die Brüder Karamasow)

Den sensiblen Dichter erschüttert nichts so sehr wie das Leiden von Kindern. Daraus resultieren seine größten Glaubenszweifel, die er eindrucksvoll in «Die Brüder Karamasow» verarbeitet. Wie kann Gott zulassen, dass seine zerbrechlichen Geschöpfe auf perfide Art drangsaliert werden? Dabei ist Dostojewskis Betroffenheit nicht theoretischer Natur. Er ist Kindern gegenüber schlichtweg hochempathisch. Als er während eines Kuraufenthaltes in Bad Ems einen Jungen beobachtet, der wegen einer Augenzündung vor Schmerzen wimmert, heult er selbst wie ein Schlosshund.

---

[23] Fjodor Dostojewski, Der Knabe Larenika, in: Petersburger Träume. Ins Deutsche übertragen von Alexander Eliasberg, 1923

Höchst bemerkenswert ist in diesem Zusammenhang der Reisebericht, den Dostojewski über seine erste Europareise verfasst. Er ist damals gerade erst aus der Verbannung zurückgekehrt. Im Sommer 1862 bekommt er erstmals die Gelegenheit, Paris und London zu besuchen. Was dem damals 40-Jährigen in den Glitzermetropolen besonders ins Auge sticht, sind aber nicht die architektonischen Highlights. Weit mehr als der Louvre oder der berühmte Londoner Kristallpalast interessiert ihn das Elend der Kinder in den Seitengassen.

> «Einmal erblickte ich in dem Gewimmel der Straße ein Kind, ein Mädchen von höchstens sechs Jahren, bestimmt nicht älter, in Lumpen gekleidet, schmutzig, barfuß, ausgemergelt und blaugeschlagen – ihr Körper, den man durch die zerrissenen Lumpen sah, war mit blauen Flecken bedeckt. Das Kind ging, ohne zu wissen wohin, ja ohne zu wissen, dass es überhaupt ging, ohne sich zu beeilen – Gott weiß, weshalb es sich in dem Gewimmel umhertrieb. Vielleicht war es hungrig. Es wurde von niemand beachtet. Doch was mich am meisten betroffen machte: Dieses Kind ging mit dem Ausdruck eines solchen Kummers, einer so hoffnungslosen Verzweiflung im Gesicht, dass der Anblick dieses kleinen Geschöpfes, das schon so viel Fluch und Jammer trug, irgendwie geradezu widernatürlich war und entsetzlich schmerzte. Die Kleine wiegte beim Gehen ihren zerzausten Kopf immer hin und her, von einer Seite auf die andere, ganz als erwäge sie etwas, dazu gestikulierte sie in einem fort, hob ihre kleinen Ärmchen oder schlug plötzlich die Händchen zusammen und presste sie an ihre nackte kleine Brust. Ich kehrte um, ging ihr nach und gab ihr einen halben Schilling. Sie nahm die Silbermünze, sah mir dann scheu mit ängstlicher Verwunderung in die Augen, und

plötzlich begann sie zu laufen, so schnell es ihr im Gedränge nur möglich war, ganz als fürchtete sie, dass ich ihr das Geld wieder wegnehmen könnte.» (Winterliche Aufzeichnungen über sommerliche Eindrücke)

Solange es solche Zustände gibt, so entscheidet Dostojewski, ist alle Freude über den technischen Fortschritt der Epoche schal.

Auch bei seinen Spaziergängen durch Petersburg fesseln immer wieder Kinder seine Aufmerksamkeit. Als er 1875 weihnachtliche Einkäufe erledigt, streckt ihm ein bettelnder Junge die geöffnete Hand hin. Dostojewski hetzt nicht etwa beschäftigt weiter, sondern nimmt sich die Zeit, mit dem Jungen zu reden.

«Bei fürchterlichem Frost war er fast sommerlich gekleidet, aber sein Hals war mit irgendwelchen alten Lumpen umbunden, also gab es jemanden, der ihn ankleidete, ehe er ihn aussandte. [...] Solche Jungen wie er gibt es in einer großen Menge. Sie kommen einem immer in den Weg und heulen etwas Angelerntes. Dieser aber heulte nicht und sprach unschuldig und ungewohnt und blickte mir zutraulich in die Augen – also hatte er den Beruf erst eben ergriffen. Auf meine Fragen teilte er mir mit, dass er eine Schwester habe, die krank und arbeitslos sei. [...] Wenn der Junge einige Kopeken angesammelt hat, kehrt er mit roten erstarrten Händen in irgendeinen Keller heim, wo irgendeine Bande von zerlumpten Kerlen zecht. [...] In diesen Kellern zechen mit ihnen ihre hungrigen und verprügelten Frauen, hier schreien auch ihre hungrigen Säuglinge. Schnaps, Schmutz, Unzucht, vor allen Dingen aber Schnaps. Der Junge wird gleich mit den Kopeken, die er gesammelt hat, in die nächste Schenke geschickt, und bringt

> noch mehr Schnaps mit. Zum Spaß gießt man ihm manchmal ein Fläschchen Schnaps in den Mund und lacht, wenn er mit stockendem Atem besinnungslos zu Boden fällt.» (Tagebuch eines Schriftstellers, Januar 1876)

Die Not des Kindes wühlt Dostojewski derart auf, dass er sich wenige Tage nach Weihnachten an den Schreibtisch setzt und eine Kurzgeschichte verfasst. Sie erinnert an Hans Christian Andersens Märchen vom «Kleinen Mädchen mit den Schwefelhölzern». Dostojewski veröffentlicht seine Geschichte kurz darauf in seinem «Tagebuch eines Schriftstellers». Er mahnt damit seine gutsituierten Leser, sich für notleidende Kinder einzusetzen.

In der Geschichte zieht Dostojewski alle Register seiner Kunstfertigkeit, um beim Leser empathische Gefühle hervorzurufen. Er lässt einen kleinen Jungen am Weihnachtsfest in einem feuchten, kalten Keller aufwachen. Neben ihm stirbt seine Mutter. Er trägt nur ein kleines, dünnes Röckchen und zittert am ganzen Körper. Außerdem hat er furchtbaren Hunger.

> «Im Flur fand er wohl etwas zu trinken, aber eine Brotrinde konnte er nirgends finden und kam schon zum zehnten Mal zu seiner Mutter, um sie zu wecken. Schließlich wurde es ihm unheimlich im Finsteren: Der Abend war schon längst angebrochen, aber niemand machte Licht. Er betastete das Gesicht der Mutter und wunderte sich, dass sie sich gar nicht regte und so kalt war wie die Mauer.» (Tagebuch eines Schriftstellers, Januar 1876)

Der Junge tritt hinaus auf die menschenleeren Straßen. Die Menschen haben sich zum Feiern in ihre Wohnungen zurückgezogen.

> «Mein Gott, er will so furchtbar gern essen, wenn auch nur einen kleinen Bissen, und plötzlich tun ihm die Fingerchen so furchtbar weh. Ein Hüter der öffentlichen Ordnung geht vorbei und wendet sich weg, um den Jungen nicht zu sehen. Da ist wieder eine Straße, ach, wie breit! Hier wird man ihn sicher erdrücken; wie sie alle schreien und rennen und fahren, und das viele, viele Licht! Was ist aber das? Ach, diese große Glasscheibe, und hinter der Scheibe ein Zimmer, und im Zimmer ein Baum, der bis zur Decke reicht: Es ist ein Weihnachtsbaum, und auf dem Baum sind so viele Lichter, goldene Papierchen und Äpfel, ringsherum stehen Püppchen und Pferdchen, im Zimmer laufen aber Kinder herum, schön geputzte, saubere Kinder, und sie lachen und spielen, sie essen und trinken.»

Was Dostojewski dort beschreibt, ist unverkennbar die eigene Familienidylle. Doch der kleine Junge bleibt außen vor, läuft an weiteren Wohnungen vorbei, beobachtet das Glück der anderen. Schließlich kauert er sich hin und schläft ein.

> «‹Komm zu mir zur Weihnachtsfeier, Junge!›, flüstert plötzlich über ihm eine leise Stimme. Er glaubt erst, es sei seine Mama, aber nein, es ist nicht sie; er sieht nicht, wer ihn ruft, aber jemand beugt sich über ihn und umarmt ihn im Dunkeln; er streckt ihm die Hand entgegen, und plötzlich dieses Licht! Und dieser Weihnachtsbaum! Es ist auch gar kein Tannenbaum, solche Bäume hat er noch nie gesehen! Wo ist er jetzt? Alles glänzt, alles strahlt, und ringsherum sind lauter Puppen, nein: Es sind Jungen und Mädchen, aber sie sind so licht, und alle kreisen und fliegen um ihn herum, alle küssen ihn, sie ergreifen ihn, tragen ihn fort, und auch er selbst fliegt und sieht: Seine Mama schaut ihn an und lacht vor Freude.»

Die anderen Kinder klären den Jungen auf, dass sie alle Ehrengäste bei einer von Christus persönlich ausgerichteten Weihnachtsfeier sind.

> «Und er erfuhr, dass diese Knaben und Mädchen die gleichen Kinder waren wie er, aber die einen noch in den Körben erfroren, in denen man sie vor den Türen Petersburger Beamter ausgesetzt hatte, die anderen bei den Frauen erstickt, denen sie von der Findelanstalt in die Kost gegeben waren, die dritten an den verdorrten Brüsten ihrer Mütter gestorben, die vierten in der dumpfen Luft der Eisenbahnwagen dritter Klasse erstickt, und dass sie nun alle hier waren, alle wie die Engel, alle bei Christus; und er selbst steht nun unter ihnen und streckt seine Arme zu ihnen aus und segnet sie und ihre sündigen Mütter. Und die Mütter dieser Kinder stehen alle abseits und weinen; eine jede erkennt ihren Jungen oder ihr Mädchen, und die Kinder fliegen an sie heran und küssen sie und wischen ihnen mit ihren Händchen die Tränen aus den Augen und bitten sie, nicht zu weinen, weil sie es hier so gut hätten. Am Morgen aber fanden die Hausknechte unten die kleine Leiche des hinter dem Holzstapel erfrorenen Jungen; sie fanden auch seine Mama. Sie war schon vorher gestorben; die beiden sahen sich beim lieben Gott im Himmel.»

Einige seiner Zeitschriften-Abonnenten sind vermutlich verblüfft, in Dostojewskis Journal eine derart sentimentale Geschichte zu finden. Er geht auf ihre Einwände prophylaktisch ein. Am Ende seiner Ausführungen stellt er die rhetorische Frage: «Warum habe ich bloß so eine Geschichte erdacht, die obendrein in ein gewöhnliches, vernünftiges Tagebuch, das ‹Tagebuch eines Schriftstellers›, so wenig hineinpasst?» Er gibt keine Antwort. Weil sie auf der Hand liegt. Er will einfach helfen, seine Leser für die Not der Kleinsten zu sensibilisieren.

So traurig Dostojewski über Väter und Mütter ist, die ihre Kinder aus blanker Not vernachlässigen, so wütend ist er über die Eltern, die ihre Kinder misshandeln. Oft finden die Übergriffe hinter einer gutbürgerlichen Fassade statt, wie Dostojewski seine Leser aufklärt.

> «Die Lust, Kinder zu misshandeln, und zwar ausschließlich Kinder, ist eine Besonderheit vieler Menschen. Gegenüber allen anderen menschlichen Wesen benehmen sich dieselben Leute wohlwollend und freundlich, als gebildete, humane Europäer, doch Kinder zu misshandeln ist ihnen geradezu ein Vergnügen. […] Gerade die Wehrlosigkeit der kleinen Geschöpfe hat etwas Verlockendes für diese Rohlinge. Die engelhafte Zutraulichkeit des Kindes, das nicht weiß, wo es bleiben und an wen es sich wenden soll – das ist es, was das Blut des Folterers erhitzt.» (Die Brüder Karamasow)

Während einer Auslandsreise erfährt Dostojewski von seiner Frau, dass das Kindermädchen seine Tochter und seinen Sohn körperlich gezüchtigt hat. Dostojewski ist außer sich. Er lehnt die Prügelstrafe grundsätzlich ab. In Petersburg besucht er Gerichtsprozesse, bei denen gewalttätige Eltern auf der Anklagebank sitzen. Anschließend schimpft er in seinem «Tagebuch eines Schriftstellers» über die Anwälte, die den Freispruch ihrer Klienten erwirkten.

Jahrelang sammelt er Zeitungsartikel über Fälle von Kindesmisshandlung: von Eltern, die ihre bettnässende Tochter bestialisch gequält haben; von einem Offizier, dem ein spielendes Kind in die Quere gekommen war und der es dafür vor den Augen der Mutter von seinen Hunden zerfleischen ließ. Empörung rufen bei ihm auch die Berichte über Gräueltaten türkischer Soldaten hervor.

> «Stell dir vor: Ein kleines Kind auf dem Arm der vor Angst zitternden Mutter, ringsherum türkische Soldaten, die in das Haus eingedrungen sind. Sie haben sich ein Späßchen ausgedacht. Liebkosen das Kindchen, lachen, um es zum Lachen zu bringen, es gelingt ihnen, das Kind ist ganz vergnügt. In diesem Augenblick zielt ein Türke mit der Pistole auf das Kleine, eine Spanne weit von seinem Gesicht. Das Kleine lacht fröhlich und streckt die Ärmchen aus, um nach der Pistole zu greifen. Und plötzlich drückt der Witzbold ab, schießt ihm mitten ins Gesicht und zerschmettert ihm das Köpfchen.» (Die Brüder Karamasow)

Viele solcher realen Schreckens-Geschichten lässt Dostojewski in den Roman «Die Brüder Karamasow» einfließen. In diesem *Opus Magnum* beschäftigt er sich vor allem mit der Frage nach der Existenz Gottes. Das stärkste Argument gegen dessen Allmacht und Güte ist aus seiner Sicht das Leid unschuldiger Kinder. Sein zweifelndes Alter Ego, der Skeptiker Iwan Karamasow, referiert die Geschichte des von ihren Eltern gemarterten bettnässenden Mädchens. Er treibt damit seinen gläubigen Bruder Aljoscha in die argumentative Enge.

> «Verstehst du das, wenn das kleine Wesen, das noch nicht einmal zu begreifen versteht, was mit ihm geschieht, sich in Dunkelheit und Kälte und Gestank mit dem Fäustchen ängstlich gegen die Brust schlägt und mit unschuldigen, frommen Tränen den ‹lieben Gott› um Schutz anfleht – verstehst du diese Sinnlosigkeit, du mein Freund und Bruder, du demütiger Diener Gottes? Verstehst du, wozu diese Sinnlosigkeit notwendig ist, wozu sie da ist? Man sagt, ohne sie könnte der Mensch gar nicht auf Erden leben; er würde das

> Gute und das Böse nicht erkennen. Aber wozu sollen wir dieses verdammte Gute und Böse erkennen, wenn uns das so teuer zu stehen kommt? Eine ganze Welt von Erkenntnis wiegt ja nicht die Tränen auf, mit denen das Kind zum ‹lieben Gott› betet! Ich rede nicht von den Leiden der Erwachsenen, die haben von dem Apfel gegessen, hol' sie alle der Teufel! Aber die kleinen Kinder!» (Die Brüder Karamasow)

In seinen Erzählungen und Romanen kommen immer wieder Mädchen vor, oft an der Schwelle zur Pubertät, die sexuell missbraucht werden. Dostojewski verarbeitet hier die eigene traumatische Erfahrung als Zehnjähriger. Vor seinen Augen war eine Spielkameradin zu Tode missbraucht worden. Seitdem lässt ihn das Thema nicht mehr los. Er verschafft seiner Empörung bei den unpassendsten Gelegenheiten Luft.

Als er einmal mit seiner damaligen Flamme Anna Krukowski, deren Mutter und der kleinen Schwester zusammensitzt, erzählt er von einer Roman-Idee. Es geht um einen Adeligen, der in seiner Jugend ein Mädchen scheußlich missbraucht hat.

> «Meine Mutter schlug die Hände zusammen, als Dostojewski das sagte. ‹Fjodor Michailowitsch, erbarmen Sie sich, hier sind Kinder!›, flehte sie mit verzweifelter Stimme.» (Sonja Kowalewski)

Diese Offenherzigkeit jungen Menschen gegenüber hat bei Dostojewski durchaus Methode. Dostojewski hält nichts davon, Kinder über die harte Realität im Unklaren zu lassen.

> «Man kann einem Kind alles sagen, geradezu alles. Mich hat oft die Wahrnehmung überrascht, wie schlecht die Erwachsenen die Kinder kennen, sogar die Väter und Mütter ihre eigenen Kinder. Man darf den Kindern nichts unter dem Vorwand verheimlichen, sie seien noch zu klein, und es sei für sie noch zu früh, dies und jenes zu wissen. [...] Die Erwachsenen wissen nicht, dass die Kinder selbst in den schwierigsten Angelegenheiten oft einen sehr guten Rat geben können.» (Der Idiot)
>
> «Anders darf ein Erwachsener nicht beginnen, wenn er das Vertrauen eines Kindes, besonders einer ganzen Gruppe von Kindern, erlangen will. Man muss ernst und sachlich beginnen, sich mit ihnen völlig auf gleichen Fuß stellen.» (Die Brüder Karamasow)

Kindermund tut aus Dostojewskis Sicht Wahrheit kund – insbesondere in metaphysischen Angelegenheiten.

> «Ein Kind von fünf oder sechs Jahren weiß manchmal so erstaunliche und unglaublich tiefe Dinge über Gott oder über Gut und Böse, dass man annehmen muss, die Natur hätte diesem Kind irgendwelche andere Mittel zur Aneignung von Kenntnissen verliehen, Mittel, die uns nicht nur unbekannt sind, sondern die wir aufgrund der Lehren der Pädagogik ablehnen müssten. [...] Wenn man aber nur ein wenig Geduld hat und aufmerksamer ist (das lohnt sich wirklich!), wenn man über die Tatsachen hinwegsieht, manches Absurde gelten lässt und nur das Wesen der Erkenntnis zu erfassen sucht, so sieht man plötzlich, dass das Kind über Gott vielleicht ebenso viel weiß wie wir – und über Gut und Böse und darüber, was schändlich und was lobenswert ist.» (Tagebuch eines Schriftstellers, Mai 1876)

Dostojewski beobachtet fasziniert die verschiedenen Stufen der Kindheitsentwicklung. Jede davon, ob Kleinkindalter oder Pubertät, hat für Dostojewski einen besonderen Reiz.

> «Im kleinen Kind ruhen aber noch so viele Hoffnungen.» (Tagebuch eines Schriftstellers, Mai 1876)

> «Solange sie wirklich Kinder sind, sagen wir bis zum siebenten Lebensjahr, sind Kinder von den Erwachsenen grundverschieden: als ob sie andere Wesen wären und eine ganz andere Natur hätten.» (Die Brüder Karamasow)

> «Besonders wichtig ist dieses interessante Lebensalter [von 12 Jahren, Anmerkung der Verfasser], das einerseits seine rührende kindliche Unschuld und Unreife bewahrt hat, andererseits aber schon eine gierige Aufnahmefähigkeit für solche Ideen und Vorstellungen besitzt, von denen dieses Alter, wie sehr viele Eltern und Pädagogen überzeugt sind, eigentlich keine Ahnung haben kann. Dieser Zwiespalt, diese beiden so verschiedenartigen Hälften des jungen Geschöpfes bieten in ihrer Vereinigung außerordentlich viel Gefährliches und Kritisches für das Leben der jungen Geschöpfe.» (Tagebuch eines Schriftstellers, Dezember 1876)

Einige seiner Erkenntnisse über Kinder speisen sich bei Dostojewski aus Erfahrungen. Aber er recherchiert auch fleißig, insbesondere bei den Vorbereitungen zu «Die Brüder Karamasow». Er liest die einschlägige Fachliteratur, beschäftigt sich mit den Erziehungskonzepten von Johann Heinrich Pestalozzi und Friedrich Fröbel, holt sich Rat bei einem führenden Erziehungswissenschaftler seiner Zeit. In einem Brief an den Pädagogen schreibt er:

> «In diesem Roman wird es eine große Anzahl von Kindern geben, die meisten von ihnen im Alter zwischen 7 und 15 Jahren. Es wird viele von ihnen geben. Ich studiere sie, und eigentlich habe ich sie mein ganzes Leben lang studiert. Ich mag sie sehr gerne und habe selbst Kinder. Aber die Beobachtung eines Mannes wie Sie wird für mich unbezahlbar sein. Schreiben Sie mir also bitte über Kinder alles, was Sie selbst über sie wissen. [...] Begebenheiten, Gewohnheiten, Antworten, Wörter und Sprüche, Eigenschaften, Familienleben, Religion, Bosheit und Unschuld; Natur und Lehrer, Latein, etc. etc. – mit einem Wort, alles, was Sie selbst über sie wissen.» (Brief an Wladimir Mikhailow, 16.3.1878)

Mit solchen Äußerungen profiliert sich Dostojewski selbst als pädagogisch gebildeter Laie. Zahlreiche Mütter und Väter bitten ihn deshalb um Erziehungstipps. Immer wieder fragen sie Dostojewski auch nach geeigneter Kinderlektüre. Unter ihnen ist ein bildungsbeflissener Landadeliger, der sich um seine Tochter sorgt. Er erhält die folgende Antwort.

> «Die Phantasie ist eine natürliche Kraft im Menschen, umso mehr in jedem Kind. Im Kind ist sie nämlich vor allen anderen Fähigkeiten schon von den allerersten Jahren an als das Wichtigste entwickelt und verlangt nach Befriedigung. Befriedigt man sie nicht, wird sie abgetötet – oder umgekehrt: es geschieht dasselbe, man lässt sie sich frei und übermäßig entwickeln, und zwar gerade kraft ihrer eigenen Kräfte. Eine derartige Überanstrengung würde nur die geistige Seite des Kindes vorzeitig erschöpfen. Doch die Eindrücke des Schönen sind gerade in der Kindheit notwendig. [...] Sie muss den ganzen Leo Tolstoi lesen. Shakespeare, Schiller, Goethe.

> [...] Die Zeitungsliteratur soll wenigstens in der ersten Zeit nach Möglichkeit ausgeschlossen sein.» (Brief an Nikolai Osmidow, 18.8.1880)

In einem der letzten Briefe vor seinem Tod reagiert Dostojewski auf eine ganz ähnliche Anfrage. Zwar will er, so informiert er den Absender, eigentlich keine Leserbriefe mehr beantworten. Aber dann macht er doch eine Ausnahme und listet seine Favoriten für die literarische Unterweisung eines Teenager-Jungen auf:

> «Geben Sie ihm nur das zu lesen, was schöne Eindrücke hinterlässt und hohe Gedanken schafft. Falls er schon 16 Jahre alt ist, soll er [...] Puschkin und Lermontow lesen. Liebt er die Poesie, soll er Schiller, Goethe, Shakespeare [...] lesen. Er soll unbedingt Turgenjew [...] und Leo Tolstoi lesen, besonders Leo Tolstoi. Zweifellos auch Gogol, und zwar den ganzen. Mit einem Wort: die ganze russische Klassik. Außerordentlich gut wäre es, wenn er die Geschichte liebte. [...] Geben Sie ihm das, was er begreift. Dickens und Walter Scott kann man schon einem Dreizehnjährigen geben. Vor allem natürlich das Evangelium, das Neue Testament in einer Übersetzung. [...] Ohne das Evangelium und die Apostelgeschichte geht es schlichtweg nicht.» (Brief an Nikolai Alexandrowitsch, Nachname unbekannt, 19.12.1880)

Ganz ähnlich äußert er sich im Antwortschreiben an eine Mutter, die einen Literaturkanon für ihr Kind erbittet.

> «Machen Sie es mit dem Evangelium bekannt, lehren Sie es an Gott glauben, und zwar streng nach der Überlieferung. Dies ist alternativlos, anders können Sie aus Ihrem Kinde keinen

guten Menschen machen, sondern im besten Falle einen Dulder oder, noch viel schlimmer, einen gleichgültigen, aufgeblasenen Menschen. Etwas Besseres als den Heiland können Sie gar nicht finden.» (Brief an eine unbekannte Mutter, 27.3.1878)

Ein paar Jahre zuvor hat Dostojewski eine Jugendstrafanstalt besucht. Angesichts der moralischen Verkümmerung der Delinquenten fragt er sich, was deren Seelen aufrichten könne.

«Das Beste wäre, wenn man den Kindern einfach biblische Geschichten erzählen würde, ohne irgendwelche offizielle Moral, und der ganze Religionsunterricht zunächst darauf beschränkt bliebe. Die schönen, reinen, heiligen Bilder würden auf diese nach schönen Eindrücken lechzenden Seelen einen mächtigen Einfluss haben.» (Tagebuch eines Schriftstellers, Januar 1876)

Das wichtigste Erziehungsinstrument ist für Dostojewski allerdings keine Literatursammlung, nicht einmal die der biblischen Bücher. Er ist überzeugt, dass nichts so stark wirkt wie das eigene Beispiel. Kinder lernen, so weiß er, vor allem durch Imitation.

«Seien Sie gut und lassen Sie auch Ihr Kind erkennen, dass Sie gut sind; damit werden Sie Ihrer Pflicht dem Kind gegenüber vollständig genügen, denn auf diese Weise werden Sie ihm unmittelbar die Überzeugung beibringen, dass man gut sein soll. Glauben Sie es mir. Ihr Kind wird dann sein Leben lang mit großer Ehrfurcht, vielleicht auch mit Rührung Ihrer gedenken. Und selbst wenn Sie auch manches Schlechte, das heißt Leichtsinnige, Krankhafte und sogar Lächerliche tun, wird Ihr Kind dies alles früher oder später vergessen und nur das Gute behalten.» (Brief an eine unbekannte Mutter, 27.3.1878)

Dostojewski empfiehlt Eltern darüber hinaus, sich von Perfektionismus freizuhalten und Überfürsorglichkeit zu vermeiden. Gleichsam mit an die Adresse moderner «Helikoptereltern» ist der folgende Ratschlag an die besorgte Mutter gerichtet.

> «Wenn Sie sich überflüssige und übertriebene Sorgen über Ihre Kinder machen, können Sie ihnen leicht die Nerven ruinieren und ihnen lästigfallen. Sie können ihnen selbst bei einer großen gegenseitigen Liebe lästig werden; daher müssen Sie vorsichtig sein und in allen Dingen Maß halten.» (Brief an eine unbekannte Mutter, 27.3.1878)

In «Die Brüder Karamasow» verdeutlicht Dostojewski diese Problematik an Kolja Krassotkin. Der Junge steht kurz vor seinem vierzehnten Geburtstag und wird von seiner verwitweten Mutter verhätschelt.

> «Die ganzen vierzehn Jahre hatte sie in ihrer maßlosen Liebe zu ihm unvergleichlich mehr Leid als Freude erlebt, da sie fast täglich vor Angst zitterte, er könnte sich erkälten, krank werden, Dummheiten machen, auf einen Stuhl steigen und herunterfallen [...]. Er hatte es sogar verstanden, sich seine Mama untertan zu machen, er behandelte sie beinahe despotisch. Sie ordnete sich ihm auch wirklich unter, schon seit langer Zeit, und konnte nur einen Gedanken absolut nicht ertragen: dass der Knabe sie ‹zu wenig lieben› könnte.»

Kolja reagiert auf die mütterliche Übervorsichtigkeit mit Reaktanz, also mit Widerstand gegen wahrgenommenen Beeinflussungsdruck. Trotz seines jungen Alters gehört er zu den waghalsigsten Figuren, die Dostojewskis Werke zu bieten haben.

Eine weitere Überzeugung Dostojewskis: Wer Kindern das Leben allzu sehr erleichtert, erschwert es ihnen langfristig. Schließlich muss ihr Immunsystem entwickelt werden, seelisch und körperlich.

> «Kaum beginnt das Kind die ersten Worte zu lallen, so fängt man sofort an, ihm alles leicht zu machen. Die ganze Pädagogik ist heute nur darum besorgt, dass man den Kindern alles möglichst leichtmacht. Oft führt dies nicht nur zu keiner geistigen Entwicklung, sondern im Gegenteil zur Abstumpfung. Zwei oder drei Gedanken, zwei oder drei Eindrücke, die der Mensch in seiner Kindheit mit eigener Kraft (wenn man will, auch unter Schmerzen) möglichst tief erlebt hat, führen das Kind viel tiefer ins Leben ein als die leichteste Schule, die ausnahmslos Menschen heranbildet, die weder Fisch noch Fleisch sind, weder gut noch schlecht, im Laster nicht lasterhaft und in der Tugend nicht tugendhaft.» (Tagebuch eines Schriftstellers, Januar 1876)

Kinder sind im Werk von Dostojewski auch deshalb von so großer Bedeutung, weil von ihnen die Zukunft abhängt. Deshalb nehmen Kinder in seinem letzten Roman und in seiner letzten Kurzgeschichte jeweils zentrale Rollen ein. Sie sind positive Kontrastfiguren zu den selbstzerstörerischen Erwachsenen.

In «Die Brüder Karamasow» gelingt es einer zerstrittenen Gruppe von Kindern, sich zu versöhnen, während der Streit der Erwachsenen zu Mord, Wahnsinn und Verbannung führt.

Und in «Der Traum eines lächerlichen Menschen», drei Jahre zuvor veröffentlicht, hält ein bitterarmes Mädchen einen lebensüberdrüssigen Mann davon ab, sich zu töten. Er leidet an seiner eigenen Bedeutungslosigkeit und der vermeintlichen Sinnlosigkeit der Welt. Er ist zu dem Schluss gelangt, dass «auf der ganzen Welt alles überall vollkommen einerlei» sei. In der Nacht, in der er sich erschießen will, blickt er noch einmal zum schweigenden Himmel – da berührt ihn das Mädchen am Arm.

> «Sie begann mich auf einmal am Ellbogen zu zupfen und anzurufen. Sie weinte nicht, sondern stieß nur abgerissene Worte hervor, die sie nicht ordentlich aussprechen konnte, da sie am ganzen Körper wie im Fieberschauer zitterte. Sie war in Angst und schrie verzweifelt: ‹Mein Mamachen! Mein Mamachen.› […] Ich verstand, dass ihre Mutter irgendwo im Sterben lag. […] Ich hätte mich sicherlich erschossen, wäre nicht jenes kleine Mädchen gewesen.» (Der Traum eines lächerlichen Menschen)

Der verhinderte Selbstmörder ist zunächst wütend, jagt das Mädchen sogar fort. Später bereut er seine Hartherzigkeit. Die Aufwallung mitleidiger Gefühle lässt ihn erkennen, dass sein Leben doch nicht bedeutungslos ist. Er hätte die Kompetenz gehabt, dem Mädchen zu helfen, und die Welt durch aktive Nächstenliebe ein wenig besser machen können.

Die Begegnung mit dem Mädchen lässt ihn den Sinn des Lebens erkennen: «Liebe die andern wie dich selbst, das ist die Hauptsache, das ist alles, weiter ist nichts mehr nötig.»

Der «lächerliche Mensch» verweilt nicht bei der Reflexion. Die Kurzgeschichte endet mit einem Schluss, der alles beinhaltet, was Dostojewski mit seiner Prosa bewirken will: die Menschen sehend machen und sie zum richtigen Tun anleiten. Vor allem bei hilfsbedürftigen Kindern.

> «Jenes kleine Mädchen habe ich ausfindig gemacht. [...] Und ich werde hingehen! Ich werde hingehen!»

Bei den Vorbereitungen zu «Die Brüder Karamasow» kritzelt Dostojewski einen Ratschlag in sein privates Notizbuch. Er wendet sich an vermeintliche Geistesgrößen, taugt aber auch als universale Lebensweisheit. Zeit, die man Kindern schenkt, ist nie verloren.

> «Wenn du dich langweilst, großer Philosoph, weil du keine Tätigkeit hast, die groß genug für dich ist, lehre ein kleines Kind lesen. Und wenn du Gott dienen willst, liebe das kleine Kind und helfe ihm. Nur ein wenig ist manchmal nötig, sehr wenig, und doch ist ein Same gewonnen, für immer.» (Notizen zu «Die Brüder Karamasow»)

KAPITEL 10

TIERSCHÜTZER

Wenn Dostojewski heute leben würde: Wäre er dann ein «Öko», ein Klimaaktivist, ein Veganer?

Schwer zu sagen. Jedenfalls würde er laut gegen die Ausbeutung der Natur protestieren, gegen Massentierhaltung und Kükenschreddern.

Im Jahr 1876 outet sich Dostojewski in seinem «Tagebuch eines Schriftstellers» als Tierschützer. Den Anlass dazu bietet das zehnjährige Jubiläum des «Russischen Tierschutzvereins». Dostojewski gratuliert «aus vollem Herzen» und knüpft daran seine eigenen Vorstellungen zum Anliegen des Vereins. Anders als viele seiner Landsleute hält er den Tierschutz nicht für eine Marotte der Besserverdienenden, die keine anderen Probleme haben.

> «[Der Tierschutz] ist eine lichte und wahre Idee, die früher oder später überall Wurzel fassen und triumphieren muss.»
> (Tagebuch eines Schriftstellers, Januar 1876)

Für Dostojewski ist der pflegliche Umgang mit Tieren untrennbar verbunden mit seinem Eintreten für Humanität. Rücksichtnahme ist aus seiner Sicht ein ganzheitliches Prinzip. Wer sich Tieren gegenüber roh verhält, wird auch im Verhältnis zu seinen Mitmenschen abstumpfen. Oder umgekehrt:

> «Wenn der Bauer einmal lernt, mit seinem Vieh Mitleid zu haben, wird er auch mit seiner Frau Mitleid haben.»

Auch in pädagogischer Hinsicht befindet Dostojewski den Tierschutz für notwendig.

> «Unsere Kinder werden erzogen und wachsen heran, indem sie oft abstoßende Bilder sehen müssen. Sie sehen, wie der Bauer, der den Wagen viel zu schwer beladen hat, seine im Schmutz stecken gebliebene Mähre, seine Ernährerin, mit der Peitsche auf die Augen haut, oder, was ich neulich selbst sah, wie ein Mann, der in einem großen Leiterwagen Kälber ins Schlachthaus führt, selbst ganz ruhig auf einem der Kälber sitzt. Er sitzt weich und bequem wie auf einer Sprungfedermatratze, aber das Kalb mit der herausgestreckten Zunge und den hervorgequollenen Augen verreckt vielleicht, noch ehe es das Schlachthaus erreicht hat. [...] Solche Bilder machen den Menschen zweifellos zu einem Tier und wirken, besonders auf Kinder, verderblich.»

Dostojewski nimmt in diesem Zusammenhang Bezug auf die verstörende Szene, deren Zeuge er als Jugendlicher auf dem Weg nach Petersburg geworden war: die mechanische, sinnlose Abfolge der niedersausenden «schrecklichen Faust» des Feldjägers, gefolgt von den brutalen Peitschenhieben des Kutschers, der wiederum womöglich später seine Frau für die ihm zugefügte Demütigung leiden ließ.

> «Dieses Bild erschien mir als ein Emblem, als etwas, was den Zusammenhang der Ursachen mit den Folgen höchst anschaulich vor Augen führt. Jeder Schlag, den das Tier bekam, entsprang sozusagen automatisch jedem Schlag, der den Menschen traf.»

Dostojewskis Haltung zum Tierschutz ergibt sich aus seiner gesamten Lebensphilosophie. Die gesamte Natur ist von Gott geschaffen und deshalb kostbar. Der Mensch darf Tieren und Pflanzen nicht anders begegnen als mit Dankbarkeit, Respekt, sogar Ehrfurcht.

Ausführlich beschreibt Dostojewski sein ökologisches Prinzip in «Die Brüder Karamasow». Hier legt er dem weisen christlichen Lehrer Sossima seine eigenen Gedanken zur Bewahrung der Schöpfung in den Mund.

> «An einer Stelle rührst du etwas an, und am anderen Ende der Welt findet es seinen Widerhall. Und selbst wenn es sinnlos sein sollte, die Vögel um Verzeihung zu bitten: Die Vögel und die kleinen Kinder und alle lebenden Wesen würden sich doch in deiner Nähe wohler fühlen, wenn du freundlicher und liebenswürdiger bist.»
>
> «Mensch, überhebe dich nicht über die Tiere: Sie sind frei von Schuld, du jedoch in all deiner Herrlichkeit besudelst die Erde durch dein Erscheinen und hinterlässt eine schmutzige Spur – fast ein jeder von uns tut das!»
>
> «Schau dir das Pferd an, dieses große Tier, das dem Menschen so nahesteht, oder den Ochsen, diesen ernsten, nachdenklichen Gesellen, der ihn ernährt und für ihn arbeitet. Betrachte ihre Gesichter; welche Sanftmut, welche Anhänglichkeit an den Menschen, der sie oft unbarmherzig schlägt, welche Gutmütigkeit, welche Zutraulichkeit und welche Schönheit liegt in ihren Gesichtern!»

Wie bei allem, was ihm am Herzen liegt, beruht Dostojewskis Tierliebe nicht auf abstrakten Überlegungen, sondern auf realen Erfahrungen. In seinem Leben sind es immer wieder Tiere, die ihm den verlorenen Lebensmut zurückgeben und seine niedergedrückten Gedanken auf Höheres richten. Vermutlich autobiographisch ist etwa die Esel-Episode in «Der Idiot». Der Titelheld, Fürst Myschkin, erzählt, wie ein wiehernder Esel ihn während seines Schweizer Exils aus einer Melancholie befreit hat.

«Ich weiß noch, dass die Traurigkeit, die mich erfüllte, ganz unerträglich war; ich hätte am liebsten losgeweint, ich befand mich dauernd in größter Erregung und Unruhe. Einen furchtbaren Eindruck machte es auf mich, dass dies alles mir fremd war; denn so viel begriff ich: Das Fremde drückte mich nieder. Aber (daran erinnere ich mich aufs Deutlichste) ich erwachte eines Abends bei der Ankunft in der Schweiz völlig aus der geistigen Umnachtung, und was mich erweckte, das war das Geschrei eines Esels auf dem Marktplatz. Dieser Esel war für mich eine großartige Überraschung und gefiel mir aus nicht recht verständlichen Gründen außerordentlich, und gleichzeitig wurde in meinem Kopf sozusagen alles hell. [...] Seitdem liebe ich Esel sehr. Ich habe sogar eine gewisse Sympathie für sie. Ich begann, mich nach ihnen zu erkundigen, denn ich hatte früher noch nie welche gesehen, und überzeugte mich auch bald selbst davon, dass sie höchst nützliche, arbeitsame, kräftige, geduldige, billig zu unterhaltende, ausdauernde Tiere sind, und wegen dieses Esels fing mir auf einmal die ganze Schweiz zu gefallen an, so dass meine frühere Traurigkeit vollständig verschwand.» (Der Idiot)

Auch in den Gefängnis-Memoiren ist beschrieben, wie Dostojewski in der Fremde tierischen Trost findet. Anders als die Mithäftlinge, die ihn ihre Ablehnung deutlich spüren lassen, erweist sich der herumstreunende Gefängnishund Scharik als treuer Gefährte.

«Er lebte im Zuchthaus seit undenklichen Zeiten, gehörte niemand, hielt alle für seine Herren und nährte sich von den

> Küchenabfällen. Es war ein ziemlich großer Hofhund, schwarz mit weißen Flecken, nicht sehr alt, mit klugen Augen und einem buschigen Schweif. Niemand streichelte ihn je, niemand beachtete ihn. Ich hatte ihn schon am ersten Tag gestreichelt und ihm aus der Hand Brot gegeben. Als ich ihn streichelte, stand er ruhig, schaute mich freundlich an und wedelte zum Zeichen des Vergnügens leicht mit dem Schwanz.» (Aufzeichnungen aus einem Totenhaus)

Seit der Streicheleinheit ist Scharik dem traurigen Dichter treu ergeben. Als er diesen über längere Zeit nicht mehr sieht, beginnt der Hund das Gelände nach dem Sträfling abzusuchen. Umgeben von emotionaler Kälte, wird Dostojewski von diesem Zeichen der Zuneigung überwältigt.

> «Sobald er mich hinter den Kasernen gefunden hatte, stürzte er mir mit freundlichem Bellen entgegen. Ich weiß nicht, was mit mir geschah – ich begann ihn zu küssen, ich umfasste seinen Kopf; er sprang mit den Vorderpfoten auf meine Schultern und leckte mein Gesicht. ‹Das ist also der Freund, den mir das Schicksal sendet!›, dachte ich, und jedes Mal, wenn ich später in dieser ersten schweren und finsteren Zeit von der Arbeit zurückkehrte, eilte ich sofort, ohne woandershin zu gehen, hinter die Kaserne, mit dem vor mir springenden und vor Freude winselnden Scharik, umfasste seinen Kopf und küsste ihn. Ein süßes und gleichzeitig bitteres Gefühl presste mir dabei das Herz zusammen.»

Was der Hund und der Häftling gemeinsam haben, ist das Bedürfnis nach Zuwendung und Freundlichkeit. Und es gibt noch ein weiteres Tier, mit dem sich Dostojewski während der Haft innerlich verbunden fühlt: den verwundeten Steppenadler Karagusch. Jemand hat ihn außerhalb des Lagers gefunden und das sich sträubende Tier mit ins Gefängnis gebracht. Dostojewski bewundert den unbändigen Freiheitswillen des Adlers, der sich, anders als der Schriftsteller, nicht in sein Schicksal fügen will.

> «Der Adler wehrte sich aus aller Kraft mit dem Schnabel und musterte stolz und wild, wie ein verwundeter König, in seine Ecke gedrückt, die Neugierigen, welche kamen, um ihn sich anzusehen. [...] Wenn er niemand sah und glaubte, dass er allein sei, entschloss er sich zuweilen, etwas aus seiner Ecke herauszukommen, humpelte längs der Palisaden etwa zwölf Schritte weit von seinem Platz, kehrte wieder zurück und kam wieder heraus, als wollte er bloß Bewegung machen. Wenn er mich erblickte, eilte er sofort, so schnell er konnte, hinkend und hüpfend auf seinen Platz zurück, warf den Kopf in den Nacken, sperrte den Schnabel auf, sträubte die Federn und machte sich kampfbereit. Ich konnte ihn durch keinerlei Liebkosungen zähmen: Er biss und schlug um sich, nahm von mir kein Fleisch an und sah mich, solange ich über ihm stand, starr und unverwandt mit seinen bösen, durchdringenden Blicken an. Er wartete einsam und hasserfüllt auf seinen Tod, ohne jemand zu vertrauen und ohne sich mit jemand zu versöhnen.» (Aufzeichnungen aus einem Totenhaus)

Nach Monaten erbarmen sich die Sträflinge schließlich. Sie lassen den noch immer verletzten Vogel frei – und gewinnen dadurch selbst für einen kurzen Moment ein Gefühl von Freiheit und Großherzigkeit zurück.

> «An einem Nachmittag, als die Trommel zur Arbeit rief, nahm man den Adler, hielt ihm den Schnabel mit der Hand zu, da er wütend um sich schlug, und trug ihn aus dem Zuchthaus. Man brachte ihn auf den Festungswall. Die zwölf Mann, die diesen Trupp bildeten, waren neugierig, zu sehen, wohin der Adler gehen würde. Seltsam: Alle waren irgendwie zufrieden, als ob sie selbst die Freiheit wiedererlangten. [...] ‹Dieses verdammte Vieh: man tut ihm Gutes, er aber beißt!›, sagte derjenige, der ihn hielt, den bösen Vogel fast liebevoll anblickend.» (Aufzeichnungen aus einem Totenhaus)

Eine für Dostojewski sehr charakteristische Beobachtung, die sich insbesondere durch seine späten Werke zieht: Das Empfinden von Mitleid ist ein Katalysator des moralischen Wachstums.

Mit tiefem Mitgefühl berichtet Dostojewski von einem weiteren tierischen Schicksalsgenossen während seiner Haft. Diesmal geht es um einen namenlosen Hund, der für einen kleinen Gewinn abgeschlachtet wird.

> «Irgendein Schuft von einem Lakaien hatte den Hund seinem Herrn gestohlen und unserm Schuhmacher für dreißig Kopeken in Silber verkauft. Die Arrestanten hatten die Absicht, ihn aufzuhängen. Die Sache war sehr einfach: Man zog dem Tier das Fell ab und warf den Kadaver in die große und tiefe Abfallgrube, die sich im hintersten Winkel unseres Zuchthaushofes befand und die im Sommer bei großer Hitze unerträglich stank. Sie wurde nur selten ausgeräumt. Der arme Hund schien das ihm bevorstehende Schicksal zu ahnen. Er blickte fragend und unruhig uns drei, einen nach dem andern, an und wagte nur ab und zu, mit seinem buschigen Schwanz zu we-

deln, den er dann gleich wieder einklemmte, als wollte er durch dieses Zeichen seines Vertrauens uns milder stimmen. Ich beeilte mich fortzugehen, sie aber erledigten ihr Unternehmen.» (Aufzeichnungen aus einem Totenhaus)

In Dostojewskis Werk mangelt es nicht an Szenen, in denen Grausamkeiten detailliert beschrieben werden. Die mit Abstand schauerlichste Episode handelt bezeichnenderweise vom Tod eines Tieres.

In «Schuld und Sühne» schildert Dostojewski, wie sich der ideologisch verblendete Student Raskolnikow auf einen Raubmord vorbereitet. Was ihn davon abhält, sind moralische Skrupel. Er versucht, sich die Hemmungen abzutrainieren. Er redet sich ein, dass die Pfandleiherin, auf die er es abgesehen hat, nicht mehr wert ist als Ungeziefer. Doch ein Traum lässt sein Gewissen wieder wach werden:

Im Schlaf fühlt Raskolnikow sich in seine Kindheit zurückversetzt. Mit seinem Vater kommt er an einer Kneipe vorbei, vor der ein großer Frachtwagen steht. Vor das schwere Gefährt ist ein abgemagertes altes Pferd gespannt. Plötzlich stürmt eine Gruppe besoffener Bauern aus der Kneipe. Unter ihnen ist Mikolka, der Besitzer des Wagens, der auf diesen springt und sechs Freunde sowie eine korpulente Frau auffordert, sich zu ihm zu setzen. Von der Stimmung angeheizt, kündigt er an, dass das Pferd sie im Galopp ziehen wird. Als das Tier nicht vorwärtskommt, steigern sich Mikolka und seine Freunde in einen Blutrausch hinein. Mit allen Kräften, mit Peitschen, Eisenstäben und angetrieben von sadistischer Lust, schlagen sie auf das Tier ein. Die umherstehenden Leute schauen amüsiert zu. Nur ein alter Mann schreit empört: «Bist du denn kein Christenmensch, du Satan?» Aber die Rowdies prügeln weiter erbarmungslos auf das sterbende Pferd ein.

> «‹Sie ist mein Eigentum!›, schreit Mikolka und lässt mit aller Wucht die Deichselstange niederschmettern. […] Sie knickt mit dem ganzen Hinterteil ein, springt aber auf und zieht und zieht mit dem Aufgebot der letzten Kräfte nach dieser und jener Seite, um den Wagen in Bewegung zu bringen; aber von allen Seiten schlagen sechs Peitschen auf sie ein, und die Deichselstange erhebt sich von neuem und fällt zum dritten und vierten Male im Takt wuchtig nieder […] Die Stute schwankt, sinkt zusammen, macht einen Versuch anzuziehen; aber die Brechstange trifft sie von neuem mit voller Wucht in den Rücken, und das Tier fällt auf die Erde, als wären ihm alle vier Beine mit einem Male abgehauen.» (Schuld und Sühne)

Die Schilderung der Gewaltorgie erstreckt sich über mehrere Seiten. Das junge Traum-Ich von Raskolnikow kann das Martyrium des Pferdes nicht mitansehen. Und so fleht der kleine Raskolnikow seinen Vater an, etwas zu unternehmen. Der Erwachsene will aber keinen Ärger, zieht den Jungen mit sich. Raskolnikow reißt sich los, ballt die Fäuste gegenüber den Bauern, fällt dem geschundenen Pferd schließlich weinend um den Hals.

Wer weiß: Vielleicht ist es genau diese Szene, die Friedrich Nietzsche ein Vierteljahrhundert nach Erscheinen des Romans durch den Kopf geht. Der Philosoph ist ein bekennender Dostojewski-Fan. Auch wenn er dessen christliche Ethik ganz und gar nicht teilt. Das Mitleid raubt, so proklamiert Nietzsche, den Starken die Energie, die sie für ihre Selbstentfaltung benötigen. Wie bei Raskolnikow ist es um Nietzsches Fassung geschehen, als vor seinen Augen ein Kutscher sein Pferd verdrischt. Der Philosoph umarmt das Tier schluchzend. Der Mitleidsinstinkt ist tiefer in ihm verwurzelt als alles Übermenschenstreben. Anschließend landet Nietzsche in der Nervenheilanstalt.

Auch in dem Roman «Schuld und Sühne» führt die Pferde-Episode zu einer Katharsis. Als Raskolnikow von seinem Traum erwacht, ist er vorübergehend von allen Mordgelüsten befreit. Wie soll er einen Menschen totschlagen, wenn er nicht einmal im Traum mit ansehen kann, wie ein Tier abgeschlachtet wird? «Nein, ich werde es nicht aushalten, ich werde es nicht aushalten», sagt er sich.

Allerdings erweist sich der dunkle Trieb in ihm als stärker. Er schreitet schließlich zur schrecklichen Tat. Anders als in dem Traum ist er ja kein Kind mehr und deshalb fähig, sich durch pseudo-rationale Argumente zu sedieren. Er wird schließlich zum Mörder.

Aus Dostojewsks Sicht ist das, was den Menschen von den Tieren unterscheidet, vor allem die Vernunft. Der Mensch kann sich über innere Gefühle hinwegsetzen – im Guten wie im Schlechten.

> «Man spricht mitunter von der ‹bestialischen› Grausamkeit eines Menschen – aber das ist den Bestien gegenüber eine arge Ungerechtigkeit und Beleidigung. Eine Bestie kann nie so grausam sein wie der Mensch, auf so raffinierte, kunstvolle Art grausam. Der Tiger beißt einfach zu und zerreißt, weiter kann er nichts. Es würde ihm gar nicht in den Sinn kommen, Menschen über Nacht an den Ohren festzunageln, selbst wenn er das könnte.» (Die Brüder Karamasow)

Und wie sieht es mit der Grausamkeit von Kindern gegenüber Tieren aus? Dostojewski macht sich hier keine Illusionen. Auch Kinder können zu Tierquälern werden. Aber prinzipiell hält er Kinder für tierlieb. Er empfiehlt deshalb, diesem natürlichen Instinkt in der Erziehung nachzuhelfen.

> «Kleine Kinder sollten mit Tieren aufgezogen werden – mit einem Pferd, einer Kuh, einem Hund. Sie werden besser sein, und ihre Seelen werden mehr Verständnis entwickeln.» (Notizen zu «Die Brüder Karamasow»)

In diesem Ratschlag schwingt weit mehr mit als ein pädagogisches Konzept. Die Fähigkeit, Empathie gegenüber artfremden Lebewesen zu empfinden, zeigt Menschen ihre innere Verbundenheit mit der ganzen Schöpfung und letztendlich auch mit Gott.

Die Aufgabe der Kunst sieht Dostojewski darin, diese gute Veranlagung zu verstärken. Schön ist, was die Seelen vertieft und weitet, sie empfänglich macht für die Seufzer aller Kreaturen.

> «Liebet die Tiere! Ihnen hat Gott einen Anfang des Denkens gegeben und eine harmlose Lebensfreude. Trübt ihnen diese Freude nicht, quält sie nicht, nehmt ihnen nicht ihre Freude, handelt nicht der Absicht Gottes zuwider!» (Die Brüder Karamasow)

KAPITEL 11
ÄSTHET

Dostojewski ist ein Schöngeist. Neben der Literatur liebt er Musik und Malerei. Seine ästhetischen Vorlieben und seine ethischen Prinzipien stehen in keinem Widerspruch zueinander. Das wirklich Schöne ist immer auch ein Hinweis auf das absolut Gute.

Zu Dostojewskis am häufigsten zitierten Romanpassagen gehört der Ausspruch: «Schönheit wird die Welt erlösen.» Warum er sich zu einer solchen Behauptung versteigt und was er damit meint, ist Inhalt dieses Kapitels.

Auf den ersten Blick scheint die Aussage paradox. Denn nirgendwo beschreibt Dostojewski paradiesische Zustände. Oft scheint sogar die Hässlichkeit die Oberhand zu gewinnen. Menschen werden ermordet, betrogen, schikaniert, zu Unrecht verurteilt oder wahnsinnig – und die Welt dreht sich unerlöst weiter.

Ist die Schönheit nicht doch eine Täuschung, ein falscher Trost? Ganz und gar nicht, versichert Dostojewski immer wieder. Die Welt existiert und funktioniert nicht einfach. Die Welt ist vor allem auch schön, und wer nach Schönheit strebt, bewegt sich damit synchron zum Ursprung und zur Bestimmung allen Seins.

> «Wissen Sie wohl, dass ein Fortbestehen der Menschheit möglich ist ohne die Engländer, möglich ist ohne Deutschland, sehr möglich ist ohne die Russen, möglich ist ohne Wissenschaft, möglich ist ohne Brot, und dass es nur ohne die Schönheit unmöglich ist. Denn dann wäre auf der Welt

überhaupt nichts mehr anzufangen! Das ist das ganze Geheimnis, die ganze Sache! Selbst die Wissenschaft kann nicht einen Augenblick ohne die Schönheit bestehen.» (Die Dämonen)

Mit solchen Aussagen stützt Dostojewski sich auf die eigenen Empfindungen. Die Sommerferien auf dem ländlichen Gut der Dostojewskis sind die unbeschwertesten Zeiten seiner Kindheit und Jugend. Unvergessliche Erinnerungen verdankt er den Theater- und Opern-Aufführungen, zu denen ihn sein Vater mitnimmt. In seinen Petersburger Jahren gönnt er sich, trotz geringer finanzieller Mittel, so oft wie möglich den Besuch von Konzerthallen und Schauspielhäusern. Und in der Haftzeit erlebt er, wie selbstorganisierte Theatervorführungen die grobschlächtigen Gefangenen zu Kunstliebhabern werden ließen.

«Auf allen Gesichtern drückte sich naivste Erwartung aus. Alle Gesichter sind rot und von der Hitze und der Stickluft schweißbedeckt. Was für ein sonderbarer Widerschein von kindlicher Freude, von reinem Vergnügen leuchtet auf diesen zerfurchten, gebrandmarkten Stirnen und Wangen, in diesem Blick der sonst düsteren und finsteren Leute, in diesen Augen, in denen manchmal ein unheimliches Feuer glüht.» (Aufzeichnungen aus einem Totenhaus)

Die Knast-Inszenierungen bieten weit mehr als nur etwas Abwechslung in der Lagertristesse. Sie erweisen sich als wahrer Seelenbalsam.

Für eine Weile verschwindet sogar der scheinbar unüberbrückbare und für Dostojewski so belastende Abgrund zwischen ihm, dem feinen Herrn, und den anderen Sträflingen.

> «Aber jetzt, im Theater, machten sie mir Platz. Sie erkannten an, dass ich in solchen Dingen besser als sie urteilen könne, dass ich mehr als sie gesehen habe und wisse. Auch die, welche mir am wenigsten gewogen waren, begehrten jetzt mein Lob über ihr Theater und ließen mich auf die besten Plätze, ohne jede Selbsterniedrigung. [...] Alle gehen lustig und zufrieden auseinander, loben die Schauspieler, danken dem Unteroffizier. Es ist keine Streiterei zu hören. Alle sind ungewöhnlich zufrieden, scheinen sogar glücklich zu sein und schlafen nicht wie sonst immer ein, sondern fast mit einem ruhigen Gemüte.» (Aufzeichnungen aus einem Totenhaus)

Es liegt nahe, Dostojewskis Empfänglichkeit für alles Schöne mit seinen oft harten Lebensumständen zu erklären. Er braucht den optischen und akustischen Genuss als Mittel gegen Trübsinn. Deshalb sucht er auch Naturerfahrungen, die sich beruhigend auf sein gequältes Gemüt auswirken. Aus beruflichen Gründen verbringt er fast sein ganzes freies Leben in der Großstadt; seelisch auftanken kann er aber auf dem Land. Während er kaum positive Worte über den urbanen Chic von Paris oder London findet, schwärmt er vom Rhein («Das ist wirklich ein Wunder») oder auch von der Schönheit des Lahntals:

> «So etwas habe ich noch nie im Leben gesehen. Was ist da die Schweiz, was die Wartburg im Vergleich zum letzten Stück des Weges nach Ems. Alles, was man sich an Bezauberndem, Zartem, Phantastischem in der Landschaft vorstellen kann, an Reizendstem in der Welt: Hügel, Berge, Schlösser, Städte wie Marburg, Limburg mit höchst anmutigen Türmen in einem erstaunlichen Einklang von Bergen und Tälern – noch nie habe ich etwas in dieser Art gesehen.» (Brief an Ehefrau Anna, 25.6.1874)

Noch öfter äußert sich Dostojewski über die Art von Schönheit, die menschlich bzw. menschgemacht ist. Wenn Menschen Schönheit produzieren, zeigen sie ihre Gottesebenbildlichkeit.

> «Die Sonne [ist] ein Gedanke Gottes, der Dom [ist] ein Gedanke der Menschen.» (Der Jüngling)

Zu solchen materialisierten «Menschengedanken» gehören auch Bilder. Dostojewski ist ein großer Liebhaber der Malerei. Bei seinen Stadtaufenthalten zieht es ihn vorzugsweise in die Museen. In den Dresdner Jahren verbringt er einen großen Teil seiner Freizeit in der Gemäldegalerie. Er vertieft sich in die Bilder wie heutige Kinobesucher in Filme, lässt sich stundenlang von den dargestellten Motiven fesseln.

Von allen Bildern, die er bei seinen Museumsbesuchen zu Gesicht bekommt, beeindrucken ihn drei ganz besonders. Zwei von ihnen befinden sich in der Dresdner Gemäldegalerie.

Auf Claude Lorraines «Küstenlandschaft mit Acis und Galatea» wird ein antiker Sagenstoff dargestellt. Eine Nymphe und ein Königssohn umarmen sich liebevoll vor dem Hintergrund einer wunderschönen Küstenlandschaft. Dass die Sage letztendlich ein tragisches Ende nimmt, blendet Dostojewski aus. Für ihn gibt das Bild den paradiesischen Urzustand der Menschen wieder, den er sich ganz persönlich ersehnt.

> «Blaue, freundliche Wellen, Inseln und Felsen, ein blühendes Gestade, ein zauberhaftes Panorama in der Ferne, eine prachtvoll untergehende Sonne – es lässt sich mit Worten nicht schildern. [...] Hier lebten schöne Menschen! Glücklich und unschuldig standen sie morgens auf und schliefen sie abends ein. Die Wiesen und Haine waren voll von ihren Liedern und fröh-

> lichen Rufen; der große Überschuss unversehrter Kräfte wurde auf Liebe und harmlose Freude verwendet. Die Sonne überflutete sie mit Wärme und Licht und freute sich über ihre schönen Kinder.» (Der Jüngling)

Im selben Museum zieht ein anderes Bild den Dichter noch stärker in den Bann. Diesmal geht es nicht um eine menschliche Idylle, sondern um die göttliche Herrlichkeit. Auf Raffaels «Sixtinischer Madonna» hält Maria das Jesuskind auf dem Arm, umringt von Engeln, einem Papst und einer Heiligen.

Heutige Betrachter haben in der Regel keine Ahnung davon, welch große Bedeutung das Bild damals für russische Bildungsbürger hatte. Es war ihre Mona Lisa, der Inbegriff künstlerischer Perfektion. Ende des 18. Jahrhunderts hatte der russische Schriftsteller Nikolai Karamsin Raffaels Bild auf einer Europatour entdeckt. «In seiner Maria erblickt man Schönheit, Unschuld und Heiligkeit ineinander verschmolzen», schwärmte er in seinem Reisebericht.[24] Seitdem pilgerten russische Kunstliebhaber zur Dresdner Gemäldegalerie, als wäre es ein Wallfahrtsort.

Dostojewski ist von dem Anblick so überwältigt, dass er auf einen Stuhl steigt, um das Bild genauer zu studieren. Der Saaldiener weist ihn zurecht. Kaum ist der Ordner verschwunden, klettert Dostojewski trotz neuer Proteste, diesmal seiner Frau, schon wieder auf den Stuhl. Das Bild übt eine geradezu magnetische Kraft auf ihn aus. Warum, verdeutlicht eine Passage aus «Die Dämonen». Dort erwähnt er das Bild in einer Assoziationskette, in der es um Annäherungen an das absolut Schöne geht, um …:

---

[24] Nikolai M. Karamsin, Briefe eines russischen Reisenden, Berlin 1981

«… Fantasien von der Erneuerung des ganzen Menschengeschlechtes, die Idee der ewigen Schönheit, die Sixtinische Madonna, Licht mit stellenweiser Dunkelheit …» (Die Dämonen)

Noch ein weiteres Renaissancebild übt auf Dostojewski eine fast hypnotische Kraft aus, wenn auch aus einem ganz anderen Grund. Er entdeckt es bei einem Museumsbesuch in Basel: «Der Leichnam Christi im Grabe» von Hans Holbein dem Jüngeren. Statt in himmlischem Glanz, wie bei orthodoxen Ikonen üblich, zeigt dieses Bild den Heiland an seinem Tiefpunkt.

Anna Dostojewski berichtet von dem Schock, den der Anblick ihrem Mann und ihr selbst zufügt:

«Dieses Bild von Hans Holbein stellt Christus dar, der unmenschliche Qualen ertragen hat, bereits vom Kreuze heruntergenommen ist und der Verwesung anheimfällt. Sein aufgedunsenes Gesicht ist mit blutigen Wunden bedeckt, und sein Aussehen ist schrecklich. Das Bild machte auf Fjodor Michailowitsch einen erschütternden Eindruck, und er blieb davor wie erstarrt stehen. Meine Kräfte reichten nicht aus, um das Bild länger anzusehen: Es fiel mir allzu schwer, zumal bei meinem krankhaften Zustand, einen solchen Anblick zu ertragen, und ich begab mich in die anderen Säle. Als ich nach fünfzehn bis zwanzig Minuten zurückkam, fand ich Fjodor Michailowitsch vor dem Bild wie versteinert auf demselben Platz stehen. Es war, als zeigte sein erregtes Gesicht Spuren jenes Entsetzens, das ich meist in den ersten Augenblicken eines epileptischen Anfalls bei ihm wahrnahm. […] Fjodor Michailowitsch beruhigte sich allmählich und bestand beim Verlassen des Museums darauf, das Bild noch einmal zu sehen.» (Anna Dostojewski)

Wie schon in Dresden steigt Dostojewski verbotenerweise auf einen Stuhl, um das Bild noch besser auf sich wirken lassen zu können. Die Gedanken, die ihm dabei durch den Kopf gehen, legt er in dem Roman «Der Idiot» dem tiefgläubigen Fürsten Myschkin in den Mund:

> «Ich habe dieses Bild im Ausland gesehen und kann es nicht vergessen. [...] Beim Anblick dieses Bildes kann ja mancher Mensch seinen Glauben verlieren.» (Der Idiot)

Aber genau darin liegt eben eine der Aufgaben der Kunst: Grenzerfahrungen zu ermöglichen und damit zu helfen, die Sicherheit eigener Standpunkte zu überprüfen.

Eine etwas andere Funktion hat für Dostojewski die Musik. Sie soll vor allem wohltuend auf sein chronisch gereiztes Gemüt einwirken, berauschen oder beruhigen.

Dostojewski lebt in einem Jahrhundert, in dem die klassische Musik ihre Blüte erlebt und sich die Bezeichnung «klassisch» – zur Unterscheidung von seicht-populärer Musik – überhaupt erst einbürgert. Es ist auch das Jahrhundert, in dem Russland erstmals Komponisten von Weltruhm hervorbringt: Mily Barakirew, Alexander Borodin, César Cui, Michail Glinka, Modest Mussorgsky, Nikolai Rimsky-Korsakow, Nikolai Rubinstein, Alexander Taneyew, allen voran aber Peter Tschaikowsky. Noch zu Lebzeiten von Dostojewski, im November 1875, wird Tschaikowskys Klavierkonzert Nr. 1, das seitdem meistaufgeführte Klavierkonzert überhaupt, erstmals in Petersburg gespielt.

Die beiden Männer treffen sich nur einmal. Ein Freund von Tschaikowsky erinnerte sich später, dass Dostojewski den fast zwanzig Jahre jüngeren Komponisten mit seinen laienhaften Kommentaren zur Musik amüsiert habe. Die beiden Männer haben auch sehr unterschiedliche Temperamente. Trotz seines Hangs zur Schwermut, oder vielleicht gerade deshalb, bevorzugt Dostojewski optimistische oder zumindest heroische Musik. Tschaikowskys Tendenz zum Tragischen teilt er nicht. Bei Dostojewski geht die Sehnsucht einher mit der festen Hoffnung auf ein Happy End.

Fremd bleibt ihm deshalb auch das Pathos von Richard Wagner. Es erscheint ihm lebensfern und seelenlos.

> «Ohne besonders musikbegeistert zu sein, war mein Mann sehr angetan von den Werken Mozarts, Beethovens ‹Fidelio›, Mendelssohn-Bartholdys ‹Hochzeitsmarsch›. […] Wagner mochte Fjodor Michailowitsch überhaupt nicht.» (Anna Dostojewski)

Unter seinen persönlichen Lieblingskomponisten sticht für Dostojewski ganz eindeutig Beethoven hervor. Anders als bei Wagner ist bei Beethoven die Mitmenschlichkeit keine Pose, sondern spürbar echt. Wie Dostojewski hat Beethoven seine Erfolge dem harten Schicksal abgetrotzt, hat sich weder von Taubheit noch von Einsamkeit davon abbringen lassen, Schillers «Ode an die Freude» zu vertonen. Bei Beethoven findet Dostojewski eine kraftvolle Reinheit, die ihn beglückt. Eine seiner Lieblingskompositionen ist Beethovens Klaviersonate Nr. 8, die «Pathetische». Aber er mag auch die Orchesterwerke Beethovens und dessen einzige Oper. Nach einem Kurkonzert in Bad Ems schwärmt er seiner Frau vor:

> «Heute Morgen hörte ich die Ouvertüre zu Beethovens ‹Fidelio›. Nichts Höheres ist je geschaffen worden! Leicht und graziös, aber voller Leidenschaft. Bei Beethoven ist überall Lei-

denschaft und Liebe. Er ist ein Dichter der Liebe, des Glücks und der Liebessehnsucht.» (Brief an Ehefrau Anna, 30.7.1876)

Aber zum ästhetischen Genuss gehört immer auch ein bitterer Beigeschmack. Schönheit kann beglücken, trösten, betäuben, aber eben nur provisorisch. Sie ist mehr Versprechen als Erfüllung, manchmal sogar nackter Betrug. Nicht in jeder schönen Schale steckt ein guter Kern, insbesondere im Bereich der erotischen Attraktivität. Dostojewski betont deshalb:

«Die Schönheit, das ist ein furchtbares, schreckliches Ding! Furchtbar, weil sie undefinierbar ist, und definieren kann man sie nicht, weil Gott uns nur Rätsel aufgegeben hat. Da kommen die Ufer zusammen, da leben alle Widersprüche beieinander. [...] Ich kann es nicht ertragen, dass mancher Mensch, sogar mancher, der viel Herz und viel Verstand besitzt, zuerst in der Madonna und zuletzt in Sodom sein Ideal sieht. Noch furchtbarer ist es, wenn jemand schon Sodom als Ideal im Herzen trägt und doch die Madonna als Ideal nicht aufgibt, wenn sein Herz für dieses Ideal lodert, wirklich und wahrhaftig lodert wie in jungen, unschuldigen Jahren. [...] Schrecklich, dass die Schönheit nicht nur furchtbar, sondern auch geheimnisvoll ist. Da kämpft der Teufel mit Gott, und das Schlachtfeld ist das Herz der Menschen.» (Die Brüder Karamasow)

Wie ist angesichts dieses höchst zwiespältigen Wesens der Schönheit der schon zitierte Ausspruch zu verstehen, dass Schönheit «die Welt erlösen» wird?

Wer diese Frage beantworten will, darf nicht außer Acht lassen, dass Dostojewski Russe ist. Der Legende zufolge war es die Schönheit, die im Jahr 988 den russischen Großfürsten Wladimir den christlich-orthodoxen Glaubensweg einschlagen ließ. Er war überwältigt von der Liturgie, der Ikonographie und der Sakral-Architektur der byzantinischen Christen. Als er mit seinem Volk vom Heidentum konvertierte, gab er deshalb den griechischen Orthodoxen den Vorzug vor den römischen Katholischen. In gewisser Hinsicht, zumindest aus Dostojewskis Sicht, hat Schönheit damit schon einen wichtigen Erlösungsdienst geleistet.

Aber wie sieht es 900 Jahre später, im 19. Jahrhundert, aus? Das erforscht Dostojewski in seinem rätselhaftesten Roman. Die Geschichte des Fürsten Myschkin ist eigentlich die Geschichte eines Scheiterns und zudem ein literarischer Offenbarungseid. Denn auch der Autor selbst kommt an seine Grenzen. Er hat sich vorgenommen, den perfekten Menschen zu beschreiben. Was dabei herauskommt, ist «Der Idiot».

Inspiriert von einem seiner Romanhelden, dem verrückt-idealistischen Möchtegern-Ritter Don Quixote, ist Dostojewski in eine aussichtslose Schlacht gezogen. Er will sich dem absolut Schönen so weit wie möglich nähern.

> «Die Grundidee ist die Darstellung eines wahrhaft vollkommenen und schönen Menschen. Und dies ist schwieriger als irgendetwas in der Welt, besonders aber heutzutage. Alle Dichter, nicht nur die unsrigen, sondern auch die ausländischen, die die Darstellung des Positiv-Schönen versucht haben, waren der Aufgabe nicht gewachsen, denn sie ist unendlich schwer. Das Schöne ist das Ideal; das Ideal steht aber bei uns wie im zivilisierten Europa noch lange nicht fest. Es gibt in der Welt nur eine einzige positiv-schöne Gestalt: Christus; diese unendlich schöne Gestalt ist selbstverständlich ein unendliches Wunder.» (Brief an Nichte Sonja, 13.1.1868)

Allerdings haben Wunder die Eigenschaft, dass sie sich nicht reproduzieren lassen, nicht einmal auf dem Papier. Das merkt Dostojewski, als er versucht, seiner Christus-Gestalt konkrete Konturen zu geben. Wie bei Christus soll die Schönheit des Protagonisten von innen kommen, warm und anziehend sein, nicht egoistisch selbst strahlen, sondern die Umwelt in ein sanfteres Licht tauchen.

Doch da hören die Parallelen schon auf. Jesus hatte auf seine Umwelt anziehend gewirkt, weil er seine wahre Größe verbarg. Unbegrenzte Macht provoziert Bewunderung und Ehrfurcht, verhindert jedoch Mitgefühl und Zuneigung. Erst Jesu Kreuzestod machte das eigentlich Unmögliche möglich: mit Gott selbst Mitleid zu haben.

Doch Fürst Myschkin ist nicht Gott, weder allmächtig noch allwissend, sein Scheitern nicht ein versteckter Triumph, sondern echt. Wo Jesus souverän durch die Welt schritt, verstolpert sich Dostojewskis Fürst Myschkin andauernd. Seine naive Güte und penetrante Aufrichtigkeit wirken auf die Umwelt anziehend, aber zugleich auch lächerlich. Seiner sympathischen Wirkung kann sich niemand entziehen – und dennoch bleibt er in den Augen der Mitmenschen ein Idiot. Myschkin ist Christus eben nur ähnlich. Seine seelische Schönheit konfrontiert alle, die ihm begegnen, mit ihren charakterlichen Unzulänglichkeiten; und in seiner Nähe werden sie für das Gute begeistert, allerdings nicht nachhaltig verändert.

Am Anfang des Romans kehrt der 26-jährige Fürst Myschkin aus dem krankheitsbedingten Exil nach Petersburg zurück. Fünf Jahre hat er in einem Schweizer Sanatorium zugebracht. Durch schwere epileptische Anfälle hat der Fürst viele Erinnerungen verloren und erreicht seine Heimat dadurch wie ein Kind, ohne Russland und das Leben zu kennen. Der rauen Großstadtwirklichkeit ist er nicht gewachsen. Auf seine neuen Bekanntschaften wirkt er, als wäre er aus einer anderen Welt oder Epoche gefallen. Dennoch geht es ihnen wie dem Leser: Sie fühlen sich zu Myschkin hingezogen.

> «Der Leser spürt Mitleid und Sympathie mit dem verspotteten und sich seines Wertes nicht bewussten Schönen.» (Brief an Nichte Sonja, 13.1.1868)

Der Fürst ist überzeugt davon, dass die Menschen für sinnliche Eindrücke empfänglicher sind als für kluge Argumente. Deshalb behauptet er, «die Welt werde durch die Schönheit erlöst werden». Ein Skeptiker hakt nach: «Was ist denn das für eine Schönheit, durch die die Welt erlöst werden wird?» Myschkin bleibt ihm die Antwort schuldig. Genau wie der Autor seinen Lesern. Am Ende verliert der Fürst den Verstand und die schöne Frau, die er retten wollte, ihr Leben.

Kein anderer von Dostojewskis Romanen endet so niederschmetternd wie «Der Idiot». Aus den Notizbüchern geht hervor, dass dieses unglückliche Finale keineswegs langfristig geplant ist. Dostojewski erkennt beim Schreiben, dass der naiv-unschuldige Mensch in dieser Welt zum Untergang verdammt ist. Genau mit dieser Erkenntnis ist er aber zu einer großen Wahrheit vorgedrungen:

So wie es den Himmel nicht auf Erden gibt, so gibt es die Schönheit nur als Aufflackern. Die Erlösung des wahrhaft schönen Menschen, Christus, zielt auf eine andere Welt.

Die Resonanz der Leser auf den Roman ist verhalten. Der erhoffte Erfolg stellt sich nicht ein. Obwohl er um die Schwächen des Buches weiß, bleibt «Der Idiot» Dostojewskis persönlicher Favorit unter allen seinen Romanen. Und das, obwohl er den «Idioten» selbst als «misslungen» bezeichnet (Brief an seine Nichte Sonja, 19.5.1870). Dennoch hat er fortan eine große Sympathie für alle Fans des «Idioten», «weil alle jene, die mir ihn als mein bestes Werk bezeichnet haben, von einer besonderen Geistesart sind, die mich sehr berührt und mir gefällt» (Brief an Abraham Kowner, Februar 1877).

Dostojewski weigert sich, das Publikumsbedürfnis nach oberflächlich schönen Geschichten zu befriedigen. Auch wenn er in der Musik poppige Melodien mag, produziert er selbst keinen Pop. Er bleibt seinem Ziel treu, die Menschen zu enträtseln, die verborgenen Widersprüche aufzudecken und die Wirklichkeit in ihrer phantastischen Vielschichtigkeit zu zeigen.

Deshalb geht er hart ins Gericht mit Pseudo-Künstlern, die nur kopieren, aber nicht kapieren. Sein Kunst- und Schönheits-Verständnis bringt er 1861 auf den Punkt. Für seine neugegründete Zeitschrift «Zeit» berichtet er über die Petersburger Kunstakademie. Gerade ist eine Anzahl neuer Bilder erworben und ausgestellt worden. Dostojewski beschränkt sich nicht aufs Beschreiben der Saison-Highlights. Er geht ins Grundsätzliche:

> «Vom Künstler wird etwas anderes verlangt, weder eine photographische Treue noch eine mechanische Genauigkeit, sondern etwas Größeres, Weiteres, Tieferes. Treue und Genauigkeit sind wohl notwendig und elementar unumgänglich, aber sie genügen noch nicht. Genauigkeit und Treue sind zunächst nur ein Material, aus dem später ein Kunstwerk entsteht; sie sind ein Werkzeug des Schaffens. Aus einem Spiegelbild ist nicht zu ersehen, wie der Spiegel sich dem Gegenstand gegenüber verhält, oder es ist, genauer gesagt, zu ersehen,

> dass er sich ihm gegenüber in keiner Weise verhält, sondern ihn nur passiv, mechanisch spiegelt. Der wahre Künstler kann es nicht. In seinem Bild, in seiner Erzählung, in seinem Kunstwerk ist unbedingt und immer er selbst zu sehen; er spiegelt sich darin sogar gegen seinen Willen und kommt darin mit allen seinen Anschauungen, seinem Charakter und seinem Bildungsgrad zum Ausdruck.» (Zeit, 1861)[25]

Dem Kunstverständnis, das Dostojewski als Kritiker proklamiert, bleibt er als Autor treu. Radikale Subjektivität kennzeichnet seine Romane, Novellen und Kurzgeschichten. Er ist nicht distanzierter Kommentator, sondern taucht selbst in seinen Werken auf. Er legt seine eigenen Gedanken den unterschiedlichsten Menschen in den Mund, Guten wie Bösen, Gläubigen wie Zweiflern. Die Dialoge der Charaktere sind gleichzeitig innere Monologe des Autors. Seine Bücher schildern die Welt nicht, wie sie ist, sondern wie er sie sieht, fühlt, träumt. Zur DNA des Dostojewski-Werks gehört deshalb sein grundsätzlicher Optimismus.

In der Sehnsucht liegt die Wahrheit.

Die Schönheit wird ganz am Ende doch siegen.

> «Schönheit ist stärker als Kraft. Wenn das Herz auch von Eisen ist, sie zerspaltet es mit ihrer Macht!» (Die Wirtin)

[25] Die Ausstellung der Akademie der Künste für die Jahre 1860/61, in: Fjodor Dostojewski, Eine verfängliche Frage. Aufsätze. Feuilletons. Übersetzt von Walter Schade. Hrsg. von Gerhard Dudek und Michael Wegner, 1988

KAPITEL 12
SCHRIFTSTELLER

Na endlich! – wird sich mancher Leser jetzt sagen. Ein Buchabschnitt über Dostojewski, den Autor, scheint überfällig. Was ist bei Dostojewski schon wichtiger als dessen schriftstellerisches Wirken?

Weit über zehntausend Seiten hat er hinterlassen; die wissenschaftlichen Abhandlungen über sein Werk reichen in die Zigtausende. Aber in diesem Kapitel geht es nicht so sehr darum, was Dostojewski geschrieben hat, sondern wie er es geschrieben hat und was man daraus lernen kann. Es geht um seinen kreativen Prozess, seine handwerklichen Kniffe, sein Erfolgsgeheimnis.

Wenngleich Dostojewski mit «Arme Leute» ein hochgelobtes Debüt gelingt, liegt der Schwerpunkt seines Schaffens eindeutig auf den rund zwanzig Jahren nach dem Ende der Verbannung. Die Chancen für ein erfolgreiches Comeback sind zunächst alles andere als gut. Doch langsam arbeitet er sich vom abgehalfterten Ex-Sträfling zum berühmtesten Schriftsteller Russlands empor.

Als Mitte-20-Jähriger hat Dostojewski vorübergehend als neue Literatursensation gegolten, als potenzieller Nachfolger Puschkins. Doch inzwischen gibt es eine ganze Reihe neuer Top-Schriftsteller.

Der drei Jahre ältere Iwan Turgenjew hat 1859 mit «Ein Adelsnest» für Aufsehen gesorgt und landet 1862 mit «Väter und Söhne» einen Riesenerfolg. Iwan Gontscharow, fast zehn Jahre älter als Dostojewski, veröffentlicht 1859 seinen vielbeachteten Roman über den ultra-phlegmatischen «Oblomow». Und der hochadelige Leo Tolstoi, sieben Jahre jünger als Dostojewski, macht mit seiner Memoiren-Trilogie «Kindheit», «Knabenjahre» und «Jünglingszeit» erstmals von sich reden.

Im Ausland werden Meisterwerke im Jahrestakt publiziert: Dickens' «David Copperfield» (1850), Hawthornes «Scharlachroter Buchstabe» (1850), Melvilles «Moby Dick» (1851), Flauberts «Madame Bovary» (1856), Victor Hugos «Die Elenden» (1862).

Die Party der «Goldenen Jahre der Weltliteratur» ist also in vollem Gang. Dostojewski scheint nicht nur zu spät zu kommen, er kennt noch nicht einmal die aktuellen Hits. Erst in den letzten Jahren der Verbannung bekommt er Gelegenheit, sich mit literarischen Neuerscheinungen zu versorgen. Auf eigene Werke warten Fans, sofern es sie noch gibt, bereits seit zehn Jahren.

Endlich greift Dostojewski wieder zur Feder. 1859 veröffentlicht er zwei satirische Erzählungen. «Onkelchens Traum» handelt von dem missglückten Versuch einer Mutter, ihre Tochter an einen reichen älteren Mann zu verheiraten. «Das Gut Stepantschikowo» dreht sich um den pompösen Foma Fomitsch Opiskin, einen Menschen «ohne die geringste Begabung, durch die er sein krankhaft gereiztes Selbstbewusstsein auch nur irgendwie rechtfertigen könnte». Jahrelang in der Rolle der Witzfigur, gelingt dem Schmarotzer plötzlich ein sozialer Aufstieg. Mit pseudo-intellektuellem Geschwafel und exaltiertem Gehabe wird er schließlich zum Tyrannen der naiven und harmoniebedürftigen Provinzler. Thomas Mann bezeichnet diese Erzählung später als Glanzleistung und zeigt sich insbesondere von Opiskin angetan, einer «komischen Kreation ersten Ranges».

Dostojewski selbst ist nicht ganz so begeistert von seiner Erzählung, auch wenn er sie für insgesamt gelungen hält: «Dieser Roman hat selbstverständlich die größten Fehler und ist vor allen Dingen übertrieben lang; ich glaube aber felsenfest daran, dass er zugleich die größten Vorzüge hat und dass er mein bestes Werk ist. [...] Auf diesen Roman gründe ich meine besten Hoffnungen und vor allem die Festigung meines schriftstellerischen Rufes.» (Brief an Bruder Michail, 9.5.1859)

Die Hoffnung erweist sich als trügerisch. Genau wie die vorherige Erzählung findet «Das Gut Stepantschikowo» kaum Beachtung und wird, wenn überhaupt, lauwarm rezensiert.

Wer erwartet hat, dass Dostojewski sich mit einem Paukenschlag zurückmelden würde, sieht sich also getäuscht. Alles deutet darauf hin, dass er sein Pulver längst verschossen und die Haftzeit sein Genie endgültig gebrochen hat. Doch in Wirklichkeit hat er sein Pulver nur trockengehalten. Schließlich steht er noch unter Beobachtung durch die zaristische Polizei, muss also vorsichtig vorgehen. Vor allem aber gilt es, sich, seine Frau und seinen Stiefsohn zu ernähren. Vom Verkaufserlös seiner eigenen Werke können sie nicht leben. Also wird Dostojewski Journalist und bleibt es sein restliches Leben. Auch das gehört zu seinem Facettenreichtum: Er ist Künstler *und* Unternehmer, traditions- *und* trendbewusst, freilich nicht aus Spaß am Multitasking, sondern aus Notwendigkeit.

Von den anderen russischen Schriftstellern seiner Zeit unterscheidet sich Dostojewski darin, dass seine Berufung auch sein Beruf ist und er keine andere regelmäßige Einnahmequelle hat, keine Ländereien, keine nennenswerte Erbschaft. Da liegt es nahe, nicht nur Bücher zu schreiben, sondern ein Medien-Start-up zu gründen. Die Umstände sind in mehrfacher Hinsicht günstig. Der neue Zar Alexander II. hat eine Ära der Reformen eingeleitet, eine Art «Perestroika». Eingeschlossen sind gelockerte Vorschriften für Publizisten.

Für seinen Einstieg ins Zeitschriften-Geschäft hat Dostojewski zudem den idealen Geschäftspartner, seinen besten Freund und Bruder Michail. Der verschlossen-penible Ältere und der emotional-risikofreudige Jüngere ergänzen sich hervorragend. Und sie teilen die Leidenschaft für Literatur. Und darum soll es vor allem in ihrem neuen Journal gehen:

«Zeit» nennen sie die monatlichen Hefte, die so dick sind wie Romane. Das Themenspektrum ist breit: Aufsätze über Wissenschaft, Wirtschaft und Politik, russische und internationale Angelegenheiten, dazu philosophische Essays, Buchrezensionen und, als wichtigstes Zugpferd, Fortsetzungsgeschichten von Fjodor.

In einer Werbe-Anzeige erklären die Dostojewski Bros., was die «Zeit» vor allen anderen Zeitschriften auszeichnen solle: die radikale Unabhängigkeit, die schonungslose Meinungsfreudigkeit.

> «Der spekulative Geist, der sich in unserer Literatur ausbreitet, lässt manche Zeitschrift zu einem vornehmlich kommerziellen Unternehmen werden, während die Literatur und deren Nutzen in den Hintergrund treten. [...] Trotz der Verehrung, die wir literarischen Autoritäten entgegenbringen, haben wir beschlossen, eine Zeitschrift zu gründen, die von ihnen völlig unabhängig ist und alle Absonderlichkeiten in der Literatur unserer Zeit umfassend und furchtlos kritisieren wird. [...] Auch um Polemik werden wir keinen Bogen machen, und wir fürchten uns auch nicht davor, manchmal unsere literarischen Gänse ein wenig zu ‹ärgern›. Das Geschrei von Gänsen ist zuweilen nützlich: Es sagt das Wetter voraus.» (Werbeanzeige für die «Zeit», 1861)[26]

Doch schon nach drei Jahren können die Gänse wieder ungestört vor sich hin schnattern. Die «Zeit» ist zwar ein großer Erfolg, kommt in kurzer Zeit auf viertausend Abonnenten. Aber die Brüder können sich nicht lange darüber freuen. Ein Mitarbeiter drückt sich in einem Artikel über die Außenpolitik des Zaren missverständlich aus. Alexander II. zeigt, dass er auch anders als liberal sein kann. Die «Zeit» wird verboten.

Fjodor und Michail starten 1864 einen verzweifelten nächsten Versuch. Die neue Zeitschrift soll – wie später übrigens das Presseorgan der sowjetischen Kommunisten – «Prawda» heißen, «Wahrheit». Aber der dahinterstehende Anspruch, man müsse verbreitete Lügen aufdecken, gefällt den Zensoren nicht. Sie lehnen den Titel ab. Stattdessen heißt die Zeitschrift «Epoche». Die inhaltliche Agenda ist deutlich konservativer als bei der «Zeit».

> «Ihr wichtigstes Anliegen ist [...] die Behandlung und Untersuchung unserer gesellschaftlichen und lokalen Ereignisse aus russischer, nationaler Sicht. Wir sind nach wie vor davon überzeugt, dass es in unserer Gesellschaft keinen Fortschritt geben wird, solange wir nicht selber richtige Russen werden. Das Merkmal eines echten Russen jedoch besteht in dem Wissen, dass gerade jetzt bei uns in Russland nicht geschimpft werden sollte. Nicht randalieren, nicht verurteilen, sondern lieben können – das ist es, was gegenwärtig ein wahrer Russe braucht.» (Werbeanzeige für «Epoche», 1864)

Was den Zaren freut, langweilt die zumeist liberal gesinnten Leser. Dass Dostojewski zum «Epochen»-Launch ausgerechnet seinen bis-

[26] Die Werbeanzeigen für «Zeit» und «Epoche» sind zitiert nach: Fjodor Dostojewski, Eine verfängliche Frage. Aufsätze. Feuilletons. Übersetzt von Walter Schade. Hrsg. von Gerhard Dudek und Michael Wegner, 1988

her avantgardistischsten Text, «Aufzeichnungen aus dem Kellerloch», veröffentlicht, hilft auch nicht weiter.

Der geschäftliche Kummer ist nicht ganz unbeteiligt daran, dass Michail Dostojewski kurz nach Erscheinen der ersten Ausgabe stirbt. Seinem Andenken zuliebe versucht Fjodor tapfer, die «Epoche» doch noch zu einem Erfolg zu machen. Die Schulden zwingen ihn schließlich, das Projekt aufzugeben und 1867 vor den Gläubigern ins Ausland zu fliehen. Seine großen literarischen Erfolge veröffentlicht er in anderen Zeitschriften, hauptsächlich im «Russischen Boten». Dessen Abonnenten bekommen in der Mitte der sechziger Jahre zwei besondere Delikatessen aufgetischt. Nebeneinander erscheinen in serieller Form Dostojewskis «Schuld und Sühne» und Leo Tolstois «Krieg und Frieden».

Auch nach dem Ende von «Zeit» und «Epoche» ist Dostojewski immer wieder als Journalist und Publizist tätig. 1873 lässt er sich von einem schillernden Adeligen – dem jungen, homosexuellen, erzkonservativen Fürsten Meschtscherski – als Chefredakteur für dessen kämpferische Zeitung «Der Staatsbürger» verpflichten. Hier beginnt Dostojewski auch mit der Veröffentlichung einer Kolumne, die zu einem seiner größten Triumphe überhaupt wird, dem «Tagebuch eines Schriftstellers».

Nachdem Dostojewski den Chefredakteursjob gekündigt hat, gibt er die Kolumne als gesonderte Zeitschrift heraus: ein bunter Mix aus Reportagen, Essays, Kurzgeschichten, Rezensionen. Seine ganz persönlichen Texte treffen einen Nerv beim Publikum. Mit seinem «Tagebuch» ist Dostojewski ein früher Vorläufer der «Blogger» – und damit wieder einmal seiner Zeit weit voraus. Der mediale Tausendsassa verfügt im Übermaß über die drei wichtigsten journalistischen Tugenden: Neugier, Empathie und Erzähltalent.

Die Journalistentätigkeit ist für Dostojewski dabei alles andere als ein notwendiges Übel.

> «Er hatte die größte Vorliebe gerade für diese Art Tätigkeit.» (Nikolai Strachow)

Weil er selbst das Reporter-Gen hat, blickt er ohne Dünkel auf andere Journalisten.

> «Obwohl er von seiner Begabung eine sehr hohe Meinung hatte – und wohl mit Recht –, so hat er sich doch nie abseits von der ganzen großen Menge der Schreibenden gestellt, nie hochmütig auf die Tagesliteratur herabgesehen. Dieses Fehlen selbst des geringsten literarischen Aristokratismus war sogar rührend.» (Nikolai Strachow)

Überhaupt ist Dostojewski ein News-Junkie. Im europäischen Exil hält er sich am liebsten in den Lesesälen der städtischen Bibliotheken auf, um in den Zeitungen zu stöbern. Für sein eigenes Schaffen ist es ihm wichtig, auf der Höhe des Geschehens zu sein. Seine Medien-Affinität hindert ihn aber nicht daran, gewisse Tendenzen der Branche kritisch zu sehen, vor allem den Hang zur oberflächlichen Besserwisserei:

> «Die Presse sichert jedem Schurken das Wort, wenn er auf dem Papier zu schimpfen versteht, jedem, den man in anständiger Gesellschaft unter keinen Umständen reden ließe. In der Presse finden alle diese Menschen ihr Asyl – komm, schimpf, so viel du willst! –, und er wird sogar mit Ehrerbietung aufgenommen.» (Notizen, 1880/1881)

Besonders ungnädig urteilt Dostojewski über Literaturkritiker, die selbst nicht über kreatives Potenzial verfügen:

> «Ohne Zweifel sollte jeder Literaturkritiker gleichzeitig auch Schriftsteller sein; das ist wohl eine der wichtigsten Voraussetzungen, über die ein Kritiker verfügen muss.» («Epoche», 1864)[27]

Bei Dostojewski selbst steht außer Frage, dass er in beiden Bereichen Exzellentes produziert. Sein Renommee als Journalist ist freilich inzwischen verblasst. Den Weltruhm verdankt er seinen fiktionalen Werken. Und hier läuft er seit den 1860er Jahren zur Hochform auf.

Wie die zwei erfolglosen Geschichten über das Provinzleben zahlt jedoch auch der nächste Roman kaum auf sein Image-Konto ein. Mit ihm will Dostojewski eigentlich an seinen Erstlings-Erfolg anknüpfen. «Erniedrigte und Beleidigte» erscheint 1861, sechzehn Jahre nach «Arme Leute».

Mehr als bei jedem anderen Roman zielt Dostojewski diesmal auf den breiten Publikumsgeschmack. Er und sein Bruder brauchen für ihre neue Zeitschrift schließlich ein Zugpferd. Also drückt Dostojewski mit seiner Herz-Schmerz-Geschichte kräftig auf die Tränendrüse. Die Leser lassen sich mitreißen. Der Roman kommt gut an. Anspruchsvolle Leser sind allerdings ernüchtert. Statt sich weiterzuentwickeln, scheint Dostojewski den künstlerischen Rückwärtsgang eingelegt zu haben.

[27] Eine Anmerkung zum Artikel Erinnerungen an Apollon Alexandrowitsch Grigorjew von Nikolai Strachow, in: Fjodor Dostojewski, Eine verfängliche Frage. Aufsätze. Feuilletons. Übersetzt von Walter Schade. Hrsg. von Gerhard Dudek und Michael Wegner, 1988

Erzähler der Geschichte ist, wie schon des Öfteren bei Dostojewski, ein verträumter Schriftsteller. Und auch das kommt Dostojewski-Kennern bekannt vor: Sein Protagonist ist nach anfänglichen Erfolgen auf dem absteigenden Ast.

> «Ich glaubte bestimmt, es werde mir einmal gelingen, etwas Großes, Schönes zu schreiben. Ich war damals mit einem großen Roman beschäftigt; aber das Ende vom Lied ist gewesen, dass ich jetzt im Krankenhaus bin und voraussichtlich bald sterben werde.» (Erniedrigte und Beleidigte)

Am Ende stirbt der junge Träumer zwar nicht, muss dafür aber seine romantischen Ambitionen zu Grabe tragen. «Wir hätten das ganze Leben miteinander glücklich sein können!», glaubt er beim schmachtvollen Finale in den Augen der geliebten Frau zu lesen. Ihr Herz hat sie derweil schon längst einem anderen geschenkt. Ein dostojewskischer Held hat nun einmal wenig Chancen auf Liebesglück.

Eine weitere wichtige Figur ist das mittellose Mädchen Nelly, das vom eigenen Vater verstoßen wurde. Der Name, den Dostojewski von der Titelheldin des Dickens-Romans «Der Antiquitätenladen» geklaut hat, offenbart die Hauptschwäche seines Comeback-Buchs. Die Handlung weist Zweite-Hand-Gebrauchsspuren auf. Sie ist mehr von Lektüre als von Lebenserfahrung inspiriert.

Vielleicht liegt es auch an der zusätzlichen Belastung, der Dostojewski als Zeitschriften-Herausgeber ausgesetzt ist, dass der Roman einige Schwächen hat. Ein Rezensent zeigt sich besorgt:

> «Man sollte die große Begabung Fjodor Dostojewskis nicht wie ein Postpferd zuschanden jagen, sondern sie hegen, ihn scho-

nen und vom Artikelschreiben fernhalten, das ihn sowohl literarisch als auch physisch endgültig zugrunde richten wird.»[28]

Dostojewski bleibt die Antwort nicht schuldig. Er offenbart darin eine Charaktereigenschaft, die ihn vor vielen Schriftstellerkollegen auszeichnet: seine Belehrbarkeit. Er ist sein eigener schärfster Kritiker.

> «Ich gebe gern zu, dass in meinem Roman viele leblose Puppen vorkommen, trockene Gestalten statt künstlerisch gestalteter Personen (wofür es tatsächlich der Zeit bedurft hätte und des Ausreifens der Ideen in Kopf und Seele). Beim Schreiben bin ich mir dessen in der Hitze des Gefechts natürlich nicht bewusstgeworden, bestenfalls habe ich es geahnt. Als ich anfing zu schreiben, habe ich Folgendes allerdings genau gewusst. Erstens: Der Roman wird poesievoll, selbst wenn er nicht gelingen sollte. Zweitens: Er wird zwei, drei starke und mitreißende Szenen enthalten. Drittens: Die beiden wichtigsten Charaktere werden absolut echt und sogar künstlerisch geformt sein. Diese Überzeugung genügte mir. Es ist ein ungehobeltes Werk geworden, dennoch gibt es da ein halbes hundert Seiten, auf die ich stolz bin.» («Epoche», 1864)[29]

In der russischen Literaturszene nimmt man die Veröffentlichung achselzuckend zur Kenntnis. Es scheint, als sei Dostojewski durch die Verbannung zum Durchschnittsschreiber herabgesunken. Im-

---

[28] Zitiert nach: Eine Anmerkung zum Artikel Erinnerungen an Apollon Alexandrowitsch Grigorjew von Nikolai Strachow, in: Fjodor Dostojewski, Eine verfängliche Frage. Aufsätze. Feuilletons. Übersetzt von Walter Schade. Hrsg. von Gerhard Dudek und Michael Wegner, 1988

[29] Zitiert nach ebd.

merhin ist der Roman kein Flop und enthält auch einige ergreifende Szenen sowie einen faszinierenden Bösewicht.

Tatsächlich zeigt sich bald: Dostojewski hat sich nur warmgeschrieben. Mit seinem nächsten Werk belehrt er alle, die ihn abgeschrieben haben, eines Besseren. Nach den zahmen «Erniedrigten und Beleidigten» fährt er die Krallen aus, zeigt Zähne, beißt zu.

Seit zehn Jahren hat er an dem Text gearbeitet: zunächst während der Haft im Kopf, anschließend heimlich auf Papier. Es handelt sich um seine Gefängnis-Memoiren. Er dringt hier in Milieus vor, die kein anderer bedeutender Schriftsteller je erlebt hat.

Um Ärger mit der Obrigkeit zu vermeiden, veröffentlicht er den autobiographischen Text als Roman. Sich selbst verpasst er die Identität eines erfundenen Häftlings, bezeichnenderweise eines Gentlemans und Eifersuchtsmörders. Dieses Verbrechen erscheint Dostojewski offenbar am nachvollziehbarsten und unverfänglichsten.

Die «Aufzeichnungen aus einem Totenhaus» schlagen ein wie eine literarische Bombe. In den 1860er Jahren ist schnulzige Sentimentalität passé und Realismus gefragt. Und keiner schreibt härter als Dostojewski. Er lässt Turgenjew, Gontscharow und Tolstoi brav wirken. Plötzlich ist er wieder «in».

Was sich in «Arme Leute» angedeutet hat, bestätigt sich im «Totenhaus». Keiner schildert die sozialen Verhältnisse von Randexistenzen so eindringlich wie Dostojewski. Seine Leser schaudert es …

> «… vor diesen Ketten, die niemals von den Füßen kommen; vor diesem Rasieren der Köpfe mit dem stumpfen Messer; vor

diesem Badezuber, der die ganze Nacht die Luft im Schlafraum verpestet; vor dieser Legion von Flöhen, die jeden Schlaf verscheuchen; und vor dem nach Fäulnis riechenden schmierigen Krankenkittel, den aber trotzdem auch Gesunde im Lazarett anziehen, bloß um das tagtägliche Zuchthausleben einmal zu unterbrechen.» (Nikolai Strachow)

Doch nach dem Aufstieg kommt, wie so oft bei Dostojewski, der erneute Karriereknick. Auf die «Aufzeichnungen aus einem Totenhaus» folgen die «Aufzeichnungen aus dem Kellerloch». Von der Gruft hinauf zum Untergeschoss – das sieht auf den ersten Blick nach einer zumindest leichten Stimmungsaufhellung aus. Doch das Gegenteil ist der Fall. Wieder beschreibt Dostojewski eine irdische Hölle. Doch diesmal sind die Hölle nicht die anderen, die Häftlinge, sondern ist es der Ich-Erzähler selbst, seine Ängste, seine Lüste, sein Hass auf sich und alle.

Der überschaubare Plot: Ein namenloser Beamter hat seinen Job hingeschmissen, haust in einer Kellerwohnung und kotzt sich aus. Er ist ungefähr vierzig Jahre alt und damit etwa im selben Alter wie der Autor. Darin liegt nicht die einzige Übereinstimmung. Auch Dostojewski ist fertig mit sich und der Welt, als er den Text verfasst. Seine Frau liegt im Sterben, ihn plagen Geldsorgen, Gewissensbisse über die Affäre mit Polina, dazu seine Epilepsie.

Die Kellerloch-Aufzeichnungen sollen das Zugpferd der neuen Zeitschrift «Epoche» werden. Sie werden stattdessen zu deren Sargnagel. Denn das Publikum reagiert mit ratlosem Desinteresse. Mit wohligem Schauer hat man die Schilderung der brutalen Gefängniswelt verschlungen. Aber wer will schon gerne in den eigenen Abgrund schauen, den der Autor so unbarmherzig ausleuchtet?

Dostojewski muss sich vorkommen wie in einer biographischen Endlosschleife. Aufstieg, Fall, Aufstieg, Fall. So wie sein avantgardistischer «Doppelgänger» die Fans von «Arme Leute» vergrault hat, so brüskieren seine pessimistischen «Aufzeichnungen aus dem Kellerloch» die optimistisch gesinnten Bildungsbürger. Die wollen zwar nicht, wie die Leser früherer Generationen, in Paläste entführt werden, aber hübsche Akademikerzimmer oder aufgeräumte Arbeiterwohnungen sollen es schon sein.

Dostojewski bietet ihnen stattdessen den Charme eines ranzigen Klos. Die Leser wenden sich angewidert ab. Aber Dostojewski kann nicht aus seiner Haut. Er ist lieber unverstanden als unoriginell.

> «Nur abgegriffene Ideen sind SEHR verständlich.» («Epoche», 1864)[30]

Die Finanzprobleme zwingen Dostojewski dazu, einen hastig heruntergeschriebenen Kurzroman zu veröffentlichen. Diesmal sorgt der Zeitdruck für keine Qualitätseinbußen. Dem «Spieler» merkt man zwar die spontane Entstehung an, aber für die atemlos-hektische Handlung um den spielsüchtigen, liebestollen Titelhelden ist das sogar ein Vorteil.

Recherchieren muss Dostojewski überhaupt nicht. Er beschreibt, was ihn selbst umtreibt. Mit Erfolg. Das Innenleben eines zwanghaften Hasardeurs und die zerstörerischen Auswirkungen auf dessen Beziehungsleben sind nie zuvor so eindrücklich geschildert worden.

---

[30] Eine Anmerkung zum Artikel Erinnerungen an Apollon Alexandrowitsch Grigorjew von Nikolai Strachow, in: Fjodor Dostojewski, Eine verfängliche Frage. Aufsätze. Feuilletons. Übersetzt von Walter Schade. Hrsg. von Gerhard Dudek und Michael Wegner, 1988

Wenn Dostojewski nun den Schriftstellerjob quittiert hätte, wäre er vermutlich als begabter und unkonventioneller Autor in die Annalen eingegangen.

Aber seine bedeutendsten Meisterwerke kommen erst noch.

Kurz nach «Der Spieler» erscheint der Roman, der alle Zweifel an seinem Genius ausräumt, «Schuld und Sühne». Die Geschichte vom Fall und Wiederaufstieg des Studenten Raskolnikow macht Dostojewski weit über die Grenzen Russlands bekannt.

Aufschlussreich ist ein Vergleich mit dem fast gleichzeitig erschienenen Tolstoi-Roman «Krieg und Frieden». Der hochgeschossene Graf Leo Tolstoi schreibt elegant und detailreich, der untersetzte Ex-Sträfling Dostojewski direkt und dialoglastig. Der eine erzählt von welthistorischen Ereignissen, die mehr als fünfzig Jahre zurückliegen, der andere macht deutlich, dass es im Herzen eines armen Studenten ähnlich spannend zugeht wie auf Schlachtfeldern und dass innere Stimmen noch unangenehmere Gegner sein können als Napoleon.

Man liest Tolstoi, um sich zu beruhigen, und Dostojewski, um sich aufzuregen.

Mit «Schuld und Sühne» gibt Dostojewski endgültig Vollgas. Das wird auch deutlich durch eine Veränderung in der Erzähler-Haltung. Bisher hatte er überwiegend aus der Perspektive von Opfern geschrieben. Von nun an sind die Protagonisten nicht mehr passive Spielbälle des Schicksals. Sie treiben die Handlung aktiv voran, als Übeltäter wie Raskolnikow, als Wohltäter wie Myschkin, als Suchende wie Arkadi in «Der Jüngling», als Friedensstifter wie Aljoscha in «Die Brüder Karamasow».

Die nächsten großen Romane veröffentlicht Dostojewski ungefähr im Dreijahres-Takt: «Der Idiot» 1869 aus dem Exil; «Die Dämonen» – ein Roman über die Umtriebe von Möchtegern-Revolutionären – 1872 nach der Rückkehr in die Heimat; «Der Jüngling» – ein Mix aus Familien-Soap und Selbstfindungs-Odyssee – 1875; und schließlich 1880 zum krönenden Abschluss «Die Brüder Karamasow».

Dazwischen schreibt Dostojewski zahlreiche kürzere Erzählungen, die einem anderen Dichter alleine zum Weltruhm gereicht hätten:

In «Eine dumme Geschichte» geht es um die Pseudo-Moral der Reichen.

«Das Krokodil» persifliert die Unzulänglichkeit von Ideologien und Prinzipien dem verrückten Leben gegenüber.

«Der ewige Gatte» handelt mal wieder von einer Dreiecksbeziehung. Ein betrogener Ehemann sucht, getrieben von einem Bedürfnis nach Rache und gleichzeitig nach Versöhnung, seinen Widersacher auf.

In «Bobok» erzählt er zum x-ten Mal von einem erfolglosen Schriftsteller. Aber diesmal mit einer phantastischen Wendung. Der Autor stößt auf eine ungeahnte Inspirationsquelle. Auf einem Friedhof kommt er in Kontakt mit den Geistern der kürzlich Verstorbenen. Und ist enttäuscht, als die Toten keine tiefen Weisheiten absondern, sondern nur die ollen Kamellen weiterkauen.

«Die Sanfte» schildert das tragische Eheleben einer liebesbedürftigen Frau, die an ihrem lieblosen Gatten zugrunde geht.

In «Der Traum eines lächerlichen Menschen» wird ein lebensmüder Narzisst durch die Begegnung mit einem Kind und durch einen prophetischen Traum wieder munter gemacht.

In den kürzeren Erzählungen zeigt Dostojewski die ganze Bandbreite seiner Phantasie. Da finden sich Elemente von Horror und Science Fiction, von Satire und Komödie. Dostojewski ist in vielen Genres zuhause.

In die heutige Literaturwelt passt Dostojewski schon dadurch, dass er für den Broterwerb schrieb und nicht bloß zum Vergnügen. In der damaligen russischen Schriftstellerzunft macht ihn dies hingegen zu einem Exoten. Sein Unterhalt hängt davon ab, dass er andere erfolgreich unterhält. Das ist ihm bewusst, als er als junger Mann seine Tätigkeit im öffentlichen Dienst an den Nagel hängt und sich selbständig macht.

> «Wir wollen nur das veröffentlichen, was Geld einbringt. Und Geld muss es geben.» (Brief an Bruder Michail, Sommer 1844)

Dass Dostojewski vergleichsweise früh stirbt, liegt nicht nur an seinem fragilen Gesundheitszustand, sondern auch an seinem Arbeitspensum. Für alle Texte lässt er sich Vorschüsse auszahlen und hechelt dann den Deadlines hinterher. Dabei kann er sich längst nicht nur aufs Schreiben konzentrieren. Zeitweise erledigt er mehrere Jobs gleichzeitig.

> «Ich ließ in drei Druckereien gleichzeitig drucken, sparte nicht an Geld, schonte weder Gesundheit noch Kräfte. Redakteur war ich allein, ich las die Korrekturen, verhandelte mit den Autoren und der Zensur, bearbeitete die Artikel, schaffte Geld heran, saß bis sechs Uhr früh an der Arbeit, schlief des Nachts kaum fünf Stunden.» (Brief an Alexander Wrangel, 31.3.1865)

Die blanke Not treibt ihn zur Simultan-Produktion von «Der Spieler» und «Schuld und Sühne». Seiner Ex-Flamme Anna Krukowski schildert er das tollkühne Vorhaben.

> «Ich werde einen Roman morgens schreiben, den anderen abends, und rechtzeitig fertig werden. Weißt du, meine liebe Anna, ich mag diese exzentrischen und außergewöhnlichen Dinge sehr. Ich passe nicht zu den nüchternen Leuten. Verzeihung, das ist Angeberei! Aber es bleibt mir nichts anderes übrig, als zu prahlen. Ich bin sicher, dass keiner unserer lebenden oder toten Schriftsteller jemals unter denselben Bedingungen geschrieben hat, wie ich ständig schreibe. Turgenjew würde schon bei dem Gedanken sterben! Aber wenn sie wüssten, wie schmerzhaft es ist, den Gedanken zu verderben, der in ihnen geboren ist; der sie mit Begeisterung erfüllt hat, von dem sie wissen, dass er gut ist, und gezwungen zu sein, ihn absichtlich zu verderben!» (Brief an Anna Krukowski, 17.6.1866)

Und dann sind da die epileptischen Anfälle, die seinen schriftstellerischen «Flow» immer wieder unterbrechen.

> «Ich muss sehr, sehr viel arbeiten. Dabei machen mich die Anfälle endgültig fertig, und nach jedem brauche ich fast vier Tage, um meine Gedanken zu sammeln.» (Brief an Apollon Maikow, 21.10.1867)

Unter solchen Umständen zu schreiben, ist für Dostojewski auch deshalb eine besondere Qual, weil er eigentlich Perfektionist ist. Er konnte sich über Fehler in Manuskripten furchtbar aufregen, wie seine Mitarbeiter berichten.

> «Er war sehr streng gegen sich selbst und von nahezu übertriebener Gewissenhaftigkeit.» (Nikolai Strachow)

Dostojewski fürchtet deshalb, dass er selbst mit seinen besten Romanen sein Potenzial nicht voll ausschöpft.

> «Wenn Sie nur wüssten, wie beschwerlich es ist, ein Schriftsteller zu sein. Wenn ich zwei oder drei Jahre Unterstützung für den Roman hätte, so wie Turgenjew, Gontscharow oder Tolstoi, würde ich die Art von Roman schreiben, über die die Leute noch in hundert Jahren reden würden.» (Brief an Nichte Sonja, 29.8.1870)

Neben literarischen Punktlandungen findet sich in Dostojewskis Werk auch allerlei Redundantes. Ihm selbst ist das ständig bewusst.

> «Schon zwanzig Jahre fühle ich in aller Qual, und ich sehe es klarer als alle, mein literarisches Laster: die Weitschweifigkeit, und ich kann mich davon einfach nicht befreien.» (Brief an Michail Katkow, 19.7.1866)

Aber Redigieren braucht Zeit, und davon hat der Dichter nicht genug, wenn er von einem Abgabe-Stichdatum zum anderen hetzt. Einen über Jahre hinweg gehegten Plan, ein langes Gedicht zu schreiben, setzt er aus Zeitmangel nie in die Wirklichkeit um. Dialogsätze lassen sich unter Zeitdruck formulieren, Gedichtverse aber nicht.

> «Er liebte die Poesie leidenschaftlich, aber er selbst schrieb nur in Prosa, da er zur Durchbildung der Form keine Geduld hatte.» (Nikolai Strachow)

Keiner seiner Romane ist fertig, bevor er nicht schon als Fortsetzungsgeschichte angelaufen ist. Schöpferische Pausen kann er sich nicht leisten. Er muss unentwegt liefern.

«Fast alle, Turgenjew, Tolstoi, Gontscharow, waren gesunde und materiell unabhängige Menschen, die es sich wohl gestatten konnten, ihre Werke zu durchdenken und an ihnen zu feilen. Fjodor Michailowitsch hingegen litt an zwei schweren Krankheiten und war stets in Sorge, wie er den nächsten Tag leben, wie er der Familie Brot verdienen solle. Wie wäre es ihm möglich gewesen, unter solchen Umständen seine Werke bis in die kleinsten Details auszuarbeiten? Wie oft kam es in seinen letzten vierzehn Jahren vor, dass einzelne Teile eines Romans niedergeschrieben waren, während die ersten Abschnitte bereits im Satz waren; und wie oft fand Fjodor Michailowitsch beim Lesen der bereits gedruckten Kapitel in seinem Roman einen Fehler und war verzweifelt, weil er die Grundidee entstellt zu haben fürchtete.» (Anna Dostojewski)

Unentwegt nagt an Dostojewski die Angst, seinen eigenen Ansprüchen nicht gerecht zu werden, sein Potenzial nicht auszuschöpfen.

«In manchen schweren Augenblicken, wo ich mir selbst Rechenschaft über mich zu geben versuche, komme ich zur qualvollen Erkenntnis, dass ich in meinen Werken auch nicht den zwanzigsten Teil dessen, was ich habe sagen wollen und vielleicht auch hätte sagen können, gesagt habe.» (Brief an Katerina Junge, 11.4.1880)

«Der Gedanke, mag er auch töricht sein, ist, solange man ihn bei sich behält, stets tiefer. In Worte gekleidet wird er lächerlicher und ehrloser.» (Der Jüngling)

Trotz seines enormen Outputs ist Dostojewski kein obsessiver Vielschreiber. Ihn strengt das Schreiben an. Das gilt vor allem für die vielen Briefe, die Freunde, Fans und Gläubiger von ihm einfordern.

> «Wenn ich jemals in die Hölle komme, werde ich ganz sicher dazu verurteilt, ein Dutzend Briefe pro Tag für meine Sünden zu schreiben.» (Brief an Wladimir Michailow, 16.3.1878)

Seine Frau attestiert Dostojewski, dass er «ein ungemein arbeitsamer Mensch» war. Wie für die meisten Schriftsteller ist die Autorentätigkeit auch für ihn mit enormen physischen und psychischen Anstrengungen verbunden. Um sich zu stimulieren, raucht er wie ein Schlot und trinkt literweise starken Tee. Beinahe jedes Projekt erlebt er als herkulische Aufgabe, die er nur mit Mühe bewältigt.

> «Mir drehte sich der Kopf wie ein Mühlrad. Dass ich dabei nicht den Verstand verloren habe – ich begreife es nicht.» (Brief an Apollon Maikow, 12.01.1867, während der Arbeit an «Der Idiot»)
>
> «Ich werde ihn zweifellos schlecht schreiben; da ich mehr Dichter als Künstler bin, habe ich mir immer Themen vorgenommen, die über meine Kraft gingen. Daher werde ich es verderben, das ist sicher. Das Vorhaben ist zu gewaltig. Da mir aber noch keiner von den Kritikern, die über mich urteilen, ein gewisses Talent abgesprochen hat, so werden sich in diesem langen Roman wohl auch Stellen finden, die nicht übel sind.» (Brief an Apollon Maikow, 21.10.1870, während der Arbeit an «Die Dämonen»)
>
> «Es ist eine wahre Zuchthausarbeit. […] Ich arbeite im Allgemeinen sehr nervös, unter Qualen und Sorgen. Wenn ich arbeite, bin ich auch physisch krank. […] Nur einzelne Stellen,

> die unmittelbar von der Begeisterung diktiert wurden, gerieten mir auf den ersten Wurf; alles Übrige war härteste Arbeit.» (Brief an Iwan Aksakow, 28.8.1880, während der Arbeit an «Die Brüder Karamasow»)

Dostojewski besitzt die zwei Ressourcen, die für eine erfolgreiche Schriftsteller-Laufbahn notwendig sind: Energie und Talent.

Seine besten Werke verfasst Dostojewski nicht als Jung-Erwachsener, sondern zwischen Mitte vierzig und Ende fünfzig. Zur Arbeitskraft und zur Begabung kommt in dieser Zeit noch die dritte entscheidende Voraussetzung für große Literatur hinzu: Lebenserfahrung.

Denn es reicht nicht, schreiben zu können.

Man muss auch etwas zu sagen haben.

Nach seiner Verbannung ist Dostojewskis Kopf voll von Gedanken und Geschichten, die er mit der Welt teilen will.

> «So viele Lebensläufe von Landstreichern und Räubern habe ich kennengelernt und überhaupt das ganze traurige Leben des gemeinen Volkes! Das würde ganze Bände geben.» (Brief an Bruder Michail, 22.2.1854)
>
> «Um einen Roman zu schreiben, muss man sich zunächst auf einen oder mehrere starke Eindrücke stützen, die das Herz des Autors wirklich erlebt hat. Das ist die Aufgabe des Dichters. Aus diesem Eindruck entwickelt sich ein Thema, ein Plan, ein wohl-abgestimmtes Ganzes. Dies ist die Aufgabe des Künstlers.» (Notizen zu «Der Jüngling»)

Die stärksten dieser «Eindrücke» verbinden sich für Dostojewski nicht mit Glücksempfindungen, sondern mit Schmerzerfahrungen. Das lässt er auch den 15-jährigen Teenager Dimitri Mereschowski wissen. Dem späteren bekannten Schriftsteller gibt er den furchteinflößenden Ratschlag:

> «Um gut zu schreiben, musst du leiden! Du musst leiden!»[31]

Natürlich beruht nicht alles, was Dostojewski schreibt, auf eigener Erfahrung. Weil sich viele seiner Romane mit aktuellen Entwicklungen befassen, verwendet er viel Zeit auf die Recherche. Er liest Zeitungen, verbringt viele Stunden in Büchereien, besucht Gerichtsverhandlungen, unterhält sich mit Experten, besorgt sich die einschlägige Fachliteratur.

> «Ein Schriftsteller der schöngeistigen Literatur muss außer der Dichtung die darzustellende Wirklichkeit bis zur schärfsten Genauigkeit [der Geschichte und Gegenwart] kennen.» (Brief an Christina Altschewskaja, 9.4.1876)

Hinzukommen muss aber noch etwas, das nicht auf Anstrengung beruht. Bevor der kreative Funke auf die Seiten springt, muss er sich im Kopf entzünden.

> «Solange der Gedanke nicht ausgereift ist, kann ich nicht anfangen. Wegen meiner momentanen Schwermut fehlt mir die Inspiration. Sie aber ist das Wichtigste.» (Brief an Ehefrau Anna, 22.6.1875)

[31] Zitiert nach: Joseph Frank, Dostoevsky. A Writer in His Time, 2010, S. 915

> «Ich kann nicht so aus dem Handgelenk schreiben, ich muss künstlerisch schreiben. Ich bin es Gott, der Poesie, dem Erfolg des Geschriebenen und buchstäblich dem ganzen lesenden Russland schuldig.» (Brief an Pelageja Sussjewa, 15.10.1880)
>
> «Ich schreibe mir jede Szene sofort so auf, wie sie mir zuerst in den Sinn kommt, und freue mich über sie. Dann überarbeite ich sie monatelang und jahrelang. Ich lasse mich von ihr mehr als einmal begeistern. Einiges füge ich hinzu, anderes streiche ich; glaube mir, dass die Szene dabei immer gewinnt. Man muss nur Inspiration haben. Ohne Inspiration kann man nichts anfangen.» (Brief an Bruder Michail, 31.5.1858)

Die Geistesblitze, nach denen Dostojewski sich sehnt, stellen sich bei ihm vor allem in der Nacht ein. Weite Teile seines Romanwerks schreibt er, während es draußen stockdunkel und totenstill ist. Je mehr äußere Eindrücke zurücktreten, desto empfänglicher ist er für innere Impulse. Dostojewski lässt sich sozusagen von der Muse des Nachthormons Melatonin küssen.

> «In der letzten Zeit hatten seine Gedanken und Gefühle mitunter nachts sich im Vergleich mit den sonst immer vorhandenen fast vollständig geändert und ähnelten großenteils in keiner Weise denjenigen, die ihm in der ersten Hälfte des Tages kamen. Das befremdete ihn, und er befragte sogar einen berühmten Arzt, allerdings einen Bekannten von sich, und selbstverständlich redete er mit ihm in scherzendem Ton. Er erhielt zur Antwort, eine solche Veränderung und sogar Zweiteilung der Gedanken und Gefühle des Nachts bei Schlaflosigkeit, und überhaupt des Nachts, sei bei Menschen ‹mit starker Denk- und Gefühlstätigkeit› nichts Seltenes; die Anschauungen des ganzen bisherigen Lebens erführen mitunter ganz plötzlich durch die melancholische Einwir-

kung der Nacht und der Schlaflosigkeit eine Umgestaltung; es würden auf einmal ohne erkennbaren Grund die verhängnisvollsten Entschlüsse gefasst.» (Der ewige Gatte)

Dostojewski gibt sich ganz in die Hand seiner Inspiration. Oft nehmen die Handlungsverläufe ganz andere Wendungen, als er ursprünglich geplant hat. Er bleibt zwar seinen Überzeugungen treu, schreibt aber ergebnisoffen. Seine Geschichten sollen der Sperrigkeit und Unvorhersehbarkeit des Lebens gerecht werden, nicht abstrakte Thesen begründen.

Oft weiß er am Anfang eines Roman-Projekts nicht, wohin sich seine Figuren entwickeln werden. Er vollzieht an ihnen regelrechte Experimente, erlegt ihnen Prüfungen auf und lässt sich selbst davon überraschen, wie sie reagieren. Kunst im Dienst einer Ideologie ist Dostojewski zuwider, politische Korrektheit ist aus seiner Sicht tödlich für die Kreativität.

> «Ich habe eine furchtbare Angst vor der ‹Tendenz›, wenn sie sich eines jungen Künstlers bemächtigt, insbesondere eines, der seine künstlerische Laufbahn eben beginnt. Dem Druck der Öffentlichkeit zuliebe unterdrückt der junge Dichter das natürliche Bedürfnis, sein Herz in eigenen Bildern auszuschütten, er befürchtet, sich eine Beschuldigung der ‹zweckfreien Neugier› zuzuziehen, er unterdrückt und vernichtet die Bilder, die sich ihm aus der Seele drängen, versagt ihnen die Entwicklung und Beachtung und presst aus sich unter schmerzvollen Krämpfen ein Thema heraus, das die allgemeine ‹uniformierte› liberale und soziale öffentliche Meinung befriedigt. Was ist es aber für ein einfacher und naiver Fehler, was für ein grober Fehler! […] Es gibt sehr bedeutende Talente, die viel verspro-

> chen haben, die aber von der Tendenz so sehr unterjocht sind, dass sie ihnen gleichsam zu einer Uniform geworden ist.» (Tagebuch eines Schriftstellers, 1873)

Gleichzeitig ist Dostojewski ein großer Fan von Haltungs-Prosa. Ein Schriftsteller kann aus seiner Sicht gar nicht anders, als Position zu beziehen – aber bitteschön eine eigene, nicht eine nachgebetete.

Das unterscheidet die Arbeit eines Poeten von der eines Journalisten: dass es mehr auf das «Wie» und «Warum» als auf das «Was» ankommt, weniger auf die Fakten als auf die besondere Sicht darauf.

> «Nicht das Sujet ist wichtig, sondern der Blick; wenn man einen Blick hat, so wird sich auch der Gegenstand finden; hat man aber keinen Blick und ist blind, so wird man an keinem Gegenstand etwas finden.» (Tagebuch eines Schriftstellers, Oktober 1876)

Wenn es um Wahrhaftigkeit geht, kennt Dostojewski keine Kompromisse. Nachdem er bereits einem Erschießungskommando gegenübergestanden hat, kann ihn kein Zeitgeist-Tribunal schocken. Er schreibt, was er denkt, ohne Rücksicht auf Freundschaftsverluste.

> «Aufrichtige Menschen haben immer mehr Feinde als unaufrichtige Menschen.» (Notizen, 1876/1877)

Seine schonungslose Offenherzigkeit verprellt auch manche Leser. Wo andere Autoren die moralischen Fehltritte ihrer Protagonisten dezent andeuten, schildert Dostojewski sie in aller Deutlichkeit. Er gibt selbst zu, dass seine Romane nichts für zartbesaitete Gemüter sind. Eltern, die ihn um Literaturtipps für ihre pubertierenden Kinder bitten, rät er von seinen eigenen Büchern ab. Mit der Einstufung «Erst frei ab 18» hätte er keine Probleme gehabt. Er schreibt für Erwachsene. Und auch bei denen stößt er oft auf Unverständnis. Als eine Freundin von Tschaikowsky erfährt, dass der sensible Musiker neuerdings Dostojewski liest, schüttelt sie darüber den Kopf:

> «Warum, mein Freund, lesen Sie Dostojewski? Ihre Nerven werden das nicht aushalten können! Nach seinem ‹Schuld und Sühne› habe ich mir geschworen, nie wieder ein Werk von ihm zu lesen, und ich habe mein Wort auch gehalten. Er ist ein bemerkenswerter Psychologe und wählt für seine Werke die schmerzhaftesten Gemüts- und Herzenszustände aus, um seine erstaunliche Gabe der psychologischen Analyse und Darstellungskunst zur Geltung zu bringen. Er ist nicht für Leute wie Sie und mich gemacht.» (Nadeschda von Meck)

Ein zentrales Kapitel seines drittletzten Romans, «Die Dämonen», kann erst Jahrzehnte nach seinem Tod veröffentlicht werden. Dostojewskis Verleger findet die ausführliche Missbrauchs-Beichte des reichen Playboys Stawrogin zu extrem, um sie dem Publikum zuzumuten.

> «Dostojewski schreckte vor nichts zurück. […] Aufgrund dieser Überzeugung schilderte er dann dreist das Dunkelste und Schmutzigste; niemand ist in der Schilderung der verschiedenen Verkommenheiten der Menschenseele so weit gegangen wie er. Und er erreichte, was er wollte: Es gelang ihm, seinen Geschöpfen so viel Realität und Objektivität zu verleihen, dass die Leser aus anfänglicher Betroffenheit in Entzücken gerieten.» (Nikolai Strachow)

Mit seinen Schock-Passagen will Dostojewski nicht nur Aufklärungsarbeit leisten, den schönen Schleier vor der schmutzigen Wirklichkeit wegreißen. Er will ein Höchstmaß an Spannung erzeugen. Von allen literarischen Pfaden scheut Dostojewski keinen so sehr wie den Mittelweg. Für seine Charaktere geht es immer ums Äußerste; ihr Leben oder zumindest ihr Glück stehen auf dem Spiel. Oft verstricken sie sich in kriminelle Machenschaften oder werden deren Opfer.

Das Grundelement der Spannung ist der Konflikt, der Widerstreit gegensätzlicher Interessen, und seien es die eigenen. Dostojewski ist ein Meister der Spannung und auch als Krimi-Autor eine Klasse für sich. Nicht von ungefähr ist der bekannte TV-Detektiv Columbo inspiriert von dem Ermittlungsrichter in «Schuld und Sühne».

Dostojewski beherrscht die Kunst des sogenannten «Cliffhangers». Am Ende vieler Kapitel lässt er den Leser in spannungsvoller Erwartung, wie es denn weitergeht. Diesen Kniff perfektioniert Dostojewski auch deshalb, weil seine Romane zunächst als Fortsetzungsgeschichten konzipiert sind. Die Leser müssen bei der Stange gehalten werden. Besonders gut gelingt das Dostojewski in «Die Brüder Karamasow»: Was als packendes Familiendrama beginnt, steigert sich in der Mitte des Romans zu einem aufregenden Krimi und schließlich zu einem Justiz-Thriller. Die Leser können es nicht erwarten, dass endlich die nächste Folge erscheint.

Dostojewskis besondere Spezialität sind dramatische Konfrontationen. Von unglaublicher Intensität sind die Szenen in seinen Romanen, in denen seine Protagonisten umeinander herumschleichen, sich voreinander entblößen, sich dann gegenseitig zerfleischen – im übertragenen Sinn natürlich. Es sind diese Szenen, die Dostojewski an den heutigen Theatern zu einem der meist-adaptierten Autoren machen.

Das vielleicht unvergesslichste dieser «Jeder gegen jeden»-Scharmützel findet in der Mitte von «Der Idiot» statt. Eine kleine Gruppe von Bekannten entschließt sich aus Langeweile und nervöser Anspannung zu einem perfiden Spiel, einer Art russischem Roulette ohne Waffen. Jeder der Teilnehmer soll moralisch komplett blankziehen, nämlich den anderen seine schlimmste Tat erzählen. «Was mir meine Aufgabe am meisten erleichtert», stellt einer der Beteiligten seiner Beichte voran: «Das Gewissen und die Erinnerung des Herzens sagen einem sofort, was man zu erzählen hat.»

Nach zwei Selbstenthüllungen treibt die schöne Nastassja das Spiel auf die Spitze. Statt eine Schandtat nur zu schildern, sorgt sie für einen unerhörten Live-Eklat. Schließlich versteigert sie sich und ihre Sexualität meistbietend. Der brutal-mafiöse Rogoschin bekommt den Zuschlag. Er kauft Nastassja für die Unsumme von 100.000 Rubeln.

Statt das Kapitel hier zu beenden, erhöht Dostojewski die Spannung immer weiter. Als Nächstes schleudert Nastassja das Paket mit den Geldscheinen ins Kaminfeuer. Sie lockt ihren anderen Verehrer, den habsüchtigen Ganja, das Geld mit bloßen Händen aus den Flammen zu holen – dann wird es ihm gehören.

Die anderen schauen mit Entsetzen zu. Wird Ganja, der in akuten Finanzproblemen steckt, der Versuchung widerstehen? Die Flammen züngeln, die Umherstehenden rufen durcheinander, Ganja weiß selbst nicht aus noch ein. Er fällt in Ohnmacht. «Also ist bei ihm das Ehrgefühl doch noch stärker als die Geldgier», höhnt Nastassja. Auch der Leser bleibt benommen zurück. Was für eine Show!

Ganz zu Unrecht eilt Dostojewski der Ruf voraus, seine Literatur sei schwer verdaulich und spaßbefreit. Ganz im Gegenteil ist Dostojewskis Stil – vielleicht abgesehen von seiner Weitschweifigkeit und der manchmal unübersichtlichen Vielzahl der Charaktere – leicht zugänglich, seine Schreibe flott und direkt. Dostojewski blickt nicht starr und unverwandt in den Abgrund, sondern oft augenzwinkernd zur Seite. Das gilt insbesondere für seine kurzen Erzählungen wie «Eine dumme Geschichte», «Das Krokodil» und «Bobok».

Einige der witzigsten Passagen finden sich aber gar nicht in seinen Veröffentlichungen, sondern in seinen privaten Aufzeichnungen. Hier zeigt sich der Dichter von seiner derben, geradezu platten Seite. Er hat viel Sinn für Situationskomik, sogar Klamauk. Besonders erheiternd ist sein Bericht von einer Bahnfahrt nach Bad Ems.

> «Ein Deutscher von sehr ehrbarem und wohlhabendem Aussehen musste sich plötzlich übergeben, und das ging so bis Berlin, aus dem Fenster selbstverständlich. Wir alle, sechs Mann, nahmen Anteil, und jeder gab ihm einen guten Rat. Der eine sagte, er müsse mehr Bier trinken, also sprang jener bei der nächsten Station auf und trank – es half nicht. Ich riet zu Kognak. – ‹Einen Kognak, daran habe ich auch schon gedacht!›; er sprang auf der nächsten Station hinaus und trank. Die Ratschläge gingen so weit, dass er einen Marzipan-Lebkuchen essen solle, und er aß den Lebkuchen. Schließlich riet [ein Deutscher] zu Champagner, aber da näherten wir uns schon Berlin, und jener sagte, sobald er in Berlin ins Hotel kommt, werde er sich gleich Champagner bestellen.» (Brief an Ehefrau Anna, 19.7.1876)

Nur zwei Tage später, kurz vor Gießen, muss Dostojewski schon wieder innerlich losprusten.

«Da rannte in das Herrenklo, wo sich zwei Dutzend Besucher drängten, eine schön gekleidete Dame, allem Anschein nach eine Engländerin. Sie musste es wohl sehr nötig haben, denn sie lief fast bis zur Mitte des Raums, ehe sie ihren Irrtum bemerkte, das heißt erkannte, dass sie zu den Männern geraten war, statt nebenan in die Abteilung für die Frauen zu gehen. Sie blieb plötzlich stehen, wie vom Donner gerührt, mit dem Ausdruck tiefster und erschrockener Verwunderung, die nicht länger als eine Sekunde währte, dann stieß sie einen lauten Schrei aus, oder richtiger, sie kreischte los, genauso, wie Du manchmal kreischst, wenn Du plötzlich erschrickst, und schlug weit ausholend die Hände über dem Kopf zusammen, dass man es klatschen hörte. Ich muss erwähnen, dass sie alles sah, das heißt buchstäblich ALLES und in aller Blöße, weil niemand dazu gekommen war, etwas zu verstecken, und alle im Gegenteil in ebensolcher Erstarrung auf sie blickten. Dann, nach dem Klatschen, bedeckte sie plötzlich mit beiden Händen das Gesicht und machte ziemlich langsam kehrt (alles war verloren, alles vorbei, sie brauchte sich nicht mehr zu beeilen!), und ganz nach vorn gebeugt, ohne Hast und nicht ohne Würde, verließ sie den Raum. Ich weiß nicht, ob sie noch in die Frauen-Toilette gegangen ist. Wenn es eine Engländerin war, ist sie vermutlich auf der Stelle vor Keuschheit gestorben. Bemerkenswert ist jedoch, dass niemand lachte. Die Deutschen verharrten alle in finsterem Schweigen, während man bei uns bestimmt vor Begeisterung losgegrölt und gebrüllt hätte.» (Brief an Ehefrau Anna, 21.7.1876)

Übrigens kann sich Dostojewski nicht nur schriftlich gut artikulieren. Da es logischerweise keine Tonaufzeichnungen von ihm gibt, ist kaum bekannt, dass er ein begnadeter Vorleser und Redner war.

Wie in so vielen Bereichen seines Lebens verdankt er dieses Talent einem vordergründigen Defekt, einer Halsentzündung in seiner Jugend.

Die raue Intensität seiner Stimme wird verstärkt durch den inneren Druck, unter dem er die Worte herauspresst. Er ist deshalb ein gefragter «Spoken Word Performer», füllt mit seinen Leseabenden große Säle. Wohlgemerkt ohne Mikrofon. Man kann sich die Mucksmäuschenstille vorstellen, in der man seiner heiseren Stimme lauscht. Sein größter Publikums-Hit ist eine Passage aus «Schuld und Sühne», die Heul-Arie des Säufers Marmeladow.

KAPITEL 13
PSYCHOLOGE

Wer in die Romane und Erzählungen von Dostojewski eintaucht, begibt sich auf eine Zeitreise: ins Russland des 19. Jahrhunderts. Sämtliche Erzählwerke Dostojewskis spielen in dieser Zeit. Und mit Ausnahme von «Der Spieler» befinden sich sämtliche Schauplätze auf russischem Boden. Sie könnten aber auch, einige Anpassungen vorausgesetzt, in ganz anderen Ländern zu ganz anderen Zeiten spielen.

Viele Filmregisseure haben sich diese Universalität zunutze gemacht: unter anderem der Italiener Luchino Visconti («Weiße Nächte», «Rocco und seine Brüder»), der Franzose Robert Bresson («Die Sanfte», «Vier Nächte eines Träumers») und der Japaner Akira Kurosawa («Der Idiot»). Sie verlegten die Handlung in ihre eigenen Länder und ins 20. Jahrhundert.

Solche Adaptionen sind ziemlich gut möglich, da sich Dostojewski vor allem für das Wesen des Menschen interessiert. Konkrete gesellschaftliche Zustände werden zwar in den Blick genommen, bilden aber in erster Linie einen Aufhänger, um die menschliche Natur zu untersuchen.

Aber eigentlich greift das Etikett «Psychologe» zu kurz. Dostojewski interessieren nicht nur Seelenzustände, sondern Beziehungskonstellationen, das menschliche Verhalten unter ganz verschiedenen Bedingungen. Dostojewski ist Anthropologe, ein Menschenkundler.

Verbreitet ist jedoch die Ehrenbezeichnung «Großer Psychologe». Das liegt möglicherweise auch daran, dass sie ihm von prominenter Stelle angeheftet wurde.

Der Philosoph Friedrich Nietzsche bezeichnet ihn in seiner «Götzen-Dämmerung» als den «einzigen Psychologen, von dem ich etwas zu lernen hatte», und zählt ihn deshalb «zu den schönsten Glücksfällen meines Lebens».

Für den Schriftsteller und Dostojewski-Biographen Stefan Zweig ist er der «Psychologe der Psychologen», der viele wissenschaftliche Erkenntnisse intuitiv antizipiert hat.

Nicht ganz so begeistert ist Zweigs Brieffreund. Der berühmte Psychologe Sigmund Freud belehrt Stefan Zweig mit seiner eigenen Ferndiagnose: «Dostojewski ist ein schwer perverser Neurotiker. Seiner Produktion merkt man das eigensüchtige Bestreben an, seine Bedürfnisspannung durch wenigstens eine symbolische Befriedigung zu entlasten, und dabei nutzt er die Gelegenheit, den Leser zu schrecken und zu malträtieren.»[32]

Rückblickend betrachtet erscheint freilich Freud mit seiner Fixierung auf die Sexualität, vor allem die frühkindliche, als der Obsessivere der beiden; und Dostojewski als der größere Menschenkenner.

Treffender als die Einschätzung von Freud ist das Lob des russischen Philosophen Nikolai Berdjajew. Er ist noch ein Kind, als Dostojewski stirbt. Später entdeckt er in ihm den größten Denker, den Russland je hervorgebracht hat. Er versteigt sich zu dem Riesen-Kompliment:

[32] Zweig, Stefan: Über Sigmund Freud. Porträt. Briefwechsel. Gedenkworte, 1989, Brief vom 4.9.1926

«Wenn das russische Volk nur Dostojewski hervorgebracht hätte, würde das alleine schon die Existenz Russlands rechtfertigen – so hoch ist Dostojewskis Wert!»

Unübertroffen sei, was Dostojewski über die menschliche Natur zutage gefördert habe. Als «Experimentalanthropologe» habe er die Menschen in seinen Romanen «geistigen Experimenten» unterzogen, ihr Tun und Denken unter extremen Bedingungen getestet. Herausgekommen seien aber keine platten Erklärungen. Dostojewski habe erkannt, dass jeder Mensch so kompliziert sei wie das Leben an sich. Dostojewskis Werk enthalte deshalb die wichtige Botschaft: «Der Mensch ist keine Arithmetik, der Mensch ist ein problematisches, rätselhaftes Wesen.»

Und er sollte auch für Dostojewski selbst ein solches Rätsel bleiben. Seine späten Werke geben zumindest keinen Hinweis darauf, dass er sich in Bezug auf seine Lebensaufgabe «Mensch-Enträtselung» je in der Nähe der Ziellinie wähnt. Zahlreiche Enttäuschungen und Schicksalsschläge lehren ihn Bescheidenheit.

> «Man nennt mich einen Psychologen. Das ist nicht richtig. Ich bin nur ein Realist im höheren Sinn, das heißt: Ich zeige alle Tiefen der Menschenseele.» (Notizen, 1880/1881)
>
> «Wir wollen nicht vergessen, dass die Motive der menschlichen Handlungen gewöhnlich unendlich komplizierter und vielfältiger sind, als wir nachher immer glauben, und sich nur selten mit Sicherheit angeben lassen.» (Der Idiot)
>
> «Furchtbar viele Geheimnisse gibt es! Zu viele Rätsel bedrücken den Menschen auf Erden. Sie zu erraten ist ebenso leicht, wie trocken aus dem Wasser zu steigen. […] Der Mensch ist ein gar zu weites Feld – ich hätte ihn etwas verengt!» (Die Brüder Karamasow)

Ein Grund dafür, dass ihn die menschlichen Probleme so brennend interessieren, ist womöglich der Arztberuf seines Vaters. Durch ihn ist Dostojewski schon von früher Kindheit an mit körperlichen und seelischen Leiden vertraut.

Vielleicht liegt es aber auch daran, dass er einen Großteil seiner Jugend in den Romanwelten von Puschkin und Co. verbracht hat. In «Die Dämonen» schreibt Dostojewski von einem «Gefühl jener ewigen, heiligen Sehnsucht […], die manche auserwählte Seele, nachdem sie diese einmal gekostet und kennengelernt hat, nie für eine billige Erfüllung hergibt».

Die Sehnsucht nach Selbsterkenntnis paart sich bei Dostojewski mit dem Leiden an seinen eigenen Defiziten.

> «Ich habe einen schrecklichen Charakter, doch nicht immer, sondern nur zeitweilig. Das ist mein Trost.» (Brief an Alexandra Schubert, 3.5.1860)
>
> «Ein gebildeter, ordentlicher Mensch kann nicht eitel sein, ohne an sich selbst grenzenlose Ansprüche zu stellen und ohne sich in manchen Augenblicken bis zum Hass zu verachten.» (Aufzeichnungen aus dem Kellerloch)

Dostojewski leidet an seinen inneren Unzulänglichkeiten, aber auch am Feedback seiner Umwelt. Für seine hitzigen Ausbrüche, sein linkisches Auftreten, seine Empfindlichkeit zieht er als junger Mann den Spott seiner Umwelt auf sich. Als Erwachsener fürchtet er unentwegt, in aller Öffentlichkeit von Anfällen heimgesucht zu werden. Und gutaussehend ist er auch nicht. Die zerstörerische Kraft der Selbstverachtung, die in einigen seiner Romanfiguren wirkt, ist ihm sehr vertraut.

> «Er war keusch und schamhaft bis zur Wunderlichkeit, hielt sich für ein schreckliches Scheusal, hasste sein Gesicht und seinen Charakter und glaubte auf einer Stufe zu stehen mit jenen Missgeburten, die auf die Jahrmärkte gebracht und für Geld gezeigt werden. Infolge dieser ganzen Anschauung schätzte er die Ehrlichkeit am allerhöchsten, hielt an seinen Überzeugungen mit einem wahren Fanatismus fest und war finster, stolz, jähzornig und wortkarg.» (Die Dämonen)

Dostojewski ist ein Genie der Introspektion. Von allen menschlichen Naturen fasziniert ihn die eigene am meisten. Das räumt auch sein Bewunderer Nikolai Berdjajew ein: «Alle Helden sind er selbst, sind sein Weg, verschiedene Seiten seines Wesens, seine Qualen, seine Fragen, seine leidvollen Erfahrungen.»

Ein Fehler wäre aber, diese Feststellung auf ein narzisstisches Naturell zurückzuführen. In der Erkenntnis, dass seine Wünsche, Begierden und Selbstzweifel auch die der anderen sind, unterzieht er sich selbst einer stellvertretenden Analyse.

Die vielen psychologischen Erfahrungswerte, die Dostojewski in sein Werk einfließen lässt, lassen sich auf die folgenden Nenner bringen:

Alle Menschen fühlen sich unzulänglich.

Alle Menschen fühlen sich unsicher.

Alle Menschen wollen geliebt werden.

Die menschliche Natur ist nicht fix und fertig, sondern in einem permanenten Veränderungsprozess.

Trotz dieser gemeinsamen Nenner bleiben die Menschen unüberschaubar komplex. Sie lassen sich nicht durch eine «Entweder-oder-Logik» erfassen. Menschen sind frei und zugleich zwanghaft, sowohl wundersam als auch banal, freiheitsliebend und gleichzeitig verlogen. Umstände und Launen lassen sie von einem zum anderen Pol pendeln. Nicht selten wirken die Gegensätze gleichzeitig.

> «Ich bin ein edler Mensch [...], aber das bin ich immer nur, wenn ich mich so meinen Phantasien überlasse und sozusagen besondere Courage habe; in Wirklichkeit wird nie etwas daraus! Wie geht das nur zu? Mir ist das unbegreiflich.» (Der Idiot)
>
> «Der Mensch liebt es, tätig zu sein und Wege zu bahnen, darüber lässt sich nicht streiten. Aber warum liebt er bis zur Leidenschaft auch die Zerstörung und das Chaos?» (Aufzeichnungen aus dem Kellerloch)
>
> «Ich habe mich schon tausendmal über die Fähigkeit des Menschen (und insbesondere, wie ich glaube, des russischen Menschen) gewundert, in seiner Seele das höchste Ideal zu hegen neben der tiefsten Gemeinheit, und alles mit völliger Aufrichtigkeit.» (Der Jüngling)
>
> «Wir sind böse und gut in wunderlichster Mischung; wir lieben die Aufklärung und Schiller, und gleichzeitig randalieren wir in den Wirtshäusern und reißen unseren betrunkenen Zechgenossen die Bärte aus. Oh, wir sind auch manchmal gut und edel, aber nur dann, wenn es uns selbst gut geht.» (Die Brüder Karamasow)
>
> «Einer nach dem anderen drängten sie sich wieder zur Tür zurück mit jenem eigentümlichen Gefühl innerer Befriedigung, das stets, selbst bei den Nächststehenden, rege wird, sobald einem anderen ein plötzliches Unglück zustößt, und von

dem trotz des aufrichtigen Mitleids und Bedauerns doch schlechterdings niemand frei ist.» (Schuld und Sühne)

Dostojewski weiß: Der Mensch ist das Wesen, das nicht nur muss, sondern das auch anders kann. Manchmal aber auch wieder nicht. Die menschlichen Motivationen liegen oft im Dunkeln des Unbewusstseins. Wenn man die eigenen Antriebsfedern trotzdem erkennt, heißt das noch lange nicht, dass man sie versteht, sie verständlich machen kann und will.

«‹Wenn ich mich so meinen Träumereien hingab›, sagte er, ‹hatte ich manchmal die seltsamsten Absichten, der Menschheit zu dienen. Ich würde mich vielleicht für die Menschen kreuzigen lassen, wenn das einmal irgendwie nötig wäre – und dabei bin ich außerstande, auch nur zwei Tage mit jemandem dasselbe Zimmer zu teilen. Ich weiß das aus Erfahrung. Kommt mir einer nahe, verletzt seine Persönlichkeit schon meine Eigenliebe und beeinträchtigt meine Freiheit. Ein einziger Tag genügt schon, mich den besten Menschen hassen zu lehren: den einen, weil er mittags zu langsam isst, den anderen, weil er Schnupfen hat und sich fortwährend schnäuzt. Sobald die Menschen mit mir in Berührung kommen, werde ich ein Menschenfeind.›» (Die Brüder Karamasow)

Dostojewskis Anthropologie ist nicht allein scharfsinnig, sie ist auch christlich. Er sieht die Menschen als gefallene Gottesgeschöpfe, abwärts tendiert, aufwärts motiviert.

«Sein Blick, der nicht nur alle Gegensätze, sondern auch die Möglichkeit eines Ausgleichs der Gegensätze sah, diese feine und tiefe Sympathie, mit der er die beiden Pole unseres geistigen Lebens umfasste und sie zu einem höheren Lebensprinzip und durch die Tat zu vereinigen suchte – das war der charakteristischste Zug Dostojewskis. Eine Feindschaft gegen etwas bedeutete bei ihm nie eine bedingungslose Verneinung des Feindlichen.» (Nikolai Strachow)

Kein Mensch ist bei Dostojewski einfach nur böse. Nicht einmal der fiese Freak Smerdjakow. Er tötet seinen Vater und stürzt die ganze Familie ins Verderben. Sein asozialer Charakter kommt aber nicht von ungefähr. Er ist das Produkt einer Vergewaltigung, das Opfer von Schmähungen. Sein Name bedeutet so viel wie «Der Stinkende». Er fällt den anderen in den Rücken, weil sie sich von ihm abgewandt haben. Insgeheim sehnt er sich nach Bestätigung und Zuneigung.

Ganz und gar nicht stereotyp zeichnet Dostojewski auch den sündigen Erzeuger von Smerdjakow, den alten Karamasow. Der knallharte Egoist kennt durchaus Momente der Einsicht.

> «Obwohl Fjodor Pawlowitsch ein grundliederlicher Mensch und in seiner Wollust oft grausam wie ein böses Insekt war, empfand er doch manchmal in Augenblicken der Trunkenheit plötzlich eine geistige Angst und eine moralische Erschütterung, die sozusagen physisch auf seine Seele wirkten. ‹Die Seele zittert mir bei diesen Anfällen ordentlich in der Kehle›, sagte er manchmal. In diesen Augenblicken also hatte er es gern, wenn neben ihm oder doch in seiner Nähe, wenn auch nicht im selben Zimmer, wenigstens im Seitengebäude, ein solcher Mensch vorhanden war, ein ihm ergebener, charakterfester Mensch, nicht so ein verkommener Mensch wie er selbst, ein Mensch, der zwar all dieses sittenlose Treiben mit ansah und alle Geheimnisse kannte, aber doch aus Ergebenheit alles geschehen ließ, sich nicht widersetzte

> und, was die Hauptsache war, ihm keine Vorwürfe machte und mit nichts drohte, weder in diesem noch im zukünftigen Leben, sondern im Notfall ihn auch noch beschützte – wovor? Vor etwas Unbekanntem, aber Schrecklichem und Gefährlichem.» (Die Brüder Karamasow)

Hin- und Hergerissen-Sein ist der anthropologische Normalzustand. Menschen kommen immer wieder aus dem Rhythmus, weil zwei Herzen in ihrer Brust schlagen, unterschiedlich laut und schnell.

Einen seiner Protagonisten lässt Dostojewski seufzen:

> «Der Himmel war so sternenreich, so heiter, dass man sich bei seinem Anblick unwillkürlich fragen musste: Können denn unter einem solchen Himmel überhaupt irgendwelche böse oder mürrische Menschen leben?» (Helle Nächte)

Ein anderes Mal bricht ein Misanthrop, nachdem er Vater geworden ist, in lauten Jubel aus:

> «Es waren zwei Menschen da, und auf einmal ist ein dritter Mensch entstanden, ein ganz neuer, vollendeter, ganzer Geist, wie ihn Menschenhände nicht schaffen können; eine neue Denkkraft und eine neue Liebe. […] Es gibt nichts Höheres auf der Welt!» (Die Dämonen)

Daneben finden sich Urteile über den Menschen, die vernichtender kaum sein könnten.

> «Wenn es möglich wäre, dass ein jeder von uns sein ganzes geheimes Inneres schilderte und dabei ohne jede Scheu alles

> darlegte, was er sich sonst scheut, den Menschen zu sagen, und was er ihnen um keinen Preis sagen würde, und alles, was er sich sonst scheut, seinen besten Freunden zu sagen, ja sogar das, was er sich mitunter scheut, sich selbst zu gestehen: dann würde sich in der Welt ein solcher Gestank erheben, dass wir alle ersticken müssten.» (Erniedrigte und Beleidigte)

Die Doppelnatur des Menschen zeigt sich für Dostojewski auch im Älterwerden. Menschen mögen zwar an Klugheit zunehmen, aber eben auch an Verstellungskunst. Sie lernen einerseits, ihre Triebe zu zügeln, büßen aber andererseits an Authentizität ein. Ein eklatantes Beispiel dafür ist für Dostojewski das Lachen, das er als den «zuverlässigsten Prüfstein der Seele» bezeichnet. Während Kinder noch aus vollem Hals und ungekünstelt lachen, mutiert das Lachen bei Erwachsenen zu effektheischender Performance.

Jungen Mädchen gibt Dostojewski deshalb den Rat, bei ihren Rendezvous dem männlichen Lachen eine besondere Aufmerksamkeit zu schenken.

> «Durch sein Lachen verrät sich so manch einer vollständig, und man durchschaut auf einmal sein ganzes verborgenes Inneres. Sogar ein unzweifelhaft kluges Lachen wirkt mitunter abstoßend. Das Lachen erfordert vor allem Aufrichtigkeit, aber wo findet man die bei den Menschen? Ein zweites Erfordernis beim Lachen ist Gutherzigkeit, aber die Menschen lachen meist boshaft. […] Wenn man also einen Menschen durchschauen und seine Seele erkennen will, so muss man sein Augenmerk nicht darauf richten, wie er schweigt oder wie er redet oder wie er weint, selbst nicht darauf, wie er sich für die edelsten Ideen begeistert, sondern man beobachte ihn

> lieber, wenn er lacht. Hat jemand ein gutes Lachen, so ist er ein guter Mensch.» (Der Jüngling)

Es sind die Jahre in der sibirischen Haft, in denen Dostojewski bci seinen Menschheits-Studien einen Heureka-Moment nach dem anderen erlebt. Er erkennt, dass die Kategorien «gut» und «böse» unzulänglich sind, um Menschen darin einzusortieren.

> «Im Zuchthaus kam es häufig vor, dass man einen Menschen mehrere Jahre hintereinander kannte und für keinen Menschen, sondern für ein Tier hielt und verachtete. Plötzlich kam aber zufällig ein Augenblick, wo seine Seele sich unwillkürlich auftat und man in ihr einen solchen Reichtum, ein so großes und herzliches Gefühl, eine so klare Vorstellung von seinem eigenen und auch von fremdem Leid erblickte, dass es einem förmlich wie Schuppen von den Augen fiel und man im ersten Augenblick gar nicht glauben wollte, was man selbst sah und hörte. Es gibt auch entgegengesetzte Erscheinungen: Bildung paart sich zuweilen mit solcher Barbarei, mit solchem Zynismus, dass man einen Ekel davor empfindet.» (Aufzeichnungen aus einem Totenhaus)
>
> «[Dostojewski] hat die sibirischen Zuchthäusler, in deren Mitte er lange lebte, lauter schwere Verbrecher, für die es keinen Rückweg zur Gesellschaft mehr gab, sehr anders empfunden, als er selbst erwartete – ungefähr als aus dem besten, härtesten und wertvollsten Holze geschnitzt, das auf russischer Erde überhaupt wächst.» (Friedrich Nietzsche, Götzen-Dämmerung)

An sich selbst und seinen Mithäftlingen nimmt Dostojewski eine erstaunliche Anpassungsfähigkeit wahr: positiv als Resilienz, negativ als Abstumpfung,

«Der Mensch ist eben ein Schuft und gewöhnt sich an alles!» (Schuld und Sühne)

«Ich glaube, dass die beste Definition des Menschen diese ist: ein zweibeiniges, undankbares Wesen.» (Aufzeichnungen aus dem Kellerloch)

In der Bewunderung für Dostojewski schwingt, selbst bei seinen größten Fans, immer auch Befremden mit. Sein Freund, der Religionsphilosoph Solowjow, stellt kurz nach seinem Tod die Frage, die viele Leser bewegt: «Warum beharrt er auf der dunklen Seite der Seele und des Lebens? Warum nimmt er unnormale, sittlich kranke, ausschließlich lasterhafte Menschen?»

Die Antwort auf die Frage ist dreifach: Erstens, weil die Beschäftigung mit solchen Menschen spannender ist. Zweitens, weil alle Menschen dunkle Seiten haben. Drittens, weil ein Eingeständnis nicht nur Selbsterkenntnis bedeutet, sondern auch den Weg für Veränderungen bahnt.

In seinem Schlusswerk lässt Dostojewski eine ganze dysfunktionale Familie aufmarschieren, um sich selbst als «karamasowsche Natur» zu charakterisieren:

«Die Empfindung ihrer tiefen Verderbtheit ist diesen zügellosen, ungestümen Naturen ebenso ein Bedürfnis wie die Empfindung des höchsten Edelmutes. […] Sie bedürfen dieser unnatürlichen Mischung ständig und ununterbrochen. Zwei Unendlichkeiten in ein und demselben Augenblick – ohne das fühlen wir uns unglücklich und unbefriedigt, und unser Dasein ist nicht erfüllt.» (Die Brüder Karamasow)

Was Dostojewski über die Karamasows und damit über sich schreibt, gilt im Prinzip für alle Menschen. Jeder von ihnen verfügt über «eine weitherzige Natur», die dazu befähigt, …

> «… alle möglichen Widersprüche zu vereinigen und zugleich beide Unendlichkeiten zu schauen, die Unendlichkeit über uns, die erhabene Region der höchsten Ideale, und die Unendlichkeit unter uns, den Abgrund der gemeinsten, schändlichsten Verderbtheit.»

Zu den destruktivsten Eigenschaften, die Dostojewski diagnostiziert, gehören die Gier, der Stolz, das Machtstreben. Wer diesen Tendenzen nachgibt, wird weniger empathisch, im schlimmsten Fall unmenschlich grausam.

> «Eine gewisse Stumpfheit des Geistes bildet ja eine notwendige Eigenschaft – wenn nicht eines jeden praktisch tätigen Mannes, so doch wenigstens eines jeden, der ernstlich auf Gelderwerb bedacht ist.» (Der Idiot)
>
> «Was gewaltig wirkt, das sind die Ämter. Die sind das stärkste Zugmittel.» (Die Dämonen)
>
> «Es gibt Leute, die wie Tiger nach Blut lechzen. Wer einmal diese Macht, diese schrankenlose Herrschaft über den Leib, das Blut und den Geist eines Menschen, der seinesgleichen ist und nach Christi Gebot sein Bruder sein soll, ausgekostet hat; wer die Macht und die volle Möglichkeit ausgekostet hat, ein anderes Wesen, das nach Gottes Ebenbild geschaffen ist, zutiefst zu erniedrigen, der wird unwillkürlich seinen Empfindungen nicht mehr gebieten können.» (Aufzeichnungen aus einem Totenhaus)

Dostojewski sind diese menschlichen Abgründe bekannt. Während seiner Haft hatte er schließlich Serienkiller kennengelernt, Menschen vom Schlage eines Hannibal Lecter (Thomas Harris, «Das Schweigen der Lämmer»), wenn auch nicht so intelligent. Ihm selbst ist Gewaltanwendung fremd. Was erstaunlich ist für einen Mann, der Sträfling gewesen ist und zudem zehn Jahre seines Lebens an einer Militärakademie und als Soldat zugebracht hat. Seine eigene Triebhaftigkeit lebt er in anderen Bereichen aus – denen der Sexualität und des Spiels. Immer wieder verzweifelt er an der Unfähigkeit, sich selbst zu regulieren.

Auch seine Romanhelden erleben immer wieder Kontrollverluste. Sie tun, was sie nicht wollen – oder zumindest besser wissen müssten. Der Weltverbesserer Raskolnikow wird zum Doppelmörder («Schuld und Sühne»); die fragile Nastassja gibt sich einem Testosteron-Monster hin («Der Idiot»); der junge, reiche, schöne, begabte Stawrogin stürzt sich und seine Umwelt ohne Not in Chaos und Tod («Die Dämonen»); der intelligente Kosmopolit Wersilow kann die Ratschläge, die er anderen erteilt, selbst nicht umsetzen («Der Jüngling»).

Und im Karamasow-Clan kommt eh alles anders, als jeder will: Der Verstandesmensch Iwan landet in der Psychiatrie, sein freiheitsdurstiger Bruder Dimitri im Knast, der vitale Vater Fjodor im Grab; der Jüngste der Karamasow-Brüder, Aljoscha, der die Familie unbedingt zusammenhalten will, muss mehr oder weniger tatenlos zusehen, wie alles auseinanderfällt. Dumm gelaufen, obwohl es an klugen Worten und gutem Willen nicht gefehlt hat.

So ist das Leben, so ist der Mensch. Nicht zu fassen.

«Psyche» und «Logik» klaffen bei Dostojewski meilenweit auseinander. Bauch schlägt immer wieder Kopf, Fühlen geht vor Denken;

Herr im Oberstübchen ist nicht die Vernunft, das bewusste «Ich», sondern das triebgesteuerte Unterbewusstsein, laut Freud das «Id», das «Es». Und das «Id» macht nicht, was es will, sondern was es muss.

> «Die Vernunft ist eine Sklavin der Leidenschaft.» (Schuld und Sühne)
>
> «Vernunft und Wissen haben im Leben der Völker stets nur eine zweitrangige, eine untergeordnete, eine dienende Rolle gespielt – und das wird ewig so bleiben!» (Die Dämonen)
>
> «Mitunter setzt sich ein ganz toller, anscheinend ganz unmöglicher Gedanke derartig im Kopf fest, dass man ihn schließlich für etwas Wirkliches hält. Und noch mehr: Wenn eine solche Idee mit einem starken, leidenschaftlichen Wunsch verbunden ist, so betrachtet man sie manchmal am Ende sogar als etwas vom Schicksal Verhängtes, Unvermeidliches, Vorherbestimmtes, als etwas, das sich gar nicht anders zutragen kann.» (Der Spieler)

Für den französischen Theologen Henri de Lubac legte Dostojewski hier ein geradezu prophetisches Gespür an den Tag: «Er wirft das Problem des Irrationalen auf. Und wenn es richtig ist, dass dieses Problem heute allerorts als das größte Problem unserer Zeit in Erscheinung tritt, so ermisst man auch hier die Bedeutung Dostojewskis in der Geistesgeschichte.»

Dostojewskis Werk ist voll von Beispielen für Menschen, die gegen ihre tiefsten Überzeugungen und klarsten Interessen Amok laufen.

Ein besonders eindrucksvolles Beispiel dafür ist in «Der Idiot» beschrieben. Einen anständigen Bauern überkommt eine irrsinnige Lust, die schöne Uhr seines Freundes an sich zu reißen. Die Geschichte erfindet Dostojewski nicht selbst. Er referiert hier wieder einmal nur, was er in einem Zeitungsartikel gelesen hat.

> «Dieser Mann war kein Dieb, er war sogar ein ehrenhafter Mensch und für einen Bauern durchaus nicht arm. Aber die Uhr gefiel ihm dermaßen und hatte für ihn so viel Verlockendes, dass er schließlich nicht mehr widerstehen konnte: Er nahm ein Messer, ging, als der Freund sich umgedreht hatte, vorsichtig von hinten an ihn heran, fasste die richtige Stelle ins Auge, richtete den Blick gen Himmel, bekreuzigte sich, und nachdem er im Stillen inbrünstig gebetet hatte: ‹O Gott, verzeih mir um Christi willen!›, schnitt er seinem Freund mit einem einzigen Schnitt wie einem Hammel die Kehle durch und nahm ihm die Uhr weg.» (Der Idiot)

Die Grenze zwischen «artig» und «außer Rand und Band» geht durchs Herz jedes Menschen. Wenn sie einmal überschritten ist, kann die Hemmungslosigkeit schnell zur Regel werden. Das Gute ist ebenso Gewöhnungssache wie das Böse. Das beobachtet Dostojewski an einem Mehrfach-Mörder, den er im Gefängnis trifft:

> «Plötzlich geht ihm etwas über die Hutschnur, er kann es nicht mehr aushalten und sticht mit dem Messer auf seinen Feind und Bedränger. Da beginnt das Sonderbare: Für eine Zeit gerät er außer Rand und Band. Der Erste, den er getötet hat, war sein Bedränger, sein Feind; das ist zwar verbrecherisch, aber begreiflich: In diesem Falle gab es einen Grund. Später aber mordet er auch andere als Feinde, mordet den ersten Besten, mir nichts, dir nichts, wegen eines grobes Wortes, eines Blickes oder einfach aus Mutwillen. ‹Aus dem Wege! Komm mir nicht unter die Augen! Ich gehe hier!› Er wird wie berauscht,

lebt wie im Fieberwahn. Es ist, als fände er, nachdem er einmal die geheiligten Grenzen überschritten hat, ein Vergnügen bei dem Gedanken, dass es für ihn nichts Heiliges mehr gibt; als triebe ihn etwas dazu, jede Grenze des Gesetzes mit einem Male zu überspringen, eine hemmungslose und schrankenlose Freiheit zu spüren, dieses Ersterben des Herzens vor Entsetzen, das er in sich bei Ausübung des Verbrechens fühlen muss. Dazu weiß er, dass ihn eine furchtbare Strafe erwartet. All das gleicht vielleicht der Empfindung eines Menschen, der sich von einem hohen Turm in die gähnende Tiefe niedergezogen fühlt, so dass er endlich selbst froh wäre, sich kopfüber hinunterzustürzen, und denkt: Wenn es nur schon zu Ende wäre! – Und das passiert sogar den friedlichsten und bis dahin unauffälligsten Menschen!» (Aufzeichnungen aus einem Totenhaus)

Das Handeln ist zuallererst nicht eine Frage des Wissens, sondern des Empfindens und Fühlens. Mit dieser Überzeugung steht Dostojewski quer zum rationalistischen Zeitgeist. Viele gebildete Russen setzen ihre Hoffnung auf die Wissenschaft. Die dort gewonnenen Erkenntnisse werden, so die verbreitete Annahme, auch die Moral verbessern. Man muss also nur für bessere Bildungsangebote sorgen, prosoziale Anreize schaffen.

Dostojewski findet solche Ansichten unterkomplex, banal, ja niveaulos. Er verfasst ein ganzes Buch, in dem er mit dem naiven Rationalismus seiner Epoche abrechnet: die «Aufzeichnungen aus dem Kellerloch». Statt aus dem Elfenbeinturm der Universitäten und Salons kommt hier eine Stimme aus den Untiefen der Gesellschaft und des Gehirns:

Der frühpensionierte Beamte ohne Namen zieht vom Leder. Nicht, weil er damit ein konstruktives Ziel verfolgt. Sondern weil ihm die

Galle überläuft. Es ist ihm egal, dass das unvernünftig ist. So sei ja das ganze Leben und jeder Mensch, unvernünftig. Aber er hat etwas, das ihm viel wichtiger ist als die Vernunft: Freiheit.

«Man kann über die Weltgeschichte alles Mögliche sagen, alles, was nur der wüstesten Fantasie in den Kopf kommen kann. Nur eines kann man nicht sagen: dass sie vernünftig wäre. Wenn Sie das zu sagen versuchten, würde Ihnen gleich die erste Silbe in der Luftröhre stecken bleiben, so dass Sie husten müssten. Und nun sehen Sie einmal, was für einen wunderlichen Vorgang man alle Augenblicke erlebt: Fortwährend treten ja im Leben solche sittlich guten und vernünftigen Leute, solche Weisen und Freunde des Menschengeschlechtes auf, die es sich ausdrücklich zur Aufgabe machen, sich ihr ganzes Leben hindurch möglichst sittlich gut und vernünftig zu benehmen, sozusagen ihren Nächsten ein leuchtendes Vorbild zu sein, ausdrücklich um ihnen zu beweisen, dass man tatsächlich auf der Welt sittlich gut und vernünftig leben kann. Und was ist das Resultat? Bekanntlich sind viele dieser Menschenfreunde, früher oder später, gegen das Ende ihres Lebens sich selbst untreu geworden und haben arge Streiche begangen, manchmal sogar von der allerunanständigsten Art. Nun frage ich Sie: Was kann man von dem Menschen, als von einem mit so sonderbaren Eigenschaften begabten Wesen, erwarten? Überschütten Sie ihn mit allen irdischen Gütern, versenken Sie ihn in Glück bis über den Kopf, so dass, wie im Wasser, nur Blasen an die Oberfläche seines Glücks hinaufsteigen; stellen Sie ihn in materieller Hinsicht so günstig, dass er weiter nichts mehr zu tun hat, als zu schlafen, Pfefferkuchen zu essen und dafür zu sorgen, dass die Weltgeschichte nicht vor der Zeit aufhört – so wird er, der Mensch, Ihnen auch dann, auch dann lediglich aus Undankbarkeit, lediglich aus Bosheit irgendeine Gemeinheit begehen. Er wird sogar die Pfefferkuchen aufs Spiel setzen und sich absichtlich den verderblichsten Unsinn, den materiell nachteiligsten Blödsinn wünschen, einzig und allein um dieser ganzen positiven Vernünftigkeit sein eigenes verderbliches fantastisches Element beizumischen. Gerade seine fantastischen Träumereien, seine grundgemeine Dummheit wird er sich zu erhalten wünschen, lediglich um sich selbst den Beweis zu liefern (als wäre das unumgänglich notwendig), dass die Menschen immer noch Menschen sind und keine Klaviertasten, auf denen zwar die Naturgesetze selbst eigenhändig spielen, sich aber so einzuspielen drohen, dass es nicht mehr möglich sein wird, etwas vom Kalender Abweichendes zu wünschen.» (Aufzeichnungen aus dem Kellerloch)

Der Kellerloch-Mensch lacht sich schlapp über die Vorstellung, «der Mensch begehe nur deswegen Schlechtigkeiten, weil er seine wahren Interessen nicht kenne; wenn man ihn darüber aufkläre, ihm die Augen über seine wahren, normalen Interessen öffne, dann werde der Mensch sogleich aufhören, Schlechtigkeiten zu begehen, und sogleich gut und edel werden».

Der Trugschluss besteht für den Kellermenschen darin, dass man dem Wahnsinn die Methode abspricht. Alle haben ihre Gründe, auch die Bekloppten. Der Vergewaltiger handelt zwar gegen seine langfristigen Interessen, kurzfristig beschert ihm die böse Tat aber ein Glücksgefühl. Manchmal reiche als Anreiz schon das wohlige Gefühl des Tabubruchs. Statt sich gängeln zu lassen, würden manche Menschen für sich das Recht reklamieren, «sich sogar das Dümmste wünschen zu können und nicht gebunden zu sein durch die Pflicht, sich nur Kluges wünschen zu müssen».

Der grummelnde Ex-Beamte äußert sich damit ganz im Sinne des Teufels im Versepos «Das verlorene Paradies» von John Milton. Dort posaunt Luzifer heraus: «Zu herrschen in der Hölle ist mir lieber, als in dem Himmel nur zu dienen.» Dieses satanische «Freisein um jeden Preis» klingt in der Selbstbehauptungsparole des Kellerloch-Menschen nach:

> «Was der Mensch braucht, ist einzig und allein selbständiges Wollen, was auch immer diese Selbständigkeit kosten und wohin sie auch immer führen mag.» (Aufzeichnungen aus dem Kellerloch)

Was sich zunächst sehr negativ liest, ist ein beeindruckendes Plädoyer für die Freiheit des Menschen. Ein Wesen muss einen freien Willen besitzen, wenn es sogar Irrsinn und Tod einer konfliktfreien Determiniertheit vorzieht.

Den Drang, das eigene Selbst ohne Rücksicht auf Verluste zu verwirklichen, kennt Dostojewski nur zu gut. Aussichtslose Romanzen und «Alles auf eine Karte!»-Einsätze sind seine Spezialität. Er hat deshalb ein Faible für Menschen, die in ihrem Freiheitsdrang Konventionen verletzen. Sogar für den Erotomanen Giacomo Casanova findet er bewundernde Worte. Als dessen autobiographisches Buch über einen Gefängnisausbruch erscheint, sieht Dostojewski darin einen «Triumph des menschlichen Willens über unüberwindliche Hindernisse».

Solcher Heroismus imponiert Dostojewski. Gleichzeitig weiß er, dass die menschliche Fähigkeit zur Grenzüberschreitung ein zweischneidiges Schwert ist. Sie kann Potenziale freisetzen, aber auch zerstörerisch wirken, Leben ebenso erweitern wie dezimieren.

> «Indessen ist vielleicht die ganze Ursache dieses plötzlichen Ausbruchs bei einem Menschen, von dem man ihn am allerwenigsten erwarten konnte, nichts als ein dumpfer, krampfhafter Durchbruch der Persönlichkeit, ein instinktives Verlangen nach sich selbst, der Wunsch, sich und seine erniedrigte Individualität zur Geltung zu bringen; ein Wunsch, der plötzlich auftaucht und an Wut, an Raserei, an Wahnsinn, an einen Anfall und an Krämpfe grenzt.» (Aufzeichnungen aus einem Totenhaus)
>
> «Man sagt, wer auf einer Höhe steht, fühle sich unwillkürlich hinabgezogen in den Abgrund.» (Die Sanfte)

Je näher Dostojewski den Menschen betrachtet, desto mehr fällt ihm dessen essentielle Ambivalenz auf. Neben dem Willen zur Macht gibt es den Willen zur Ohnmacht, neben dem Selbstbehauptungsimpetus auch die Bereitschaft zum Selbstverlust. Zur Freiheit des Menschen gehört also auch, auf sie zu verzichten, das Glück in der Hingabe, der Unterordnung, ja der Sklaverei zu suchen.

> «Ein schwacher Mensch kann für sich allein nicht bestehen! Gib ihm meinetwegen alles, er wird von selbst kommen und alles zurückgeben; gib ihm die halbe Welt zum Besitz, versuch's nur – und was meinst du? Er wird dir auf der Stelle in den erstbesten Schuh kriechen, um sich zu verstecken; so klein macht er sich. Gib ihm Freiheit, dem schwachen Menschen – und er wird sie selbst binden und zurückbringen.» (Die Wirtin)

Nach seinen Erfahrungen auf dem Hinrichtungsplatz, in der Haft, in der Verbannung hätte Dostojewski allen Grund gehabt, zum Misanthropen zu werden. Er hat Schikanen und Willkür erlitten, ist immer wieder enttäuscht worden. Statt von seinen Mitmenschen umhegt und umsorgt zu werden, ist er auf Rasierklingen und glühenden

Kohlen unterwegs und bekommt dazu noch Knüppel zwischen die Beine geworfen. Aber von einem kalten, zynischen, zoologischen Blick auf die Menschheit kann bei ihm keine Rede sein.

Dostojewski ist ein Anthropo-Optimist. Der Mensch bleibt auch in seinen abscheulichsten Verirrungen ein Geschöpf Gottes. Seine Kreativität ist, egal wie pervertiert, überirdischen Ursprungs. Der Atem, den Gott ihm eingehaucht hat, kann sich vorübergehend in einen Pesthauch verwandeln. Aber am Ende ist das Leben stärker als der Tod, die Liebe stärker als der Hass, Gott stärker als der Satan.

> «Das Gesetz der Selbstvernichtung und das Gesetz der Selbsterhaltung sind in der Menschheit gleich stark! Wie Gott; so beherrscht in gleicher Weise der Teufel die Menschheit bis zu einem uns noch unbekannten Zeitpunkt.» (Der Idiot)
>
> «Ich will nicht und ich kann auch nicht glauben, dass das Böse der Normalzustand der Menschen sei.» (Der Traum eines lächerlichen Menschen)
>
> «Der Mensch ist ein Schuft! … Und ein Schuft ist, wer ihn deswegen Schuft nennt!» (Schuld und Sühne)
>
> «‹Ich kann seine Seele nicht sehen; wer weiß, ob sie nicht schöner ist als meine›, sagte sich mein Vater beim Anblick irgendeines betrunkenen, torkelnden Sträflings, der obszöne Lieder sang.» (Ljuba Dostojewski)

Die trostlosen «Aufzeichnungen aus dem Kellerloch» sind deshalb nicht das letzte Wort. Sie sind ein warnender Zwischenruf. Dostojewski lässt einen Menschen vor sich hin brabbeln, der spirituell unbefriedigt ist.

Aber es gibt Hoffnung.

Darin unterscheidet sich die transzendente Anthropologie Dostojewskis vom materialistischen Menschenbild eines Honoré de Balzac oder Gustave Flaubert:

Für den Russen ist das Sichtbare nicht das Endgültige. Die Kellerdecke über uns ist nur eingebildet. Tatsächlich ist der Raum nach oben hin unendlich offen und das Schicksal nicht blind, sondern in den Händen eines allmächtigen, gütigen Gottes. Der Schwerkraft des Egoismus und der Endlichkeit steht eine noch stärkere Kraft entgegen: der Magnetismus, der vom göttlichen Schöpfer ausgeht.

> «Christus wusste, dass man den Menschen nicht allein mit Brot erneuern kann. Wenn es darüber hinaus kein geistiges Leben gibt, das Ideal der Schönheit, wird der Mensch anfangen zu schmachten, zu sterben, verrückt zu werden, sich umzubringen oder sich auf heidnische Phantasien einzulassen.» (Brief an Wasily Alekseew, 7.6.1876)
>
> «Man muss beachten, dass die menschliche Natur unbedingt nach Anbetung verlangt. Moral und Glaube sind ein und dieselbe Sache, die Moral entsteht aus dem Glauben.» (Notizen zu «Die Dämonen»)
>
> «Die Höhe einer Menschenseele ist zum Teil danach zu ermessen, wie weit und vor wem sie fähig ist, Ehrfurcht und Verehrung zu bezeugen.» (Notizen, 1880/1881)
>
> «Ohne ein Ziel und ohne ein Streben kann kein Mensch existieren. Wenn der Mensch jedes Ziel und jede Hoffnung verloren hat, so verwandelt er sich häufig vor Kummer in ein Ungeheuer.» (Aufzeichnungen aus einem Totenhaus)
>
> «Das Geheimnis des menschlichen Seins besteht nicht darin, dass man lediglich lebt, sondern darin, wofür man lebt.» (Die Brüder Karamasow)

Im Werk von Dostojewski findet man deshalb kaum therapeutische Tipps für die Heilung kaputter Menschenseelen. Wenn eine Romanfigur bei Dostojewski von der schiefen auf die gerade Bahn kommt, dann durch die Gnade der Erlösung. Meistens ändert das an den äußeren Umständen wenig. Der Mörder Raskolnikow muss trotz seines Sinneswandels ins Gefängnis; der Schöngeist Stepan Trofimowitsch («Die Dämonen») stirbt, nachdem er sich bekehrt hat; der selbstbezogene Erzähler in «Die Sanfte» erkennt seinen Irrtum, kann den Selbstmord seiner Frau aber nicht rückgängig machen.

Was nicht stirbt, ist die Hoffnung. Dass Menschen die Hoffnung mehr als alles andere brauchen, ist die vielleicht zentrale Erkenntnis von Dostojewskis Menschenkunde.

Ein paar praktische Self-Help-Tipps bieten die Werke von Dostojewski dann aber doch. Diese Ratschläge spricht insbesondere der weise Mönch Sossima aus. Sie richten sich an Trauernde und Zweifelnde, die sich Lebenshilfe wünschen.

Die womöglich längste Therapiesitzung bekommt allerdings eine Person, die den Mönch nur widerwillig aufsucht: der amoralische Lüstling Fjodor Karamasow. Sossima erteilt ihm den Rat, den Dostojewski damit allen seinen Lesern mit auf den Lebensweg gibt:

> «Vor allen Dingen: Belügen Sie sich nicht selbst! Wer sich selbst belügt und an seine eigene Lüge glaubt, der kann zuletzt keine Wahrheit mehr unterscheiden, weder in sich noch um sich herum; er achtet schließlich weder sich selbst noch andere. Wer aber niemand achtet, hört auch auf zu lieben und ergibt sich den Leidenschaften und rohen Genüs-

sen, um sich auch ohne Liebe zu beschäftigen und zu zerstreuen. Er sinkt unweigerlich auf die Stufe des Viehs hinab, und all das, weil er sich und die Menschen unaufhörlich belogen hat.» (Die Brüder Karamasow)

KAPITEL 14
ZEITKRITIKER

Dostojewski als «meinungsfreudig» zu bezeichnen, ist eine Untertreibung. In seine Romane lässt er Kommentare zur aktuellen Lage der Nation einfließen. Er äußert sich in journalistischen Essays und in seinem «Tagebuch eines Schriftstellers». Unser Glück ist es, dass er nicht im 21. Jahrhundert lebt. Vor lauter Twittern würde er wohl nicht zum Romanschreiben kommen.

Egal ob zur Innen- oder Außenpolitik, der neuesten Kunstausstellung oder dem jüngsten Justiz-Skandal – er hat zu allem Möglichen eine Ansicht und scheut sich nicht, sie unters Volk zu bringen. Auf dem Laufenden hält er sich durch Zeitungen.

> «Heute muss man sie lesen, und zwar nicht nur, um der Mode zu genügen, sondern um den immer stärker und deutlicher hervortretenden Zusammenhang der großen wie der kleinen Ereignisse zu erkennen.» (Brief an Nichte Sonja, 11.10.1867)

Für Dostojewski reicht es allerdings nicht, zu wissen, was gerade passiert. Man muss eine Meinung dazu haben, die Wirklichkeit durch die eigenen Ideale filtern.

> «Das Wesen der Dinge ist dem Menschen unzugänglich, und er fasst die Natur nur so auf, wie sie sich, nachdem sie durch seine Gefühle hindurchgegangen ist, in seiner Idee spiegelt. Folglich soll man der Idee eine möglichst große Bedeutung einräumen und keine Scheu vor dem Idealen haben.» (Tagebuch eines Schriftstellers, 1873)

Rückgratlose Mitläufer, die allen Kontroversen aus dem Weg gehen, verachtet Dostojewski. Einen Vertreter dieser geschmeidigen Spezies karikiert er mit der folgenden Selbstbeschreibung:

> «Ich sehe ja, dass ich in einer hohlen Gesellschaft lebe; aber in dieser Gesellschaft sitze ich vorläufig weich und warm, und darum schmeichle ich mich bei diesen Leuten ein und spiele mich als ihr eifriger Verteidiger auf, würde aber im gegebenen Fall der Erste sein, der sie verlässt.» (Erniedrigte und Beleidigte)

Dostojewski bezieht Standpunkte, ist aber bereit, sie unter dem Eindruck neuer Erfahrungen zu ändern.

> «Die Ideen und sogar die Überzeugungen wechseln, selbst der Mensch ändert sich.» (Brief an Eduard Totleben, 24.3.1856)

Wer sich fragt, welche Relevanz seine zeitkritischen Kommentare heute noch haben, wird überrascht sein. Wenn man heute einige seiner Aussagen im Internet posten würde, ohne den Namen des Autors zu nennen, würden sie sicher viel Resonanz erzeugen. Von frappierender Aktualität ist ein Artikel, in dem er sich das konservative Establishment zur Brust nimmt und eine Lanze für die jungen Progressiven bricht. Dabei behält er selbst eine neutrale Position und bemüht sich, zwischen den verfeindeten Lagern zu vermitteln. Er appelliert an ihren Gemeinsinn, versucht Verständnis zu wecken. Mit einigen stilistischen Veränderungen könnte ein solcher Text heute auch im «Cicero» oder in der «Zeit» erscheinen.

> «Seit Bestehen der Welt gibt es in jeder Gesellschaft eine gewaltige Mehrheit von Leuten, die für das eintreten, was nach ihren Vorstellungen unerschütterlich und unumstößlich ist.

Dieses Unerschütterliche und Unumstößliche hat es ihnen vor allem deshalb angetan, weil es mit ihren jeweiligen materiellen Interessen übereinstimmt. […] Außer diesem größeren Teil der Gesellschaft gibt es aber stets auch eine Minderheit, die mit Betrübnis auf die Unbeweglichkeit der Mehrheit blickt, auf ihre bösartige Stupidität, auf die einseitig dem eigenen Vorteil dienenden Anschauungen, auf die Pervertierung aller natürlichen und gerechten Ideen im Sinne vordergründiger Interessen. […] Sowohl die eine als auch die andere Seite ist an sich legitim, sie sind füreinander sogar unentbehrlich. Doch zwischen ihnen kommt es ständig zu Hass und Streit. Dabei sind in beiden Lagern fast immer ehrliche und moralisch hochstehende Leute vertreten. Unter der Minderheit findet man manchmal geniale Naturen; außerdem gibt es immer ehrliche, aufrichtige Menschen, die bereit sind, alles für das Wohl der Gesellschaft zu opfern, und die alle möglichen Verfolgungen standhaft ertragen. Daneben haben wir aber auch Grünschnäbel und Schreihälse. Sie tun geschäftig, eilen voraus, predigen eine neue Idee bis zum Überdruss; unbegabt und primitiv, wie sie sind, begreifen sie von ihr nur einen kleinen Teil, und sie sind es auch, die ihr am meisten schaden, weil sie sie in den Augen der ihr ohnehin ablehnend gegenüberstehenden Mehrheit herabwürdigen. […] So lächerlich diese Schreihälse auch sein mögen, so finden sich unter ihnen doch auch viele, die ihrer Sache ehrlich und treu ergeben sind. Überhaupt gibt es auf der Welt weit mehr ehrliche und anständige Menschen als Schufte.» (Antwort an den «Russischen Boten», in: «Zeit», 1861)[33]

[33] Antwort an den «Russischen Boten», «Zeit», 1861, in: Eine verfängliche Frage. Aufsätze. Feuilletons. Übersetzt von Walter Schade. Hrsg. von Gerhard Dudek und Michael Wegner, 1988

Man sieht: Die Menschen haben sich in den letzten eineinhalb Jahrhunderten kaum verändert. Und selbst die Zeiten sind gar nicht so verschieden.

Damals wie heute befindet sich die Welt im Umbruch. Jahrtausendealte Ordnungen wanken, jedes Jahr gibt es neue bahnbrechende Erfindungen, die Wertschöpfung verlagert sich, der Globus wird unter den Weltmächten neu aufgeteilt, die Ideen von Denkern wie Schopenhauer, Hegel, Kierkegaard, Marx und Nietzsche sind von einer bisher nicht gekannten Radikalität. Die negativen Folgen der Umwälzungen sind Orientierungslosigkeit, Sozialkonflikte, Terror, Krieg.

Schon als 25-Jähriger spürt Dostojewski, dass die Zeit der betulichen Traditionspflege endgültig vorbei ist. Es herrscht Aufbruchsstimmung.

> «Auf Schritt und Tritt sind Gegenwart und Gedanken der heutigen Zeit zu sehen, zu hören und zu spüren. […] Noch nie ist über eine neuzeitliche Entwicklung, eine neuzeitliche Idee und so weiter so viel geredet worden wie jetzt, in letzter Zeit. Nie zuvor haben Literatur und andere Formen der Offenbarung gesellschaftlichen Lebens ein so starkes Interesse hervorgerufen. […] Fast jeder hat angefangen, sowohl die Welt als auch andere und sich selbst auszuforschen und zu analysieren. Alle blicken um sich und messen einander mit Augen voller Neugier. Es kommt zu einer Art allgemeiner Beichte. Die Menschen reden und schreiben sich alles vom Herzen, analysieren sich öffentlich, häufig unter Qualen und Schmerzen. Unzählige neue Gesichtspunkte eröffnen sich sogar solchen Leuten, die niemals auch nur ahnten, zu irgendetwas eine eigene Meinung zu besitzen. […] Hinzu kommt das allgemeine Bedürfnis, sich zu artikulieren, und der Wunsch aller, das Ge-

> sagte aufzugreifen und zur Kenntnis zu nehmen.» (Petersburger Chronik, 1.6.1847)

Man kann streiten darüber, ob etwas dran ist an dem Spruch: «Wer mit zwanzig kein Sozialist ist, hat kein Herz. Wer mit vierzig kein Konservativer ist, hat keinen Verstand.» Das Zitat gibt es in vielen Varianten, die Herkunft ist auch unklar. Es beschreibt auf jeden Fall Dostojewskis geistigen Werdegang. In seinen zwanziger Jahren liebäugelt er mit sozialistischen Ideen. In seiner Haft gewöhnt er sie sich ab.

Aber unpolitisch wird er nicht. Das belegen die Werbeanzeigen, die er und sein Bruder für ihr Journal «Zeit» veröffentlichen. Darin stehen Sätze wie:

> «Wir leben in einer sehr bemerkenswerten, kritischen Epoche.»
> «Wir sind gegen eine Kunst nur für die Kunst.»
> «Wir haben keine Angst vor Autoritäten und verachten Lakaientum.»
> «Eine intensive und rasche Verbreitung von Bildung um jeden Preis – das ist das wichtigste Anliegen unserer Zeit, der erste Schritt zu jeglicher Aktivität.»[34]

Dostojewski ist und bleibt ein Homo politicus. Er träumt allerdings nicht mehr wie in seinen Zwanzigern von einem radikalen Neuanfang, von der Einführung einer Demokratie. Nicht nur, weil er keine erneute Verhaftung riskieren will. Er hat in der Haft begriffen, dass eine Demokratie nicht funktioniert, solange der Großteil der Be-

[34] Zitiert nach: Fjodor Dostojewski, Eine verfängliche Frage. Aufsätze. Feuilletons. Übersetzt von Walter Schade. Hrsg. von Gerhard Dudek und Michael Wegner, 1988

völkerung nicht einmal lesen und schreiben kann. Also tritt er für allmähliche Reformen ein, getreu dem Motto, das er in der Anzeige für die Zeitschrift «Epoche» formuliert:

«Nicht randalieren, nicht verurteilen, sondern lieben können – das ist es, was gegenwärtig ein wahrer Russe braucht.»

Das bedeutet aber nicht, dass er die gesellschaftlichen Missstände schönredet. Die von Zar Alexander II. durchgeführte Befreiung von über zwanzig Millionen Leibeigenen geht ihm nicht weit genug. Die Befreiten müssen in Lohn und Brot kommen, sonst droht tatsächlich ein Aufstand.

> «In der Armut bewahrt man noch den Adel der angeborenen Empfindungen. In bitterer Armut jedoch tut das niemand mehr.» (Schuld und Sühne)
>
> «Manchmal bleibt der Masse nichts anderes als der Aufstand, um sich Geltung zu verschaffen.» (Notizen, 1875/1876)

Neben der Armut hält Dostojewski den Alkohol für die größte Geißel des Volks. Sein Vater sowie einige seiner Brüder sind Alkoholiker, der Ex-Mann seiner ersten Frau ebenso.

> «Der Schnaps macht den Menschen zu einem Tier, erbittert ihn, lenkt ihn von allen guten Gedanken ab und macht ihn gegen jede gute Belehrung stumpf. Der Betrunkene denkt nicht an Mitleid mit Tieren, der Betrunkene lässt Frau und Kinder im Stich.» (Tagebuch eines Schriftstellers, Januar 1876)

Dostojewski glaubt jedoch nicht, dass die Nöte der Menschheit primär materielle Ursachen haben.

> «Kummer verbirgt sich auch in vergoldeten Palästen; dem kann man nirgendhin entfliehen.» (Der Doppelgänger)

Ob arm oder reich: Jeder Mensch ist zumindest teilverantwortlich für das eigene Schicksal.

> «Wenn man so tut, als sei der Mensch völlig abhängig von den gesellschaftlichen Umständen, [...] so führt man ihn zur vollständigen Unpersönlichkeit und entbindet ihn von jeder persönlichen moralischen Pflicht, von jeder Selbständigkeit, und führt ihn weiter auf diesem Weg bis zur ekelhaftesten Sklaverei.» (Tagebuch eines Schriftstellers, 1873)

Ganz modern ist Dostojewski in seiner Überzeugung, dass Menschen nicht nach ihrer Herkunft, sondern nach ihrer Leistung beurteilt werden sollten. Ein weiteres Herzensanliegen ist ihm die allgemeine Volksbildung.

> «Möge jede große Tat der Ehre, der Wissenschaft und des Heldenmutes bei uns einem jeden das Recht geben, sich der obersten Volksschicht anzuschließen. Auf diese Weise wird sich dieser Stand ganz von selbst in eine Vereinigung der Besten verwandeln, der Besten im buchstäblichen, wahren Sinne des Wortes und nicht in dem früheren Sinne einer privilegierten Kaste.» (Der Jüngling)

> «Ich habe niemals die Ansicht begreifen können, dass nur ein Zehntel aller Menschen die höhere Bildung erhalten dürfe, während die übrigen neun Zehntel nur als Material und Mittel dazu dienen, dabei aber selbst im Finstern bleiben müssen.» (Tagebuch eines Schriftstellers, Januar 1876)

«Es gibt einen ernsthaften Durst nach höherer Bildung.» (Notizen, 1876/1877)

Maximal persönlich betroffen ist Dostojewski beim Thema «Meinungsfreiheit». Das Vorlesen eines verbotenen Briefes hat ihn fast das Leben gekostet. Umso dankbarer ist er für das politische Tauwetter, das seit den fünfziger Jahren überall in Europa einsetzt und zuletzt auch Russland erfasst.

«Im Moment ist in Europa nichts so nötig wie mehr Selbstbestimmung und Pressefreiheit.» (Notizen, 1863/1864)

«Totale Pressefreiheit ist essentiell.» (Notizen, 1872–1875)

Auf Kritik am Zarenhaus verzichtet Dostojewski und stellt die russische Monarchie auch nie grundsätzlich in Frage. Zu dem drei Jahre älteren Alexander II., der als Zarensohn Dostojewskis Fast-Exekution organisiert hat, blickt er respektvoll auf. In den siebziger Jahren spendiert Alexander II. dem Schriftsteller ein Stipendium, sein Sohn Nikolaus lädt ihn sogar in den Palast ein. Dostojewski soll sich mit seinen Kindern unterhalten, ihnen Lebensweisheit beibringen. Bei seinem Besuch sorgt Dostojewski allerdings für hochgezogene Augenbrauen. Er verhält sich wie ein russischer Bär im Porzellanladen.

«Es ist sehr charakteristisch, dass Dostojewski, der in dieser Periode seines Lebens ein glühender Monarchist war, der Etikette des Hofes sich nicht fügen wollte und sich im Palast benahm, wie er in den Salons seiner Freunde sich zu benehmen die Gewohnheit hatte. Er sprach als Erster, stand auf, als er fand, dass das Gespräch lange genug gedauert habe.» (Ljuba Dostojewski)

Der einstige Sträfling bewahrt auch seine geistige Unabhängigkeit. Er stellt sich nicht in den PR-Dienst des Monarchen. Nach Lobhudeleien auf den Zaren sucht man im «Tagebuch eines Schriftstellers» vergeblich.

Während Dostojewski den Kopf des Staatsapparats vor Kritik verschont, arbeitet er sich an einem anderen Teil dagegen regelrecht ab: dem Justizsektor. Er kritisiert freimütig Fehlurteile. Zwar hat die Rechtspflege seit den Tagen Peters des Großen deutliche Fortschritte gemacht. Damals war das Vierteilen und Pfählen von Oppositionellen noch an der Tagesordnung. Jetzt wird die Todesstrafe nur noch in den seltensten Fällen verhängt. Allerdings darf in den Gefängnissen weiter geprügelt und gepeitscht werden, für Dostojewski ein Unding.

> «Das Recht der körperlichen Züchtigung ist eine der Seuchen der Gesellschaft, ist eines der stärksten Mittel, jeden Keim der Humanität zu vernichten, und der erste Schritt zu ihrer unfehlbaren und unabwendbaren Auflösung.» (Aufzeichnungen aus einem Totenhaus)

Kein Blatt vor den Mund nimmt Dostojewski auch, wenn es um die Funktionselite des Landes geht. Mit Verachtung blickt er auf die hohen Beamten, die vor 1861 hartnäckig die Leibeigenschaft verteidigt haben und nun ihr Fähnchen nach dem neuen politischen Wind drehen. Im Jahr 1862 veröffentlicht Dostojewski eine bissige Satire auf die Pseudo-Menschenliebe der oberen Zehntausend.

In «Eine dumme Geschichte» veranstalten drei Top-Beamte eine rauschende Party. Sie trinken Champagner aus Eiskübeln und berauschen sich an ihrer eigenen Gutmenschlichkeit. «Nach meiner Ansicht ist das Erste und Wichtigste die Humanität», schwadroniert der Staatsrat Pralinski, «speziell die Humanität gegen Niedrigstehende.»

Auf dem Heimweg kommt Pralinski zufällig an der Hochzeitsveranstaltung eines Untergebenen vorbei und beschließt, seine Menschenfreundlichkeit in die Tat umzusetzen. Er beehrt die Hochzeitsgesellschaft mit seinem Besuch. Dabei erweist er sich als hochnotpeinlicher Wedding Crasher. Mit seiner Anwesenheit und seinem Geschwafel tötet er die Stimmung. Gedankenlos säuft er dem Brautpaar den mühsam ersparten Champagner weg.

Auf dem Olymp der Peinlichkeiten angelangt und längst ohne motorische Kontrolle über seine Zunge, glaubt er noch immer, die Hochzeitsgesellschaft durch seine Reden begeistern zu können. Das Ergebnis ist ein Riesenstreit. Schließlich landet er sturzbetrunken im Hochzeitsbett, während das Brautpaar auf Stühlen nächtigt und sich im Streit fast trennt. Als Ergebnis des Vorfalls muss sich der kleine Angestellte versetzen lassen, um seinem Boss das peinliche Wiedersehen zu ersparen. Pralinski, der sich zuvor tagelang aus Scham in der eigenen Wohnung verbarrikadierte, lässt ihm zum Abschied ausrichten, dass er «ihm nichts Böses nachtrage».

Gnadenloser und witziger als in dieser Erzählung sind elitäre Gutmenschen selten auf die Schippe genommen worden.

Auch in seinen späteren Romanen erlaubt sich Dostojewski immer wieder Seitenhiebe auf bräsige Bürokraten.

> «Gerade die Beamten sind ja die unpraktischsten Menschen, und es ist so weit gekommen, dass das rein abstrakte Wissen und der Mangel an praktischen Kenntnissen sogar unter den

Beamten selbst noch vor kurzem fast als die größte Tugend und Empfehlung galt [...]. Der Mangel an Originalität hat überall in der ganzen Welt von den Urzeiten her immer als die vorzüglichste Eigenschaft und beste Empfehlung eines tüchtigen Geschäftsmannes und Praktikers gegolten. [...] Die Unmöglichkeit, an die Spitze zu kommen, bestand bei uns nur für einen originellen Menschen, mit andern Worten: für einen unruhigen Kopf.» (Der Idiot)

«Der Staat wurde für die Mittelmäßigen geschaffen.» (Notizen, 1880/1881)

Besonders verbunden fühlt sich Dostojewski mit den kleinen Leuten. Dass es auch jenseits der russischen Grenze jede Menge soziales Elend gibt, wird ihm bei seiner Westeuropa-Reise im Sommer 1862 deutlich. Er streift durch die Elendsquartiere von Paris und London. Er begreift, warum der Sozialismus hier auf dem Vormarsch ist. Sich selbst dafür erwärmen, das kann er aber nicht mehr. Die Forderung nach der Gleichheit der Lebensbedingungen erscheint ihm utopisch.

Anfang 1863 lässt er die Leser der «Zeit» an seiner Einschätzung teilhaben. In seinen «Winterlichen Aufzeichnungen über sommerliche Eindrücke» erläutert er, warum der Sozialismus auf einem falschen Menschenbild beruht. Der erwünschte Kollektivismus stehe in einem unauflöslichen Spannungsverhältnis zum menschlichen Egoismus. Radikale Freiheits- und Gleichheitswünsche könne man nicht gleichzeitig verwirklichen.

«Der Westeuropäer redet von Brüderlichkeit wie von einer großen, die Menschheit bewegenden Kraft und verfällt überhaupt nicht darauf, dass Brüderlichkeit sich von nirgendwoher nehmen lässt, wenn sie nicht als Wirklichkeit einfach vorhanden ist.»

> «Da die Brüderlichkeit ihnen nicht von Natur gegeben ist, will er sie künstlich herstellen.»
>
> «In [Westeuropa] hat sich das Vorhandensein der Brüderlichkeit nicht gezeigt, sondern statt ihrer das Vorhandensein des Prinzips der Einzelperson, der Persönlichkeit, der verstärkten Selbsterhaltung, der Selbstbehauptung, des Selbstbetriebs, der Selbstbestimmung innerhalb des eigenen *Ich;* das Prinzip, dieses *Ich* der ganzen Natur und allen übrigen Menschen entgegenzustellen.»
>
> «Damit es Brüderlichkeit gibt, das Liebesprinzip, muss man – lieben. Es muss einen instinktiv zur Brüderlichkeit hinziehen, zu Gemeinsamkeit und Eintracht.»

Die einzige funktionierende Basis einer solchen «intuitiven» Mitmenschlichkeit ist für Dostojewski der christliche Glaube – ein säkularer Humanismus bzw. Sozialismus hingegen ist für ihn ein Widerspruch in sich selbst.

> «Die Sozialisten wollen den Menschen neu erschaffen, ihn befreien, ihn ohne Gott und Familie darstellen. Sie glauben, dass sie ihr Ziel erreichen, wenn sie erst die wirtschaftlichen Verhältnisse verändert haben. Aber der Mensch lässt sich nicht ändern durch andere Rahmenbedingungen, sondern nur durch moralische Transformation.» (Notizen, 1864)
>
> «Im Sozialismus gibt es nur Einzelmenschen, im Christentum eine sehr weitgehende Entfaltung der Persönlichkeit und des eigenen Willens.» (Sozialismus und Christentum)[35]

[35] Der unveröffentlichte Artikel aus 1864/1865 ist abgedruckt in: Fjodor Dostojewski: Eine verfängliche Frage. Aufsätze. Feuilletons. Übersetzt von Walter Schade. Hrsg. von Gerhard Dudek und Michael Wegner, 1988

«Der Kommunismus ist aus dem Christentum hervorgegangen, aus der Hochachtung vor dem Menschen. Aber statt selbst zu lieben, greifen die Ungeliebten zu Stöcken und wollen sich nehmen, was die Lieblosen ihnen verweigern.» (Notizen, 1875/1876)

«Der Sozialismus ist nämlich nicht nur ein Problem, das den Arbeiter, den sogenannten vierten Stand, berührt; er ist vor allem ein atheistisches Problem: Es geht um die moderne Verkörperung des Atheismus, um einen babylonischen Turm, der ausdrücklich ohne Gott gebaut wird, nicht um den Himmel von der Erde aus zu erreichen, sondern um den Himmel zur Erde herab zu holen.» (Die Brüder Karamasow)

«Der Sozialismus hat fast die ganze Generation bewusst und in der unsinnigsten unbewussten Form uniformiert und in der Gestalt der Niederträchtigkeit zerfressen. [...] Man muss dagegen ankämpfen, denn alles ist verseucht. Meine Idee beruht darauf, dass Sozialismus und Christentum Antithesen sind.» (Brief an Michail Pogodin, 26.2.1873)

Angesichts solcher Behauptungen wundert es nicht, dass Dostojewski im sowjetischen Russland über viele Jahrzehnte eine «Persona non grata» ist. Aber schon zu Lebzeiten klingt seine Abwertung des Sozialismus zugunsten einer christlichen Ethik alles andere als progressiv. Viele kluge Köpfe seiner Zeit sehen diesseitige Heilsideologien auf dem Vormarsch, die Religion dagegen im unaufhaltsamen Niedergang.

Zu ihnen gehört der neue intellektuelle Star Russlands, ein Mitte-30-Jähriger namens Nikolai Tschernyschewski. Inspiriert von deutschen Philosophen hat er dem Glauben an einen persönlichen Gott abgeschworen. Die Ideale der Bergpredigt will er dennoch verwirklichen, aber eben mit rein diesseitigen Methoden. Aufklärung und

Bildung sollen bewirken, was die Kirche in fast zweitausend Jahren nicht erreicht hat: halbwegs paradiesische Zustände.

Für seine gewagten Thesen landet Tschernyschewski im Gefängnis. Dort schreibt er einen Roman, der 1863 ähnlich einschlägt wie ein Jahr zuvor Dostojewskis «Aufzeichnungen aus einem Totenhaus». Der Titel des Romans, «Was tun?», macht klar, worum es geht: Aufzuzeigen, wie man die Gesellschaft verändern kann.

Tschernyschewski erzählt die Geschichte von Idealisten, die eine Kommune gründen und dort zumindest im Kleinen ihre revolutionären Ziele verwirklichen. Das Buch präsentiert eine Gesellschafts-Transformation zum Selbermachen. Das entspricht dem Machbarkeitsgeist der Epoche. Aber Dostojewski kommen die hehren Ziele bekannt vor. Ganz ähnliche Utopien haben er und seine Freunde in den vierziger Jahren diskutiert. Es sind die intellektuellen Flausen von Bessergestellten, die sich mit dem wirklichen Leben nicht auskennen. Er hält das ganze Gesellschaftsoptimierungs-Konstrukt für ein Wahngebäude. Und holt mit dem Vorschlaghammer dagegen aus. Sein nächster Roman, die «Aufzeichnungen aus dem Kellerloch», sind eine gnadenlose Abrechnung mit dem naiven Humanismus eines Tschernyschewski.

> «Ich persönlich setze starke Hoffnungen auf diese Erzählung. Das wird etwas Mächtiges und Wahrhaftiges werden; es wird die Wahrheit selbst sein.» (Brief an Bruder Michail, 9.4.1864)

In seinen Kellerloch-Notizen kontert Dostojewski mit rotziger Härte die Weichzeichnung der menschlichen Natur. Die ersten Worte sind purer Punk, die reinste Null-Bock-No-future-Ihr-könnt-mich-alle-mal-Attitüde.

> «Ich bin ein kranker Mensch. Ich bin ein schlechter Mensch. Ich besitze nichts Anziehendes.» (Aufzeichnungen aus dem Kellerloch)

Fortschritt durch Aufklärung? Schön blöd, wer dran glaubt.

> «Was hat die Zivilisation in uns besänftigt? Die Zivilisation verhilft dem Menschen nur zu ausdifferenzierten Empfindungen – weiter hat sie absolut keine Wirkung. Aber gerade durch die Pflege dieser Differenziertheit wird der Mensch womöglich noch dahin gelangen, im Blutvergießen einen Genuss zu finden. Das ist schon vorgekommen. Ist Ihnen nicht aufgefallen, dass gerade die raffiniertesten Blutvergießer fast ausnahmslos höchst zivilisierte Herren waren?»

Die Geschichte des 20. Jahrhunderts, als im Namen des Fortschritts einige der schlimmsten Verbrechen der Menschheitsgeschichte verübt wurden, wird Dostojewski recht geben.

Mittlerweile gelten seine «Aufzeichnungen aus dem Kellerloch» nicht nur als visionär, sondern als Meisterwerk des Expressionismus und Existentialismus. Dreißig Jahre bevor der norwegische Maler Edvard Munch sein berühmtes Bild «Der Schrei» malt, liefert Dostojewski eine literarische Skizze der Seelenqual. Der deutsche Kunstexperte Julius Meier-Graefe, der sich sowohl mit Munch als auch mit Dostojewski intensiv beschäftigt, schreibt bewundernd über die Kellerloch-Aufzeichnungen: «Zehnmal wirft man das Buch weg, zehnmal holt man es wieder, und schließlich kommt man nicht mehr los von dem Teufel.»[36]

[36] Meier-Graefe, Julius: Dostojewski. Der Dichter, 1988, S. 124

Bei seinen Zeitgenossen fällt Dostojewski mit dem Buch krachend durch. Er ist seiner Zeit voraus, wie er zehn Jahre später mit einer Mischung aus Stolz und Verbitterung feststellt:

> «Ich habe als Einziger die Tragödie des Untergrunds herausgearbeitet, die aus Leiden, Selbstverleugnung, dem Bewusstsein eines besseren Lebens besteht, gepaart mit der Unmöglichkeit, es zu erreichen, und vor allem aus der starken Überzeugung dieser unglücklichen Menschen, dass alle anderen so sind wie sie und dass es sich daher nicht lohnt, sich zu verbessern. Was kann diejenigen unterstützen, die versuchen, sich zu verbessern? Eine Belohnung, der Glaube? Niemand bietet eine Belohnung an, und an wen könnte man glauben? Ein weiterer Schritt von dieser Position, und man hat extreme Verderbtheit und Verbrechen.» (Notizen zu «Ein Jüngling»)

Den literarischen Beleg für diese These hat er mit seinem Roman «Schuld und Sühne» geliefert. Hier lässt er eine jüngere Version des Kellerloch-Menschen an die Oberfläche klettern, schickt ihn auf die Straße und zeigt das Unheil, das daraus resultiert.

Dostojewski schildert die Versuchung, in der sich der wissenschaftsnahe Jurastudent Raskolnikow befindet. Um ein Verbrechen begehen zu können, betäubt er sein Gewissen mit dem Argument, dass der gute Zweck das böse Mittel heiligt.

> «Auf der einen Seite steht ein dummes, verdrehtes, wertloses, boshaftes, krankes, altes Weib, das niemandem nützt, sondern im Gegenteil allen Leuten nur schadet, das selbst nicht weiß, wozu es eigentlich lebt, und demnächst ganz von selbst sterben wird. […] Auf der andern Seite stehen junge, frische Kräf-

te, die – ohne der Welt nützen zu können – zugrunde gehen, weil sie keine Unterstützung finden, und zwar zu Tausenden, überall. Hundert, tausend gute Taten und Unternehmungen könnte man für das Geld der Alten, das sie einem Kloster zugedacht haben, ausführen oder fördern. Hunderte, vielleicht Tausende von Existenzen könnten in die richtige Bahn geleitet, Dutzende von Familien vor größter Armut, vor dem Verfall, vor dem gänzlichen Ruin, vor Unsittlichkeit und Geschlechtskrankheiten bewahrt werden – und alles das vermittels ihres Geldes. Wenn man sie ermordet und ihr Geld nimmt, um dann mit dessen Hilfe sich dem Dienst der ganzen Menschheit und der Sache der Allgemeinheit zu widmen: Was meinst du, wird dann nicht ein einziges kleines Verbrechen durch Tausende von guten Taten aufgewogen? Für ein Leben Tausende von Leben, die von Fäulnis und Ruin gerettet sind? Ein einziger Tod, und dafür hundert Leben – das ist doch ein einfaches Rechenexempel! Ja, und was bedeutet auf der großen Weltwaage das Leben dieses schwindsüchtigen, dummen, boshaften alten Weibes? Nicht mehr als das Leben einer Laus, einer Schabe, sogar noch weniger, weil die Alte geradezu schädlich ist. Sie verkümmert anderen das Leben.» (Schuld und Sühne)

Einige Monate nach Fertigstellung des Romans kommt Dostojewski mit seiner zweiten Frau Anna nach Genf. Hier findet im September 1867 der erste «Weltfriedenskongress» statt, das Treffen einer bunten Ansammlung von Pazifisten, Sozialisten, Reformern und Revolutionären. Das Ehepaar Dostojewski mischt sich auch darunter. Nach ein paar Stunden verabschieden sie sich wieder, Anna gelangweilt, Fjodor bestürzt. Die Teilnehmer haben gar nichts Friedvolles an sich, wirken eher wie Raskolnikows Wiedergänger.

> «Die Redner sprachen so leise, dass man die Hälfte nicht verstehen konnte, und hauptsächlich waren es wohltönende Phrasen, etwa wie: ‹Wir brauchen Freiheit!›, ‹Freiheit für den Frevel!›, ‹Es ist eine Schande, Krieg zu führen› – alles hohle Phrasen, die aber von stürmischem Beifall gefolgt waren.» (Anna Dostojewski, Tagebuch, 11.9.1867)
>
> «Sie wollen, um den Frieden auf Erden zu erlangen, den christlichen Glauben ausrotten, die großen Staaten vernichten und in kleine Staaten aufteilen, alles Kapital abschaffen, alle Güter zum gemeinsamen Besitz erklären usw. Dies alles wird ohne Beweis vorgebracht; wie sie es vor zwanzig Jahren gelernt haben, so plappern sie es auch heute nach. Erst wenn alles mit Feuer und Schwert ausgerottet ist, wird, wie sie glauben, der ewige Friede eintreten.» (Brief an Nichte Sonja, 11.10.1867)

Vier Jahre später beobachtet Dostojewski aus der Ferne, wie in Paris eine sozialistische Revolution gestartet wird. Zu den Mitkämpfern gehört sogar die Generalstochter, der er einen Heiratsantrag gemacht hat, Anna Krukowski. In einem Brief an seinen Freund Nikolai Strachow zeigt Dostojewski sich entsetzt darüber, dass junge Leute wegen «einer von der Erfahrung noch gar nicht gerechtfertigten Phantasie» auf die Barrikaden gehen.

So zweifelhaft Dostojewski die Motive hinter der letztendlich gescheiterten Revolution vorkommen, so skeptisch ist er hinsichtlich des Ziels.

> «Die Pariser Kommune und der westliche Sozialismus wollen keine Exzellenz. Sie wollen Gleichheit und würden Shakespeare köpfen.» (Notizen, 1880/1881)

In seinem Roman «Die Dämonen» verweist Dostojewski auf den eklatanten Widerspruch zwischen den Verlautbarungen vieler Revolutionäre und ihrem Verhalten. Privat bleiben sie auf Distanz zum Proletariat, führen sich paschahaft und zickig auf.

> «Woher kommt das, dass alle diese dauer-empörten Sozialisten und Kommunisten gleichzeitig so unglaublich geizig, habgierig und egoistisch sind?»
>
> «[Der Sozialismus] ist eine große Idee; aber diejenigen, die ihn verkündigen, sind nicht immer Riesen.»

Der revolutionäre Geist hat damals längst nicht nur Westeuropa, sondern auch Russland erfasst. Dort ist eine echte Kulturrevolution im Gange. Die 1860er und 1870er sind mindestens so umwälzend wie hundert Jahre später in der westlichen Welt. Dazu kommt ein Generationenkonflikt, wie ihn das christliche Abendland bis dahin nicht erlebt hat.

> «Es war eine Zeit so voll von Hoffnung und Unternehmungslust. Alle Geister waren angeregt, alles war im Brodeln, so dass man in der Tat glauben konnte, das Unglaublichste werde geschehen.» (Nikolai Strachow)
>
> «Man kann wohl sagen, dass in dieser Periode, vom Beginn der sechziger Jahre bis zum Beginn der siebziger Jahre, die Intelligenz der russischen Gesellschaft nur mit der einen Frage beschäftigt war: mit dem Konflikt zwischen der alten und der jungen Generation. Zu jener Zeit konnte man fast in allen adeligen Familien dasselbe hören: Die Eltern haben sich mit den Kindern entzweit. Und nicht wegen materieller Ursachen entstanden die Streitigkeiten, sondern einzig und allein wegen Fragen rein theoretischen und abstrakten Charakters: Sie

stimmten in ihren Überzeugungen nicht überein. Nur darum handelte es sich. Aber dieses ‹nur› genügte vollkommen, um die Kinder zu bewegen, ihre Eltern zu verlassen, und die Eltern, sich von den Kindern loszusagen. Wie eine Epidemie erfasste damals die Jugend, namentlich die Mädchen, der Drang, aus dem Elternhaus zu laufen.» (Sonja Kowalewski)

Ein anderer Schriftsteller greift das in der Luft liegende Thema erfolgreich auf. In «Väter und Söhne» führt Iwan Turgenjew mit dem jungen Arzt Basarow den neuartigen Typ «Nihilist» ein, einen Menschen, «der sich vor keiner Autorität beugt und kein einziges Prinzip auf Treu und Glauben annimmt».

Bald wird aus dem Begriff «Nihilist» eine Sammelbezeichnung für alle jungen Menschen, die den Sinn- und Werte-Kanon ihrer Eltern radikal in Frage stellen. Anders als bei Dostojewski führt der Generationenkonflikt in «Väter und Söhne» aber nicht in die Katastrophe. Turgenjew gießt am Ende des Romans die Harmoniesoße aus. Der Nihilist stirbt zwar, aber nachdem er sich durch humanitäres Engagement rehabilitiert hat. Die Eltern trauern herzergreifend. Die Blumen auf dem Grab sprießen hoffnungsvoll.

Wenn Dostojewski sich desselben Themas annimmt, geht er ganz anders zur Sache. Hinter der Attitüde der Nihilisten sieht er nicht nur die nachvollziehbare Ablehnung abgestandener Ideen. Er wittert Verzweiflung.

«Jeder Nihilist ist ein unfreiwilliger Nihilist.» (Notizen, 1864/1865)

Nach seiner Rückkehr aus dem Exil macht Dostojewski die Orientierungssuche der jungen Leute zur persönlichen Chefsache. Alle drei

Romane, die er vor seinem Tod schreibt, handeln auf die eine oder andere Weise vom Generationenkonflikt. Dabei ist es nicht der Nachwuchs, dem Dostojewski die Schuld am Zwiespalt gibt. Die damalige «Jugend von heute» ist seiner Meinung nach viel besser als ihr Ruf.

> «Ich will noch bemerken, dass die junge Generation, wie mir scheint, viel besser zu debattieren versteht als die Alten, das heißt, ich meine die Art zu debattieren: Sie hören den Gegner an und lassen ihn sprechen, und zwar, weil die Klärung der Sache ihnen mehr wert ist als der Ehrgeiz. [...] Unsere Jugend hat keine Leiter, das ist es! Aber sie bedarf ihrer so sehr und folgt oft mit solcher Begeisterung Menschen, die es zwar nicht verdienen, aber nur einigermaßen aufrichtig sind.» (Tagebuch eines Schriftstellers, Januar 1876)
>
> «Unsere Jugend ist so gestellt, dass sie absolut nirgends Hinweise auf den höheren Lebenssinn finden kann.» (Tagebuch eines Schriftstellers, Dezember 1876)

Weil die Eltern ihren Kindern nur überkommene Formen und abgestandene Ideen vererben, steht der Nachwuchs mit leeren Händen da, genauer: mit leeren Seelen.

Vor allem die Väter nimmt sich Dostojewski in seiner furiosen Roman-Trilogie zur Brust, mit der er sein Werk krönt.

In «Die Dämonen» beschwören zwei Mitte-20-Jährige in einer Kleinstadt Unheil herauf: der wertefreie «I can't get no satisfaction»-Dandy Nikolai Stawrogin und der narzisstische «Sympathy for the Devil»-Revolutionär Pjotr Werschowenski. Schuld an ihrer moralischen Entwicklung hat nicht zuletzt der Hauslehrer des einen und Vater des anderen: Stepan Werschowenski. Der gottlose Liberalismus des rückgratschwachen Schöngeistes lässt die Seelen seiner Zöglinge unterernährt zurück.

Auch einigen anderen Charakteren des Buchs fehlt nichts so sehr wie ein Vorbild. Der grundanständige, aber zeitweise verblendete Schatow bringt Dostojewskis Kritik an der impotenten Aufgeklärtheit der Väter auf den Punkt:

> «Ich habe mich von Feinden des lebendigen Lebens abgewandt […], von Lakaien des Denkens, von Feinden der Persönlichkeit und der Freiheit, von altersschwachen Predigern der Fäulnis und der Verwesung! Was ist bei diesen Leuten zu finden: Greisenhaftigkeit, goldene Mittelstraße, spießbürgerlichste, gemeinste Talentlosigkeit, eine dem Neid entspringende Gleichheit, eine Gleichheit ohne eigenen Verdienst.» (Die Dämonen)

In «Der Jüngling» beschreibt Dostojewski die Nöte des 19-jährigen Arkadi. Dafür, dass das Buch ziemlich dick ist, passiert in dem Roman ziemlich wenig, jedenfalls wenig Wesentliches. Im Zickzack bewegt sich Arkadi zwischen verschiedenen Milieus. Es gibt viel Lärm um herzlich wenig. Aber genau darin liegt die zentrale Aussage der Geschichte, die mit einigen Änderungen auch in den 2020er Jahren spielen könnte:

Dostojewski beschreibt eine Welt mit diffusen Prinzipien, schwachen Bindungen und Menschen, die zwischen ADHS und Paralyse oszillieren. Held Arkadi wächst in einer Patchwork-Familie auf, ist hin- und hergerissen zwischen seinem leiblichen Vater Wersilow und seinem Stiefvater Makar. Er sucht sein Heil im Turbokapitalismus, will ein neuer «Rothschild» werden, auf die heutige Zeit übertragen ein neuer Bill Gates oder Jeff Bezos. Sein Erzeuger hat ihm nichts anzubieten als hochgebildetes Palaver. Wersilow hat die Welt gesehen, kennt viele Weisheiten, ist aber unfähig, sie umzusetzen. Am Ende orientiert sich Arkadi lieber an seinem Stiefvater, der inzwischen eine religiöse Wende erfahren hat und ein frommer Pilger geworden ist.

Der Vater in «Die Brüder Karamasow» macht sich nicht einmal die Mühe, sein egoistisches Verhalten ideologisch zu bemänteln. Jüngeren, ärmeren Frauen macht er als «Sugar Daddy» den Hof und brüstet sich noch damit:

> «Ich will in meiner Liederlichkeit bis zu meinem Ende weiterleben, das merkt euch. Die Liederlichkeit ist der schönste Genuss; alle Leute schimpfen auf sie, dabei leben sie doch alle liederlich, nur tun sie es heimlich – ich tue es öffentlich.» (Die Brüder Karamasow)

Der alte Fjodor Karamasow wird ganz von seinen sexuellen Lüsten beherrscht. Entsprechend bindungsgestört sind die Söhne. Dimitri flüchtet sich in sexuelle Eskapaden, Iwan in intellektuelle Haarspaltereien, Aljoscha ins Kloster und Smerdjakow in Gemeinheit und Mord.

Wenn Dostojewskis Zeitgenossen über Verfall der Sitten klagen, hält er ihnen entgegen: Der Fisch stinkt vom Kopf her; die Jugend ist blank, weil die Eliten abgewirtschaftet haben. Was Russland, ja die Welt, aus Dostojewskis Sicht braucht, ist eine neue Aristokratie der Anständigkeit.

> «Die besten Menschen erkennt man an ihrer höheren moralischen Entwicklung und ihrem größeren moralischen Einfluss.» (Notizen, 1876/1877)

> «Die besten Männer […] sind die Männer, ohne die keine Gesellschaft und keine Nation, selbst bei der weitesten Gleichheit der Rechte, leben und bestehen kann. […] Eine jede Gesellschaft muss, um sich halten und leben zu können, unbedingt jemanden oder etwas verehren. […] Der ‹beste Mann› ist in der Vorstellung des Volkes derjenige, der sich vor der materiellen Versuchung nicht gebeugt hat, der unermüdlich für die Sache Gottes arbeiten will, der die Wahrheit liebt und, wenn es nötig ist, sein Haus und seine Familie verlässt und sein Leben opfert, um ihr zu dienen.» (Tagebuch eines Schriftstellers, Oktober 1876)

Erfolg hält Dostojewski für ein ungeeignetes Kriterium, um die charakterliche Qualität von Menschen zu bestimmen. In der Vergangenheit habe man unkritisch hohe Vertreter des Militärs bewundert, heutzutage huldige man eben Millionären.

> «Man kann sich kaum größere moralische Gegensätze vorstellen als das Volk und manche millionenschwere Fabrikanten. […] Das Volk ist noch niemals so versklavt gewesen wie in den Fabriken mancher dieser Herren. […] Der jetzige Börsianer hält sich seine eigenen Literaten, vor ihm scharwenzelt der Advokat.» (Tagebuch eines Schriftstellers, Oktober 1876)

Zu bedauern seien nicht nur die Angestellten der Ausbeuter, sondern auch deren vermeintlich privilegierte Kinder.

> «Der Reichtum verlieh den Seelen dieser gefräßigen und frechen Jugend nichts außer dem Laster im frühesten Alter und den verkehrtesten Begriffen von der Welt, vom Vaterland, von der Ehre und von der Pflicht. Die Verkehrtheit der Welt-

> anschauung war ganz ungeheuerlich, denn über allen Dingen stand bei ihnen die Überzeugung, die für sie zu einem Axiom geworden war: ‹Mit Geld kaufe ich alles, jede Ehre, jede Tugend, ich besteche damit einen jeden und kaufe mich von allem los.› Man kann sich kaum vorstellen, wie trocken die Herzen der jungen Leute sind, die in solchen reichen Häusern aufwachsen.» (Tagebuch eines Schriftstellers, Oktober 1876)

Auch in seinen privaten Briefen ärgert sich Dostojewski immer wieder über die seelentötende Raffgier seiner Mitmenschen. Von einer Bahnfahrt nach Bad Ems berichtet er seiner Frau:

> «Sowohl in den russischen als auch in den deutschen Waggons ging es immer um Geschäfte und Prozente, um die Preise für Gegenstände, für Waren, um das fröhliche materielle Leben mit Kameliendamen und Offizieren, nichts weiter. Weder Bildung noch irgendwelche höhere Interessen – nichts!» (Brief an Ehefrau Anna, 19.7.1876)

Teil des Problems ist aus Dostojewskis Sicht auch die eigene Branche, der Medienbetrieb. Mit ihrer Auflagenfixierung und ihrer Sensationsgier sorgen die Zeitungen dafür, dass die Leser an Empathie einbüßen.

> «Wo aber liegen die Ursachen unserer Gleichgültigkeit, unseres lauen Verhaltens gegenüber solchen Taten, gegenüber solchen Zeichen der Zeit, die uns eine nicht beneidenswerte Zukunft prophezeien? In unserem Zynismus, in der frühzeitigen Erschöpfung des Verstandes und der Phantasie unserer noch jungen, aber vorzeitig hinfällig gewordenen Gesellschaft? In der Erschütterung der Fundamente unserer sittlichen Grund-

> sätze oder gar darin, dass wir solche sittlichen Grundsätze vielleicht überhaupt nicht haben? […] Jetzt aber entsetzen wir uns oder tun so, als ob wir uns entsetzten, während wir in Wirklichkeit als Liebhaber starker, exzentrischer Empfindungen, die uns aus unserem zynisch-trägen Müßiggang aufrütteln, das sich uns darbietende Schauspiel mit Genuss auskosten. Oder aber wir wehren wie kleine Kinder die furchtbaren Gespenster mit den Händen von uns ab und stecken den Kopf unter das Kissen, bis die schreckliche Erscheinung vorübergegangen ist, um sie dann sogleich in Heiterkeit und Spielen zu vergessen.» (Die Brüder Karamasow)

Der Quergeist Dostojewski entzieht sich einer festen ideologischen Verortung. Er teilt nach allen Seiten aus, auch nach jener der ihm an sich nahestehenden Konservativen.

> «Der konservative Teil unserer Gesellschaft ist so verrottet wie jeder andere, es tummeln sich da mittlerweile auch viele Schweine.» (Notizen, 1875/1876)

Vielleicht meint er damit den glamourösen Fürsten Meschtscherski. Für dessen Zeitung «Der Staatsbürger» arbeitet er ein Jahr lang als Chefredakteur. Der Freund des Zaren und Jugendfreund des Komponisten Tschaikowsky wird von seinen Gegnern als «Prinz von Sodom und Bürger von Gomorrha» bezeichnet, steht also für das genaue Gegenteil der moralischen Erneuerung, die Dostojewski sich wünscht. Nach kurzer Zeit schmeißt Dostojewski den Job wieder hin.

In einer privaten Notiz wägt Dostojewski die Vor- und Nachteile der verschiedenen Herrschaftsformen gegeneinander ab.

> «Tyrannei ist eine Monarchie, die nur das Wohl des Monarchen im Auge hat; Oligarchie ist eine Regierung, die nur das Wohl der Reichen im Auge hat; und schließlich ist Demokratie eine Regierung, die nur das Wohl der Habenichtse im Auge hat.» (Notizen, 1875/1876)

Für Dostojewskis prinzipiell pro-monarchistische Einstellung gibt es eine nachvollziehbare Erklärung. Bis heute gilt Alexander II. in Russland als der Fortschrittlichste aller Zaren, als russisches Pendant zum amerikanischen Präsidenten Abraham Lincoln. Ein Musterchrist, wie Dostojewski ihn am liebsten auf dem Thron gehabt hätte, ist er zwar auch nicht, pflegt er neben seiner Ehe doch auch Liebschaften zu Mätressen. Aber mit seinen Reformen in der Justiz, seiner Lockerung der Zensur und seiner Leibeigenen-Befreiung vermittelt er den Eindruck, als könne man das rückständige Russland ohne Revolution behutsam in die Zukunft führen. Das hofft auch Dostojewski.

Spätestens durch sein Engagement bei «Der Staatsbürger» ist Dostojewski bei progressiven Russen als reaktionär abgestempelt.

> «Diese Richtung widersprach aufs Schärfste den Meinungen und Neigungen des Petersburger Publikums und war ein offensichtlicher Protest gegen die herrschende geistige Strömung.» (Nikolai Strachow)

Aber Dostojewski ist eben ein Nonkonformist, ein Freigeist, kein Herdenmensch. Er weiß, dass er sich mit seiner Zarentreue und Volksverbundenheit im kulturellen Establishment zum Paria macht. In seinen privaten Briefen beschwert er sich immer wieder über die fehlende Anerkennung in den liberal ausgerichteten Zeitschriften.

«Mich ignorieren sie wie auf Verabredung.» (Brief an Ehefrau Anna, 11.8.1880)

«Buchstäblich die ganze Literatur ist mir feindlich gesonnen.» (Brief an Pelageja Sussjewa, 15.10.1880)

Hoffnungslos veraltet erscheint manchen Zeitgenossen Dostojewskis außenpolitische Haltung. Und auch in der Rückschau sind es seine diesbezüglichen Ansichten, die selbst hartnäckige Dostojewski-Freunde am liebsten aus seinem Vermächtnis streichen würden. Der Schriftsteller tritt nämlich für eine Vergrößerung des russischen Reichs ein. Nicht nach Westen, was aufgrund der militärischen Stärke von Preußen, Österreich, Frankreich, England ohnehin nicht denkbar ist, sondern nach Osten und Süden.

Historiker bezeichnen das 19. Jahrhundert als Zeitalter des Imperialismus. Die großen europäischen Mächte wetteifern darum, wer größere Teile der Welt als Kolonien in seinen Besitz bringen kann. Da soll Russland nicht hintanstehen, findet Dostojewski. In der Ausweitung der russischen Machtsphäre in den asiatischen Raum hinein sieht er die Erfüllung einer christlichen Mission. Er jubelt, als der russische Zar den Unabhängigkeitskämpfern im Balkan gegen die Türken zur Hilfe kommt.

Wäre es nach Dostojewski gegangen, hätte Alexander II. auch die heutige Türkei erobert, zumindest die Metropole Konstantinopel. Russland soll dafür sorgen, dass der Nahe Osten wieder das wird, was er viele Jahrhunderte lang gewesen ist: christlich. Tatsächlich kommt es fast dazu. Die Hagia Sophia, die berühmteste Kirche der orthodoxen Christenheit, ist im Januar 1878 in Sichtweite der vorrückenden russischen Truppen. Aber England, Österreich, Deutschland und Frankreich erzwingen den Rückzug. Dostojewski reagiert enttäuscht. Er kann nicht verstehen, warum die westeuropäischen Mächte das Vorhaben torpedieren.

> «In unseren Tagen hat sich fast ganz Europa mehr oder weniger in die Türken verliebt.» (Tagebuch eines Schriftstellers, September 1877)
>
> «Wenn Russland Konstantinopel besitzt, wird es über die Freiheit aller Slawen und aller orientalischen Völker wachen, ohne einen Unterschied zwischen ihnen und den Slawen zu machen. Die Herrschaft der Mohammedaner war während der vergangenen Jahrhunderte für alle diese Völker keine einigende, sondern eine erdrückende Macht, bei der sie sich überhaupt nicht zu rühren, das heißt, wie andere Menschen zu leben wagten.» (Tagebuch eines Schriftstellers, November 1877)

Immer wieder erinnert Dostojewski an die Diskriminierung der Christen im osmanischen Reich, das damals vom Irak bis nach Serbien reichte.

> «Die gleichen Menschen und Nationen, die gegen die Sklaverei geschrien, den Negerhandel aufgehoben, bei sich den Despotismus abgeschafft, die Menschenrechte verkündet, die Wissenschaften und die Welt durch die Macht des Wissens in Erstaunen gesetzt, die Menschenseele durch die Kunst und ihre heiligen Ideale durchgeistigt und entzückt und Begeisterung und Glauben in den Menschenherzen geweckt haben, indem sie ihnen für die nächste Zukunft Gerechtigkeit und Wahrheit versprachen – dieselben Völker und Nationen wenden sich jetzt plötzlich alle (fast alle) von den Millionen unglücklicher Wesen – Christenmenschen, ihren zugrunde gehenden und geschändeten Brüdern – ab und

> warten mit Spannung und Ungeduld, dass man sie alle wie Ungeziefer, wie Wanzen zerdrücke, dass alle diese verzweifelten Hilfeschreie, die Europa ärgern und beunruhigen, endlich verstummen. Sie halten sie wirklich für Ungeziefer und Wanzen: Zehntausende und Hunderttausende von Christen werden wie schädliches Ungeziefer ausgerottet. [...] Es ist eine systematische Vernichtung; es ist keine Räuberbande, die sich während der Kriegswirren zufällig gebildet hat und immerhin das Gesetz fürchtet. Nein, es ist ein System darin, es ist die Kriegsmethode eines riesengroßen Reiches. Die Räuber gehen nach Anordnungen und Befehlen der Minister und Regenten des Reiches und des Sultans selbst vor. Und Europa, das christliche Europa, die hohe Zivilisation, sieht mit Ungeduld zu.» (Tagebuch eines Schriftstellers, Juli/August 1876)

Einige Jahrzehnte später wird die Geschichte beweisen, dass Dostojewski mit seiner Warnung nicht ganz falsch gelegen hat. In den 1890er Jahren kommt es zu ersten türkischen Massakern gegen die Armenier und im Ersten Weltkrieg zum regelrechten Genozid, der Millionen von Menschenleben kostete.

Gerade die beiden Weltkriege zeigen aber auch eine krasse Fehleinschätzung des Dichters. Er hält Kriege noch für ein ganz normales Instrument der Außenpolitik. Dass militärische Auseinandersetzungen sich zu einem totalen Krieg mit Millionen Opfern ausweiten können, das kann er sich offenbar nicht vorstellen.

> «Ohne Krieg erstarrt der Mensch vollständig in Reichtum und Komfort und verliert die Fähigkeit, edel zu denken und zu fühlen.» (Brief an Nichte Sonja, 29.8.1870)

> «Nicht immer ist der Krieg eine Geißel. Manchmal ist er die Rettung. […] Der Krieg ist ja selbstverständlich ein Unglück, doch […] die Heldentat der Selbstaufopferung für etwas, das wir für heilig halten, steht moralisch viel höher als jeder bourgeoise Katechismus.» (Tagebuch eines Schriftstellers, April 1876)
>
> «Der Krieg erhebt plötzlich alle – und nicht durch Erkenntnis, sondern durch Großmut.» (Notizen, 1875/1876)

Man muss Dostojewski zugutehalten, dass er noch unter dem Eindruck des heroischen Befreiungskrieges gegen Napoleon steht und das Grauen der zwei Weltkriege nicht erahnen kann.

Dostojewski beschleicht stattdessen das Gefühl, dass sich in Friedenszeiten der Konflikt nur verlagert: von außen nach innen. Statt einem militärischen Gegner bekämpft man sich nun untereinander. In der Desintegration der russischen Gesellschaft sieht Dostojewski dämonische Kräfte am Werk:

> «Die Grundidee ihres Reichs ist der Streit, das heißt, sie wollen ihr Reich auf Streit gründen. Wozu brauchen sie den Streit? Nun, das ist doch klar: Man bedenke nur, dass der Streit an sich eine große Macht darstellt; der Streit nach einem langen Frieden führt die Menschen zur Dummheit, zur Verfinsterung und Entstellung ihres Verstandes und der Gefühle.» (Tagebuch eines Schriftstellers, Januar 1876)

Gesellschaftliche Herausforderungen haben für Dostojewski immer auch eine spirituelle Dimension. Man kann sie nicht allein mit Gesetzen und Verordnungen bewältigen. Die Ursachen für alle Probleme liegen tiefer.

«Es ist eindeutig, dass das Böse im Menschen tiefer sitzt, als die Sozialisten annehmen, die sich als Ärzte aufspielen; dass das Böse sich in keiner sozialen Organisation – und wäre sie noch so vollkommen – vermeiden lässt, dass die Seele des Menschen überall dieselbe bleibt, dass das Unnormale und die Sünde aus ihr allein hervorgehen, und dass schließlich die Gesetze des Menschengeistes noch so unbekannt, von der Wissenschaft noch so unerforscht, so unbestimmt und so geheimnisvoll sind, dass es bis jetzt weder Ärzte noch selbst endgültige Richter geben kann, außer dem einen, der da sagt: ‹Die Rache ist mein, ich will vergelten.›» (Tagebuch eines Schriftstellers, Juli/August 1877)

Zwanzig Jahre bevor Friedrich Nietzsche seinen «tollen Mann» die Parole «Gott ist tot» deklamieren lässt, erklärt Dostojewski den allgemeinen Glaubensverlust zur gefährlichsten Entwicklung überhaupt. Zunächst sind es die intellektuellen Eliten, die sich von der Vorstellung eines persönlichen Gottes verabschieden. Doch zu Dostojewskis Lebzeiten tröpfeln Atheismus und Agnostizismus zu der Basis hinunter. Immer mehr junge Leute sind fasziniert von der Idee, ihr Leben ohne göttliche Vorschriften zu regeln.

«Die Bande des christlichen Glaubens [...] werden mit jedem Tag schwächer.» (Werbeanzeige für «Zeit», 1861)

«In Westeuropa haben die Völker den Heiland verloren [...], und aus diesem Grund geht Westeuropa zugrunde.» (Brief an Nikolai Strachow, 30.5.1871)

«Ohne Gott werden die Menschen einander umbringen.» (Dostojewski bei einer Veranstaltung der russischen Frauenbewegung)[37]

In «Der Jüngling» legt Dostojewski den Finger in die offene Wunde des materialistischen Zeitgeistes. Welche Verbindlichkeit haben Werte, wenn es dafür keinen absoluten Maßstab gibt? Welche Anreize gibt es für Stärkere, ihre Interessen zugunsten von Schwächeren zurückzunehmen? Wenn es nicht die Aussicht auf Lohn und Strafe im Jenseits gibt, was hindert die Menschen daran, im Diesseits Schandtaten zu begehen? Mit diesen Fragen konfrontiert der junge Sinnsucher Arkadi einen Freigeist:

> «Sie leugnen die Existenz Gottes. Sie leugnen alle ehrenvollen Taten – wie kann mich da taube, blinde, stumpfe Trägheit veranlassen, edel zu handeln, wenn das Gegenteil für mich vorteilhafter ist? Sie sagen, ein vernunftgemäßes Verhältnis zur Menschheit sei auch mein eigener Vorteil. [...] Zum Teufel, was schert mich das und die Zukunft, wenn ich doch nur ein Mal auf der Welt lebe! Gestatten Sie, dass ich über meinen Vorteil selbst urteile: Das ist vergnüglicher. Was kümmert es mich, wie es nach tausend Jahren mit dieser Ihrer Menschheit aussehen wird, wenn ich Ihrem Kodex zufolge für meine edlen Taten weder Liebe noch ein zukünftiges Leben, noch irgendwelche Anerkennung zu erwarten habe? Nein, wenn es so steht, dann werde ich höchst unverfroren für mich allein leben, und mögen meinetwegen alle andern zugrunde gehen!» (Der Jüngling)

Das einfache Volk geht freilich nach wie vor brav in die Kirche. Aber Dostojewski macht sich keine Illusionen. Im Zweifel wiegt auch für die Landbevölkerung der materielle Nutzen schwerer als die spirituelle Sehnsucht.

---

[37] Zitiert nach Peter Sekirin: The Dostoevsky Archive. Firsthand Accounts of the Novelist from Contemporaries' Memoirs and Rare Periodicals, 1997, S. 217

«Ein Dorf brannte, auch die Kirche fing Feuer. Da trat der Schankwirt vor und rief den Leuten zu, dass sie von ihm, wenn sie die Rettung der Kirche aufgeben würden, dafür aber seine Schenke retteten, ein Fass Schnaps bekommen würden. Die Kirche verbrannte, aber die Schenke blieb unversehrt.» (Tagebuch eines Schriftstellers, Januar 1876)

Für Dostojewski ist die Verbreitung und Stärkung des christlichen Glaubens ein Anliegen, das sich möglichst alle Russen zu eigen machen sollten: nicht aus Sentimentalität, sondern aus Eigeninteresse.

«Wenn irgendetwas sogar in unserer Zeit die Gesellschaft schützt und den Verbrecher bessert und in einen anderen Menschen verwandelt, so allein das Gesetz Christi, das sich im Bewusstsein des eigenen Gewissens kundtut.» (Die Brüder Karamasow)

«Der Zerfall der Masse in Einzelpersonen oder, anders ausgedrückt, die Zivilisation, ist ein krankhafter Zustand. Das beweist der Verlust der lebendigen Vorstellung von Gott. Ein zweiter Beweis für dieses Krankhafte besteht darin, dass sich der Mensch in diesem Zustand nicht wohlfühlt, dass er Sehnsucht verspürt, die Quelle des wahren Lebens einbüßt, keine unmittelbaren Empfindungen mehr hat und alles bewusstseinsmäßig erfasst. Wäre dem Menschen in diesem Zustand nicht ein Ziel gewiesen – ich glaube, die ganze Menschheit würde den Verstand verlieren. Gewiesen ist ihm Christus.» (Sozialismus und Christentum)

Den Durchbruch zu goldenen Zeiten erwartet Dostojewski nicht in dieser Welt. Bei allen Hoffnungen, dass sich die Verhältnisse bessern oder zumindest eine Katastrophe abgewendet wird, träumt er nie von paradiesischen Zuständen.

Der Grund dafür ist einfach:

Es ist der Mensch selbst.

> «Der Mensch strebt auf Erden nach einem Ideal, das seiner Natur entgegengesetzt ist.» (Notiz, 16.4.1864)[38]

---

[38] Über Christus. Meditationen an der Bahre, in: Der unbekannte Dostojewski. Übersetzt von Vera Mitrofanoff-Demelic. Hrsg. von René Fülöp-Miller und Friedrich Eckstein, 1926

KAPITEL 15
LEBENSLEHRER

Als Gebrauchsanweisungen für ein gelingendes Leben eignen sich Dostojewskis Romane auf den ersten Blick kaum. In «Schuld und Sühne» landet der Held im Straflager; «Der Spieler» bleibt in seiner Sucht gefangen; «Der Idiot» endet im Irrenhaus; «Die Sanfte» stürzt sich aus dem Fenster; und in «Die Dämonen» verliert man bei den vielen Unglücksfällen die Übersicht. Zum «Life Coach» scheint Dostojewski mit einem solchen Tod-und-Elend-Repertoire nicht gerade qualifiziert.

Doch seine wachsende Anhängerschar sieht das anders. Dostojewski ist ein gefragter Mentor, ein Weisheits-Influencer und in den siebziger Jahren so etwas wie das geistig-moralische Gewissen der Nation.

Eine erstaunliche Karriere für einen Ex-Knacki.

Er selbst ist weit davon entfernt, die Bezeichnung «Philosoph» für sich zu reklamieren. Er interessiert sich zwar für die Werke der großen Denker, liest Pascal, Kant, Hegel. Von Expertenwissen kann da aber nicht die Rede sein. Das liegt auch daran, dass er zwar perfekt Französisch spricht, es mit seinen Deutschkenntnissen aber nicht so weit her ist. Weil die bahnbrechenden Werke der deutschen Philosophen nur teilweise übersetzt sind, kennt er sie nur ausschnittsweise.

> «Ich bin eher schwach in Philosophie – aber nicht in meiner Liebe zur Philosophie, die sehr stark ausgeprägt ist.» (Brief an Nikolai Strachow, 9.6.1870)

Vielleicht ist er aber gerade deshalb ein echter Freund der Weisheit, weil das Verhältnis sich nicht auf eine akademische Qualifikation gründet. Dostojewski hat kein geisteswissenschaftliches, sondern ein technisches Studium absolviert. Er analysiert das menschliche Leben, wie er es sieht, ganz ohne wissenschaftliche Vorbelastung und ohne auf den Applaus von Professoren zu schielen.

Überhaupt hat er eine Aversion gegen wissenschaftliche Elfenbeinturm-Betrachtungen.

> «Der Mensch besitzt eine solche Leidenschaft für Systematik und abstrakte Folgerungen, dass er es fertigbringt, wissentlich die Wahrheit zu verdrehen und mit sehenden Augen nicht zu sehen und mit hörenden Ohren nicht zu hören, um nur ja seiner Logik Recht geben zu können.» (Aufzeichnungen aus dem Kellerloch)
>
> «Die Theoretiker möchten also aus der ganzen Menschheit, aus allen Völkern, etwas völlig Gesichtsloses machen, was in allen Ländern der Welt, unter den verschiedensten klimatischen und historischen Bedingungen, immer gleich wäre. [...] Wir hätten sehr gern von einem dieser Theoretiker einmal folgende Fragen beantwortet: Gewönne die Menschheit wirklich so viel, wenn jedes Volk wie eine abgegriffene Münze wäre, und worin läge denn eigentlich der Nutzen? Möge uns doch einer dieser Theoretiker einmal jenes allgemein menschliche Ideal zeigen, das jeder anstreben soll. [...] Das Unglück der Theoretiker besteht darin, dass sie das Leben entweder überhaupt nicht oder nur schlecht begreifen.» (Zwei Lager von Theoretikern, in: «Zeit», 1862)
>
> «Die Wirklichkeit ist von einer unendlichen Verschiedenartigkeit im Vergleich mit allen, selbst den kompliziertesten

Schlüssen des abstrakten Denkens und verweigert sich scharfen und groben Einteilungen.» (Aufzeichnungen aus einem Totenhaus)

«Allgemeine Prinzipien existieren nur in den Köpfen, während es im Leben nur konkrete Ereignisse gibt.» (Notizen, 1876/1875)

Um Menschen, die sich in lebensfernen Gedankengebäuden einrichten, geht es in der Kurzgeschichte «Das Krokodil». Ein Riesen-Reptil, das als Zuschauerattraktion ausgestellt wird, verschluckt den Beamten Iwan Matwejitsch. Dessen Frau will das Monster natürlich aufschneiden lassen, um ihren Mann zu befreien. Aber der Krokodil-Besitzer, ein juristisch versierter Deutscher, protestiert unter Verweis auf seine Eigentumsrechte. Aus dem Bauch des Ungetüms meldet sich unterdessen Iwan zu Wort, der überraschend überlebt hat. Ganz der ordnungsliebende Beamte, muss er zugeben, dass der Besitzer in der Sache recht hat. Und da der Beamtenjob ohnehin keine Berührung mit der Welt da draußen erfordert, kann Iwan ihn auch aus dem Krokodilbauch, seinem neuen Home-Office, verrichten.

Auf satirisch überspitzte Weise kritisiert Dostojewski eine Geisteshaltung, die sich eher an abstrakten Prinzipien als an der Wirklichkeit orientiert.

Dostojewski ist das genaue Gegenteil eines intellektuellen Pedanten. Er ist immer auf dem Sprung, immer vorbereitet darauf, sich vom Leben überraschen zu lassen. Seine Ansichten folgen seinen Erfahrungen, nicht umgekehrt. Er ist bereit, sich auf die Herausforderungen des Lebens einzulassen, das Scheitern zu riskieren und den Preis dafür zu bezahlen. Er hat den dionysischen Geist, den der verklemmte Nietzsche beschwört, ohne selbst darüber zu verfügen.

Und in seinem wilden Herzen ist gleichzeitig Raum für Mitmenschlichkeit und Gottesfurcht.

Wenn Dostojewski jemanden ausbeutet, dann vor allem sich selbst. Darin unterscheidet er sich von vielen bekannten Philosophen, die sich ungeniert auf Kosten ihrer Freunde und Familienangehörigen profilieren. Die Mitmenschlichkeit, die Dostojewski lehrt, versucht er auch zu leben.

> «Bevor ihr den Menschen predigt, wie sie sein sollen, zeigt es ihnen an euch selbst. Erfüllt selbst, was ihr verkündet, und alle werden euch folgen.» (Tagebuch eines Schriftstellers, Januar 1877)

Die wenigen engen Vertrauten, die Dostojewski hat, behalten ihn als loyalen Gefährten in Erinnerung. Damit hätte Dostojewski bei antiken Philosophen wie Platon gepunktet. Die alten Griechen hielten Freundschaftsfähigkeit bekanntlich für die wichtigste Charaktereigenschaft.

Übrigens gibt es noch eine andere Parallele zwischen Platon, dem vermutlich bedeutendsten vorchristlichen Philosophen, und Dostojewski. Der Sokrates-Schüler präsentierte seine Weisheiten nicht als Monologe, sondern entwickelte sie im Dialog zwischen ganz unterschiedlichen Positionen. Genauso ist es in den Romanen von Dostojewski. Hier werden Positionen ausgetauscht und Überzeugungen miteinander ausgefochten. Die Schlüsse daraus können die Leser eigenständig ziehen.

Am Ende seines Lebens hat Dostojewski in manchen Kreisen den Ruf eines Weisheits-Gurus. Studenten schreiben ihm Briefe, laden ihn zu Vorträgen ein oder besuchen ihn. Glaubt man seiner Tochter, rennen sie ihm regelrecht die Bude ein:

> «Die russischen Studenten haben wenig Ordnung. Sie kamen zu meinem Vater zu allen Stunden des Tages und hinderten ihn am Arbeiten. [...] Mein Vater war weder ehrgeizig, noch schmeichelte er jemals den Studenten; er sagte ihnen im Gegenteil immer die bittere Wahrheit. Das war der Grund, warum sie ihn höher schätzten als die anderen Schriftsteller.» (Ljuba Dostojewski)

Besonders ernst nimmt Dostojewski die Mentoren-Rolle bei seiner Nichte Sonja. Immer wieder schärft er ihr ein, ihrer seelischen Entwicklung die höchste Priorität einzuräumen und den Herausforderungen des Lebens zugleich gelassen entgegenzutreten.

> «Gehen Sie gerade Wege, ohne Kompromisse im Leben. Festigen Sie in sich Ihre guten Gefühle, denn alles muss gefestigt werden, und hat man nur ein einziges Mal mit seiner Ehre und seinem Gewissen einen Kompromiss geschlossen, dann wird für lange Zeit eine schwache Stelle in der Seele zurückbleiben, so dass Sie bei der Wahl zwischen einer kleinen Schwierigkeit einerseits und dem Vorteilhaften andererseits sich sogleich für den Vorteil entscheiden und vor der Schwierigkeit zurückweichen. [...] Überhasten Sie sich nicht, sorgen Sie sich nicht allzu sehr. Alles hat seine Stunde, ist gut und kommt von selbst. Im Leben gibt es eine unendliche Zahl von Chancen; macht man sich zu viele Sorgen, bedeutet dies nur einen Verlust an Zeit. [...] Ich wünsche Ihnen Energie und Charakterfestigkeit, daran glaube ich.» (Brief an Nichte Sonja, 13.1.1868)

Seine Lebensweisheiten hat Dostojewski sich nicht angelesen, sondern dem Leben mühsam abgerungen. Er punktet bei jungen Leuten damit, dass er nicht vom hohen Expertenross doziert, sondern sich auf ihre Stufe stellt.

> «Wenn Sie mir eine große Freude machen wollen, so halten Sie mich um Gottes willen nicht für einen Prediger, der Sie von oben herab belehren will. Sie haben mich aufgefordert, Ihnen die Wahrheit nach Glauben und Gewissen zu sagen; ich habe Ihnen die Wahrheit gesagt, wie ich sie mir denke, und wie ich es kann. Denn kein Mensch kann mehr, als ihm seine Kräfte und Fähigkeiten erlauben.» (Brief an eine Gruppe Moskauer Studenten, 18.4.1878)

Wie die Studenten ist Dostojewski ein «Homo viator», ein Mensch unterwegs, der immer wieder strauchelt und das Ziel aus den Augen verliert. Die Ratschläge an seine Nichte Sonja bekräftigt er mit der Zusatzbemerkung:

> «Was ich hier sage, ist kein Gemeinplatz; was ich hier sage, schmerzt mich selbst; und über die schwache Stelle bei mir habe ich Ihnen wahrscheinlich durch persönliche Erfahrung berichtet. Vielleicht liebe ich in Ihnen gerade das, woran ich selbst kranke.» (Brief an Nichte Sonja, 13.1.1868)

Gebetsmühlenartig schärft Dostojewski jugendlichen Adressaten ein, sie sollen sich um ihre Bildung bemühen. Bei seiner Nichte rennt er damit offene Türen ein; sie ist wie ihr Onkel eine Leseratte. Ganz anders liegen die Dinge bei seinem trägen Stiefsohn Pawel. Als dieser mit 22 Jahren heiratet, ergänzt Dostojewski seine Glückwünsche mit einem Appell: Pawel soll der Versuchung widerstehen, zur geistigen «Couch Potato» herabzusinken.

> «Je gebildeter ein Mensch ist, desto mehr studiert er, und so ist es sein ganzes Leben lang. Der unstillbare Durst nach Wissen ist es, was zum Beispiel einen großen Gelehrten im Alter von

> siebzig Jahren ausmacht. Wenn er immer weiter studiert, zeugt das von der Erhabenheit seiner Natur und lässt ihn aus der Masse herausragen.» (Brief an Stiefsohn Pawel, 18.1.1871)

Nach allem, was über Pawels weiteres Leben bekannt ist, schlägt der Stiefsohn den Ratschlag in den Wind.

In seinem eigenen Werdegang sieht Dostojewski den Beweis dafür, dass Neugier und Fleiß auch gesellschaftliche Außenseiter in die höchsten Kreise bringen können. Ihm ist aber auch die Gefahr bewusst, die mit Brillanz einhergeht. Schläue macht stolz. Und Arroganz gehört zu den Eigenschaften, die Dostojewski besonders verabscheut. Deshalb distanziert er sich auch immer mehr von seinem Schriftstellerkollegen Turgenjew (was ihn allerdings nicht daran hindert, den reichen Ex-Freund in der Not anzupumpen).

> «Ich kann auch seine aristokratische und pharisäische Manier nicht leiden, mit der er einen umarmt, wobei er seine Wange zum Kusse reicht.» (Brief an Apollon Maikow, 28.8.1867)

Geistige Exzellenz, so ist er überzeugt, zeigt sich gerade im Verzicht auf eine salbungsvolle Attitüde.

> «Der ist ein Gentleman, der sich den Anschein gibt, keiner zu sein.» (Notizen, 1876/1877)

Vor allem von geistlichen Führungsfiguren erwartet Dostojewski die Bereitschaft zur Demut.

In «Die Brüder Karamasow» gibt es eine ergreifende Szene, die idealtypisch zeigt, wie sich Dostojewski einen heiligen Menschen vorstellt. Als der Vorzeigechrist Sossima dem Wüstling Dimitri vorgestellt wird, wirft er sich demonstrativ vor ihm zu Boden.

So sehr Dostojewski uneitle Menschen bewundert, so vertraut ist ihm selbst die Versuchung des Stolzes. Als er mit 24 Jahren plötzlich zum neuen Literatur-Wunderkind hochgejubelt wird, gesteht er seinem Bruder:

> «Ich bin unerlaubt ehrgeizig und eitel.» (Brief an Bruder Michail, 1.4.1846)

Auf den Anflug von Hochmut folgt allerdings ein brutaler Dämpfer nach dem anderen. Spott, Haft, Krankheit, Geldnot, romantische Flops in Serie: Selten wurde ein erfolgsverwöhnter junger Mann schmerzhafter und nachhaltiger auf den Boden der tristen Tatsachen zurückgeworfen. Die Niederlagen wirken sich auf seine Charakterbildung jedoch positiv aus.

> «Ich habe mir später niemals eingebildet, dass ich groß sei.» (Tagebuch eines Schriftstellers, Januar 1877)
>
> «Ich suche keine Ehren und werde nichts annehmen.» (Notizen, 1880/1881)

Immer wieder beobachtet Dostojewski, wie gewöhnliche Menschen sich durch die Gier nach Größe unglücklich machen. Statt sich mit dem Vorhandenen zu arrangieren, stressen sie sich und ihre Umwelt mit der Trauer über das, was sie nicht erreicht haben.

> «Mancher dieser unglücklichen, nicht nur ehrlichen, sondern auch herzensguten Menschen ist der Beschützer und Versorger seiner Familie und unterhält und ernährt durch seine Ar-

beit nicht nur die Seinigen, sondern sogar Fremde. Aber was ist das Resultat? Er kann trotzdem sein ganzes Leben lang nicht zur Ruhe gelangen! Für ihn ist es keineswegs ein beruhigender, tröstlicher Gedanke, dass er seine menschlichen Pflichten so gut erfüllt hat; dieser Gedanke hat sogar im Gegenteil für ihn etwas Aufreizendes: ‹Also das ist es›, sagt er sich, ‹worauf ich mein ganzes Leben verwandt habe; das ist es, was mich an Händen und Füßen gebunden hat; das ist es, was mich gehindert hat, das Pulver zu erfinden! Wäre dieses Hindernis nicht gewesen, dann hätte ich vielleicht sicher entweder das Pulver erfunden oder Amerika entdeckt.›» (Der Idiot)

Die kulturelle Elite des Landes warnt er davor, auf einfache Menschen hinabzublicken.

«Demütige dich, stolzer Mensch, und zerbrich vor allem deinen Stolz.» (Tagebuch eines Schriftstellers, August 1880)

Das bedeutet nicht, dass Dostojewski sich andauernd in die Pose der Zerknirschtheit wirft. Falsche Demut ist schließlich auch eine Form des Stolzes. Dostojewski weiß um sein Talent und ärgert sich über unangemessene Kritik. Als Epileptiker, der in andauernder Furcht vor Anfällen in aller Öffentlichkeit lebt, neigt er ohnehin eher zur Selbstverachtung als zur Selbstverliebtheit. Den aufrechten Gang muss er täglich neu einüben.

«Wenn du willst, dass man dich achte, so achte zuerst und vor allen Dingen dich selbst; nur dadurch, nur durch Selbstachtung, zwingst du auch andere, dich zu achten.» (Erniedrigte und Beleidigte)

Zur Selbstachtung gehört es auch, sich selbst Fehler zu verzeihen. Schließlich setzt jeder Sieg ein Wagnis voraus und schließt jeder Versuch die Möglichkeit eines Irrtums mit ein. Als Schriftsteller spielt Dostojewski auch deshalb so frei und genial auf, weil er nicht jedes Wort auf die Goldwaage legt.

> «Das Unsinn-Reden ist das einzige Privileg, das der Mensch vor allen übrigen organischen Wesen hat. Wer Unsinn redet, der gelangt zur Wahrheit! Dass ich Unsinn rede, das macht mich erst recht eigentlich zum Menschen. Zu keiner einzigen Wahrheit ist man gelangt, ohne dass man vorher vierzehnmal, vielleicht auch hundertvierzehnmal Unsinn geredet hätte.» (Schuld und Sühne)
>
> «Am klügsten ist meiner Meinung nach derjenige, der sich wenigstens einmal im Monat selbst einen Dummkopf nennt.» (Bobok)
>
> «Was soll ein Schriftsteller tun, der keine Lust hat, nur historische Romane zu schreiben, und von Schmerz über die gegenwärtige Entwicklung erfüllt ist? Er muss zu erraten versuchen [...] und sich irren.» (Der Jüngling)
>
> «Man kommt einer Sache umso näher, je dümmer man sie anfängt. Je dümmer, desto klarer! Die Dummheit drückt sich kurz und schlicht aus. Der Verstand macht hingegen Winkelzüge und versteckt sich. Der Verstand ist ein Schuft; die Dummheit ist offen und ehrlich.» (Die Brüder Karamasow)

In der Akzeptanz der Unvollkommenheit liegt ein Schlüssel zu Dostojewskis beeindruckender Produktivität. Er muss unablässig liefern, Schulden begleichen, Stichdaten einhalten. Selbst bei seinen bedeutendsten Romanen räumt er im Nachhinein ein, dass er *unter* seinen Möglichkeiten geblieben ist.

Das liegt aber auch daran, dass er sich manchmal allzu hohe Ziele setzt. Er schreckt vor Experimenten nicht zurück und ärgert sich, wenn die Kritiker anschließend nicht einmal seinen Mut honorieren. Großspurig im Auftreten, aber kleinmütig in der Ambition, das war das genaue Gegenteil von dem, was Dostojewski unter einem klugen Kopf verstand.

> «Wie viele Menschen denken nicht selbst, sondern leben mit Gedanken, die andere bereits fertiggedacht haben.» (Notizen, 1880/1881)

Als seine eigenen Ideale ihn ins Gefängnis gebracht haben, schreibt er sich den Frust über die geistlose Kultur-Schickeria von der Seele.

> «Zu einer gewissenhaften inneren Selbsterkenntnis, zu einer aus innerem Anstand gerechten Selbsteinschätzung und Einordnung reicht es bei ihnen nie; denn für gewisse Dinge haben sie ein viel zu dickes Fell. Im Vordergrund steht für sie doch immer und überall ihre eigene goldene Person, ihr Moloch oder Baal, ihr herrliches ‹Ich› ganz allein. Die gesamte Natur, ja, die ganze Welt ist für sie nichts weiter als ein einziger prächtiger Spiegel, der nur dazu geschaffen sein soll, damit mein kleiner Gott sich ununterbrochen in ihm bewundern kann und außer seiner eigenen Person niemanden und nichts zu bemerken braucht. […] Eben dies ist es, was sie auszeichnet: die Witterung, mit der sie so eine heraufkommende Mode-Phrase schon von fern riechen und mit der sie sich diese dann schleunigst – und schon vor den anderen – aneignen, so dass es den Anschein hat, sie sei von ihnen ausgegangen. Vor allem aber statten sie sich mit einem Vorrat an solchen Phrasen aus, die ihrer tiefsten Sympathie mit der Menschheit Ausdruck geben, die genau definieren, wie die einzig

> richtige und von der Vernunft anerkannte Philanthropie beschaffen zu sein habe, um schließlich überzugehen auf unentwegte Angriffe und Vorwürfe gegen die Romantik im Leben, das heißt aber nur allzu oft gegen alles Schöne und Wahre, von dem jedes Atom kostbarer ist als ihre gesamte Weichtiergattung. Aber in ihrer Rohheit sind sie völlig unfähig, das Wahre in einer noch suchenden, noch unfertigen Übergangsform zu erkennen, und so verwerfen sie dann alles, was noch nicht ausgereift ist, was sich noch nicht geklärt hat und noch umhertastet.» (Ein kleiner Held)

Als Dostojewski zwanzig Jahre später «Der Idiot» schreibt, haben sich die Moden zwar geändert, die Menschen aber nicht. In den Salons triumphiert immer noch Schein über Sein.

> «Für einen beschränkten Alltagsmenschen ist zum Beispiel nichts leichter, als sich für einen ungewöhnlichen, originellen Menschen zu halten und davon ohne Bedenken das Gefühl hohen Genusses zu haben. Einige unserer Adelsfräulein brauchen sich nur die Haare abzuschneiden, blaue Brillen aufzusetzen und sich Nihilistinnen zu nennen, um sofort davon überzeugt zu sein, dass sie durch das Aufsetzen der blauen Brillen ohne Weiteres eigene ‹Überzeugungen› gewonnen haben. Mancher braucht nur die geringste Spur eines allgemein menschlichen guten Gefühls in seinem Herzen zu entdecken, um sofort überzeugt zu sein, dass niemand so empfinde wie er, und dass er ein Vorkämpfer in der allgemeinen Entwicklung sei. Mancher braucht nur von einem andern einen Gedanken wortwörtlich zu übernehmen oder eine Druckseite ohne Anfang und Schluss zu lesen, um sofort zu glauben, dass das seine eigenen, in seinem eigenen Gehirn entstandenen Gedanken seien.» (Der Idiot)

Der hartnäckige Wille zur Wahrhaftigkeit ist eine der bemerkenswertesten Eigenschaften von Dostojewski. In mehreren seiner Romane treten Figuren auf, die eine fast schon abnormale Unfähigkeit zur Verstellung an den Tag legen: etwa der Fürst Myschkin («Der Idiot»), der Idealist Schatow («Die Dämonen») oder der jüngste Spross des Karamasow-Clans, Aljoscha.

Einen ganz ähnlichen Eindruck macht Dostojewski auf seine Freunde und Angehörigen.

> «Noch nicht einmal im Scherz erlaubte Dostojewski sich, zu lügen.» (Stepan Janowski)
>
> «Dostojewski war so ehrlich, dass ihm der Gedanke, jemand könne ihn täuschen wollen, gar nicht in den Sinn kam. Er log nur einmal im Jahr – am ersten April.» (Ljuba Dostojewski)

Als Untersuchungshäftling nimmt er lieber ein hartes Urteil in Kauf, als seine regimekritischen Äußerungen abzuleugnen. Auch später hält er mit unbequemen Ansichten nicht hinterm Berg. Er scheut nichts so sehr wie die Lüge.

> «Was mit Unwahrhaftigkeit anfängt, das muss auch mit Unwahrhaftigkeit enden; das ist ein Naturgesetz.» (Der Idiot)

Aus diesem Grund geht ihm Inhalt vor Form, geht ihm Klarheit der Aussage vor Kunstfertigkeit des Stils.

> «Die ängstliche Rücksicht auf die Ästhetik ist das erste Zeichen von Schwäche.» (Schuld und Sühne)

Zur Wahrhaftigkeit zählt für Dostojewski aber auch das Eingeständnis, sich nie ganz freimachen zu können von Täuschungen und Vorurteilen.

«Nichts auf der Welt ist schwerer als Aufrichtigkeit und nichts leichter als Schmeichelei. Wenn bei der Aufrichtigkeit auch nur ein Hundertstel einer Note falsch ist, so entsteht sofort eine Dissonanz und in deren Gefolge ein Zerwürfnis. Wenn aber bei der Schmeichelei alles, von der ersten bis zur letzten Note, falsch ist, so bleibt sie trotz alledem angenehm und wird mit Vergnügen angehört, vielleicht nur mit mäßigem Vergnügen, aber immerhin mit Vergnügen. Und mag die Schmeichelei auch noch so plump sein, so wird unfehlbar doch wenigstens die Hälfte für Wahrheit gehalten.» (Schuld und Sühne)

«Auf der Erde leben und nicht lügen ist unmöglich, denn Leben und Lüge sind synonym.» (Bobok)

«Die Sache ist aber die, dass ich jetzt tatsächlich davon überzeugt bin, dass bei uns alle Menschen ohne Ausnahme lügen. […] Bei uns lügt man in den allermeisten Fällen aus Gastfreundschaft. Man möchte auf den Zuhörer einen ästhetischen Eindruck machen, ihm ein Vergnügen bereiten – darum lügt man und bringt sich dabei dem Zuhörer sozusagen zum Opfer. Ein jeder besinne sich doch, ob er nicht schon an die zwanzigmal die Zahl der Werst [ein russisches Längenmaß; die Verfasser] übertrieben habe, die die Pferde, mit denen er gefahren, in einer Stunde zurücklegten, wenn es nur zur Verstärkung des freudigen Eindrucks auf den Zuhörer notwendig war. […] Die delikate Gegenseitigkeit im Lügen ist beinahe die erste Grundbedingung der russischen Geselligkeit. […] Und doch enthält dieses Lügen trotz seiner

Harmlosigkeit Hinweise auf gewisse sehr wichtige Grundzüge unseres Charakters, so dass beinahe etwas Weltbedeutendes zutage tritt. Zum Beispiel: Erstens: dass wir Russen vor allem die Wahrheit fürchten. [...] Das Zweite, worauf unser allgemeines russisches Lügen hinweist, ist, dass wir uns alle unserer selbst schämen.» (Tagebuch eines Schriftstellers, 1873)

«Die wirkliche Wahrheit ist immer unwahrscheinlich. Um die Wahrheit wahrscheinlich zu machen, muss man ihr unbedingt ein wenig Lüge beimischen.» (Die Dämonen)

Dostojewski weiß, dass von allen Lügen diejenigen am gefährlichsten sind, die man sich selbst auftischt.

«Mitunter setzt sich ein ganz toller, anscheinend ganz unmöglicher Gedanke derartig im Kopf fest, dass man ihn schließlich für etwas Wirkliches hält. Und noch mehr: Wenn eine solche Idee mit einem starken, leidenschaftlichen Wunsch verbunden ist, so betrachtet man sie manchmal am Ende sogar als etwas vom Schicksal Verhängtes, Unvermeidliches, Vorherbestimmtes.» (Der Spieler)

Eine besonders verführerische und schwer durchschaubare Variante der Selbsttäuschung ist nach Dostojewskis Dafürhalten das Opfer-Narrativ. Wer andere für das eigene Scheitern verantwortlich macht, ist oft nur unwillig, die eigenen Fehler zuzugeben.

«Sobald du jedoch den Menschen die Schuld an deiner Trägheit und Schwäche gibst, wird das am Ende dazu führen, dass du teuflischem Hochmut verfällst und gegen Gott murrst.» (Die Brüder Karamasow)

Neben einem verzerrten Selbstbild können auch verquere Überzeugungen zu einem Realitätsverlust führen.

> «Ein Idealist, der sich mit der Stirn an der Wirklichkeit stößt, neigt stets mehr als andere Leute dazu, an alle möglichen Schändlichkeiten zu glauben.» (Der Jüngling)

Weise ist, wer die Welt und sich selbst realistisch einschätzt. Weise handelt, wer sich selbst und anderen guttut. Aber wie gelangt man zu einer realistischen Sicht und zu einem korrekten Handeln? Man braucht vor allem einen klaren Kopf, sagt Dostojewski.

> «In den Köpfen ist keine Ruhe, und zwar in allen Gesellschaftsschichten. Und so haben wir auch keine Festigkeit, weder in unseren Meinungen noch in unseren Überzeugungen.» (Tagebuch eines Schriftstellers, Januar 1881)

Eine ruhige Umgebung allein verhilft allerdings nicht zur Erkenntnis des Wesentlichen. Die Ideale, an denen man sein Leben ausrichtet, kann der Mensch nicht aus sich selbst heraus produzieren. Er braucht guten Rat und eine zuverlässige Richtschnur. Beides verortet Dostojewski bei Gott und bei gottesfürchtigen Menschen.

> «Wenn man keine Ideale hat, keine höheren Ziele – wie kann man dann ehrlich sein?» (Notizen, 1875/1876)
>
> «Ein Mensch braucht gute Vorbilder.» (Notizen, 1872–1875)
>
> «Es reicht nicht, Moral als Haltung zu definieren. Man muss sich auch noch fortwährend fragen: Ist meine Haltung richtig? Der Prüfstein aber ist – Christus. Doch hier geht es nicht mehr um Philosophie, sondern um Glauben.» (Notizen, 1880/1881)

> «Gewissen ohne Gott ist etwas Entsetzliches; es kann sich bis zur größten Unsittlichkeit verirren.» (Notizen, 1880/1881)

Zu Dostojewskis Zeiten sind diejenigen Philosophen auf dem Vormarsch, die den Menschen zur obersten ethischen Instanz erklären. Der rein diesseitige Materialismus wird zur philosophischen Leitkultur. Ausschlaggebend soll nur noch sein, was der eigenen Erfahrung zugänglich ist und was durch Experimente verifiziert werden kann. Von angeblich göttlichen Offenbarungen will man sich nicht mehr einschränken lassen. Wissenschaftliche Autoritäten treten an die Stelle von Propheten und Priestern. Es scheint nur eine Frage der Zeit, bis die größten Rätsel der Menschheit gelöst sind.

Mit Spannung verfolgt Dostojewski die Diskussion. Er hält sich über neue wissenschaftliche Erkenntnisse auf dem Laufenden, ist auch den bahnbrechenden Erkenntnissen der Evolutionsbiologie gegenüber aufgeschlossen. Aber er hält diese Erkenntnisse nicht für aller Weisheit letzten Schluss.

> «Aus Mangel an großen Ideen ist die Wissenschaft im trockenen Materialismus verflacht.» (Brief an Nichte Sonja, 29.8.1870)

Der Irrglaube, den Dostojewski am heftigsten kritisiert, ist die Vernunftgläubigkeit. Immer wieder verweist er auf die Grenzen der Vernunft.

> «Die Vernunft weiß nur das, was sie erfahren hat; aber die menschliche Natur handelt als ein vollständiges Ganzes, mit allem, was zu ihr gehört, bewusst und unbewusst, und wenn sie auch Unsinn macht, so lebt sie doch.» (Aufzeichnungen aus dem Kellerloch)

Dostojewski schärft sich und seinen Lesern ein: Von allem, was existiert, nimmt der Verstand nur einen kleinen Ausschnitt wahr. Und erst recht von allem, was bereits geschehen ist und was noch kommen wird. So schwer es den Menschen schon fällt, das «Was» zu bestimmen, so unmöglich sind ihm die Antworten auf die Fragen «Woher?» und «Wohin?».

> «Uns ist nur das Sichtbare und Augenblickliche bekannt, und auch das nur ganz flüchtig. Aber die Anfänge und Enden sind für den Menschen noch immer phantastisch.» (Tagebuch eines Schriftstellers, Oktober 1876)
>
> «In dieser Welt beginnt nichts und endet nichts.» (Notizen, 1860–1862)

Dostojewski gelangt nicht erst durch viele Umwege zu dieser Einschätzung. Am Tag nach seinem 17. Geburtstag tadelt er seinen älteren Bruder für dessen rationalistische Anflüge. Michail hatte behauptet: «Um mehr zu wissen, muss man weniger fühlen.»

Falsch, entgegnet ihm Fjodor. Er verteidigt den Vorrang des Glaubens vor dem Wissen:

> «Was willst Du mit dem Wort ‹wissen› sagen? Natur, Seele, Liebe und Gott erkennt man mit dem Herzen und nicht mit dem Verstand. […] Der Leiter des Gedankens durch die vergängliche Hülle ins Innere der Seele heißt Verstand. Der Verstand ist eine materielle Fähigkeit; doch die Seele oder der Geist leben von den Gedanken, die ihnen das Herz zuflüstert. Der Gedanke wird in der Seele geboren. […] Wenn aber das Ziel der Erkenntnis die Liebe oder die Natur ist, so beginnt hier das ur-eigenste Gebiet des Herzens. […] Die Philosophie

darf nicht als eine gewöhnliche mathematische Gleichung betrachtet werden, in der die Natur die Unbekannte ist. Merke Dir, dass der Dichter im Augenblick der Begeisterung Gott erfasst, folglich die Aufgabe eines Philosophen erfüllt.» (Brief an Bruder Michail, 31.10.1838)

Seitdem hält Dostojewski daran fest, dass sich dem Verstand nur Teile der Wirklichkeit erschließen können. Der Gesamtzusammenhang allen Seins kann nur intuitiv erfasst werden. Wo der Verstand kapituliert und einen höheren Sinn bezweifelt, hält das Gefühl hartnäckig daran fest. Und das Gefühl liegt richtig.

«Alles beruht auf dem Gefühl, auf der Natur und nicht auf der Vernunft.» (Winterliche Aufzeichnungen über sommerliche Eindrücke)

«Kann die Wissenschaft jemals das Wesen des Lebens, des Denkprozesses und der Empfindungen einer Bettwanze erlernen und mir vermitteln? Niemals. Um das zu erfahren, muss man selbst für einen Moment zur Wanze werden. Wenn die Wissenschaft das nicht kann, so folgt daraus, dass sie ebenso wenig in der Lage ist, mir das Wesen eines anderen, höheren Organismus oder Wesens zu vermitteln.» (Notizen zu «Die Dämonen»)

«An mathematische Beweise kann man schwer glauben.» (Notizen, 1875/1876)

«Die Wissenschaft ist eine großartige Sache, aber sie befriedigt nicht die ganze Person. Ein Mensch ist viel mehr als seine Wissenschaft. So steht es schon in den Evangelien.» (Notizen, 1875/1876)

«Wie können wir daher über Dinge urteilen, die nicht von dieser Welt sind? [...] All diese Fragen sind völlig ungeeignet für einen Verstand, der nur mit der Vorstellung von drei Dimensionen begabt ist.» (Die Brüder Karamasow)

«Vieles auf Erden ist uns verborgen, aber als Ersatz dafür ist uns das stille, geheime Gefühl gegeben, dass uns ein lebendiges Band mit einer anderen Welt verknüpft, mit einer höheren, himmlischen Welt. Auch die Wurzeln unserer Gedanken und Gefühle liegen nicht hier, sondern in anderen Welten. Das ist auch der Grund, weshalb die Philosophen sagen, dass wir das Wesen der Dinge auf Erden nicht begreifen können. Gott nahm Samenkörner aus anderen Welten und säte sie auf dieser Erde, und es erwuchs sein Garten, und es ging alles auf, was aufgehen konnte. Leben und lebendig sein kann das Aufgegangene aber nur durch das Gefühl seiner Berührung mit anderen geheimnisvollen Welten.» (Die Brüder Karamasow)

Viele Jahrzehnte bevor der Philosoph Ludwig Wittgenstein den Zusammenhang von Erkenntnis- und Sprachvermögen untersuchen wird, nimmt Dostojewski eine seiner zentralen Thesen vorweg: Logisch nachvollzogen werden kann nur das, wofür es auch Worte gibt. Unsere Sprache setzt unserer Vernunft Grenzen – und umgekehrt.

«Es ist doch so, dass viele von unseren Empfindungen, in die gewohnte Sprache übersetzt, vollkommen unwahrscheinlich anmuten. Das ist auch der Grund, warum sie niemals ausgesprochen werden, obgleich doch ein jeder sie hat.» (Ein kleiner Held)

Nicht in der Analyse, sondern im Fühlen, Staunen und Träumen kommt der Mensch der Realität am nächsten.

«Es gibt Sekunden […], in denen man plötzlich die Gegenwart der vollständig erreichten ewigen Harmonie fühlt. Das ist nichts Irdisches; ich sage nicht, dass es etwas Himmlisches wäre, wohl aber, dass der Mensch in irdischer Gestalt es nicht ertragen kann. Er muss sich physisch umgestalten oder sterben. Dieses Gefühl ist klar und unbestreitbar. Man empfindet gewissermaßen plötzlich die ganze Natur und sagt: ‹Ja, das ist Recht.›» (Die Dämonen)

«Meiner Ansicht nach ist ‹sich über nichts wundern› viel dümmer als ‹sich über alles wundern›. Und außerdem: ‹sich über nichts wundern› ist fast dasselbe wie ‹nichts achten›. Aber ein dummer Mensch kann ja auch gar nichts achten.» (Bobok)

«Träume träumt nicht die Vernunft, sondern der Wunsch; nicht der Kopf, sondern das Herz.» (Der Traum eines lächerlichen Menschen)

Durchaus im Einklang mit der Erkenntnisphilosophie eines Immanuel Kant befindet sich Dostojewski, wenn es um das Gebiet der Moral geht. Hier lässt sich mit Vernunft allein wenig festlegen. Ein rein materialistisches Weltbild unterminiert altruistisches Verhalten, fördert Egoismus und einen Kult der Stärke.

«Noch nie ist die Vernunft imstande gewesen, das Gute und das Böse zu definieren oder selbst das Gute vom Bösen zu trennen, nicht auch nur annähernd.» (Die Dämonen)

«Die Wissenschaft in unserem Jahrhundert bestreitet alles, was früher galt. Sie sagt, dass sich alle Sünden zurückführen lassen auf unbefriedigte Bedürfnisse, die ganz natürlich sind und deshalb befriedigt werden müssen. Eine radikale Widerlegung des Christentums und seiner Moral!» (Notizen, 1875/1876)

> «Es ist ein Unglück, wenn ein Mensch das rechte Maß verliert; ein solcher Mensch geht zugrunde.» (Der Jüngling)

Seit der Himmel sich verdunkelt hat, tasten sich die Menschen im Dämmerlicht der eigenen Vorstellungskraft vorwärts. In diese Lage gebracht haben sie sich selbst, sagt Dostojewski. Aber nicht durch logische Argumente. Die Abkehr von Gott führt Dostojewski auf einen kardinalen «Fehler des Herzens» zurück, nämlich Verstandesdünkel, eine besonders gefährliche Variante des Stolzes.

Gottesleugner mögen sich für rein faktenorientiert halten. Sie sind auf ihre Art aber genauso gläubig wie Christen und zudem noch schwerer umzustimmen, weil sie den quasi-religiösen Charakter ihrer Überzeugung leugnen. Christen wissen, dass sie glauben. Atheisten glauben, dass sie wissen. Von beiden Glaubenssystemen ist das letztere aus Dostojewskis Sicht das fundamentalistischere.

> «Die Fehler und Missverständnisse des Geistes schwinden schneller und spurloser als die des Herzens; geheilt werden sie weniger durch logische Diskussionen und Aufklärungen als durch die unwiderlegbare Logik des lebendigen, wirklichen Lebens, das in sich sehr oft den notwendigen und richtigen Schluss birgt und den richtigen Weg weiß. [...] Anders ist es mit den Fehlern des Herzens. Ein Fehler des Herzens ist eine schrecklich ernste Sache: Zuweilen bedeutet er die Verseuchung des Geistes der ganzen Nation, oft mit einer Blindheit verbunden, die sich durch keinerlei Tatsachen heilen lässt, selbst wenn diese noch so deutlich auf den geraden Weg hinweisen; diese Blindheit stutzt vielmehr alle Tatsachen nach ihrem Geschmack zurecht, indem sie diese ihrem verseuchten Geist anpasst.» (Tagebuch eines Schriftstellers, Januar 1877)

Dostojewski ist kein Mystiker, kein Irrationalist. Wissen ist wichtig, um sich die Wirklichkeit zu erschließen. Deshalb fordert Dostojewski auch so vehement bessere Bildungsangebote für die breite Masse. Aber er kennt auch die Risiken von halbgaren und unverdauten Informationen.

Wissen ist Macht, wenn man damit umzugehen versteht. Wissen ist Ohnmacht, wenn man sich darauf ausruht.

Das Leben kann nicht gedacht, es muss gelebt werden. Was zählt, ist das Tun, nicht die Reflexion darüber.

> «‹Die *Erkenntnis* des Lebens steht höher als das Leben; die *Kenntnis* der Gesetze des Glücks steht höher als das Glück› – das ist es, wogegen man kämpfen muss, *das* ist die Anschauung, die bekämpft werden muss!» (Traum eines lächerlichen Menschen)
>
> «Die wahre Gelehrtheit ist nicht etwa feindlich dem Leben gegenüber, sondern stimmt schließlich mit dem Leben immer überein, dem sie neue Offenbarungen gibt, die sie im Leben selbst entdeckt. Das ist das wesentliche und großartige Kennzeichen der wahren Gelehrtheit. Die unwahre Gelehrtheit dagegen ist, und mag sie auch noch so groß sein, dem Leben doch immer irgendwie feindlich und geht womöglich bis zur Verneinung des Lebens.» (Notizen, 1880/1881)

Ob bewusst oder unbewusst, damit setzt sich Dostojewski in Gegensatz zu Artur Schopenhauer. Der deutsche Philosoph hat an den Anfang seiner Tätigkeit die Maxime gestellt: «Das Leben ist eine missliche Sache – ich habe mir vorgesetzt, es damit hinzubringen, über dasselbe nachzudenken.»

Weiter kann man aus Dostojewskis Sicht nicht am Sinn des Lebens vorbeizielen. Während Schopenhauer – wie auch seine Fachkollegen Kierkegaard und Nietzsche – ihr Leben als beziehungsarme «Sonderlinge» zubringen, stürzt Dostojewski sich kopfüber hinein. Lieber will er die anvertrauten Pfunde falsch einsetzen, als sie zu vergraben und das Leben nur aus der Distanz zu kommentieren.

In seinen Büchern liegen seine Sympathien bei den aktiven Persönlichkeiten, eher beim testosterongesteuerten Dimitri Karamasow als beim zögerlichen Iwan, eher bei der ungezügelten Nastassja als bei der deutlich kontrollierteren Aglaja, eher bei der empathischen Dirne Lisa als bei dem aus dem Hintergrund keifenden Kellerloch-Menschen.

Dieser Lebensdurst ist Dostojewski nicht angeboren. Während seiner Jungerwachsenen-Jahre in Petersburg gleicht er eher den eigenbrötlerischen Kopfmenschen, die er später bemitleidet. In der Untersuchungshaft und auf dem Hinrichtungsplatz erkennt er ganz neu den Wert der Lebenszeit und bereut seinen fahrlässigen Umgang damit.

> «Warum habe ich den Wert des Lebens nicht besser erkannt? Wie oft habe ich mich an meinem Herz und meiner Seele vergangen! Mein Herz blutet. Das Leben ist ein Geschenk. Das Leben ist ein Glück. Jede Minute kann zur Ewigkeit des Glücks werden.» (Brief an seinen Bruder Michail, 22.12.1849)

Anfang der 1870er Jahre bittet ihn ein Fan, Olga Koslow, um ein paar persönliche Zeilen für ihr Gästebuch. Dostojewski ist gerade aus dem europäischen Exil zurückgekehrt. Ihn drücken Schulden, sein Roman «Der Idiot» hat nicht den erhofften Befreiungsschlag gebracht, sein Lungenleiden wird immer schlimmer. An seiner Haltung dem Leben gegenüber hat sich dadurch trotzdem nichts geändert. Dostojewski schreibt in das Gästebuch:

> «Trotz aller Verluste liebe ich das Leben inbrünstig. Ich liebe das Leben um des Lebens willen, und im Ernst: Ich bin noch dabei, mein Leben zu beginnen. Ich werde bald fünfzig, und ich kann immer noch nicht wirklich erkennen, ob ich mein Leben beende oder erst beginne. Das ist die Haupteigenschaft meines Charakters, vielleicht auch meiner Tätigkeit.»[39]

Ein besonderer Zauber wohnt für Dostojewski allen Anfängen inne. Sich auf unbekanntes Terrain vorzuwagen: Das begeistert ihn mehr, als dass es ihn schreckt. Das Leben ist eben kein Fließband, sondern eine Abfolge von Etappen und Schritten. Und keiner davon ist so wichtig wie der jeweils erste.

> «Ich weiß sehr gut, was der erste Schritt bedeutet, und ich liebe ihn. Er ist besser als alle Sprünge.» (Brief an Alexandra Schubert, 30.5.1860)
>
> «Wovor fürchten die Menschen sich am meisten? Am meisten fürchten sie sich vor einem neuen Schritt.» (Schuld und Sühne)
>
> «Man kann sicher sein, dass Kolumbus nicht damals glücklich war, als er Amerika entdeckt hatte, sondern als er es entdecken wollte. [...] Es kommt auf das Leben an, einzig und allein auf das Leben, darauf, dass man ununterbrochen, ewig damit beschäftigt ist, zu entdecken, und ganz und gar nicht auf das Entdeckte selbst!» (Der Idiot)

---

[39] Zitiert nach Catteau, Jacques: Dostoyevsky and the Process of Literary Creation, 1989, S. 117

Aufschlussreich ist ein Brief, den er an die jüngere Schwester seiner Herzensdame Polina Suslowa schickt. Die 22-jährige Nadeschda hat Russland den Rücken gekehrt, weil Frauen dort noch nicht die Universität besuchen dürfen. Stattdessen studiert sie Medizin in Zürich. Dostojewski mahnt sie nicht etwa zur Vorsicht, malt ihr nicht das Horrorszenario übergriffiger Kommilitonen vor Augen. Er ermutigt sie, das Studentenleben auszukosten.

> «Verkorken Sie sich nicht in die Selbstabgeschlossenheit. Geben Sie sich der Natur hin, geben Sie sich, wenn auch nur ein wenig, der äußeren Welt und den äußeren Dingen hin. Das äußere Leben, das wirkliche Leben, entwickelt unsere menschliche Natur außerordentlich, es liefert das Material. [...] Sie sind jetzt jung, es ist die Zeit der Jugend, der Anfang des Lebens – welch ein Glück! Verlieren Sie nicht Ihr Leben, schonen Sie Ihre Seele, glauben Sie an die Wahrheit. Doch suchen Sie die Wahrheit unbeirrt das ganze Leben lang, andernfalls kann man so schrecklich leicht irregehen.» (Brief an Nadeschda Suslowa, 19.4.1865)

Lebe! – und im Zweifel lebe lieber ungewöhnlich. In diese Richtung zielen auch die Abschiedsworte, die in «Die Dämonen» der Hauslehrer Stepan an seinen Freund Anton richtet:

> «Ich wünsche Ihnen nicht viel Glück, denn das wird Ihnen auf die Dauer schließlich langweilig werden. Aber auch Unglück wünsche ich Ihnen nicht, sondern wiederhole einfach im Sinne der Volksphilosophie: ‹Leben Sie mehr.› Und seien Sie darauf bedacht, sich so wenig wie möglich zu langweilen.» (Die Dämonen)

Alles hat seine Zeit, findet Dostojewski: im Alter vernünftige Bedächtigkeit, in der Jugend gefühlige Spontaneität.

> «Je unbewusster ein Mensch lebt, desto intensiver lebt er.» (Notizen, 1864/1865)
>
> «Manchmal ist es wirklich ehrenvoller, sich einer unverständigen, aber aus Liebe geborenen Schwärmerei hinzugeben, als es nicht zu tun. Und das gilt ganz besonders für die Jugend: Ein junger Mensch, der schon ständig alles mit dem Verstand abwägt, ist nicht viel wert und berechtigt zu keinen großen Hoffnungen.» (Die Brüder Karamasow)

Vor allem soll man sich immer wieder neu bewusstmachen: Von allen Glücksfällen ist das Glück zu leben der größte; von allen Geschenken das schiere Dasein das kostbarste.

> «Ich glaube, dass das Glück nur in der heiteren Auffassung des Lebens und in der Vortrefflichkeit des Herzens und nicht in den äußeren Umständen liegt.» (Brief an Pauline Gueble, 18.10.1855)
>
> «Der Mensch liebt es, nur sein Unglück zu beachten, sein Glück aber zu übersehen.» (Aufzeichnungen aus dem Kellerloch)
>
> «Der Mensch ist unglücklich, weil er nicht weiß, dass er glücklich ist.» (Die Dämonen)
>
> «Das Leben ist gut, und man muss dafür sorgen, dass jeder Mensch das bestätigen kann.» (Notizen, 1876)[40]

[40] Zitiert nach: Aileen M. Kelly: Toward Another Shore: Russian Thinkers Between Necessity and Chance, 1998

«Die Menschen sind zum Glücklichsein geschaffen, und wer ganz glücklich ist, der darf sagen: Ich habe Gottes Gebot erfüllt.» (Die Brüder Karamasow)

«Wir sind alle im Paradies und wollen es nur nicht wahrhaben. Wenn wir es wahrhaben wollten, würde gleich morgen auf der ganzen Welt das Paradies anheben.» (Die Brüder Karamasow)

Der weise Mensch empfindet eine dankbare Ehrfurcht gegenüber der eigenen Existenz: Das ist eine der Botschaften von «Die Brüder Karamasow». Davon zu überzeugen versucht Aljoscha seinen älteren Bruder Iwan, der vor lauter Schattenseiten das Licht nicht sieht:

«Ich glaube, jedermann sollte über alles auf der Welt das Leben lieben.» – «Soll man das Leben mehr lieben als den Sinn des Lebens?» – «Unbedingt! Man muss es lieben vor aller Logik, wie du dich ausdrückst. Unbedingt vor der Logik, erst dann wird man seinen Sinn verstehen.»

Fast könnte man meinen, Dostojewski sei ein Hedonist.

Ist er auch. Solange nicht nur der Körper, sondern auch die Seele auf ihre Kosten kommt.

Wahres Glück findet der Mensch nicht im oberflächlichen Spaß. Echte Befriedigung stellt sich da ein, wo sich das Schöne, das Gute und das Wahre kreuzen, mitunter gerade im Verzicht auf kurzfristiges Vergnügen.

«Heldentum steht höher als jedes Glück, und schon allein die Fähigkeit zum Heldentum macht glücklich.» (Der Jüngling)

Wenn man Dostojewskis Lebensweisheit auf drei Begriffe verdichten wollte, dann wären dies:

Erleben, Lieben und Leiden.

Das gute Leben gibt es aus seiner Sicht nur in diesem Dreierpack. Er selbst hat die paradoxe Erfahrung gemacht, dass Glück und Unglück einander nicht ausschließen, ja einander sogar bedingen. Alles, was ihn im vorgerückten Alter zufrieden machte, hat er über schmerzhafte Umwege erreicht:

Haft, Krankheit, Liebeskummer und Geldnot sind der Erfahrungsquell, aus dem er für seine Romane schöpft. Einige der Katastrophen hat er selbst heraufbeschworen, fast so, als würde er absichtlich den schmerzhaften Kick suchen.

Die vielen Krisen befähigen Dostojewski dazu, mit anderen Leidtragenden mitzufühlen. Sein Empathie-Horizont dehnt sich aus, sein Herz weitet sich für die anderen Mühseligen und Beladenen. Mehr Leiden bedeutete nicht weniger Leben, sondern mehr.

Das zeigt sich auch in seinen Büchern. Der Roman, in dem mit Abstand am wenigsten gelitten wird, «Der Jüngling», ist auch der langweiligste.

> «Vielleicht liebt der Mensch ja nicht allein das Wohlbefinden? Vielleicht liebt er genau ebenso sehr das Leiden, […] manchmal ganz außerordentlich, leidenschaftlich.» (Aufzeichnungen aus dem Kellerloch)
>
> «Das Leiden, das ist ja die einzige Ursache der Erkenntnis.» (Aufzeichnungen aus dem Kellerloch)

«Es gibt kein Glück im Komfort; Glück wird durch Leiden erkauft. Der Mensch ist nicht zum Glück geboren. Der Mensch verdient sich sein Glück, und zwar immer mit Leiden.» (Notizen zu «Schuld und Sühne»)

«Wo eine umfassende Erkenntnis und ein tief empfindendes Herz vorhanden sind, da bleiben auch Leiden und Schmerz nicht aus.» (Schuld und Sühne)

«Ohne Leid begreift man auch kein Glück. Das Ideal wird durch das Leid geläutert wie das Gold durch das Feuer.» (Brief an Nichte Sonja, 29.8.1870)

«Auf unserer Erde können wir nur mit Qual oder durch Qualen wahrhaft lieben! Anders verstehen wir nicht zu lieben, und wir kennen keine andere Liebe.» (Traum eines lächerlichen Menschen)

«Suche das Glück im Leid!» (Die Brüder Karamasow)

In seiner Fähigkeit zum Mit-Leiden zeigt sich dem Menschen seine zentrale Bestimmung. Der Mensch ist nicht nur zum Sein geschaffen, sondern zum Für-andere-Dasein.

«Nicht durch Speise allein, nicht durch prächtige Kleider, nicht durch Stolz und Neid wirst du glücklich sein, sondern durch die unermesslich vermehrte Liebe.» (Der Jüngling)

«Liebe die andern wie dich selbst, das ist das Wichtigste.» (Traum eines lächerlichen Menschen)

«Wenn du dich besiegst, wenn du dich bändigst, wirst du so frei sein, wie du es dir niemals geträumt hast, und du wirst ein großes Werk beginnen und die andern freimachen und das Glück sehen, denn dein Leben wird voll werden.» (Rede zur Einweihung des Puschkin-Denkmals, Tagebuch eines Schriftstellers, August 1877)

> «Liebt den Menschen auch in seiner Sünde, denn das gleicht der Liebe Gottes und ist der Gipfel der Liebe auf Erden. Liebt die ganze Schöpfung Gottes, das gesamte All, wie auch jedes Sandkörnchen. Liebt jedes Blättchen, jeden Sonnenstrahl Gottes! Liebt die Tiere, liebt die Pflanzen, liebt jegliches Ding. Wer jegliches Ding liebt, wird auch das Geheimnis Gottes in den Dingen erfassen.» (Die Brüder Karamasow)

Dostojewski sagt damit: Wer liebt, macht nichts falsch und alles richtig. Liebesfähigkeit ist die höchste Kompetenz, die ein Mensch erlernen kann.

Die positivsten Gestalten in Dostojewskis Romanen sind deshalb weder Alleskönner noch Vielwisser. Es sind Menschen wie die selbstlose Hure Sonja, die sich für einen anderen verlorenen Menschen opfert. Besser als alle Philosophen haben sie den Sinn des Lebens verstanden.

KAPITEL 16
PROPHET

Dostojewski hätte heftig den Kopf geschüttelt, wenn ihn jemand das «Orakel von Petersburg» genannt hätte. Er hat schließlich keine Ahnung davon, dass sich viele seiner Vorhersagen bewahrheiten werden. Aber mit der Bezeichnung «Prophet» hätte er sich durchaus anfreunden können. Zu seiner Lieblingslektüre in der Bibel gehören nämlich die Berichte über den Propheten Elia, den Besieger der Baals-Priester.

Die Aufgabe der biblischen Propheten war es, in trüben Zeiten klare Ansagen zu machen, ihnen den ewigen Spiegel vor die vom Zeitgeist geblendeten Augen zu halten.

Genau das hat sich auch Dostojewski vorgenommen.

Er gleicht darin seinem größten Schriftsteller-Vorbild, Alexander Puschkin. Puschkin beschreibt die Berufung zum Dichter, die er als 25-Jähriger verspürte, in einem allegorischen Gedicht. Es trägt den programmatischen Titel «Der Prophet» und steckt voller Assoziationen mit den alttestamentarischen Gottesboten. Es ist das Lieblingsgedicht von Dostojewski. Er zitiert es immer wieder.

> «Getrieben von des Geistes Gier,
> darbte ich in Wüsten, als sich zeigte
> ein sechs-flügeliger Seraph mir,
> wo sich der Weg zum Kreuz verzweigte.
> Und in mein Ohr sein Finger drang,
> und es erfüllte Schall und Klang:

und ich vernahm des Himmels Beben,
der Engel sternumwehten Flug,
Ich lag im Wüstensand wie tot,
und Gottes Stimme mir gebot:
Steh auf, Prophet, und sieh und höre,
verkünde mich von Ort zu Ort
und, wandernd über Land und Meere,
die Herzen brenn mit meinem Wort.»
(Alexander Puschkin, Der Prophet)

Der Prophetenjob, wie Puschkin ihn beschreibt, ist kein Spaßprojekt. Die Rekrutierung als Seher und Mahner ist mit Qualen verbunden.

Das entspricht genau den Erfahrungen, die Dostojewski macht. Wie der biblische Prophet Jona entzieht er sich zunächst der dichterischen Propheten-Aufgabe, versteigt sich in abgehobene Phantasien. Dann geht er unter. Statt in einem Wal verschwindet er im sibirischen Totenhaus. Nach seiner Rückkehr wettert er – wie Jona gegen Ninive – gegen Selbstbezogenheit, Materialismus, Atheismus.

Propheten sehen Trends voraus, aber sie selbst sind nicht trendy. Dostojewski liegt mit seiner Botschaft quer zum Mainstream:

Die Mehrheit der Bildungsbürger glaubt lieber der Mär vom Triumph der menschlichen Autonomie. Die Naturwissenschaften melden eine bahnbrechende Entdeckung nach der anderen. Laut dem Philosophen Hegel ist statt dem Gott der Bibel ein unpersönlicher Weltgeist in der Geschichte wirksam. Charles Darwin vertreibt den Schöpfergott aus der Natur und ersetzt ihn durch das Prinzip der natürlichen Selektion, den Sieg der stärkeren gegen die schwächere Spezies. Karl Marx verkündet, dass der Weltgeist auf Seiten der Arbeiter ist, sie sich im gesellschaftlichen Wettbewerb durchsetzen werden. Goldene Zeiten, so scheint es, sind nur ein paar Entwicklungsstufen entfernt.

Wie später Nietzsche erkennt Dostojewski, dass die Zukunftsoptimisten für ihre dicken Backen zu wenig Sauerstoff in den Lungen haben.

Bisher hat unter anderem die gemeinsame Gottesvorstellung die Gesellschaft zusammengekittet. Doch nun, ohne Konsens über das Woher und Wohin, droht der Laden auseinanderzufliegen. Nietzsche wird die Menschen dazu auffordern, noch die letzten Fesseln der moralischen Konvention abzustreifen. Dostojewski appelliert im Gegenteil an seine Landsleute, sich in Liebe Gott und den Mitmenschen unterzuordnen.

Welche Konsequenzen der Abfall von Gott haben wird, treibt Dostojewski mehr um als alle anderen Fragen. In den «Aufzeichnungen aus dem Kellerloch» beschreibt er die Malaise des gottlosen Menschen. Auch danach gibt es keinen Roman und kaum eine Ausgabe seines «Tagebuchs eines Schriftstellers» ohne die penetrante Frage: Was wird aus dem Menschen ohne Gott? Dostojewski sieht ziemlich schwarz.

> «Die Idee der Desintegration ist omnipräsent, denn alles fällt auseinander, und es gibt keine Bindungen mehr, nicht nur in der russischen Familie, sondern zwischen den Menschen im Allgemeinen.» (Notizen zu «Der Jüngling»)
>
> «Alle sondern sich ab, isolieren sich, ein jeder will sich etwas Eigenes, Neues und Unerhörtes ausdenken. Ein jeder legt alles ab, was früher in den Gedanken und Gefühlen gemeinsam

war, und fängt mit seinen eigenen Gedanken und Gefühlen an. […] Sehr viele allerdings beginnen gar nichts und werden niemals etwas beginnen; sie haben sich aber doch losgerissen, stehen abseits, schauen auf die Stelle, von der sie sich abgerissen haben, und warten auf etwas, die Hände im Schoß.» (Tagebuch eines Schriftstellers, März 1876)

«Das Jucken nach Ausschweifung beginnt.» (Notizen, 1875/1876)

«Jeder Übergangs- und Verwesungszustand der Gesellschaft erzeugt Faulheit und Apathie, weil nur sehr wenige in solchen Zeiten imstande sind, klar vor sich zu sehen und vom Weg nicht abzuirren. Die meisten aber verirren sich, verlieren den Faden.» (Tagebuch eines Schriftstellers, Juli/August 1877)

Obwohl Dostojewski normalerweise nicht zur Nostalgie neigt, trauert er manchmal doch den alten Zeiten hinterher.

«Damals waren die Menschen von einer einzigen Idee erfüllt; jetzt sind sie nervöser, mehr entwickelt, sensitiver, mit zwei, drei Ideen gleichzeitig beschäftigt.» (Der Idiot)

Dostojewski registriert, wie sich in den gebildeten Schichten ein ethischer Relativismus ausbreitet. Die spirituelle Verödung begünstigt das Erstarken radikaler Polit-Sekten. Der Anführer einer solchen Gruppierung, der gewissenlose und machtgierige Pjotr Werschowenski, jubiliert in «Die Dämonen»:

«Der Lehrer, der sich mit den Kindern über ihren Gott und ihre Wiege lustig macht, der ist schon unser. Der Advokat, der einen gebildeten Mörder damit verteidigt, dass dieser geistig höher entwickelt sei als seine Opfer und, um Geld zu erlangen, notwendigerweise habe morden müssen, ist schon unser. Die Schüler, die einen Bauern totschlagen, um das Gefühl, das man dabei empfindet, kennen zu lernen, sind unser. Die Geschworenen, die alle Verbrecher ohne Ausnahme freisprechen, sind unser. Der Staatsanwalt, der sich bei Gericht ängstigt, er erscheine vielleicht nicht liberal genug, ist unser, unser!» (Die Dämonen)

Am meisten Sorgen macht Dostojewski die Erosion der Familie.

«Eine zufällige Familie – das ist die Definition der heutigen russischen Familie. Ihr altes Antlitz hat sie ganz plötzlich und unerwartet verloren. […] Wird sie die Kraft haben, sich ein neues, ersehntes und das russische Herz befriedigendes Antlitz zu schaffen?» (Tagebuch eines Schriftstellers, Juli/August 1877)

Bestürzung lösen bei Dostojewski die Berichte über junge Revolutionärinnen aus, die ihre Sexualität frei ausleben und die Folgen, nämlich Neugeborene, beseitigen.

«Die allgemeine Moral ist so heruntergekommen, dass nihilistische Mädchen Kinder zur Welt bringen und sie dann töten.» (Notizen, 1864/1865)

«Die Konfusion über unsere Vorstellungen von Gut und Böse ist jenseits aller Vorstellungskraft.» (Notizen, 1875/1876)

An die Stelle der von Gott geoffenbarten Gebote tritt eben keine höhere humanistische Ethik, sondern das Lustprinzip. Und darauf kann man, so ist Dostojewski überzeugt, keine funktionierende Gesellschaft aufbauen.

«Die Welt sagt: ‹Du hast Bedürfnisse, darum befriedige sie; du besitzt dasselbe Recht wie die Vornehmsten und Reichsten! Scheue dich nicht, sie zu befriedigen, sondern steigere sie sogar noch!› Das ist die heutige Lehre der Welt. […] Die Armen aber betäuben ihren Ärger, dass sie ihre Bedürfnisse nicht befriedigen können, und ihren Neid einstweilen durch Trinken. Bald werden sie sich jedoch an Blut statt an Branntwein berauschen. Der Mensch ist isoliert; was kümmert ihn da noch das Ganze?» (Die Brüder Karamasow)

«Jeder strebt danach, seine Persönlichkeit so stark wie möglich abzusondern; er möchte an sich selbst die Fülle des Lebens erfahren. Dabei ist das Resultat aller seiner Anstrengungen statt der Fülle des Lebens nur völliger Selbstmord, denn statt sein Wesen allseitig zu entfalten, verfällt man in totale Isolierung.» (Die Brüder Karamasow)

«Der Inbegriff des Einheitsverlustes: Lass die ganze Welt verbrennen, solange es mich nicht trifft.» (Notizen zu «Die Brüder Karamasow»)

«Jetzt beginnt die Herrschaft der Vernunft und des Lichtes … und des Willens und der Kraft», sagt sich in «Schuld und Sühne» Raskolnikow, bevor er zwei unschuldige Frauen tötet.

Wohin die menschliche Hybris führt, beschreibt Dostojewski auch in «Die Brüder Karamasow». Der Bastard-Bruder Smerdjakow nimmt die atheistischen Spekulationen seines Halbbruders Iwan todernst. Er zieht daraus den Schluss, dass alles Handeln eine Frage der Nützlichkeit ist. Weil der alte Karamasow keinem nützt, sondern allen im Weg ist, bringt Smerdjakow ihn um.

Im «Traum eines lächerlichen Menschen» gibt Dostojewski seinen Lesern einen Vorgeschmack auf das, was ihnen und den nachfolgenden Generationen bevorsteht. Er wechselt dafür auf einen anderen Planeten, wo eine andere Menschheit die Chance auf einen völligen Neuanfang hat. Aber der Egoismus eines einzigen Bewohners steckt bald alle anderen an, mit fatalen Folgen.

> «Es entstand der Begriff der Ehre, und jede Gruppe sammelte sich unter einer besonderen Fahne. Sie fingen an, Tiere zu quälen, und die Tiere entfernten sich von ihnen und verkrochen sich in den Wäldern und wurden ihnen feind. [...] Es begann der Streit um die Trennung, um die Absonderung, um die Persönlichkeit, um das Mein und Dein. [...] Jeder war mit solcher Eifersucht auf die Wahrung seiner Persönlichkeit bedacht, dass er sich mit aller Kraft bemühte, die Persönlichkeit der andern zu erniedrigen und klein zu machen. [...] Dafür aber erschienen Leute, die sich eine Art und Weise auszudenken versuchten, wie sich alle wieder so vereinigen könnten, dass jeder, ohne dass er aufhören musste, sich selbst mehr als alle andern zu lieben, gleichzeitig keinen andern störte und auf diese Art alle wie in einer einträchtigen Gesellschaft zusammenlebten. Ganze Kriege entstanden als Folge dieser Idee. Alle Kriegsführenden glaubten zu gleicher Zeit fest, dass die Wissenschaft, die Weisheit und der Selbsterhaltungstrieb die Menschen endlich zwingen würden, sich zu einer einträchtigen, vernünftigen Gesellschaft zu vereinigen; und darum bemühten sich einstweilen zur Beschleunigung der Sache die ‹Weisen›, möglichst schnell alle ‹Unweisen›, die ihre Idee nicht begriffen, auszurotten.» (Traum eines lächerlichen Menschen)

Man kann darüber staunen, dass Dostojewski die Verbrechen des Faschismus und Kommunismus ebenso ankündigt wie die Verführung durch einen prinzipienlosen Individualismus.

In «Die Dämonen» kommen die Umstürzler nicht über das Ideenstadium heraus. Ihre einzige Mordaktion richtet sich nicht gegen den Zaren oder einen hochgestellten Staatsdiener, sondern gegen einen braven Familienvater.

Auf den ersten Blick handelt es sich um eine üble Verlierertruppe. Ihr Betätigungsfeld ist zudem nicht Petersburg, Moskau oder eine andere Metropole, sondern ein Provinzkaff. Das wäre so, als würde ein zeitgenössischer deutscher Thriller statt in Berlin in Memmingen oder Hildesheim spielen. Aber genau darin zeigt Dostojewski sein Genie. Ihn interessiert nicht, was im Zentrum spektakulär aufblitzt, sondern was an den Rändern schwelt. Die Pläne seines Rädelsführers Pjotr Werschowenski nehmen den sowjetischen Überwachungsstaat erstaunlich präzise vorweg.

Was George Orwell 1948 in seinem Roman «1984» beschreibt, klingt bereits 1873 bei Dostojewski an.

> «Jedes Mitglied der Gesellschaft beaufsichtigt jedes andere und ist zur Anzeige verpflichtet. Alle sind Sklaven und sind sich als solche gleich. In extremen Fällen kommen Verleumdung und Mord zur Anwendung. […] Nur das Notwendige ist notwendig, das wird von nun an der Wahlspruch des Erdballs sein. Aber es ist auch eine Art von Kampf nötig; dafür werden wir, die Leiter, sorgen. Sklaven müssen Leiter haben. Voller Gehorsam, vollständiger Verlust der eigenen Persönlichkeit.» (Die Dämonen)

Genauso bemerkenswert ist, dass Dostojewski auch einen sanften Totalitarismus kommen sieht: die schleichende Entmündigung des Menschen durch subtile Gängelei, durch perfekt designte Anreizsysteme, durch ausgeklügelte Algorithmen.

Dostojewski weiß natürlich nichts von Google. Er reagiert auf die Glücks-Theorien des englischen Utilitarismus-Begründers Jeremy Bentham sowie auf andere wissenschaftliche Versuche, die Gesetzmäßigkeiten menschlichen Handels statistisch zu erfassen.

> «Folglich braucht man diese Naturgesetze nur zu entdecken, und der Mensch wird für seine Handlungen nicht mehr verantwortlich sein und ein überaus leichtes Leben haben. Alle menschlichen Handlungen werden dann selbstverständlich nach diesen Gesetzen mathematisch in Form einer Logarithmen-Tafel bis 108.000 ausgerechnet und in einen Kalender eingetragen werden. Oder, noch besser, es werden einige wohlgemeinte Bücher nach der Art der jetzigen Konversationslexika erscheinen, in denen alles so genau ausgerechnet und angegeben sein wird, dass es auf der Welt künftig weder unerwartete Taten noch unerwartete Begebenheiten mehr geben wird.» (Aufzeichnungen aus dem Kellerloch)
>
> «Die Maschine ersetzt das Gutsein.» (Notizen 1880/1881)

Dostojewski fürchtet den Ego-Trend auch deshalb, weil er die Folgen in seiner Haftzeit hautnah erlebt hat. Dort ist er von Menschen umgeben, die ihren niedrigsten Instinkten nachgegeben haben und teilweise mit Vergnügen davon erzählen. Was, wenn im Zuge der umfassenden Moral-Deregulierung die dunklen Triebe außer Kontrolle geraten? In seinen Befürchtungen sieht sich Dostojewski durch die Zeitungslektüre bestätigt. Meldungen über abscheuliche Verbrechen sind in der Presse an der Tagesordnung.

Spätestens seit dem Mai 1862, kaum zwei Jahre nach seiner Rückkehr aus der Verbannung, ist er gewarnt. Ihm flattert damals ein Flugblatt ins Haus. Das Pamphlet trägt den harmlosen Titel «Das junge Russland». Unterzeichnet ist es von einem dubiosen «Zentralen Revolutionskomitee». Dessen anonyme Mitglieder verlangen nichts weniger als eine sozialistische Revolution.

> «Bald, sehr bald kommt der Tag, an dem wir die große Fahne, die Fahne der Zukunft, entrollen, die rote Fahne. Mit dem gellenden Ruf: ‹Es lebe die russische soziale und demokratische Republik!›, werden wir dann zum Winterpalais marschieren und alle darin Wohnenden vernichten.»[41]

Manchmal werden seine eigenen erfundenen Geschichten von der Wirklichkeit eingeholt. Noch während «Schuld und Sühne» als Fortsetzungsgeschichte erscheint, tötet ein russischer Student einen Geldverleiher und dessen Diener.

Kurz darauf, im April 1866, wird ein Attentat auf den Zaren verübt. Alexander II. überlebt. Der Täter ist, genau wie der Held von «Schuld und Sühne», ein abgebrochener Student. Seine Aktion ist der Startschuss zur größten Terrorwelle, die Europa bis dahin heimgesucht hat. Sie beschränkt sich nicht auf Russland. Es gibt, freilich unter ganz anderen Vorzeichen, Anschläge gegen die englische Königin Viktoria, den deutschen Kaiser Wilhelm, aber seit 1878 auch

[41] Zitiert nach: Kjetsaa, Geir: Dostojewski. Sträfling, Spieler, Dichterfürst. 1986, S. 186

eben immer wieder gegen den russischen Zaren. Die Terrorgruppe, die in einem Flugblatt pathetisch die «Todesstrafe» über Alexander II. verhängt, nennt sich «Wille des Volks». Mit Granaten und Pistolen versuchen die Revolutionäre immer wieder, das Oberhaupt der Romanow-Dynastie zu Fall zu bringen.

Und Dostojewski ist buchstäblich mittendrin.

Während die jungen Terroristen an ihren Mordplänen tüfteln, lebt Dostojewski Tür an Tür mit ihnen. Unglaublich, aber wahr: Der Dichter, der die heraufziehende Terrorgefahr so eindrücklich in «Die Dämonen» beschreibt, hat einen der meistgesuchten Attentäter zum Nachbarn. Der 22-jährige Alexander Barannikow wohnt inkognito in demselben Mietshaus wie Dostojewski. Vermutlich begegnen sie sich sogar.

Im Januar 1881 wird Barannikows Wohnung von der Polizei durchsucht und der Terrorist festgenommen. Kurz darauf stirbt Dostojewski. Ihm bleibt erspart, miterleben zu müssen, wie die Verschwörer letztendlich triumphieren. Im März 1881 töten sie Alexander II. mit einem selbstgebastelten Sprengsatz. Es ist der Anfang vom Ende des Zarenreiches.

Dostojewski hat ein seherisches Gespür für das, was kommen wird. Vier Jahre vor seinem Tod warnt er seine Leser, sie sollten sich wappnen …

> «… gegen etwas Neues und Nahendes, etwas Dringendes und Fatales, gegen die dem Weltall drohende Erneuerung durch eine neue Ordnung der Dinge, gegen den radikalen sozialen und moralischen Umschwung des ganzen Westens, oder,

wenn diese Erneuerung nicht zustande kommt, dann gegen die schreckliche Erschütterung und die kolossale Revolution.» (Tagebuch eines Schriftstellers, Januar 1877)

Ähnliche Unkenrufe äußerte er bereits zuvor in seinem «Tagebuch», in Gesprächen oder in privaten Kritzeleien.

«Diese Menschen begreifen nicht, dass der Untergang der Welt nahe ist … und ihr Gerede von ‹Freiheit› und ‹Fortschritt› bald ein Ende haben wird!» (Gespräch mit Warwara Timofeyewa, 1873)

«Schreckliche Ereignisse und Umbrüche werden die Welt in der nahen Zukunft heimsuchen.» (Notizen, 1872–1875)

«Gebe Gott, dass ich mich irre; gebe Gott, dass die neue aufziehende Wolke sich zerstreue und alle meine Vorahnungen sich nur als meine feurigen Phantasien erweisen, als Phantasien eines Menschen, der von Politik nichts versteht.» (Tagebuch eines Schriftstellers, Mai/Juni 1877)

«Alles im nächsten Jahrhundert!» (Notizen, 1875/1876)

Dostojewski sieht aber nicht nur schwarz. Im Grunde seines Herzens ist er Optimist. Er will die Hoffnung nicht aufgeben, dass sich gesellschaftliche Fehlentwicklungen doch noch korrigieren lassen.

«Das Patriarchat war der primitive Zustand. Die Zivilisation ist die mittlere, die vorübergehende. Das Christentum ist die dritte und letzte Stufe des Menschen.» (Notizen, 1864/1865)

«Das russische Volk wird sich nie gegen Zaren erheben.» (Notizen zu «Die Dämonen»)

«Das Volk wird den Atheisten entgegentreten und sie niederringen.» (Die Brüder Karamasow)

Dostojewski glaubt an ein Happy End – allerdings erst am Jüngsten Tag.

> «Bis Christus wiederkommt, wird der Krieg nicht aufhören.» (Notizen, 1875/1876)

Seine wichtigste prophetische Aufgabe sieht Dostojewski darin, den Russen ihre historische Bestimmung vor Augen zu führen: als Licht aus dem Osten den Westen zu erhellen. Wie Dostojewski diese Mission versteht, wird im nächsten Kapitel behandelt. Er nutzt vor allem den zunehmenden Erfolg seines «Tagebuchs eines Schriftstellers» als Plattform.

Zunächst belässt er es bei Andeutungen. Doch in den letzten Jahren seines Lebens verliert er die Angst davor, als Spinner und Scharfmacher verlacht zu werden. Ohne Rücksicht auf Reputationsverluste streift er sich den Prophetenmantel über.

> «Ich habe es mir bisher in meinen Schriften immer versagt, einige meiner Überzeugungen ganz auszusprechen, das allerletzte Wort zu sagen. Ein kluger Korrespondent aus der Provinz hat mir sogar vorgeworfen, dass ich im Tagebuch über vieles zu reden beginne, vieles berühre, aber bisher nichts zu Ende geführt habe, und er ermutigt mich, nicht so zaghaft zu sein. Und nun habe ich mich darangemacht und das letzte Wort meiner Überzeugungen und Träumereien von der Rolle und Bestimmung Russlands in der Menschheit ausgesprochen.» (Brief an Wladimir Solowjow, 28.7.1876)

KAPITEL 17
RUSSE

«Meistens belehrt uns erst der Verlust über den Wert der Dinge», schrieb Artur Schopenhauer. «Du weißt nur, was du hast, wenn es weg ist», sang Joni Mitchell. Wie zutreffend diese Lebensweisheit ist, zeigt sich an Dostojewski und seiner Vaterlandsliebe. Sie wächst in der Distanz.

> «Sollte es denn wirklich eine solche chemische Verbindung des Menschengeistes mit der Heimaterde geben, dass man sich doch nicht endgültig von ihr loszureißen vermag, oder, wenn man es versucht, dann doch immer wieder zu ihr zurückkehren muss?» (Winterliche Aufzeichnungen über sommerliche Eindrücke)

Unfreiwillig verbringt der Dichter viele Jahre in Haft, Verbannung, Exil. Hinzu kommen einige Kuraufenthalte, die ihn mehr als zweitausend Kilometer von Petersburg entfernen. Sein Patriotismus ist sehnsuchtsgestützt. Die innere Zugehörigkeit zu seinem Volk ist für ihn ein Geschenk, keine Selbstverständlichkeit. Das erklärt die Inbrunst seiner Bekenntnisse zu Russland.

Ein Nationalist ist er deshalb noch lange nicht. «Nationalismus ist der Hass auf die Anderen, Patriotismus die Liebe zu den Eigenen»; so ähnlich soll es der französische Staatsmann Charles de Gaulle einmal ausgedrückt haben. In diesem Sinn ist Dostojewski ein Patriot. Er ist überzeugt, dass eine positive emotionale Verbindung zum eigenen Volk erst dazu befähigt, sich auf das Fremde einzulassen. Dostojewski will seinen Landsleuten keine Überlegenheitsgefühle antrainieren. Er will ihnen ihre Minderwertigkeitskomplexe austreiben. Sein Patriotismus resultiert aus Ohnmachtsängsten, nicht aus Arroganz. Sein Wunsch ist es, dass die Russen den anderen Europäern auf Augenhöhe begegnen können. Nationalistische Hybris ist ihm fremd.

Diese Haltung zeigt sich auch in seinen Romanen. Dostojewski ist gerade *nicht* am spezifisch Russischen interessiert, verzettelt sich nicht in historischen Exkursen, sondern konzentriert sich auf das Allgemein-Menschliche. Deshalb haben seine Werke auch einen so universalen Appeal. Nach japanischen oder amerikanischen Adaptionen von Thomas-Mann-Romanen sucht man vergeblich. Aber Dostojewski ist auf den Theaterbühnen und in den Kinosälen aller Welt eine gern gesehene Fremdverstärkung.

Ein Kosmopolit ist Dostojewski aber auch nicht. Er fremdelt im Ausland.

> «Im Ausland leben ist trist, wo immer es auch sei.» (Brief an Nichte Sonja, 29.8.1867)

Die schönste Umgebung kann den Dichter oft nicht aufmuntern. Als er einige Monate in Florenz verbringt, beschreibt er die Toskana zwar als «wahres Paradies. Man kann sich keinen schöneren Eindruck vorstellen als den dieses Himmels, dieser Luft und dieses Lichtes». Im selben Brief klagt er gleichzeitig über schreckliches Heimweh:

> «Nach meiner Ansicht ist das schlimmer als eine Verbannung nach Sibirien. Ich meine es durchaus ernst, ohne zu übertreiben. Ich kann die Russen im Ausland nicht begreifen. Wenn es hier auch wirklich einen wunderbaren Himmel und, wie zum Beispiel in Florenz, buchstäblich unerhörte und unglaubliche

> Wunder der Kunst gibt, so fehlen hier manche Vorzüge, die ich sogar in Sibirien, als ich das Zuchthaus verließ, wahrnahm; ich meine in erster Linie die Heimat und die Russen, ohne die ich nicht leben kann.» (Brief an Nichte Sonja, 6.2.1869)

Auch während seiner Zeit am Genfer See bleibt er nahezu unberührt von der landschaftlichen Schönheit der Alpenregion. Auf ihn trifft das zu, was er in «Der Idiot» über den Schweizer Kur-Aufenthalt des Fürsten Myschkin schreibt:

> «Jeden Morgen ging dieselbe helle Sonne auf, jeden Morgen stand über dem Wasserfall ein Regenbogen, jeden Abend flammte der höchste schneebedeckte Berg dort in der Ferne am Rand des Himmels in purpurner Glut; jede kleine Fliege, die im warmen Sonnenstrahl um ihn herumsummte, nahm an diesem Fest teil, kannte ihren Platz, liebte ihn und war glücklich, jedes Gräschen wuchs und war glücklich! Und alles hatte seinen vorgeschriebenen Weg, und alles kannte diesen Weg und kam singend und ging singend; nur er wusste nichts und verstand nichts, weder die Menschen noch die Töne, er stand allem fremd gegenüber, er war ein Ausgestoßener.» (Der Idiot)

An Genf, der Stadt der Banken und des Calvinismus, stört ihn die kühle Emsigkeit der Bewohner. Ihm fehlt die russische Vollblütigkeit. Unentwegt beschwert er sich bei Bekannten darüber, dass es dort …

> «… keine russischen Gesichter, russischen Bücher, russischen Gedanken und Sorgen, sondern überhaupt keine freundlichen Gesichter gibt. Ich kann wirklich nicht verstehen, dass dies nicht ein jeder im Ausland lebende Russe, wenn er überhaupt

Herz und Verstand hat, bemerkt und schmerzvoll empfindet. Vielleicht sind auch alle diese Gesichter freundlich zueinander. Ich habe aber immer den Eindruck, dass sie gegen uns nicht freundlich sind. Es ist wirklich so! Wie kann man überhaupt das Leben im Ausland ertragen? Bei Gott, ohne die Heimat ist es eine Qual. [...] Ich brauche Russland für meine Arbeit, für mein Dichten (ich spreche gar nicht vom übrigen Leben). Ich bin wie ein Fisch ohne Wasser; ich verliere alle Kräfte und Mittel zum Leben. [...] Ich fühle mich überall in der Fremde wie ein Stück Brot, das man vom Laib abgeschnitten hat.» (Brief an Apollon Maikow, 28.8.1867)

«Genf ist ekelhaft. [...] Ein Schrecken ist das, aber keine Stadt. [...] Wie düster, wie traurig ist hier alles! Und wie selbstzufrieden und prahlerisch die Leute hier sind. Es ist ja ein Anzeichen ganz besonderer Dummheit, wenn man so selbstzufrieden ist. Alles ist hier hässlich, durch und durch faul und teuer.» (Brief an Apollon Maikow, 21.10.1867)

Zu Deutschland hat Dostojewski eine ganz spezielle Beziehung. Er liegt fortwährend im Clinch mit der deutschen Frau seines Bruders Michail. Deutschland ist aber auch das Land seines literarischen Idols Schiller und seines musikalischen Helden Beethoven. Hier kommt seine Tochter Ljuba zur Welt, hier schreibt er «Der ewige Gatte» sowie Teile von «Der Idiot» und «Die Dämonen», hier trifft ihn mit voller Wucht die Spielsucht. Gelegenheiten, die Bewohner näher unter die Lupe zu nehmen, bieten sich ihm zahlreich. Um in seinen Briefen und Notizen positive Äußerungen über die Deutschen zu finden, braucht es allerdings fast schon ein Mikroskop. Aber es gibt sie.

«Die Deutschen sind ein feinfühliges und freundliches Volk; wenn sie einen gerade nicht aus der Ruhe bringen – denn dann kommt man nicht umhin, sie zu tadeln.» (Brief an Ehefrau Anna, 19.7.1876)

«Die Deutschen sind gegen Damen furchtbar höflich.» (Tagebuch eines Schriftstellers, Juli/August 1876)

Die Antipathie gegenüber Deutschland erklärt sich zum Teil aus seinen Erlebnissen an den Roulette-Tischen von Wiesbaden, Bad Homburg, Baden-Baden. Er verliert hohe Summen von Geld, und die Deutschen besitzen die Unverschämtheit, es von ihm einzufordern.

«Für den Deutschen gibt es kein größeres Verbrechen, als kein Geld zu haben und seine Schulden nicht rechtzeitig zu bezahlen.» (Brief an Polina Suslowa,10.8.1865)

Ob als Schuldner oder als Gast – Dostojewski ist alles andere als leicht zufriedenzustellen.

«Er findet ein wahres Vergnügen darin, wie er selbst sagt, den Deutschen schonungslos ins Gesicht zu sagen, was ihm nicht passt.» (Anna Dostojewski, Tagebuch, 14.6.1867)

Wenn man Dostojewski bis aufs Blut reizen will, muss man ihm gegenüber nur ein Loblied auf die deutsche Fortschrittlichkeit singen. Mit seinem Schriftstellerkollegen Turgenjew leistet er sich deshalb einen heftigen Schlagabtausch.

«Unter anderem sagte er mir, wir müssten vor den Deutschen im Staube kriechen, es gäbe nur einen allgemeinen und unfehlbaren Weg – den der Zivilisation, und alle Versuche, eine selbständige russische Kultur zu schaffen, seien nichts als Dummheit. [...] Vor dem Weggehen schüttete ich so ganz zu-

> fällig und ohne besondere Absicht alles aus, was sich in diesen drei Monaten an Hass gegen die Deutschen aufgespeichert hatte. ‹Wissen Sie, was es hier für Schwindler und Schurken gibt? Wirklich, das einfache Volk hier ist viel schlimmer und ehrloser als bei uns; dass es auch dümmer ist, unterliegt keinem Zweifel. Sie sprechen immer von Zivilisation; was hat diese Zivilisation den Deutschen gegeben, und worin übertreffen sie uns?›» (Brief an Apollon Maikow, 28.8.1867)

In seinem Roman «Der Jüngling» äußert er sich entsprechend negativ über Kosmopoliten vom Schlage Turgenjews.

> «Bei uns hat sich im Laufe der Jahrhunderte ein sonst noch nirgends dagewesener höchster Kulturtypus herausgebildet, den es in der ganzen übrigen Welt nicht gibt: der Typus des universalen Kummers um alle. [...] Ich bin damals ausgewandert, aber habe ich etwa Russland im Stich gelassen? Nein, ich habe fortgefahren, ihm zu dienen. Mag ich auch in Westeuropa nichts getan haben, mag ich auch nur, um umherzuirren, dorthin gegangen sein (und ich wusste, dass ich nur zu diesem Zweck hingekommen war): Es genügte schon das eine, dass ich mit meinen Gedanken und mit meiner Erkenntnis hingekommen war. Ich trug meine russische Melancholie dorthin.» (Der Jüngling)

Ein Exportschlager ist die russische Melancholie freilich nicht gerade. In Westeuropa stehen die Zeichen auf «Höher. Schneller. Weiter». Der dünkelhafte Stolz darüber bringt Dostojewski in Rage: etwa Anfang der 1860er Jahre, als er zum ersten Mal Köln besucht. Dort ist vor Kurzem die Dombrücke fertiggestellt worden. Dostojewski zollt der neuen Attraktion nur widerwillig Anerkennung. Seine schlechte Laune wird noch dadurch gesteigert, dass es in Strömen regnet. Hätte die Sonne geschienen, so gibt er anschließend selbst zu, wäre sein Eindruck positiver ausgefallen. In seinen «Winterlichen Aufzeichnungen» erinnert er sich mit sarkastischem Humor an die Episode.

> «Die Brücke ist natürlich vorzüglich, und die Stadt ist mit Recht stolz auf sie, aber mir schien doch, dass sie schon gar zu stolz auf ihre Brücke war. Selbstredend ärgerte mich das sogleich. Und außerdem hätte der Mann am Brückenkopf die an sich ja durchaus vernünftige Brückensteuer doch wirklich nicht mit einer solchen Miene von mir zu erheben brauchen, als fordere er eine Strafzahlung für irgendein von mir unbewusst begangenes Verbrechen. Ich weiß nicht, ob ich mich täuschte, aber ich glaube doch, dass dieser Deutsche sich ganz besonders wichtig dünkte. ‹Sicher hat er schon erraten, dass ich ein Ausländer bin, und zwar ein Russe›, dachte ich. Wenigstens schien mir sein Blick nahezu wortwörtlich zu sagen: ‹Nun siehst du unsere Brücke, armseliger Russe! So wisse denn, dass du ein Wurm bist vor ihr und vor jedem einzelnen Deutschen, denn eine solche Brücke hast du nicht!› Sie werden doch zugeben, dass so etwas kränkend ist. Natürlich sagte der Deutsche das ja gar nicht, und vielleicht dachte er nicht einmal etwas Ähnliches, aber das ist ja schließlich nebensächlich: Jedenfalls war ich damals so fest überzeugt, in seinen Augen gerade diesen Gedanken zu lesen, dass ich endgültig wütend wurde. ‹Zum Teufel›, dachte ich, ‹wir haben auch … haben die Teemaschine erfunden … bei uns erscheinen Zeitschriften … bei uns werden Offiziersausstattungen angefertigt … bei uns …› Kurz, ich wurde wütend, und nachdem ich mir doch noch eine Flasche Kölnisch Wasser gekauft hatte (vor denen ich mich schon gar nicht mehr retten konnte), reiste ich

> geschwind nach Paris, natürlich in der Hoffnung, dass die Franzosen bedeutend liebenswürdiger und anziehender sein würden.» (Winterliche Aufzeichnungen über sommerliche Eindrücke)

Sprichwörtlich ist schon damals die deutsche Gründlichkeit. In einem Zeitungsbeitrag macht sich der 25-jährige Dostojewski darüber lustig, dass bei vielen Deutschen das theoretische Prinzip Vorrang vor der Wirklichkeit hat.

> «Man betraue einen pünktlichen, systematischen Deutschen mit einer Aufgabe, die allen seinen Bestrebungen und Neigungen entgegengesetzt ist, und mache ihm nur klar, dass diese Tätigkeit ihn auf den richtigen Weg bringen kann. [...] Der Deutsche wird sich sofort an die Sache machen, er wird sie sogar widerspruchslos beenden, er wird sogar irgendein neues, besonderes System in die Arbeit einführen. Ist das aber gut? Zum Teil auch nicht; weil der Mensch in diesem Fall in ein anderes, schreckliches Extrem verfällt, in eine phlegmatische Unbeweglichkeit, die den Menschen zuweilen vollkommen ausschaltet und an seiner Stelle das System, die Pflicht, die Formel und die bedingungslose Anerkennung der großväterlichen Sitten setzt, selbst wenn diese großväterlichen Sitten dem Geist der Zeit längst nicht mehr entsprechen.» (Petersburger Chronik, 15.6.1847)

Aus der Kulturnation der Deutschen, die sich über viele einzelne Klein-Staaten verteilte, wird noch zu Dostojewskis Lebzeiten die größte kontinentale Militärmacht. Nun beargwöhnt Dostojewski die Deutschen mehr, als er sie belächelt. Ihm stößt übel auf, dass gerade die gebildeten Deutschen aus ihrem Nationalismus keinen Hehl machen.

«Am größten sind die Aufregungen und der Stolz unter den Professoren, Doktoren und Studenten; das Volk macht sich aber nicht viel aus der Sache, eigentlich überhaupt nichts. Doch die Professoren sind außerordentlich stolz. [...] Ich treffe sie jeden Abend in der Lesebibliothek. Ein sehr einflussreicher Gelehrter mit silberweißem Haar schrie vorgestern sehr laut: ‹Paris muss bombardiert werden!› – Das sind also die Resultate ihrer Wissenschaft.» (Brief an Apollon Maikow, 30.12.1870)

«Die Theater sind niedrig und gemein, und überall diese Hymnen auf das deutsche Vaterland.» (Brief an Nichte Sonja, 12.1.1871)

In seinem «Tagebuch eines Schriftstellers» widmet Dostojewski ein ganzes Kapitel dem «kriegerischen Geiste der Deutschen». Mit Schaudern erinnert er sich an die «Wir sind endlich wer!»-Euphorie während des Deutsch-Französischen Krieges 1870/1871. Damals erlebte er in Dresden die Mobilmachung der Soldaten und ihre triumphale Rückkehr.

«Ich sah damals diese Truppen und musste sie unwillkürlich bewundern: Welch ein frischer Mut in den Gesichtern, welch ein heiterer, lustiger und zugleich stolzer Ausdruck in den Augen! Es waren lauter junge Menschen, und beim Anblick mancher vorbeimarschierenden Kompanie konnte man nicht umhin, ihre wunderbare militärische Haltung, die strenge, gleichmäßige Richtung und zugleich die ungewöhnliche Freiheit zu bewundern, wie ich sie noch nie an Soldaten wahrgenommen hatte, auch die zielbewusste Entschlossenheit, die sich in jeder Geste, in jedem Schritt dieser tapferen Jungen zeigte. Man sah ihnen an, dass sie nicht von jemand getrieben, sondern von selbst gingen. [...] Nach alledem kann man sich vorstellen, wie diese selben Soldaten ein Jahr darauf in Dresden einzogen, nachdem sie die Franzosen, von denen sie das ganze Jahrhundert lang so viele Erniedrigungen erduldet, besiegt hatten. Man denke sich dazu die allen Deutschen, dem ganzen Volke, im Falle des Erfolgs eigene, grenzenlose Prahlsucht, die kleinlich und sogar kindisch ist – diese recht unangenehme nationale Eigenschaft, die bei diesem Volk fast erstaunlich ist. Dieses Volk darf, selbst im Vergleich mit allen anderen Völkern, auf zu vieles stolz sein, um so viel Kleinlichkeit zu zeigen. Man könnte meinen, diese Ehre sei ihnen so neu, dass sie sie selbst gar nicht erwartet hätten. Sie triumphierten damals dermaßen, dass sie sogar anfingen, die Russen zu beleidigen. In Dresden gab es damals sehr viele Russen, und viele von ihnen teilten mir später mit, dass jeder Deutsche, selbst ein Krämer, wenn er mit einem Russen, der seinen Laden aufsuchte, ins Gespräch kam, sofort die Bemerkung fallen ließ: ‹Da sind wir mit den Franzosen fertig geworden und werden uns jetzt an euch machen.›» (Tagebuch eines Schriftstellers, Juli/August 1876)

In den folgenden Jahren beobachtet Dostojewski mit Unbehagen, dass die Hybris sich an Rhein und Elbe noch verstärkt. Der Deutsche sei überzeugt davon …

«… dass sich nun niemand mehr an die Spitze der ganzen Menschheit stellen und sie zur Wiedergeburt führen kann. Er glaubt daran fest und stolz; er glaubt, dass es in der Welt keinen höheren Geist und kein höheres Wort gibt.» (Tagebuch eines Schriftstellers, Januar 1877)

Bei einer seiner Kuren im mondänen Bad Ems, dem Davos des späten 19. Jahrhunderts, begegnet Dostojewski dem deutschen Kaiser.

Ihm gegenüber ist bei den deutschen Untertanen von Selbstbewusstsein nichts zu spüren.

> «Gestern Abend beim Spaziergang begegnete ich zum ersten Mal Kaiser Wilhelm: ein großgewachsener, hochmütig aussehender alter Herr. Hier erheben sich alle (auch die Damen), ziehen den Hut und verneigen sich; er aber grüßt niemanden, winkt nur hin und wieder mit der Hand. Unser Zar dagegen hat hier alle gegrüßt, und die Deutschen haben das sehr geschätzt.» (Brief an Ehefrau Anna, 16.6.1874)

Eine gewisse Geistesverwandtschaft verspürt Dostojewski hingegen bei den Italienern. Südlich der Alpen ist man von imperialem Gehabe weit entfernt. Die Menschen in Florenz wissen, dass die glorreichen Zeiten der Antike oder der Renaissance lange zurückliegen. Das gefällt dem russischen Schriftsteller.

> «Zu den Italienern verhielt er sich übrigens immer mit großer Sympathie, fand sie schlicht und gutmütig. Die Menschen aus dem einfachen Volk erinnerten ihn an die russischen Bauern.» (Nikolai Strachow)

Seine erste große Europareise im Jahr 1862 erlebt Dostojewski als Desillusionierungs-Tour. Bisher kannte er die westlichen Länder nur aus den Romanen der von ihm bewunderten Schriftsteller. Doch von der Leidenschaft, die in deren Büchern steckt, kann Dostojewski auf den hektischen Straßen von Paris und London nichts spüren.

> «Der Franzose ist ruhig, offenherzig, höflich – aber unaufrichtig, und Geld bedeutet ihm alles. Er hat keine Ideale.» (Brief an Nikolai Strachow, 26.6.1862)

> «Der finstere Charakter verlässt die Engländer auch im Vergnügen nicht: selbst beim Tanzen sind sie ernst, ja sogar verdrossen, und machen die Tanzschritte, als müssten sie einer Pflicht nachkommen. […] Die englischen Dichter aber besingen von jeher mit Vorliebe die Schönheit der Pfarrhäuser in der Provinz, die im Schatten hundertjähriger Eichen und Weiden stehen, besingen ihre tugendhaften Frauen und idealschönen blonden, blauäugigen Töchter. Doch wenn die Nacht vergeht und der Tag beginnt, erhebt sich jener stolze finstere Geist von neuem herrscherhaft über der Riesenstadt. Der regt sich nicht darüber auf, was in der Nacht war, ihn stört auch das nicht, was er am Tage ringsum sieht. Baal herrscht und verlangt nicht einmal Unterwerfung, denn er ist ihrer auch so schon sicher.» (Winterliche Aufzeichnungen über sommerliche Eindrücke)

Zu Dostojewskis Verteidigung kann man anführen, dass er bei seinen eigenen Landsleuten mit Kritik keineswegs spart.

Was ihn bei seinen Begegnungen mit Ausländern am meisten stört, ist deren achselzuckendes Desinteresse Russland gegenüber. Sie wollen sich gar keine neue Meinung bilden. Sie begnügen sich mit Vorurteilen und Klischees. In der Regel halten sie das Zarenreich für hoffnungslos rückständig, seine Bewohner für Halb-Barbaren.

> «Die ungewöhnliche Unkenntnis der Europäer in fast allem, was Russland betrifft, überrascht mich außerordentlich. Menschen, die sich gebildet und zivilisiert nennen, sind mit einem ungewohnten Leichtsinn dazu bereit, über das russische Leben zu urteilen.» (Brief an einen Unbekannten, September 1868)

> «Man kennt in Europa den Stern Sirius gründlicher als Russland.» (Brief an Apollon Maikow, 21.10.1870)

Gleichzeitig warnt er die Nationalisten unter seinen Landsleuten davor, dem Westen den Rücken zu kehren.

> «Wir Russen haben zwei Vaterländer: unser Russland und Europa.» (Tagebuch eines Schriftstellers, Juni 1876)
>
> «Europa ist uns ebenso eine Mutter wie Russland, es ist unsere zweite Mutter.» (Tagebuch eines Schriftstellers, Januar 1881)
>
> «Wir können uns unmöglich von Europa lossagen. Europa ist unsere zweite Heimat – ich selbst bin der Erste, der es leidenschaftlich bekennt und immer bekannt hat. Europa ist uns allen fast ebenso teuer wie Russland. […] Zunächst und vor allen Dingen müssen wir Russen werden. […] Russe werden heißt: aufhören, sein eigenes Volk zu verachten. Sobald der Europäer sieht, dass wir angefangen haben, unser Volk und unsere Nationalität zu achten, so wird er auch selbst uns sofort zu achten anfangen.» (Tagebuch eines Schriftstellers, Januar 1877)

Als Pro-Europäer behält ihn auch seine Tochter in Erinnerung.

> «Dostojewski lebt wie ein Europäer, betrachtet Europa als zweites Vaterland und wird nicht müde, allen, die ihn um seine Meinung befragen, den Rat zu erteilen, diese europäische Kultur […] zu studieren, ihre Erzeugnisse zu lesen und sich anzueignen.» (Ljuba Dostojewski)

Man darf nicht vergessen, dass der Nationalismus neben dem Sozialismus damals der neueste ideologische Schrei ist. Das uralte Stammesdenken gewinnt im 19. Jahrhundert eine neue Aktualität und Brisanz. Völker, die bisher aufgesplittert oder fremdregiert gewesen sind, formieren sich zu unabhängigen Staaten. Gleichzeitig bemühen sich die Großmächte England, Frankreich, Österreich und das neuerdings geeinte Deutschland darum, ihre Machtsphäre auszuweiten.

Auch Dostojewski wird von dem patriotischen Fieber erfasst. Er reagiert allergisch auf Russen, die geringschätzig vom eigenen Land reden. Einmal legte er sich mit einem emigrierten Russen an, den er auf der Bahnfahrt nach Deutschland trifft.

> «Ich fragte ihn unter anderem: ‹Warum sind Sie eigentlich ausgewandert?› Darauf erwiderte er wörtlich (und in gereizt unverschämtem Ton): ‹Hier bin ich unter zivilisierten Leuten und drüben unter Barbaren. Außerdem gibt es hier keine nationalen Unterschiede; gestern im Eisenbahnwagen konnte ich einen Franzosen nicht von einem Engländer oder einem Deutschen unterscheiden.› – ‹Und das ist nach Ihrer Meinung Fortschritt?› – ‹Selbstverständlich.› – ‹Wissen Sie denn nicht, dass das ganz falsch ist? Der Franzose ist zuallererst Franzose, der Engländer Engländer, und sie selbst zu sein, ist ihr höchstes Ziel: Darin eben liegt ihre Stärke!› – ‹Ganz und gar nicht. Die Zivilisation muss alles gleichmachen, und wir werden erst dann glücklich sein, wenn wir vergessen haben, dass wir Russen sind, und einer dem andern völlig gleich sieht.› […] Dieser Herr gehört zu den jungen Fortschrittlern, hält sich aber übrigens anscheinend abseits von allen.» (Brief an Apollon Maikow, 28.8.1867)

Tatsächlich ist unter den jungen Russen der Nationalismus weit weniger ausgeprägt als unter ihren Altersgenossen in Westeuropa. Sozialistische Ideen stehen bei ihnen höher im Kurs.

Im April 1878 wendet sich eine Gruppe Moskauer Studenten ratsuchend an Dostojewski. Einige ihrer Kommilitonen sind auf der Straße von Metzgern verprügelt worden. Die Anfang-20-Jährigen fragen sich, warum sie bei der normalen Bevölkerung auf so viel Ablehnung stoßen, als Rebellen und Rowdies verunglimpft werden. Schließlich wollen sie doch nur gerechtere Verhältnisse herstellen, das rückständige Russland anschlussfähig machen für den internationalen Fortschritt.

Dostojewski empfiehlt ihnen, sich nicht als Weltverbesserer aufzuspielen; umgekehrt sollen die einfachen Russen ihre Vorurteile gegenüber den Studenten aufgeben.

> «Es ist wirklich so: Die Jugend lebt in abstrakten Träumen, befolgt fremde Lehren, will nichts von Russland wissen, will es vielmehr selbst belehren. […] Wenn sich aber unser Student von der Gesellschaft lossagt, geht er nicht ins Volk, sondern irgendwohin ins Ausland, flüchtet in den ‹Europäismus›, ins abstrakte Reich eines nie gewesenen ‹allgemeinen Menschen› und zerreißt auf diese Weise alle Bande, die ihn noch mit dem Volk verbinden; er verachtet das Volk und verkennt es. […] Eigentlich ist auch das Volk im Unrecht, denn es hat in unserem russischen Leben noch nie eine Periode gegeben, in der die Jugend (gleichsam in der Vorahnung, dass Russland bei einem gewissen entscheidenden Punkt angelangt ist und über einem Abgrund schwebt) in ihrer überwiegenden Mehrheit so aufrichtig war, so nach Wahrheit lechzte, so opferfreudig ihr Leben für die Wahrheit und für jedes Wort der Wahrheit hingeben wollte wie jetzt. In ihr liegt wahrlich die große Hoffnung Russlands. […] Wenn man ins Volk gehen und mit dem Volk bleiben will, muss man vor allen Dingen lernen, das Volk nicht zu verachten; dies kann aber unsere obere Schicht fast

unmöglich lernen. Zweitens muss man auch anfangen, an Gott zu glauben, was unseren russischen Europäern unmöglich ist.» (Brief an eine Gruppe Moskauer Studenten, 18.4.1878)

Dostojewski geht es darum, die intellektuellen Russen von ihrem landsmannschaftlichen Minderwertigkeitskomplex zu befreien. Sie sollen die Vorzüge des eigenen Landes kennenlernen, mehr auf die Potenziale als auf die Defizite schauen.

«Wir glauben, dass die russische Nation eine ungewöhnliche Erscheinung in der Geschichte der Menschheit ist.» (Werbeanzeige für «Zeit», 1861)

«Was aber ist das für ein Fortschritt, wenn wir de facto immer noch auf westeuropäischen Lehrbüchern hocken? [...] Ohne Boden wächst und gedeiht nichts. Doch jede Frucht braucht ihren Boden, ihr Klima, ihre Pflege. Ohne festen Boden unter den Füßen ist auch jede Vorwärtsbewegung unmöglich.» (Werbeanzeige für «Zeit», 1862)

«Bisher ist keine einzige Nation in der Welt, keine einzige einigermaßen stabile staatliche Gemeinschaft durch ein von außen empfohlenes und irgendwoher entliehenes Programm zustande gekommen. Alles Lebendige hat sich von selbst gebildet. [...] Jede gesunde und bodenständige Kraft glaubt an sich und ihre Wahrheit, das ist das wichtigste Merkmal eines gesunden Volkes.» (Zeit, 1861)[42]

«Verwestlichung ist Versklavung, intellektuelle Versklavung.» (Notizen zu «Die Dämonen»)

---

[42] Einige Beiträge zur russischen Literatur, in: «Zeit», 1861, zitiert nach: Fjodor Dostojewski, Eine verfängliche Frage. Aufsätze. Feuilletons. Übersetzt von Walter Schade. Hrsg. von Gerhard Dudek und Michael Wegner, 1988

Der weitere Verlauf der Geschichte gibt Dostojewski auf tragische Weise recht. Als Lenin und Stalin dem russischen Volk eine Ideologie aufzwingen, die in Deutschland, Frankreich und England entwickelt worden ist, stürzen sie damit viele Millionen Menschen ins Elend. Die Fusion aus marxistischer Geschichtsphilosophie und archaisch-russischer Brutalität erweist sich als tödliche Mischung. Am meisten darunter leiden werden, wieder einmal, die kleinen Leute.

Was Dostojewski an vielen ideologisch motivierten Volksbeglückern stört, ist deren Distanz zu den russischen Alltagsmenschen.

> «Bei den Begabtesten unter ihnen, selbst bei diesen beiden Ausnahmen, von denen ich eben sprach, kommt hie und da etwas Hochmütiges zum Durchbruch, etwas aus einem anderen Milieu, aus einer anderen Welt, ein Bestreben, das Volk zu sich emporzuheben und es durch dieses Emporheben zu beglücken.» (Tagebuch eines Schriftstellers, August 1880)

Heimatliebe, so wie Dostojewski sie versteht, gilt nicht primär einer Region oder einer Kultur, sondern zuallererst den dort lebenden Menschen.

> «Wir müssen das Volk lieben.» (Zeit, 1862)[43]
>
> «Wenn ein Mensch wirklich talentiert ist, so hat er das Bestreben, aus der verwitterten oberen Gesellschaftsschicht zum Volk zurückzukehren.» (Brief an Nikolai Strachow, 5.5.1871)

[43] Zwei Lager von Theoretikern, in: «Zeit», 1862, zitiert nach: Fjodor Dostojewski, Eine verfängliche Frage. Aufsätze. Feuilletons. Übersetzt von Walter Schade. Hrsg. von Gerhard Dudek und Michael Wegner, 1988

«Wir dürfen alles von den einfachen Leuten erwarten. Sie werden uns die besten Menschen geben.» (Notizen, 1876/1876)

«Ihr müsst das Volk lieben; nicht indem ihr es zu euch emporzuheben trachtet, sondern indem ihr euch selber vor ihm beugt.» (Notizen, 1880/1881)

Bei solchen Appellen handelt es sich nicht um Floskeln. Im Gefängnis hat Dostojewski die überraschende Erfahrung gemacht, dass ungebildete Häftlinge häufig mehr Anständigkeit und Lebensklugheit an den Tag legen als die Kultur-Snobs daheim in Petersburg.

«Der höchste und auffallendste Charakterzug unseres Volkes ist das Gefühl für Gerechtigkeit und der Drang nach ihr. Das freche Bestreben, sich immer und überall, koste es, was es wolle, auf den ersten Platz zu drängeln, ganz gleich, ob der Mensch es verdient oder nicht, ist diesem Volk fremd. Man braucht nur die äußere Schale zu entfernen und den Kern selber aufmerksamer und ohne Vorurteile anzuschauen, und man wird im Volke Charakterzüge entdecken, von denen man gar keine Ahnung gehabt hatte. Nicht viel können unsere Weisen dem Volk beibringen. Ich behaupte sogar, dass sie im Gegenteil noch selbst von ihm lernen müssen.» (Aufzeichnungen aus einem Totenhaus)

«Das einfache Volk ist verdorben; aber die Sache ist die, dass sie ihre Schlechtigkeit nicht für ein Gut halten, während wir den Schund, der in unseren Herzen und Köpfen ist, für kulturellen Charme halten; und wir wollen, dass das gemeine Volk kommt und von uns lernt.» (Notizen, 1876/1877)

Wie bereits erwähnt, sieht Dostojewski im Leid eine der nachhaltigsten Lektionen. Auch wenn die einfachen Russen oft nicht lesen und schreiben können: In der Schule des Lebens sind sie weiter fortgeschritten. Weil sie gelernt haben, mit den Härten des Lebens umzugehen.

Das gilt aus Sicht von Dostojewski auch ganz allgemein für das russische Volk im Verhältnis zu seinen westlichen Nachbarn. Es hat in den vergangenen Jahrhunderten mehr Schicksalsschläge verkraftet und ist dadurch robuster geworden. Ob unter dem Ansturm der Mongolen und Tartaren, unter Herrschern wie Iwan dem Schrecklichen, unter dem Reformdruck eines Peters des Großen – die Russen mussten einen Nackenschlag nach dem anderen einstecken. Sie sind geradezu Weltmeister im Erdulden. Aus Sicht von Dostojewski ist ihr wichtigstes Alleinstellungsmerkmal, daran nicht zugrunde gegangen, sondern sogar gewachsen zu sein.

> «Unser großes Volk ist wie ein Tier aufgewachsen; es hat von seinem Anfang an, während eines ganzen Jahrtausends, solche Leiden erfahren, wie sie kein anderes Volk in der Welt ertragen haben würde: Jedes andere Volk würde dabei zerfallen und zugrunde gegangen sein, das unsrige ist aber unter diesen Leiden nur stark und einig geworden. Werft ihm also nicht seine ‹Vertierung und Unbildung› vor, ihr Herren Weise, denn ihr, gerade ihr habt für das Volk gar nichts getan.» (Tagebuch eines Schriftstellers, Mai 1877)
>
> «Ein russischer Mann sündigt viel und oft gegen die Liebe; aber er ist der Erste, der dafür leiden muss. Er ist sein eigener Henker.» (Notizen, 1864/1865)

Noch mehr als dessen Leidensfähigkeit bewundert Dostojewski die einfache Frömmigkeit des einfachen Volks. Die Gebildeten mögen die Religiosität der breiten Masse als naiv abtun. Für Dostojewski ist dieser kindliche Zugang zu Gott der echteste. Dass die Intellektuellen darin eine Hypothek und keinen Schatz sehen, zeigt ihre Verblendung.

«Ich kenne unser Volk, ich habe jahrelang mit ihm zusammengelebt, habe mit ihm gegessen und geschlafen und ward selbst ‹zu den Verbrechern› gezählt; ich habe gemeinsam mit ihm im Schweiße des Angesichts die Arbeit schwieliger Hände verrichtet, während die anderen, die ihre Hände in ‹Blut getaucht›, ‹die Liberalen› spielten und über das Volk spöttelten und in Vorträgen und Aufsätzen zu dem Ergebnis kamen, dass unser Volk ‹von Tiergestalt und auch geistig von Tierart› sei. Also sagen Sie mir nicht, dass ich das Volk nicht kenne! Ich kenne es, von ihm aus habe ich Christus wieder in meine Seele aufgenommen, den ich als Kind im Elternhaus kennengelernt, dann aber verloren hatte, als auch ich mich in einen ‹europäischen Liberalen› verwandelte.» (Tagebuch eines Schriftstellers, August 1880)

«Wer aber kein Volk hat, der hat auch keinen Gott! Glauben Sie sicher: Jeder, der sein Volk zu verstehen aufhört und die Verbindung mit ihm verliert, verliert auch im selben Augenblick und im selben Maß den väterlichen Glauben und wird entweder ein Atheist oder gleichgültig. Ich spreche die Wahrheit!» (Die Dämonen)

«Verachte nicht den Glauben der einfachen Leute.» (Notizen, 1876/1877)

«Ein Atheist oder Indifferenter kann unmöglich das russische Volk […] begreifen.» (Brief an Alexander Blagonrawow, 19.12.1880)

Dostojewski ist erschrocken über den rapiden Glaubensverlust in den westeuropäischen Gesellschaften. Er hofft, dass Russland davor verschont bleibt, mehr noch: dass es hilft, den Trend umzukehren.

> «Im Westen haben die Völker Christus verloren.» (Brief an Nikolai Strachow, 30.5.1871)
>
> «Die ganze Bestimmung Russlands besteht in der Orthodoxie, im Licht von Osten, das sich über die erblindete Menschheit im Westen, die Christus verloren hat, ergießen wird.» (Brief an Apollon Maikow, 21.10.1870)

Dostojewski sehnt kein starkes Russland herbei, das andere Völker unterjocht und sich selbst genügt. Er träumt von einer Gemeinschaft freier Völker, die sich in Respekt begegnen und die das christliche Bekenntnis teilen. Russland soll den Weg dahin ebnen. Wer wie die Russen so viele Widersprüche in sich vereinigt, erscheint Dostojewski bestens dazu qualifiziert, die Spannungen der Welt zu lösen.

> «Wir halten den Nationalismus nicht für das letzte Wort und das letzte Ziel der Menschheit. Nur der Pan-Humanismus bringt das volle Leben. Aber der Pan-Humanismus wird nicht erreicht werden, außer wenn jede Nation ihre eigene nationale Eigenart betont.» (Notizen, 1863/1864)
>
> «Der höchste russische Gedanke ist die allgemeine Versöhnung der Ideen.» (Der Jüngling)
>
> «Ein wirklicher Russe, ganz Russe zu sein, heißt vielleicht nur, ein Bruder aller Menschen sein, ein Allmensch, wenn man so will. Unser ganzes Slawophilentum und Westlertum ist nur ein großes, wenn auch historisch notwendiges Missverständnis.» (Tagebuch eines Schriftstellers, August 1880)

Dostojewski bezieht sich auf den Richtungsstreit, der mit zunehmender Heftigkeit zwischen den russischen Intellektuellen ausgefochten wird. Auf der einen Seite stehen die Befürworter einer stärkeren Annäherung an den Westen, auf der anderen Seite die sogenannten Slawophilen, die eine Rückbesinnung auf die russischen Wurzeln betonen.

Dostojewski bezieht eine Mittelposition. Er will die aus Westeuropa importierte Aufklärung nicht rückgängig machen, sondern sie fortschreiben und korrigieren. Den überzogenen Rationalismus und Individualismus des Westens soll Russland mit seiner Frömmigkeit und Volkstümlichkeit bereichern. Das Ideal ist nicht der Übermensch, der andere dominiert, sondern der Allmensch, der sie miteinander verbindet.

> «Darin liegt, wie ich glaube, das ganze Wesen unserer zukünftigen zivilisatorischen Bestimmung und der Auferweckung ganz Europas.» (Brief an Nikolai Strachow, 30.3.1869)

KAPITEL 18
MITMENSCH

Ideale Menschen sind für Dostojewski vor allem *liebende* Menschen. Sie machen ihre Umwelt heller, auch wenn das für sie bedeutet, selbst im Schatten zu stehen. Sie opfern sich, statt andere zu benutzen.

Wie wichtig Dostojewski diese Tugend ist, zeigt die Fülle an Zitaten zur Nächstenliebe. Mit ihnen lassen sich ganze Kühlschranktüren zupflastern.

> «Wie schön ist das Leben, wenn man etwas Gutes und Gerechtes tut!» (Die Brüder Karamasow)
>
> «Das Mitleid ist das wichtigste und vielleicht das einzige Gesetz für die Existenz der ganzen Menschheit.» (Der Idiot)
>
> «Die Evangelien gestatten nicht, dass man nach Gründen zum Helfen sucht. Tu es einfach. Wie der barmherzige Samariter.» (Notizen, 1876/1877)
>
> «Mehr Glaube, und kommt noch die Liebe hinzu, dann ist alles getan.» (Gespräch mit Wladimir Solowjow)[44]

Neben dem Mönch Sossima ragen unter seinen Romanfiguren drei Muster-Liebende hervor:

Die Hure Sonja, der Idiot Myschkin und der Azubi Aljoscha.

Sonjas Liebe ist es, die die Umkehr des Raubmörders Raskolnikow auslöst. An vernünftigen Argumenten, die ihn an der Tat hindern

---

[44] Zitiert nach: Wladimir Solowjew: Reden über Dostojewski, 1992

könnten, hat es nicht gefehlt. Aber sie erreichen nicht die Gefühlsebene. Dahin stößt erst Sonja vor. Sie hat sich bereits ihrer notleidenden Familie geopfert, ist für den Alkoholiker-Vater, die charakterschwache Stiefmutter und die kleinen Geschwister auf den Strich gegangen. Jetzt bringt sie Raskolnikow eine bedingungslose Zuneigung entgegen, die dieser nie vorher erlebt hat.

> «Ein Gefühl, das er seit langer Zeit nicht mehr gekannt hatte, flutete wie eine mächtige Welle in Raskolnikows Herz und machte es weich und milde. Er wehrte sich nicht gegen dieses Gefühl; zwei Tränen quollen aus seinen Augen und blieben an den Wimpern hängen. ‹Du willst mich also nicht verlassen, Sonja?›, fragte er und blickte sie mit einem Schimmer von Hoffnung an. ‹Nein, nein, nie und nimmer!›, rief Sonja. ‹Ich folge dir, ich folge dir überallhin!›» (Schuld und Sühne)

Der Fürst Myschkin kennt im Umgang mit seinen Mitmenschen nur eine Haltung: die der liebevollen Zuwendung. Seine Gutmütigkeit geht so weit, «dass ihn jeder, der es will, betrügen kann, und dass er jedem, der ihn betrogen hat, nachher verzeihen wird».

Diese ungewöhnliche Vertrauensseligkeit ist es, die ihn die Liebe der blendend schönen, aber schwer traumatisierten Nastassja gewinnen lässt: «Er hat auf den ersten Blick an mich geglaubt, und ich glaube an ihn.» Myschkin erkennt statt den Problemen das Potenzial, das blutende Herz unter der aufgebretzelten Fassade, die schwere Last auf dem moralisch gekrümmten Rücken. «Ich bin nichts», sagt er zu ihr, «Sie aber haben gelitten und sind aus solcher Hölle rein hervorgegangen.»

In Myschkin meinen dessen Freunde das zu erkennen, was ein perfekter Mensch sein sollte. Und doch fehlt ihm in seinem Mitleid das rechte Maß. Und so gewinnt er zwar viele Freunde, verletzt und verliert aber diejenigen, die er liebt.

Nicht ganz so sehr seinen Gefühlen ausgeliefert und dadurch viel lebenstüchtiger ist der jüngste Karamasow-Spross Aljoscha. Auch sein innerer Antriebsmotor ist die Liebe, die sich bei ihm paart mit einer entschiedenen Wahrhaftigkeit.

> «Aljoschas Herz aber konnte keine Ungewissheit ertragen, denn seine Liebe war immer tätiger Natur. Untätig lieben konnte er nicht; wenn er jemand liebgewann, machte er sich auch gleich daran, ihm zu helfen. Doch dazu musste er sich ein Ziel setzen, musste er bestimmt wissen, was dem anderen gut und nützlich war. Wenn er sich von der Richtigkeit eines Zieles überzeugt hatte, war es für ihn selbstverständlich, dass er auch half.» (Die Brüder Karamasow)

Es versteht sich von selbst, dass Dostojewski mit Sonja, Myschkin und Aljoscha keine Selbstporträts liefert, sondern Wunschvorstellungen beschreibt. Dennoch muss sich ein Autor, der die selbstlose Liebe derart ins Zentrum seines Schaffens stellt, die Frage gefallen lassen, welche Rolle sie in seinem persönlichen Leben spielt.

Kein sonderlich vorteilhaftes Zeugnis stellt ihm posthum ein langjähriger Freund und Mitarbeiter aus. Nikolai Strachow ist Sohn eines Priesters, studiert Naturwissenschaften und gehört zu den wichtigsten Autoren des Dostojewski-Journals «Zeit». Sein ungeschickter Artikel über die Außenpolitik des Zaren ist es, der das verhängnisvolle Verbot der Zeitschrift nach sich zieht. Die beiden

Männer bleiben dennoch in Kontakt, auch wenn sie völlig unterschiedliche Naturelle haben. Der sieben Jahre jüngere Strachow ist durch und durch vernunftgesteuert. Deshalb fühlte er sich bald mehr von den Werken des scharfsinnigen Beobachters Leo Tolstoi angezogen.

Nach Dostojewskis Tod versucht Strachow zunächst, aus der früheren Freundschaft Kapital zu schlagen, indem er eine enthusiastische Biographie verfasst. Das hindert ihn allerdings nicht daran, im privaten Umfeld das Gerücht zu streuen, Dostojewski sei tatsächlich eine verkorkste Existenz gewesen. In einem Brief an Tolstoi beschimpft er den verstorbenen Freund aufs Übelste:

> «Ich kann in Dostojewski weder einen guten noch einen glücklichen Menschen sehen, was sich im Grunde gegenseitig bedingt. Er war ein böser, neidischer, ausschweifender Charakter und hat sein ganzes Leben in steter Aufregung verbracht, die ihn armselig und lächerlich gemacht hätte, wäre er dabei nicht so boshaft und gescheit gewesen. [...] Oft nahm ich mit Schweigen seine Ausbrüche hin, die ganz weibisch waren, spontan und unberechenbar. [...] Abscheulichkeiten zogen ihn an, er brüstete sich damit. [Ein Bekannter] erzählte mir, Dostojewski habe sich ihm gegenüber gerühmt, er habe im Dampfbad ein kleines Mädchen, das ihm dessen Gouvernante zugeführt hatte, missbraucht. Bedenken Sie aber, dass er bei allen seinen tierischen Leidenschaften weder Geschmack noch Gefühl für Frauenschönheit hatte. [...] Seine Romane bilden im Grunde genommen alle zusammen eine Rechtfertigung, sie wollen beweisen, dass sich im Menschen Edelmut mit jeder Abscheulichkeit paaren kann.» (Nikolai Strachow an Leo Tolstoi, 26.11.1883)[45]

Nahezu alle Dostojewski-Forscher sind der Meinung, dass an dem Vergewaltigungsvorwurf nichts dran ist. Was Strachow dazu bewegt, seinem Freund ins Grab nachzuspucken, bleibt rätselhaft. Unstrittig ist, dass Dostojewski keinen Hehl aus seinen eigenen Abgründen machte und sich nie in die Pose des überlegenen Moralapostels geworfen hat.

Strachows Denunziation ist auch deshalb unglaubwürdig, weil sie singulär ist. Sie wird von keinem anderen Dostojewski-Bekannten bestätigt.

Zwanzig Jahre später, kurz nach dem Tod Tolstois, wird der Brief in einer Zeitschrift veröffentlicht. Dostojewskis Witwe ist verständlicherweise zutiefst empört. «Ein Mensch, der Jahrzehnte in unserer Familie verkehrt hatte und von meinem Mann stets so herzlich empfangen worden war, entpuppte sich als Lügner und gemeiner Verleumder», schäumt sie und strengt sich an, den verrutschten Heiligenschein ihres Mannes wieder geradezurücken. So parteiisch ihre Lobes-Arie anmuten mag, sie deckt sich in weiten Teilen mit der Einschätzung vieler Zeitzeugen.

> «Nachdem ich vierzehn Jahre mit meinem Mann verlebt habe, halte ich es für meine Pflicht, zu bezeugen, dass Fjodor Michailowitsch voll unendlicher Güte war. Sie offenbarte sich nicht nur in dem Verhalten zu seinem Nächsten, sondern zu jedem, den er im Unglück wusste und leiden sah. Es war nicht nötig, ihn um Hilfe zu bitten, er selbst war bereit, sie zu gewähren. Wie viele alte Frauen und Männer hat er in Versor-

[45] Zitiert nach: Anna Grigorjewna Dostojewski: Erinnerungen. Das Leben Dostojewskis in den Aufzeichnungen seiner Frau. Hrsg. von René Fülöp-Miller und Friedrich Eckstein, 1925

gungshäusern, wie viele Kinder in Asylen untergebracht! Wie vielen Armen hat er Arbeit verschafft und wie viele fremde Manuskripte zu lesen und zu korrigieren bekommen; wie oft musste er Geständnisse anhören und in den intimsten Dingen Ratschläge erteilen. Er sparte weder Zeit noch Kräfte, wenn er seinem Nächsten einen Dienst erweisen konnte, hat vielen auch mit Geld geholfen, und wenn er keines hatte, setzte er seine Unterschrift auf Wechsel; und dies hat er sehr oft bitter zu büßen gehabt. Fjodor Michailowitschs grenzenlose Güte beeinträchtigte mitunter die Interessen seiner Familie. […] Mit innigster Dankbarkeit erinnere ich mich an das Verhalten Fjodor Michailowitschs mir gegenüber, wie er mich vom Lesen unsittlicher Romane zurückhielt; und wie empört er war, wenn ich ihm eine schlüpfrige Anekdote erzählte, ohne sie recht zu verstehen. Mein Mann war in seinen Gesprächen immer sehr zurückhaltend und duldete keine zynischen Ausdrücke.» (Anna Dostojewski)

Keine Frage – Dostojewski hat kauzige Seiten. Aber seine Zeitgenossen schildern ihn beinahe durchweg als liebenswürdigen Sonderling. Die elegante Salon-Gastgeberin Elena Stakenschneider erinnert sich an den Eindruck, den er kurz vor seinem Tod auf sie machte:

«Ein Schwächling, dünn, mit hohler Brust und flüsternder Stimme, aber sobald er zu lesen beginnt, scheint er größer und gesünder zu werden. Von irgendwoher kommt eine Kraft. Er hustet unaufhörlich. […] Er konnte brüskieren und stechen, aber er konnte nicht arrogant sein und Hochmut zeigen.»[46]

[46] Zitiert nach: Peter Serikin: The Dostoevsky Archive. Firsthand Accounts of the Novelist from Contemporaries' Memoirs and Rare Periodicals, 1997, S. 212

Ganz ähnlich wirkt Dostojewski auf die Feministin Ljudmila Simonowa.

> «Dostojewski war ein sehr nervöser, sensibler Mensch, der sich leicht durch irgendetwas irritieren ließ. Zur gleichen Zeit war er eine sehr freundliche und aufrichtige Person, und er war sehr empfänglich für jede freundliche Haltung ihm gegenüber.»[47]

Als Ehemann, Vater, Bruder, Freund verhält sich Dostojewski liebevoll und pflichtbewusst. Gewissenhaft bemüht er sich, die Briefe seiner Leser zu beantworten. Sein Haus ist bekannt dafür, dass es für wildfremde Gäste offen ist. Seine Privatadresse ist stadtbekannt, seine Hilfsbereitschaft ebenso. Das bestätigt ironischerweise auch Nikolai Strachow, bevor er seine Ansicht um 180 Grad korrigiert.

> «Aus allen Ecken und Enden von Petersburg kam man zu ihm, oft mit Bitten um Unterstützung, da er Armen stets half und für fremdes Unglück immer Teilnahme hatte. Doch ebenso oft kam man zu ihm mit Gewissensfragen, oder um seine Ansichten zu widerlegen, oder um ihm Verehrung zu bezeugen. Von derselben Art waren auch die Briefe, die er aus allen Gegenden Russlands erhielt. Seine Popularität freute ihn. Er sah darin Beweise, dass seine Worte nicht ungehört verklangen. Das freute ihn sehr, denn er hielt es für seine Pflicht, Menschen zu ermutigen und zum Guten zu lenken. Besonders aufmerksam verhielt er sich zur Jugend, zu Studenten und Studentinnen.» (Nikolai Strachow)

[47] Zitiert nach ebd., S. 216

Dostojewski ist der kreative Titan, mit dem man ganz locker einen Tee trinken oder eine Zigarre schmauchen kann. Nahbar. Menschlich. Echt.

> «Dostojewski hatte keine weltmännische Art und bemühte sich keineswegs, mit jenen Leuten liebenswürdig zu sein, die ihm nicht gefielen. Traf er Menschen von guter Gesinnung, reine und edle Seelen, so war er so gütig gegen sie, dass sie ihn nie vergessen konnten und noch zwanzig Jahre nach seinem Tod die Worte wiederholten, die Dostojewski zu ihnen gesprochen hatte. Wenn aber mein Vater einen der zahlreichen Snobs vor sich sah, von denen es in den Petersburger Salons wimmelte, so schwieg er hartnäckig.» (Ljuba Dostojewski)

Als Chef erleben ihn seine Mitarbeiter weniger unkompliziert. Sie beschreiben ihn als fordernd und manchmal sogar cholerisch, bezeichnen ihn als «Wüterich». Einen Angestellten, dem ein harmloser Fehler unterlaufen ist, feuert er umstandslos. Kurz darauf hat er alles wieder vergessen und erklärt den Mitarbeiter für unentbehrlich.

Die «Staatsbürger»-Korrekturleserin Warwara Timofeyeva behält ihren Chef als hochreguliertes Energiebündel in Erinnerung. Oft fliegen in der Redaktion die Funken. Kein Wunder bei einem Chef, der gleichzeitig auf der Bremse und auf dem Gaspedal steht.

> «Es war, als sei jeder Muskel in seinen eingefallenen Wangen und auf seiner hohen Stirn von Gedanken und Gefühlen belebt. Diese Gedanken und Gefühle suchten nach außen zu dringen, wurden jedoch immer vom eisernen Willen dieses gedrungen gebauten, zurückhaltenden Mannes in Schranken gehalten.» (Warwara Timofeyeva)[48]

Von den Rezeptionistinnen der Hotels, in denen er übernachtet, sind zwar keine Erinnerungen überliefert. Es ist aber anzunehmen, dass sie wenig schmeichelhaft ausgefallen wären. In seinen Briefen aus Bad Ems berichtet er fast täglich davon, wie er sich beschwert: über laute Klaviermusik, hässliche Zimmer, überteuerte Preise. Gleichzeitig interessiert er sich aber für die privaten Sorgen von Lastenträgern und Marktfrauen.

Dostojewski ist der Erste, der seine Unzulänglichkeiten einräumt.

> «Ich habe eine Menge Fehler, viele Laster. Ich trauere über sie, vor allem über bestimmte Fehler, und würde mir wünschen, dass mein Gewissen leichter wäre. Aber dass Fjodor Dostojewski je etwas aus Gewinnsucht oder Eitelkeit getan hat, das wird man mir nicht nachsagen können.» (Notizen, 1864/1865)

Über menschliche Fehler kann Dostojewski deshalb so kenntnisreich schreiben, weil er sich seiner eigenen bewusst ist. Ähnlich ist es mit den Schicksalsschlägen, die er erdulden muss. Sie zwingen ihn, das Leben aus der Perspektive der Armen und Erniedrigten zu sehen.

> «Wenn wir unglücklich sind, empfinden wir fremdes Leid stärker; unser Gefühl zerstreut sich dann nicht so, sondern wird konzentrierter.» (Helle Nächte)

Dostojewski verdankt sein empathisches Gespür nicht nur seinem Naturell und seiner Biographie. Er orientiert sich an Vorbildern. Einem davon widmet er in «Der Idiot» eine längere Passage. Dort ist

[48] Zitiert nach Geir Kjetsaa. Dostojewski. Sträfling, Spieler, Dichterfürst, 1985, S. 346

von einem «alten General» die Rede, der sich aufopferungsvoll um sibirische Häftlinge bemüht.

> «Er verfuhr dabei mit größtem Ernst und größter Frömmigkeit; er erschien, ging durch die Reihen der Verschickten, die ihn umringten, blieb vor einem jeden stehen, erkundigte sich bei jedem nach seinen Bedürfnissen, hielt fast nie jemandem eine Strafpredigt und nannte sie alle ‹Täubchen›. Er gab ihnen Geld und schickte ihnen notwendige Gebrauchsgegenstände, wie Fußlappen und Leinwand, auch brachte er ihnen manchmal geistliche Bücher mit und beschenkte damit jeden des Lesens Kundigen in der festen Überzeugung, dass diese sie unterwegs lesen und ihren des Lesens unkundigen Schicksalsgenossen vorlesen würden. Nach den begangenen Verbrechen fragte er nur selten, jedoch hörte er zu, wenn der Verbrecher von selbst davon zu reden anfing. Alle Verbrecher behandelte er gleich, er machte darin keinen Unterschied. Er sprach mit ihnen wie mit Brüdern, sie selbst aber betrachteten ihn schließlich als ihren Vater. Wenn er unter den Verschickten eine Frau mit einem Kind auf dem Arm bemerkte, so trat er hinzu, liebkoste das Kind und schnipste ihm etwas mit den Fingern vor, damit es anfinge zu lachen. So verfuhr er viele Jahre lang bis zu seinem Tod. Es kam so weit, dass er in ganz Russland und in ganz Sibirien bekannt war, das heißt bei allen Verbrechern. Jemand, der in Sibirien gewesen ist, hat mir erzählt, er sei selbst Zeuge gewesen, wie die verstocktesten Verbrecher sich des Generals erinnerten, und dabei konnte der General, wenn er einen Trupp besuchte, jedem einzelnen Verschickten selten mehr als zwanzig Kopeken geben.» (Der Idiot)

Der «alte General» ist nicht Dostojewskis Phantasie entsprungen. Er existierte wirklich, trug den Namen Friedrich Haass und war aller

Wahrscheinlichkeit nach persönlich mit Dostojewskis Vater bekannt. Als junger Mann wurde Haass von einem reichen Fürsten nach Russland geholt. Dort machte er Karriere als Promi-Arzt, entschied sich aber als End-Vierziger, seinen Patientenkreis radikal zu verändern. Fortan war er für die medizinische Infrastruktur der Moskauer Gefängnisse zuständig, auch für die nach Sibirien verschickten Häftlinge.

Bis zu seinem Tod kümmerte Haass sich um den vermeintlichen Abschaum der Gesellschaft. Dabei ging es ihm nicht nur um deren körperliche Gesundheit. Er ließ tausende Neue Testamente drucken, verteilte sie an lesekundige Häftlinge. Der «Heilige Doktor von Moskau», dessen Vornamen Friedrich die Russen in «Fjodor» umwandelten, beeindruckte den jungen Fjodor Dostojewski. Vermutlich kam die Bibel, die ihm auf dem Weg ins Strafgefangenenlager überreicht wurde, ursprünglich aus dem Besitz von Friedrich «Fjodor» Haass.

Wie der «alte General» geht auch Dostojewski tapfer dorthin, wo es weh tut. Als Tourist zieht es ihn weniger auf die Flaniermeilen der Metropolen als in die Elendsquartiere. Nach einem einwöchigen Aufenthalt in London gibt er zu: «Ich war in London und habe doch die St.-Pauls-Kathedrale nicht gesehen.» Stattdessen treibt er sich im Rotlichtviertel herum, allerdings nicht als Voyeur oder Kunde. Auf dem «Hay Market», wo in vergangenen Zeiten Tierfutter verkauft wurde, handelt man im 19. Jahrhundert mit Frauenkörpern. Dostojewski ist gebannt vom Elend, das er dort wahrnimmt.

> «Das ist ein Stadtteil, in dem nachts die öffentlichen Frauen zu Tausenden sich umherdrängen, besonders in gewissen Straßen. All das giert nach Beute und wirft sich mit schamlosem Zynismus auf den ersten Besten. In dieser Menge gibt es glän-

zende kostbare Gewänder, und neben ihnen sieht man fast Lumpen. Man sieht hier auch alle Lebensalter in schrillstem Gegensatz nebeneinander, alles in einer einzigen Masse. In diesem schrecklichen Menschenhaufen stößt sich der betrunkene Strolch umher, und hierher kommt auch der reiche Herr mit hohen Titeln. Man hört Schimpfworte, Streit, laute Aufforderungen, hier oder dort einzutreten, und dazwischen das versuchende Geflüster einer noch schüchternen jungen Schönheit. Und was sind das mitunter für Schönheiten! Gesichter wie auf einer Souvenir-Postkarte. Ich weiß noch, einmal trat ich in ein Kasino. Dort spielte Musik, es wurde getanzt, es wimmelte von Menschen. Die Aufmachung war voll Prunk und Pracht. Dort erblickte ich oben auf der Galerie ein Mädchen, vor dem ich einfach stehen blieb vor Verwunderung: Eine so ideale Schönheit war mir noch nie begegnet. Sie saß an einem der Tischchen mit einem jungen Mann, anscheinend einem reichen Gentleman, der, wie aus allem zu ersehen war, nicht zu den ständigen Gästen dieses Kasinos gehörte. Vielleicht hatte er sie überall vergeblich gesucht und schließlich hier gefunden. Oder vielleicht hatten sie verabredet, sich hier zu treffen. Er sprach wenig mit ihr, dabei alles seltsam stoßweise und gleichsam gar nicht davon, wovon sie eigentlich sprechen wollten. Ihr Gespräch wurde oft von langem Schweigen unterbrochen. Sie schien sehr traurig zu sein. Ihre Züge waren zart, fein, etwas Verschwiegenes und Trauriges lag in ihrem schönen, ein wenig stolzen Blick, etwas Denkendes und Schwermütiges. Ich glaube, sie war schwindsüchtig. Sie stand in ihrer Entwicklung höher, sie musste einfach höher stehen als alle diese unglücklichen Frauen – denn was hätte sonst ein Menschenantlitz zu bedeuten? Und dabei saß sie doch hier unter den anderen und trank gleichfalls diesen

Gin, den der junge Mann für sie bezahlte. Schließlich stand er auf, drückte ihr die Hand, und sie trennten sich. Er verließ das Kasino, sie aber ging, vom Branntweingenuss feuerrote Flecken auf ihren blassen Wangen, und mischte sich unter die Schar der sich feilbietenden Frauen.» (Winterliche Aufzeichnungen über sommerliche Eindrücke)

Als Journalist interessiert Dostojewski sich zwar auch für weltpolitische Ereignisse, aber mehr noch für Einzelschicksale. Er jagt nicht sensationellen Scoops hinterher. Er heftet sich an die Fersen und Fährten alltäglicher Leute, die mehr als seine Neugier sein Mitgefühl anstacheln.

Einmal fällt ihm, während er einkauft, eine alte Frau auf. Mühsam schleppt sich die Seniorin von Sitzgelegenheit zu Sitzgelegenheit.

«Ich sehe sie an, und sie interessiert mich furchtbar. Die Alte ist klein, sauber, ihre Kleider sind alt, sie hat ein Stöckchen in der Hand und scheint eine Kleinbürgerin zu sein; ihre Gesichtshaut ist blass, gelb, an die Knochen angetrocknet; die Lippen farblos – wie eine Mumie sieht sie aus; sitzt aber lächelnd da, die Sonne scheint gerade auf sie. ‹Du bist wohl sehr alt, Großmütterchen?›, frage ich sie, natürlich im Scherz. – ‹Hundertvier Jahre.›» (Tagebuch eines Schriftstellers, März 1876)

Dostojewski ist beeindruckt. Einem inneren Impuls folgend, schenkt er der 104-Jährigen fünf Groschen.

«Sie nahm das Geld. Offenbar bettelte sie nie, hatte es nicht nötig; sie nahm mir das Geld so schön aus der Hand, gar nicht wie ein Almosen, sondern wie aus Höflichkeit oder Herzensgüte.»

Die Wege der beiden trennen sich. In seiner Phantasie spinnt Dostojewski die Geschichte der Hundertvierjährigen weiter. Er stellt sich vor, wie sie schließlich ihr Ziel erreicht: die Wohnung ihrer Kinder oder Enkel. Dort legt sie das Geld, das Dostojewski ihr gegeben hat, auf den Tisch: «Ich denke mir … ich will den Kindern Pfefferkuchen bringen … für den Fünfer.» Mit diesen letzten Worten, mit denen sie ihre urgroßmütterliche Selbstlosigkeit zeigt, stirbt sie.

Dostojewski druckt die semi-fiktionale Geschichte in seinem «Tagebuch eines Schriftstellers» ab. Er beschließt sie mit den Worten, die so etwas wie sein persönliches Credo sind:

> «So sterben Millionen von Menschen; sie leben und sterben, ohne dass es jemand merkt. […] Gott segne das Leben und den Tod der einfachen guten Menschen!»

Solche rührenden Vignetten des Großstadtlebens sagen beinahe ebenso viel über Dostojewski und seine Menschenfreundlichkeit aus wie seine großen Romane.

In seinem «Tagebuch eines Schriftstellers» behandelt Dostojewski keine «News» derart umfassend wie den Prozess um eine Petersburger Arbeiterin. Dabei gibt es in den Jahren 1876 und 1877 ein ganz anderes Top-Thema: die Balkankrise und der russische Militärkonflikt mit der Türkei. Die Zeitungen sind voll davon. Dostojewski geht auch darauf ein – im hinteren Teil seines Journals.

Sein «Aufmacher» ist hingegen die Tragödie der Ekaterina Kornilowa.[49] Zusammengenommen haben seine Ausführungen zu dem «True Crime»-Fall schließlich fast den Umfang eines Romans. Der Fall verdient es auch deshalb, hier ausführlich behandelt zu werden, weil er Dostojewskis innere Anteilnahme am Schicksal völlig Fremder zeigt. Er schlachtet ihre Geschichten nicht publizistisch aus, er kümmert sich um die Angeklagte, selbst wenn er damit seinen eigenen Ruf riskiert.

Auf den ersten Blick sieht alles nach einem tragischen, aber wenig mysteriösen Verbrechen aus. Eine junge Frau hat ihre sechsjährige Stieftochter aus dem Fenster ihrer Mietwohnung gestoßen – aus dem vierten Stock.

> «Als der Mann zur Arbeit gegangen war, öffnete sie das Fenster, stellte die Blumentöpfe auf der einen Seite des Fensterbretts zusammen und befahl der Kleinen, auf das Fensterbrett zu steigen und hinunterzuschauen. Die Kleine stieg natürlich hinauf, vielleicht sogar mit großer Lust, in der Meinung, sie würde Gott weiß was sehen. Kaum war sie aber hinaufgestiegen und hatte niedergekniet und hinuntergeschaut, sich mit den Händen gegen das Fenster stützend, als die Stiefmutter sie hinten an den Beinchen hob und jene in die Tiefe stürzte.»

Anschließend ist Ekaterina Kornilowa zur Polizei gegangen und hat das Verbrechen gestanden. Auf die Information, dass ihre Stieftochter wie durch ein Wunder überlebt hat, reagiert sie mit dem kaltschnäuzigen Kommentar: «Wie zäh die ist.» Das kleine Mädchen landet in einem Waisenhaus, die Stiefmutter im Untersuchungsgefängnis. Dort führt sie sich, wie Dostojewski erfährt, «mürrisch, grob und wortkarg» auf. Das Gericht verurteilt Ekaterina zu einer Haftstrafe und lebenslanger Verbannung.

---

[49] Die folgenden Ausführungen und Zitate sind vier Ausgaben von Dostojewskis «Tagebuch eines Schriftstellers» entnommen: Oktober 1876, Dezember 1876, April 1877, Dezember 1877

Alles klar. Fall gelöst. Die Gerechtigkeit hat gesiegt, könnte man meinen.

Aber Dostojewski lässt die Geschichte keine Ruhe.

Je mehr er sich mit dem Fall beschäftigt, desto mehr Fragen stellen sich ihm. Die junge Frau, verheiratet mit einem pedantischen Witwer, ist zum Zeitpunkt der Tat im vierten Monat schwanger gewesen. Hat der Zustand womöglich ihre Tat beeinflusst? Litt sie an einer Schwangerschaftsdepression? Erlebte sie einen fatalen Blackout?

> «Es ist allen bekannt, dass die Frau während der Schwangerschaft (besonders während der ersten) sogar sehr oft manchen seltsamen Einflüssen und Eindrücken unterworfen ist, denen sich ihr Geist sonderbar und phantastisch fügt. Diese Einflüsse nehmen manchmal – allerdings in seltenen Fällen – außerordentliche, anormale, fast groteske Formen an. [...] Es ist anzunehmen, dass die ärztliche Wissenschaft auch heute noch kaum etwas Genaues über solche Erscheinungen zu sagen weiß.»

Dostojewski erfährt, dass die junge Frau im Gefängnis als vorbildliche Insassin gilt. Sie zeigt Reue und Einsicht. Ihr Mann macht sogar Anstalten, ihr zu vergeben. Dostojewski findet, der Fall müsse neu aufgerollt werden.

> «Kann man denn jetzt das Los dieser Kornilowa nicht irgendwie erleichtern? Geht es denn wirklich nicht? Wahrhaftig, es kann hier ein Irrtum vorliegen.»

Er will es genau wissen. Dreimal besucht Dostojewski Ekaterina Kornilowa im Gefängnis, interviewt sie ausführlich. Was sie ihm aus der Zeit vor der Tat berichtet, bestärkt ihn in seinen Vermutungen. Ihr Mann hat ihr unentwegt von seiner verstorbenen Ehefrau vorgeschwärmt, sie durch seine Engstirnigkeit und seine Kontrollsucht schikaniert. Später hat ein eigentlich freudiges Ereignis das Fass zum Überlaufen gebracht. Ausnahmsweise darf sie eine Familienfeier ohne Begleitung ihres Ehemanns besuchen. Und dort tanzt sie sich den Kummer von der Seele:

«Die junge Frau, die bei ihrem Mann ein recht langweiliges Dasein in einem einzigen engen Zimmer bei ewiger Arbeit führte, ließ wohl ihre Mädchenjahre wiederaufleben und unterhielt sich bei diesem Ball so lange, dass sie die Frist ihres Urlaubs vergaß.» Statt abends nach Hause zurückzukommen, verbringt sie die Nacht bei den Verwandten.

Am nächsten Morgen erscheint ihr Gatte, macht eine beschämende Szene, beschimpft und schlägt sie vor den anderen Gästen. Als sie kurz darauf allein mit der Stieftochter in der engen Wohnung sitzt, wird sie von einem furchtbaren Impuls gepackt. Sie lässt ihre Stieftochter auf das Fensterbrett steigen, um sie von dort in die Tiefe zu stoßen. Danach stellt sie sich der Polizei.

Bevor Dostojewski die Verurteilte verlässt, gibt er ihr Tipps für die Haftzeit: insbesondere, wie sie sich gegen Vergewaltigungsversuche wehren kann. Mittlerweile ist er fest von einem Justizirrtum überzeugt.

> «Man spreche die Unglückliche frei, und so wird vielleicht die junge Seele, die vielleicht noch so viel Leben vor sich und so viele gute Anlagen hat, nicht zugrunde gehen. Im Zuchthaus wird aber sicher alles zugrunde gehen, denn dort wird ihre Seele verdorben werden. […] Und selbst wenn sie wirklich ein verhärtetes und böses Herz haben sollte, so würde die Barm-

herzigkeit es sicher erweichen. Doch ich versichere, dass dieses Herz gar nicht verhärtet oder böse ist, und ich bin nicht der Einzige, der es bezeugt. Kann man sie denn wirklich nicht freisprechen, kann man nicht einen Freispruch riskieren?»

Tatsächlich wird der Prozess wegen Formfehlern wiederholt. Am Tag der Urteilsverkündung ist der Gerichtssaal so voll, als würde ein Attentat auf den Zaren verhandelt werden. Die Staatsanwaltschaft beantragt eine Bekräftigung des Schuldspruchs. Aber die Geschworenen entscheiden auf Freispruch. Im Saal bricht Jubel aus.

«Viele bekreuzigten sich, andere gratulierten einander und drückten einander die Hände. Der Mann der Freigesprochenen führte sie am gleichen Abend, es war schon gegen elf, in sein Haus, und sie kehrte glücklich nach einer fast einjährigen Abwesenheit in ihr Heim zurück, mit dem Eindruck einer gewaltigen, ihr fürs ganze Leben erteilten Lektion und der deutlichen göttlichen Fügung in dieser Sache – schon mit der wunderbaren Errettung des Kindes angefangen.»

Aus Sicht einiger konservativer Journalisten handelt es sich um ein Fehlurteil. Die Geschworenen hätten sich von der tendenziösen Berichterstattung Dostojewskis beeinflussen lassen. Dostojewski selbst plagen nach der Urteilsverkündigung Gewissensbisse. Hat er sich womöglich tatsächlich verrannt und seine sentimentalen Phantasien auf die Angeklagte projiziert?

«Hier sind ja die Kinder im Spiel, das Schicksal der Kinder, die Kinderfrage – und da wird unter dem Beifall des Publikums eine Kindesmörderin freigesprochen! Und dazu habe ich (nach Zeugnis des Gerichts) selbst beigetragen! Ich habe wohl nach meinen Überzeugungen gehandelt, aber nach dem Freispruch begannen mich Zweifel zu quälen.»

Was ihn wieder beruhigt, ist ein persönlicher Besuch des wiedervereinigten Ehepaares. Der Mann hat seiner Frau vergeben, traktiert sie aber unverändert mit frömmlerischer Engstirnigkeit. Dostojewski macht sich Sorgen, dass er sie erneut in eine Depression treibt.

> «Er ist einer von den Ehemännern, die es noch immer in Russland gibt und die nach alter russischer Sitte, wenn sie von der Trauung heimgekehrt sind und sich mit der jungen Frau in der Schlafkammer eingeschlossen haben, zunächst vor dem Heiligenbilde in die Knie sinken und von Gott Segen für ihre Zukunft erbitten. Ähnlich hatte auch er gehandelt. Als er seine Frau wieder unter sein Dach führte und die durch das schreckliche Verbrechen zerrissene Ehe erneuerte, schlug er sofort das Neue Testament auf, ohne sich dabei in seinem tapferen und ernsten Entschluss von der Erwägung aufhalten zu lassen, dass diese Frau sich vor Müdigkeit kaum noch auf den Beinen hielt. [...] Dieser Mann, von dem sie abhängt und der sich über sie mit dem Nimbus eines höchsten Richters erhebt, hat für sie etwas Erbarmungsloses, was allzu eigenmächtig in ihre Seele eindringt und allzu streng ihre Reue und die in ihr wiedererwachten guten Regungen zurückweist.»

Unterm Strich bleibt Dostojewski davon überzeugt, dass die milde Entscheidung die richtige gewesen ist.

> «Nach dem Buchstaben des Gesetzes ist es wohl sehr leicht, einen Menschen zu köpfen, aber seine Tat menschlich, väterlich und wahrhaft zu untersuchen, ist viel schwerer.»

Der Fall Kornilowa und Dostojewskis Engagement haben hohe Wellen geschlagen.

Ganz unbemerkt bleibt eine andere Korrespondenz, die Dostojewski zur gleichen Zeit mit einem Häftling führt. Anders als bei Ekaterina Kornilowa geht der Kontakt diesmal von dem Häftling aus. Und im Gegensatz zu der jungen Frau kann der gefallene Journalist Abraham Urija Kowner bei Dostojewski kaum mit einem Mitleidsbonus rechnen.[50]

Er ist Sozialist, Atheist, Jude und hat Dostojewskis politische Positionen in eigenen Artikeln scharf kritisiert. So sehr, dass Dostojewski den Eindruck bekommt, Kowner sei «aus allen Kräften bemüht [...], ihn zum Kampf herauszufordern». Der Dichter übergeht die Attacken mit Stillschweigen. Einige Jahre lang hört er nichts mehr von Kowner. Bis er von ihm Post aus dem Gefängnis bekommt. Wegen schweren Betrugs muss er eine langjährige Haftstrafe verbüßen. Geschieht ihm ganz recht, könnte man denken.

Aber nicht Dostojewski.

Seine Reaktion auf Kowners Brief motiviert den russisch-jüdischen Schriftsteller Leonid Grossman ein halbes Jahrhundert später zu dem überschwänglichen Urteil:

> «In seiner großherzigen Antwort hat Dostojewski, wie kaum ein anderer Schriftsteller, dessen Leben wir kennen, die Feuer-

[50] Die folgenden Ausführungen und Briefexzerpte stammen aus: Großmann, Leonid: Die Beichte eines Juden in Briefen an Dostojewski. Hrsg. von René Fülöp-Miller und Friedrich Eckstein, 1927

> probe auf die Echtheit nicht allein seiner ungeheuren künstlerischen Vision, sondern auch seiner ‹allmenschlichen› Liebe bestanden. […] In diesem Antwortschreiben Dostojewskis an Kowner offenbart sich die Größe eines wirklichen Dichters und eines wahrhaftigen Menschenherzens.»

Dass der vielbeschäftigte Dostojewski die Zeit findet, sich um fremde Gefängnisinsassen zu kümmern, ist an sich schon bemerkenswert. Im Fall von Abraham Urija Kowner ist der Briefwechsel noch in weiterer Hinsicht bezeichnend. Dostojewski gilt nicht gerade als Judenfreund. In seinem «Tagebuch eines Schriftstellers» hat er sich zu antijüdischen Kommentaren hinreißen lassen.

Noch problematischer sind aus heutiger Sicht die abfälligen Bemerkungen, die Dostojewski in einigen privaten Briefen über die angebliche Raffgier von Juden macht. Diese Ausfälle gehören zu den dunkelsten Stellen seiner in puncto Menschenfreundlichkeit ansonsten weißen Weste.

Man kann Dostojewski zugutehalten, dass er nichts von den kommenden Verbrechen gegen Juden weiß. Im Gegenteil stehen die damaligen Zeichen auf Anti-Diskriminierung. Juden werden mehr und mehr gesellschaftliche Rechte eingeräumt. Antisemitische Pogrome sind die große Ausnahme. Erst nach Dostojewskis Tod und der Ermordung des Zaren wird das russische Regime radikal umschwenken und die Juden brutal unterdrücken.

Auf den ersten Blick liegen Welten zwischen Dostojewski und Kowner. Letzterer macht sich deshalb auch kaum Hoffnung auf eine Antwort von dem großen Dichter.

> «Obwohl Sie von allen Ecken und Enden Russlands Briefe erhalten und darunter zweifellos auch recht dumme und sonderbare, konnten Sie doch niemals erwarten, von mir ein Schreiben zu erhalten. Wer ist nun aber dieser Briefschreiber? Ich bin erstens ein Jude, und Sie sind den Juden nicht wohlgesinnt (worüber ich übrigens noch später reden werde); zweitens habe ich zu jener Art von Publizisten gehört, die Sie verachten; habe ich Sie doch (nämlich Ihre literarischen Arbeiten) heftig, voll Wut und Bosheit beschimpft. [...] Und drittens schließlich bin ich ein Verbrecher und schreibe Ihnen diese Zeilen aus dem Gefängnis.»

Auch die folgenden Zeilen klingen so, als würde Kowner dort weitermachen, wo er einige Jahre zuvor aufgehört hat: mit Kritik. Er findet deutliche Worte für das, was ihn an Dostojewski am meisten stört:

> «Das ist Ihr Hass gegen die ‹Juden›, der sich fast in jedem Heft Ihres ‹Tagebuchs› zeigt. [...] Sie kennen weder das jüdische Volk noch dessen Lebensformen, noch dessen Geist.»

Und schließlich hat er auch noch einen schriftstellerischen Rat für Dostojewski parat.

> «Ich möchte Ihre Aufmerksamkeit auf den Umstand hinlenken, dass Sie viel zu oft den Ausdruck ‹ein kleines bisschen› gebrauchen.»

Ein anderer Briefempfänger hätte das Schreiben mit kopfschüttelnder Verärgerung entsorgt. Dass daraus zitiert werden kann, liegt daran, dass Dostojewski es sorgfältig aufbewahrt hat. Ganz offenbar, das zeigt auch sein Antwortschreiben, ist er getroffen. Und bewegt von der tragischen Lebensgeschichte des Briefschreibers.

Abraham Kowner schreibt nämlich: «Ich bin in einer vielköpfigen, armen jüdischen Familie in Wilna zur Welt gekommen, in einer Familie, wo die Leute einander um eines Stückchen Brotes willen verfluchten.» Mit 16 Jahren wird er mit einer älteren Frau zwangsverheiratet. Bald hält er es zuhause nicht mehr aus, verabschiedet sich von seiner Familie und seinem Glauben und zieht nach Petersburg.

Dort arbeitet er in einer Bank und gibt sich, wie die einsamen Helden aus Dostojewskis frühen Erzählungen, romantischen Träumereien hin. Die Realität sieht trister aus: «Von Natur aus temperamentvoll veranlagt, eher gesund, jedoch hässlich, hatte ich nie die Liebe einer feinen Frau kennengelernt.»

Endlich begegnet er der Liebe seines Lebens, einer bitterarmen Halbwaise, die auch der Phantasie Dostojewskis hätte entsprungen sein können. «Es war eine freie, tiefe und glühende, ja, eine glühende Liebe. Sie liebte mich natürlich nicht wegen meines Äußeren, sondern wegen einiger geistiger Vorzüge, wegen eines bisschen Verstandes und Herzensgüte, wegen meiner Bereitwilligkeit, jedermann Gutes zu erweisen, und Ähnlichem.»

Um das Geld für die Hochzeit aufzutreiben, lässt sich Kowner zu einem Betrugsdelikt hinreißen. «Ich sah, wie die Leute Millionen verdienten; die Versuchung trat an mich heran, und ich beschloss, eine Summe zu stehlen, die drei Prozent von dem jährlichen Reingewinn der Aktionäre der reichsten Bank in Russland darstellte.»

Kowner wird erwischt und verurteilt. Er kann im Gefängnis zwar seine Braut heiraten, aber nicht verhindern, dass sie vor Kummer stirbt: «Ich bin darüber beinahe wahnsinnig geworden.»

Zum Schluss appelliert Kowner an Dostojewskis Ehrgefühl. Mit einer Antwort würde Dostojewski beweisen, dass er anders sei als die anderen Schriftsteller.

> «Ich bin überzeugt, dass die größten Psychologen unter den Roman-Schriftstellern, welche die wahrsten Typen des Lasters und der bösen Instinkte schaffen, alle ihre Handlungen, alle ihre Seelenregungen analysieren, in ihnen einen göttlichen Funken sehen, ihnen Mitgefühl entgegenbringen, an ihre Wiedergeburt glauben und wünschen, sie bis zu dem ‹Verlorenen Sohn› der Evangelien zu erheben. Ich bin überzeugt, sage ich, dass diese großen Schriftsteller, wenn sie einem echten, lebendigen Verbrecher begegnen, der hinter Schloss und Riegel im Gefängnis sitzt, sich von ihm abwenden, wenn er sie um Hilfe, um Rat und Trost anruft.»

Um seinem Schreiben Nachdruck zu verleihen, schickt Abraham Kowner noch einen zweiten Brief hinterher.

Und tatsächlich: Ein paar Wochen später bekommt er Antwort.

Dostojewski redet den Delinquenten mit «Hochverehrter» an und macht auch sonst deutlich, dass es zwischen ihm und dem jüdischen Atheisten Kowner sicherlich einige Unterschiede gibt, aber keine Rangunterschiede: «Ich bin nicht besser als Sie oder jemand anders.» Er entschuldigt sich dafür, dass er sich mit der Antwort so lange Zeit gelassen hat:

> «Ich habe Ihnen lange nicht geantwortet, weil ich ein kranker Mann bin und weil ich mit außerordentlicher Anspannung an meiner Monatsschrift zu schreiben habe. Überdies muss ich jeden Monat einige Dutzend Briefe beantworten. Schließlich habe ich eine Familie und andere Geschäfte und Verpflichtungen. Es fehlt mir entschieden die Zeit zum Leben, und es ist mir unmöglich, mich in eine lange Korrespondenz einzulassen.»

Entschieden weist Dostojewski den Vorwurf der Judenfeindschaft zurück, räumt aber ein, dass er erst unlängst einen ganz ähnlichen «idealen edlen Brief von einer Jüdin» erhalten habe, die ihm «gleichfalls heftige Vorwürfe gemacht» habe. Er ist darüber ins Nachdenken gekommen.

Dann geht Dostojewski auf Kowners Ausführungen ein. Er bekundet Respekt, zeigt Verständnis.

> «Ich habe selten etwas Geistvolleres gelesen als Ihren Brief. […] Ihr erster Brief war verführerisch schön, ich will von ganzer Seele glauben, dass Sie durchaus aufrichtig sind. Sind Sie das aber auch nicht – so ist das einerlei: Denn die Unaufrichtigkeit ist im vorliegenden Fall etwas in seiner Art äußerst Kompliziertes und sehr Tiefes. Glauben Sie an meine volle Aufrichtigkeit, in der ich Ihre mir dargebotene Hand drücke! […] Mit vorzüglicher Hochachtung, Ihr Fjodor Dostojewski.»

Außerdem verspricht Dostojewski dem Häftling, ihm dabei zu helfen, einen Verlag für dessen Manuskripte zu finden.

Aber damit legt er die Korrespondenz noch nicht ad acta.

Kurzentschlossen wirft er seine Pläne für die kommende Ausgabe seines «Tagebuchs eines Schriftstellers» über den Haufen. Vor großem Publikum geht er hier auf die Vorwürfe ein, die Kowner und andere jüdische Leser ihm machen.

> «Seit einiger Zeit erhalte ich von ihnen Briefe, in denen sie mir ernst und bitter vorwerfen, dass ich über sie herfalle, ‹dass ich die Juden hasse›, und zwar nicht wegen ihrer ‹Mängel›, nicht ‹als Ausbeuter›, sondern als den Volksstamm, etwa in dem Sinne: ‹Judas hat Christus verkauft.›» (Tagebuch eines Schriftstellers, März 1877)

Seinen jüdischen Kritikern attestiert Dostojewski, dass deren «edelste Gesinnung und Bildung für mich außer jedem Zweifel stehen». Er beteuert, dass sein «Herz von einem solchen Hass immer frei» gewesen sei. Wenn er sich negativ geäußert habe, dann nur gegen «eine Tendenz, eine Charakteristik der Zeit», nicht gegen Juden an sich.

> «Im Gegenteil, ich sage und schreibe immer, dass alles, was die Humanität und Gerechtigkeit verlangen, was die Menschlichkeit und das christliche Gesetz gebieten, für die Juden getan werden muss. [Ich bin] für die gänzliche Erweiterung der Rechte der Juden in der formalen Gesetzgebung, sogar, wenn es nur irgendwie möglich ist, für die vollkommene Gleichstellung ihrer Rechte mit denen der Stammbevölkerung [...], denn das ist das Gesetz Christi, denn das ist das christliche Prinzip.»

Abraham Kowner zeigt sich über Dostojewskis Reaktion hocherfreut. Kurz darauf wird seine Haft in eine Verbannung umgewandelt.

Ein paar Jahre nach Dostojewskis Tod versucht Kowner auch bei Leo Tolstoi sein Glück, richtet eine «brennende Frage» an ihn.

Der hochadelige Weltverbesserer würdigt ihn keiner Antwort.

Tolstoi macht damit deutlich, dass die vollmundig proklamierte Liebe zur Menschheit etwas ganz anderes ist als die praktische Zuneigung zu einzelnen Menschen.

Genau auf diese Unterscheidung kommt es Dostojewski an:

> «In der abstrakten Liebe zur Menschheit liebt man fast immer nur sich selbst.» (Der Idiot)

Wer lieben lernen will, weiß Dostojewski, muss sich frei machen von sentimentalen Illusionen und bereit sein, sich aus der eigenen Komfortzone zu bewegen.

> «Die Armut ist immer aufdringlich: Das Stöhnen der Hungrigen stört die Satten im Schlaf!» (Arme Leute)
>
> «Erschrecken Sie, wenn Sie nach Liebe streben, nie über Ihren eigenen Kleinmut; erschrecken Sie nicht einmal allzu sehr über die schlechten Handlungen, die Sie dabei begehen. Ich bedaure, dass ich Ihnen nichts Tröstlicheres sagen kann, denn die tätige Liebe ist im Vergleich zu der nur geträumten ein hartes, schreckliches Ding. Die träumerische Liebe dürstet nach einer Großtat, rasch ausgeführt und von allen gesehen. Es kommt so weit, dass man sogar sein Leben hingibt, nur wenn die Sache schnell erledigt wird und so, dass alle es sehen und loben – wie auf der Bühne. Die tätige Liebe dagegen ist Arbeit und Geduld; sie ist für manche Menschen

gewissermaßen eine richtige Wissenschaft. Ich kann es Ihnen im Voraus sagen: Sobald Sie mit Schrecken wahrnehmen, dass Sie all Ihrem Bemühen zum Trotz dem Ziel nicht nur nicht näherkamen, sondern sich scheinbar von ihm entfernten – in diesem selben Augenblick, das prophezeie ich Ihnen, werden Sie plötzlich das Ziel erreichen und deutlich Gottes wundertätige Kraft erkennen! Gott hat Sie die ganze Zeit geliebt, die ganze Zeit insgeheim geleitet.» (Die Brüder Karamasow)

«Menschenliebe aber, Freundlichkeit und brüderliches Mitleid sind für den Kranken manchmal notwendiger als Arzneien.» (Aufzeichnungen aus einem Totenhaus)

Die barmherzige Liebe ist kein Ego-Trip für gefühlsduselige Narzissten. Weder auf spektakuläre Aktionen kommt es an, noch auf die emotionale Befriedigung, die sich beim Liebesdienst einstellt. Einer Mutter, die ihre erzieherische Leistung geringschätzt, schreibt Dostojewski entsprechend:

«Es ist ungemein wichtig und nützlich, selbst in einem kleinen Wirkungskreis als gutes Beispiel zu wirken, denn auf diese Weise beeinflusst man Dutzende und Hunderte von Menschen. Ihr Vorsatz, nie zu lügen und in Wahrheit zu leben, wird die leichtsinnigen Menschen in Ihrer Umgebung nachdenklich stimmen und beeinflussen. Das allein ist schon eine große Tat. Auf diese Weise können Sie ungeheuer viel erreichen.» (Brief an eine Mutter, 27.3.1878)

Eine große Gabe kann auch darin bestehen, nichts zurückzufordern. Das gilt insbesondere für die Schuld, die man nicht vom Gerichtsvollzieher eintreiben kann: die moralische Schuld. Zur Vergebung gehören aber immer zwei: der Vergebende und derjenige, der um Verzeihung bittet.

Besonders schlimm ist es für Dostojewski um diejenigen bestellt, die sich nicht der Last entledigen können, die auf ihnen liegt. Das gilt unter anderem für einen der Protagonisten aus «Die Dämonen». Stawrogin ist eigentlich ein geborener Gewinnertyp. Auf den schönen Adeligen werden deshalb große Hoffnungen gesetzt. Tatsächlich aber ist Stawrogin innerlich völlig leer. Statt andere Menschen zu bereichern, saugt er sie aus. Als Mittel gegen seine Empfindungslosigkeit setzt er auf Skandale und Perversionen.

Eine Tat aber lässt ihn nicht mehr los. Ein Mädchen, an dem er sich vergangen hat, kann er nicht mehr um Verzeihung bitten. Es hat sich umgebracht. In seiner Verzweiflung übergibt er dem Geistlichen Tichon eine schriftliche Beichte seiner Sünden. Nach dem Lesen des finsteren Dokuments reagiert Tichon überaus feinfühlig auf die inneren Qualen Stawrogins.

> «‹Antworten Sie mir auf eine Frage, aber aufrichtig, mir allein, nur mir allein›, sagte Tichon plötzlich mit einer ganz veränderten Stimme. ‹Wenn Ihnen jemand dies da›, Tichon wies auf die Blätter, ‹verzeihen würde, und nicht etwa jemand, den Sie achten oder fürchten, sondern ein Unbekannter, ein Mensch, den Sie niemals näher kennenlernen werden, wenn so ein Mensch beim Lesen Ihrer schrecklichen Beichte Ihnen stillschweigend in seinem Innern verzeihen würde, wäre Ihnen der Gedanke daran eine Erleichterung oder nicht?› – ‹Doch›, erwiderte Stawrogin mit gedämpfter Stimme, ‹wenn Sie mir verziehen hätten, wäre es mir viel leichter›, fügte er hinzu und senkte die Augen zu Boden.» (Die Dämonen)

Am Ende hindert Stawrogin sein Stolz daran, die stellvertretende Vergebung anzunehmen. Er bringt sich stattdessen um.

Offener für die Absolution sind bei Dostojewski diejenigen, die auch nach herkömmlichen Maßstäben am Ende sind: die Prostituierten, Alkoholabhängigen, Kriminellen. In einer Romanpassage, die dem Autor selbst aus dem Herzen spricht, brabbelt der Säufer Marmeladow seine Wunschvorstellung vom Jüngsten Gericht hervor. Er phantasiert, wie die Menschen in der Reihenfolge ihrer objektiven Ehrbarkeit vor Gott treten. Am Ende der Schlange wartet er selbst – zusammen mit dem Abschaum der Gesellschaft.

> «Und wenn er dann mit allen fertig sein wird, dann wird er auch zu uns sprechen: ‹Kommet her›, wird er sagen, ‹auch ihr! Kommet her, ihr Säufer, kommet her, ihr Willensschwachen, kommet her, ihr Schamlosen.› Und wir werden alle kommen, ohne Scheu, und vor ihn hintreten. Und er wird sagen: ‹Schweine seid ihr, Ebenbilder des Viehes; aber kommet auch ihr zu mir!› Da werden die Weisen und die Klugen sprechen: ‹Herr, warum nimmst du diese auf?› Und er wird sagen: ‹Darum nehme ich sie auf, ihr Weisen, darum nehme ich sie auf, ihr Klugen, weil auch nicht einer von ihnen sich dessen selbst für würdig gehalten hat.› Und er wird uns seine Hände entgegenstrecken, und wir werden vor ihm niederfallen … und werden weinen … und werden alles verstehen! Dann werden wir alles verstehen! … Und alle werden es verstehen … ‹Herr, dein Reich komme!›» (Schuld und Sühne)

In der Hierarchie der Liebesfähigkeit stehen die Heruntergekommenen vor den Arrivierten. Wer seine leeren Hände ausstreckt, kann Hilfe und Vergebung empfangen; wer sie stolz vor der Brust verschränkt, geht in der Endabrechnung leer aus.

Auch weil er sich selbst als bedürftig erkennt, fühlt sich Dostojewski mehr zu den Schwachen als zu den Starken hingezogen. Er sieht darin nicht nur einen sentimentalen Spleen – sondern sich im Einklang mit dem Evangelium. Wenn Barmherzigkeit die schönste Charaktereigenschaft ist, dann ist Selbstbezogenheit das hässlichste Laster.

Diese Sicht der Dinge verdeutlicht Dostojewski in seinem letzten Roman anhand einer Legende.

> «Als Gottes Sohn ans Kreuz geschlagen und gestorben war, stieg Er vom Kreuz herab und ging geradewegs in die Hölle und befreite alle Sünder, die dort gemartert wurden. Und die Hölle stöhnte darüber, denn sie meinte, dass nun niemand mehr zu ihr kommen würde, kein Sünder. Und da sagte der Herr zur Hölle: ‹Stöhne nicht, Hölle; es werden von nun an allerlei Würdenträger, Regenten, Oberrichter und Reiche zu dir kommen, und du wirst so voll sein, wie du warst, in alle Ewigkeit, bis ich wiederkommen werde.›» (Die Brüder Karamasow)

Noch einprägsamer ist die folgende Nacherzählung eines alten Volksmärchens. Es geht Dostojewski um den Zusammenhang der Liebe zu Gott und zu den Mitmenschen. Wer Barmherzigkeit erfährt, ist verpflichtet, sie an andere weiterzugeben.

> «Es war einmal eine böse, sehr böse Frau, und die starb. Und als sie gestorben war, wusste niemand von irgendeiner guten Tat, die sie getan hätte. Da ergriffen sie die Teufel und warfen sie in den feurigen See. Aber ihr Schutzengel stand da und

dachte: An welche gute Tat von ihr könnte ich mich wohl erinnern, um sie Gott vorzutragen? Da fiel ihm etwas ein, und er sagte zu Gott: ‹Sie hat einmal eine Zwiebel aus ihrem Gemüsegarten einer Bettlerin geschenkt.› Und da antwortete ihm Gott: ‹Nimm diese Zwiebel und strecke sie der im See Schwimmenden hin! Soll sie sie ergreifen und sich an ihr festhalten! Und wenn du sie so aus dem See herausziehen kannst, mag sie ins Paradies eingehen. Wenn aber die Zwiebel abreißt, soll das Weib da bleiben, wo sie jetzt ist.› Der Engel lief zu ihr und streckte ihr die Zwiebel entgegen. ‹Da›, sagte er, ‹ergreif sie und halte dich daran fest!› Und er begann sie vorsichtig herauszuziehen und hatte sie schon fast herausgezogen; doch als die übrigen Sünder in dem See sahen, dass diese Frau herausgezogen wurde, da klammerten sie sich alle an sie, um ebenfalls herausgezogen zu werden. Sie aber wurde böse, sehr böse, stieß mit den Füßen nach ihnen und schrie: ‹Ich werde herausgezogen, nicht ihr! Das ist meine Zwiebel, nicht eure!› Kaum hatte sie das gesagt, zerriss die Zwiebel. Und die Frau fiel zurück in den See und brennt da noch bis auf den heutigen Tag. Der Engel aber weinte und ging fort.» (Die Brüder Karamasow)

Die Liebe, von der Dostojewski überwiegend spricht, ist nicht die erotische und romantische Liebe, nicht die begehrende, die plötzlich aufflackernde und vorübergehende Leidenschaft – sondern die selbstlose Liebe; die Seelenhaltung der Selbstlosigkeit, die im griechischen Urtext des Neuen Testaments «Agape» heißt. Wer «Agape» praktiziert, hat für Dostojewski die größte Freiheit erreicht.

«Die allerhöchste Freiheit ist nicht Sparen und nicht sich mit Geld versorgen, sondern unter alle verteilen, was man hat, und hingehen, um allen zu dienen.» (Tagebuch eines Schriftstellers, Januar 1877)

Rein diesseitig betrachtet widerspricht die Agape aller Logik, ist geradezu selbstzerstörerisch. Sie stellt den evolutionsbiologischen Imperativ, dem eigenen Überleben alles unterzuordnen, auf den Kopf. Sinn macht der freiwillige Verzicht zugunsten anderer aber, wenn man den göttlichen Ursprung der Mitmenschen begriffen hat und ihren und den eigenen Existenzhorizont in die Ewigkeit verlängert.

«In der christlichen Lehre gilt: Es gibt etwas Höheres als den Gott Bauch. Das ist: Herr und Gebieter über sich selbst, über sein Ich zu sein, dieses Ich zu opfern, es allen zu geben. In dieser Idee liegt etwas überwältigend Schönes, Köstliches, Schicksalhaftes, Unerklärliches.» (Sozialismus und Christentum)

«Diese moralische Idee entsprang aber immer mystischen Ideen und den Überzeugungen, dass der Mensch ewig ist, dass er kein bloßes irdisches Tier ist, sondern mit den anderen Welten und der Ewigkeit zusammenhängt.» (Tagebuch eines Schriftstellers, August 1880)

«Ein Naturgesetz, das dem Menschen befiehlt, die Menschheit zu lieben, existiert überhaupt nicht. Wenn es auf Erden Liebe gibt oder gegeben hat, so ist das nicht die Folge eines Naturgesetzes, sondern lediglich des Umstandes, dass die Menschen an die Unsterblichkeit glauben.» (Die Brüder Karamasow)

Man kann das schriftstellerische Wirken Dostojewskis als ein allmähliches Vortasten auf dem Weg der Liebe begreifen. Das allererste Werk, mit dem er in Erscheinung tritt, beschäftigt sich mit der romantischen Liebe. Die Liebe der «Armen Leute» scheitert – so wie die meisten großen Romanzen der Weltliteratur – an den feindlichen Umständen.

In seinem allerletzten Werk, «Die Brüder Karamasow», beschränken sich die romantischen Verwicklungen auf Nebenhandlungen. Die heimliche Hauptrolle des Romans spielt die «Agape». Als ihr Apostel tritt der Mentor des jüngsten Karamasow in Erscheinung, der Starez Sossima. Seine Liebesweisheiten sind über die erste Hälfte des Romans verstreut.

> «Seid nicht stolz! Seid nicht stolz gegenüber den Geringen, nicht stolz gegenüber den Großen! Hasset nicht, die euch nicht anerkennen, die euch schmähen, beschimpfen, verleumden! Hasset nicht die Atheisten, die falschen Lehrer, die Materialisten, selbst nicht die Schlechten unter ihnen, geschweige die Guten, denn auch unter ihnen sind viele Gute, besonders in unserer Zeit.»
>
> «Wenn dich aber die Bosheit der Menschen so entrüstet und tief bekümmert, dass du sogar wünschst, dich an den Missetätern zu rächen, so fürchte dieses Gefühl mehr als alles andere! [...] Du wirst einsehen, dass auch du Schuld trägst, denn du hättest selbst als der einzige Sündlose den Missetätern leuchten können und hast es nicht getan. Wenn du geleuchtet hättest, wäre mit deinem Licht auch anderen der Weg erhellt worden, und der die Missetat vollbracht hat, hätte sie bei deinem Licht vielleicht nicht vollbracht.»
>
> «Trachte nie nach Belohnungen; auch ohne sie wird dir nämlich schon ein großer Lohn auf dieser Erde zuteil: deine geistige Freude, die nur der Gerechte erlangt. Fürchte dich nicht vor den Vornehmen und Starken, sondern sei weise und im-

mer freundlich! Lerne maßzuhalten und den rechten Zeitpunkt abzuwarten! Wenn du allein bist, bete! Wirf dich gern auf die Erde nieder und küsse sie. Küsse die Erde und liebe sie unermüdlich und unersättlich! Liebe alle Menschen! Liebe alles, trachte nach dieser grenzenlos begeisterten Verzückung. Benetze die Erde mit deinen Freudentränen und liebe diese Tränen! Schäme dich dieser Verzückung nicht, schätze sie hoch: Sie ist eine große Gabe Gottes!»

«Du bist an einem kleinen Kind vorbeigegangen mit ärgerlichem Gesicht, mit einem hässlichen Wort, mit zornerfülltem Herzen; du hast das Kind vielleicht gar nicht bemerkt – aber es hat dich gesehen, und dein böses, unfrommes Bild ist vielleicht in seinem wehrlosen Herzen haften geblieben. Du hast das nicht gewusst, doch möglicherweise hast du in die Seele des Kindes ein schlechtes Samenkorn geworfen, und das wächst vielleicht – und alles nur, weil du dich dem Kind gegenüber nicht in Acht genommen, weil du keine umsichtige, tatkräftige Liebe in deinem Herzen gehegt hast.»

«Die Liebe ist eine Lehrerin, aber man muss es verstehen, sie zu erwerben! Sie lässt sich nämlich nur schwer erwerben und muss teuer erkauft werden durch lange Arbeit: Man muss nicht nur für einen zufälligen Augenblick lieben, sondern für das ganze Leben. Zufällig lieben, das kann jeder, das tut sogar ein Bösewicht.»

«Je größere Fortschritte Sie in der Liebe machen, desto mehr werden Sie sich überzeugen von dem Dasein Gottes und von der Unsterblichkeit Ihrer Seele. Und wenn Sie in Ihrer Nächstenliebe bei völliger Selbstverleugnung angelangt sind, dann werden Sie auch zuversichtlich glauben, und kein Zweifel wird mehr in Ihre Seele Eingang finden.»

Nicht nur Gott kommt man durch die Liebe näher, sondern auch den Mitmenschen. Deutlich wird das an Aljoscha und seiner positiven Wirkung auf die Umwelt:

> «Er ist vielleicht der einzige Mensch auf der Welt, der, plötzlich allein und ohne Geld auf einen Platz in einer fremden Millionenstadt verschlagen, bestimmt nicht umkommen würde. Man würde ihm sofort Nahrung und Unterkunft gewähren; täten es die Leute nicht von allein, würde er sich selbst bei jemand unterbringen, was ihn nicht die geringste Überwindung kosten und keine Erniedrigung für ihn bedeuten würde. Und die, die ihn aufnähmen, würden das nicht als Last, sondern im Gegenteil vielleicht als Vergnügen empfinden.»

Die Liebe gewinnt, sagt Dostojewski. Häufig schon in diesem Leben, immer im nächsten.

KAPITEL 19
ZWEIFLER

Kaum ist er aus der sibirischen Haft entlassen, da macht Dostojewski einer Brieffreundin ein Geständnis: Neben Mutter und Vater hat er noch ein weiteres «Elternteil» – den Zweifel.

> «Ich will Ihnen von mir sagen, dass ich ein Kind dieser Zeit, ein Kind des Unglaubens und der Zweifelsucht bin und es wahrscheinlich (ich weiß es bestimmt) bis an mein Lebensende bleiben werde.» (Brief an Natalia Fonwisina, zwischen dem 20. und 28.2.1854)

Noch mehr als die vielen Stacheln im Fleisch schmerzt Dostojewski der Stachel im Geist.

Zwar ist das Zweifeln zutiefst menschlich, das wusste schon der Philosoph Descartes («Ich zweifle, also bin ich»), und die «Zweifelsucht» vor allem bei Intellektuellen stark ausgeprägt. Dostojewski jedoch leidet außergewöhnlich stark unter dem Zwiespalt zwischen Sein, Sollen und Wollen. Mit der pessimistischen Vorhersage, die er gegenüber Natalia Fonwisina macht, trifft er ins Schwarze: Zweifel pflastern auch in den verbleibenden 27 Jahren seinen Lebensweg. Sie sorgen allerdings nicht nur für Qual, sondern auch für Qualität. Aus dem Versuch heraus, die innere Spannung schriftstellerisch aufzulösen, entstehen einige der größten Meisterwerke der Weltliteratur.

Die Zweifel, die in seinen Moskauer Jugendjahren lediglich schwelen, lodern nach seinem Umzug nach Petersburg hell auf. In der Kulturmetropole gehört das glaubenskritische Räsonieren zum guten Ton.

> «Wir sind Skeptiker; wir wollen sehr Skeptiker sein. Wir weichen brummig und wild dem Enthusiasmus aus und bewahren vor ihm unsere skeptische slawische Seele.» (Petersburger Chronik, 13.4.1847)
>
> «Es ist kein Geheimnis, dass ganz Petersburg nichts anderes als die Ansammlung einer Unzahl kleiner Zirkel darstellt. [...] In einem Zirkel bekommt man sofort eine Antwort, wenn man wissen möchte, was es Neues gibt.» (Petersburger Chronik, 27.4.1847)

Der neueste philosophische Schrei aus Deutschland, Frankreich und England ist die Nicht-Existenz eines Schöpfergottes. In den Zirkeln, zu denen Dostojewski gehört, wird darüber heftig diskutiert.

Als besonders überzeugender Gottesleugner tut sich ausgerechnet Dostojewskis Entdecker, Förderer und Mentor hervor: der Literaturkritiker Belinski. Für ihn steht das real existierende Christentum in derart schroffem Widerspruch zur christlichen Botschaft, dass er den göttlichen Offenbarungsanspruch rundweg ablehnt. Auch die Idee der Sünde hält er für absurd, wie er dem jungen Dostojewski eintrichtert:

> «Wissen Sie auch, dass man dem Menschen nicht seine Sünden anrechnen und ihn mit Schulden und hingehaltenen Backen belasten darf, wenn die Gesellschaft so gemein eingerichtet ist, dass sie es dem Menschen unmöglich macht, keine Übeltaten zu begehen, wenn er ökonomisch zum Verbrechen geführt wird, und dass es sinnlos und grausam ist, vom Menschen etwas zu verlangen, was er schon aufgrund der Naturgesetze nicht erfüllen kann, selbst wenn er es wollte.» (Wissarion Belinski, zitiert in: Tagebuch eines Schriftstellers, 1873)

Auch Dostojewski steht in diesen Tagen kurz davor, seinem Glauben abzuschwören.

> «Ich nahm damals mit Leidenschaft seine ganze Lehre an.» (Tagebuch eines Schriftstellers, 1873)

Der nachträgliche Schrecken darüber bringt Dostojewski später dazu, seinen früheren Lehrmeister und andere Glaubenskritiker wüst zu beschimpfen («die Scheißkerle vom Schlage des Mistkäfers Belinski», Brief an Apollon Maikow, 11.10.1870). Er macht sie mit dafür verantwortlich, dass der stumme Schrei «Gott ist nur eine Einbildung» sich wie ein Tinnitus in seinem Gehirn einnistet.

Das lange Schwanken zwischen Glauben und Unglauben nimmt im Zuchthaus ein Ende. Irgendwann während seiner Haftzeit, also zwischen seinem 29. und seinem 33. Lebensjahr, ringt sich Dostojewski zu einer Entscheidung durch: pro Christus. Mit dem Zeitpunkt seiner Konversion befindet sich Dostojewski in guter Gesellschaft. Große christliche Denker wie Paulus, Augustinus, Pascal, Kierkegaard, Bonhoeffer und C. S. Lewis erlebten jeweils mit Anfang dreißig ihre inneren Durchbrüche zu einer Haltung des Glaubens.

Dostojewski verrät später zwar nicht, wann genau und unter welchen Umständen er zu Gott gefunden hat. Doch auch danach kennt Dostojewski, wie er im Brief an Natalia Fonwisina erwähnt, nur «Augenblicke vollkommener Ruhe». In den langen Phasen dazwischen blickt Dostojewski immer wieder in den Schlund von einem schwarzen Nichts. Er hält zwar unverdrossen an der Ewigkeit der menschlichen Existenz fest. Diese Überzeugung hat aber nicht nur Tröstliches.

> «Die Ewigkeit erscheint uns immer als ein Begriff, den man gar nicht fassen kann, als etwas Riesenhaftes, ungeheuer Großes! Aber warum soll sie denn absolut so ungeheuer groß sein? Auf einmal (stellen Sie sich das mal vor) kommt es so heraus, dass da statt all dessen nur ein einziges kleines Zimmerchen ist, so in der Art wie eine Badestube auf dem Lande, ganz verräuchert, und in allen Ecken Spinnen, und das ist dann die ganze Ewigkeit. Wissen Sie, mir schwant manchmal so etwas in der Art.» (Schuld und Sühne)

In vielen seiner Werke glänzt Gott durch Abwesenheit. Der Kellerloch-Mensch grummelt vor sich hin, ohne dass Gott ihm eine Erleuchtung schenkt. In der Selbstmord-Tragödie «Die Sanfte», die Dostojewski vier Jahre vor seinem Tod veröffentlicht, bleibt der Witwer ohne Jenseitshoffnung zurück.

> «Die Menschen sind einsam auf Erden – das ist eben das Unglück! […] Alles ist tot. Überall liegen Tote. Die Menschen sind einsam, und um sie herum ist Schweigen – das ist die Erde! ‹Menschen, liebt einander› – wer hat das gesagt? Wessen Gebot ist das? Der Pendel tickt gefühllos, ekelhaft.» (Die Sanfte)

Nicht von ungefähr beschäftigt Dostojewski in der Bibel, neben den Evangelien, insbesondere das Buch, das sich vorrangig mit dem Zweifel beschäftigt: Hiob.

> «Es versetzt mich in schmerzliche Begeisterung: Manchmal höre ich auf zu lesen und gehe eine Stunde im Zimmer umher, bin nahe am Weinen.» (Brief an Ehefrau Anna, 22.6.1875)

Wenn Dostojewski, wie er sich selbst attestiert, geradezu süchtig nach Zweifeln ist, dann sind die modernen Wissenschaften seine wichtigsten Dealer. Die Evolutionslehre von Charles Darwin fordert die christliche Schöpfungsvorstellung heraus. Dostojewski erkennt den Konflikt, hält ihn aber nicht für unauflöslich. Einem Bekannten schreibt er:

> «Erinnern Sie sich an die aktuellen Theorien von Darwin und anderen über die Abstammung des Menschen vom Affen? Ohne auf irgendwelche Theorien einzugehen, verkündet Christus geradeheraus, dass es neben der Tierwelt auch eine geistige Welt im Menschen gibt. Tja, und was macht es für einen Unterschied, wo der Mensch herkommt (es wird in der Bibel überhaupt nicht erklärt, wie Gott ihn aus Lehm geformt hat, ihn von der Erde genommen hat)? Andererseits hat Gott ihm den Lebensatem eingehaucht (aber es ist schlimm, dass sich der Mensch durch die Sünde wieder in ein Tier verwandeln kann).» (Brief an Wassili Alexejew, 27.6.1876)

So sehr er die analytischen Erkenntnisse der Wissenschaften anerkennt, so wenig überzeugt ist Dostojewski von deren Eignung zur weltanschaulichen Synthese, zum Zusammenführen der einzelnen Beobachtungen zu einem großen Ganzen. Hier steht der Mensch für Dostojewski vor der Alternative, entweder der göttlichen Offenbarung zu vertrauen oder sich vom Hundertsten ins Tausendste zu verlieren.

> «Die unbarmherzige Analyse der Gelehrten hat von allem, was früher heilig war, nichts übriggelassen. Sie untersuchten aber nur immer die einzelnen Teile und niemals das Ganze; man muss sogar die Blindheit bewundern, mit der sie dabei verfah-

ren sind. Das Ganze jedoch steht vor ihren eigenen Augen unerschüttert da wie vorher, und die Pforten der Hölle können es nicht überwältigen.» (Die Brüder Karamasow)

An die Stelle Gottes rücken in manchen Gesellschaftsschichten ganz buchstäblich Gespenster. Der allgemeine Wissenschaftshype des 19. Jahrhunderts sorgt dafür, dass auch Pseudo- und Para-Wissenschaften salonfähig werden. In gebildeten Kreisen avanciert der Spiritismus zur Lifestyle-Aktivität. Wo man sich bisher zum Kartenspiel getroffen hat, versammelt man sich nun zum Tische-Rücken.

Anfang der 1870er Jahre kommt der schottische Geisterseher Daniel Dunglas Home nach Petersburg. Seine übersinnlichen Kräfte sind angeblich so stark ausgeprägt, dass er sich freischwebend im Raum bewegen kann. Alexander II. lässt es sich nicht nehmen, ihn zu Séancen in den Zarenpalast einzuladen.

Die einflussreichste Okkultistin ist die deutschstämmige Russin Helena von Hahn. Nach ihrer Heirat nennt sie sich Helena Blawatski. Als «Göttliche Weisheitslehre», griechisch «Theosophie», bezeichnet sie ihre Kontaktanbahnungs-Versuche mit der jenseitigen Welt. Sie ist zehn Jahre jünger als Dostojewski und ein erklärter Fan des Schriftstellers. Sie geht so weit, ihn als unbewusst «theosophischen Autor» zu feiern.

Von Gegenliebe kann allerdings keine Rede sein. Dostojewski hält den Spiritismus für Quacksalberei. Hier erhofft er sich von Seiten der seriösen Wissenschaftler entsprechende Aufklärungsarbeit:

> «Nur dies allein kann den um sich greifenden schlechten Geist schnell ausrotten, vielleicht aber auch die Wissenschaft durch

eine neue Entdeckung bereichern.» (Tagebuch eines Schriftstellers, Januar 1876)

Allerdings hält Dostojewski auch nichts von frommer Panikmache angesichts des Spiritismus-Booms.

«Einander anschreien, beschämen und wegen des Spiritismus aus der Gesellschaft ausschließen, heißt meiner Ansicht nach nur, die Idee des Spiritismus in ihrem schlimmsten Sinne zu festigen und zu verbreiten. Das ist der Anfang der Unduldsamkeit und der Verfolgungen. Das ist aber, was die Teufel wollen.» (Tagebuch eines Schriftstellers, Januar 1876)

Ebenso gefährlich wie der Okkultismus und wissenschaftlich auch nicht viel seriöser ist aus Sicht von Dostojewski die materialistische Theologie. Mit großer Sorge registriert er, wie renommierte deutsche Theologiefakultäten, allen voran in Heidelberg, auf einen rationalistischen Kurs umschwenken, den Glauben zur Ethik dezimieren und statt Kreuzestod und Auferstehung nur noch Nächstenliebe lehren.

«Gräfin Heidelberg! Dort spricht der Antichrist mit einer Sprache, der man schwer widerstehen kann.» (Notizen, 1872–1875)

In seinem Wahrheitsdrang kennt Dostojewski weder Freund noch Feind. Er setzt sich nicht nur kritisch mit den Gottesleugnern auseinander. Er wütet auch im eigenen Lager.

Das Thema «Kirche» ist für ihn eher mit Anfechtung als mit Erbauung verbunden. Von Geburt an sitzt er zwischen den Stühlen. Sein Vater kommt aus einer Priesterdynastie. Doch seine Vorfahren gehören nicht zur orthodoxen Kirche, sondern zur russisch-katholischen Kirche: Sie folgen dem orthodoxen Ritus, orientieren sich institutionell aber am Vatikan. Dostojewskis Vater bricht mit der Tradition in doppelter Hinsicht: Er verlässt das Priesterseminar und bekennt sich künftig zur russisch-orthodoxen Konfession. Der Kontakt zu seiner Familie bricht daraufhin ab.

Vielleicht liegen hier auch die Ursachen für Dostojewskis Distanz zum Katholizismus.

Dostojewskis Erfahrungen mit orthodoxen Priestern sind auch nicht nur positiv. Ein Pope ist williger Teilnehmer an seiner Beinahe-Exekution, hält ihm vor der Urteilsvollstreckung noch das Kruzifix hin und will ihm die Beichte abnehmen.

Fest steht: An der Institution der römisch-katholischen Kirche lässt Dostojewski kaum ein gutes Haar. Dabei fällt auf, dass er bei seiner Kritik nicht auf Lehrinhalte abzielt. Was ihn vor allem stört, sind nicht die «katholischen» Dogmen, sondern der «römische» Machtapparat, das imperiale Gehabe des Vatikans, seine von Ketzerblut befleckte Vergangenheit. Echter Glaube ist für Dostojewski unbedingt auch freier Glaube und jeder Einsatz von Zwangsmitteln deshalb ein Gräuel.

> «Einen Menschen, der Ketzer verbrennt, kann ich nicht für moralisch erklären. [...] Für mich ist das Beispiel und Ideal der Sittlichkeit: Christus. Ich frage: Hätte er Ketzer verbrannt? – Nein.» (Notizen, 1880/1881)

1870 untermauert die römisch-katholische Kirche ihren Machtanspruch durch das Dogma von der päpstlichen Unfehlbarkeit. Kurz davor hat Dostojewski seinen Roman «Der Idiot» fertiggestellt. Darin redet sich der sonst so konfliktscheue, hier aber durch einen nahenden epileptischen Anfall aufgepeitschte Fürst Myschkin in Rage.

> «Meiner Ansicht nach ist der römische Katholizismus überhaupt kein Glaube, sondern einfach eine Fortsetzung des weströmischen Kaisertums, und es ist bei ihm alles, vom Glauben angefangen, dieser Idee untergeordnet. Der Papst hat die Erde in Besitz genommen, einen irdischen Thron bestiegen und das Schwert ergriffen; seitdem geht alles in dieser Art weiter, nur haben sie zum Schwert noch die Lüge, die Intrige, den Betrug, den Fanatismus, den Aberglauben und das Verbrechen hinzugefügt. […] Auch der Sozialismus ist ja eine Ausgeburt des Katholizismus und des katholischen Wesens! Auch er ist, ebenso wie sein Bruder, der Atheismus, aus der Verzweiflung hervorgegangen, als Gegensatz zum Katholizismus im moralischen Sinne, um einen Ersatz für die verloren gegangene moralische Macht der Religion zu bilden, um den geistigen Durst der lechzenden Menschheit zu stillen und sie zu retten, nicht durch Christus, sondern ebenfalls durch Gewalt! Das ist ebenfalls eine Freiheit durch Gewalt, das ist ebenfalls eine Vereinigung durch Schwert und Blut!»

Ein paar Jahre später bekräftigt Dostojewski den Vorwurf.

> «Der römische Katholizismus braucht nicht Christus, sondern die Weltherrschaft.» (Tagebuch eines Schriftstellers, Januar 1876)

Und der Protestantismus? Indirekt hat Dostojewski verwandtschaftliche Beziehungen. Die Mutter seiner zweiten Ehefrau Anna war als Lutheranerin aufgewachsen, und die Frau seines Bruders Michail kam vermutlich auch aus einer evangelischen Familie.

Dies ändert jedoch nichts daran, dass auch der Protestantismus sein Fett wegbekommt. Ursache ist aber nicht dessen Institution, die gibt es ja nicht als zentrale Einrichtung, dafür unzählige unterschiedliche Strömungen.

Eben darin sieht Dostojewski die entscheidende Schwäche: Ist der Katholizismus auf Beton gegründet, drohen die Protestanten im Meer der zeitgeistlichen Beliebigkeit unterzugehen. Symptomatisch dafür ist das Aufkommen des deutschen Kulturprotestantismus seit der Mitte des 19. Jahrhunderts, die zunehmende Diesseits-Fixierung, der schleichende Transzendenz-Verlust.

> «Sie sind fast alle auch jetzt schon geneigt, sich zu einer ‹Menschlichkeit› oder sogar einfach zum Atheismus zu entwickeln.» (Tagebuch eines Schriftstellers, Januar 1876)
>
> «Wenn der Katholizismus von der Erde verschwindet, so wird unbedingt auch der Protestantismus verschwinden, denn es wird nichts mehr geben, um dagegen zu protestieren. Er wird sich in offenen Atheismus verwandeln und damit ein Ende nehmen.» (Notizen, 1875/1876)
>
> «Der Protestantismus nähert sich mit Riesenschritten dem Atheismus und wird zu einer schwankenden, fließenden, veränderlichen (und nicht ewigen) Ethik.» (Tagebuch eines Schriftstellers, August 1880)

Mit ungläubigem Staunen beobachtet Dostojewski ein Phänomen, das heutzutage beinahe normal anmutet: Gottesdienste, in denen außer dem Ritus nichts mehr mit traditionellem Christentum zu tun hat. Entsprechende Kirchengemeinden, so hat er gehört, gibt es inzwischen in England.

> «Man betritt eine Kirche – der Gottesdienst ist großartig, reiche Ornate, Weihrauch, feierliche Stimmung, Stille, Andacht der Betenden. Es wird aus der Bibel vorgelesen, alle kommen und küssen das heilige Buch mit Tränen, mit Liebe. Und dabei ist es eine Kirche von Atheisten. Keiner von den Betenden glaubt an Gott.» (Tagebuch eines Schriftstellers, März 1876)

Das Paradox eines Glaubens ohne Auferstehungs-Hoffnung zeigt sich aber bereits auch in Russland.

> «Es gibt bei uns jetzt tatsächlich manche Menschen, die sogar beten und zur Kirche gehen, dabei aber an die Unsterblichkeit ihrer Seele nicht glauben.» (Tagebuch eines Schriftstellers, Dezember 1876)

Was ihn besonders stört, ist die Nonchalance, mit der die jeweiligen Kirchenoberen auf den schleichenden Glaubensverlust reagieren. In der Mitte des 19. Jahrhunderts hat in Dänemark bereits Sören Kierkegaard die geschäftige Blasiertheit der Bischöfe angeprangert. Der dort verkündete Glaube wirke sedierend statt inspirierend.

Ein ganz ähnliches Urteil fällt Dostojewski über die anglikanische Kirche, nachdem er Anfang der 1860er Jahre von seinem England-Besuch zurückgekehrt ist. Zwar werde in den englischen Kirchen viel von Mission und spiritueller Erneuerung geredet. Die tatsächliche Gesinnung sei aber selbstgerecht, oberflächlich, materialistisch. Sie ziele auf quantitativen Zuwachs, auf sichtbare Resultate, auf spektakuläre Performances, nicht auf innere Erneuerung.

> «Die anglikanischen Pfarrer und Bischöfe sind stolz und reich, leben in reichen Pfarreien und werden dick in vollkommenster

Gewissensruhe. Sie sind große Pedanten, sind sehr gebildet und glauben selber wichtig und in allem Ernst an ihre stumpfsinnig-moralische Würde, an ihr Recht, ruhige und selbstgerechte Moral zu predigen, fett zu werden und nur für die Reichen da zu sein. Das ist die Religion der Reichen, und zwar schon ohne jede Maske. [...] Sie durchziehen als Missionare die ganze Welt, sie dringen ins innerste Afrika vor, um einen Wilden zu bekehren, und vergessen darüber eine Million Wilder in London, weil diese nichts besitzen, womit sie zahlen könnten. [...] Baal herrscht und verlangt nicht einmal Unterwerfung, denn er ist ihrer auch so schon sicher. Der Glaube an sich selbst ist grenzenlos; ruhig und mit Verachtung gibt er nur, um sich's vom Halse zu schaffen, organisiert Almosen, und danach ist sein Selbstgefühl nicht mehr zu erschüttern.» (Winterliche Aufzeichnungen über sommerliche Eindrücke)

Dostojewski ist alles religiöse Honoratiorentum suspekt. Aber auch mit freikirchlichen Erneuerungsbewegungen kann er wenig anfangen, jedenfalls, wenn sie sich in Russland breitmachen.

Seit einigen Jahrzehnten sorgten in ländlichen Regionen die sogenannten «Milchtrinker» für Aufsehen. Sie trinken an den Fastentagen Milch, halten sich streng an die Bibel und lehnen alle orthodoxen Riten ab, die nicht von der Heiligen Schrift vorgegeben sind.

Noch mehr Breitenwirkung als die «Milchtrinker» haben im 19. Jahrhundert die «Stundisten». Sie beziehen ihre geistlichen Impulse von eingewanderten deutschen Pietisten. Die orthodoxe Liturgie erscheint ihnen als unnützes Brimborium. Stattdessen treffen sie sich zu Gemeinschaftsstunden, in denen die Bibel im Mittelpunkt steht und an denen nur tatsächlich Bekehrte teilnehmen. Sie bemühen sich um einen vorbildlichen Lebenswandel.

Bei ihren orthodoxen Nachbarn erzielen die «Stundisten» damit Eindruck, wie Dostojewski einräumt. Dennoch überwiegt bei ihm die Kritik. Denn alles Importierte ist ihm suspekt. Gedeihen kann in Russland nur, so ist er überzeugt, was im eigenen Boden wurzelt.

> «Eine seltsame Erscheinung machte sich kürzlich in einem Winkel des russischen Reiches bemerkbar: das Aufkommen des deutschen Protestantismus unter den Orthodoxen – die neue Sekte der Stundisten. [...] Ein gewisser Pastor [...] erbarmte sich aus purer Herzensgüte der dortigen ungebildeten und jeder Seelsorge entbehrenden russischen Bevölkerung und begann ihnen den Christenglauben zu predigen; er hielt sich dabei an die Lehrsätze der Orthodoxie und riet auch den Leuten, ihrer Kirche treu zu bleiben. Es kam aber anders: Die Predigt hatte vollen Erfolg, doch die neuen Christen begannen damit, dass sie den Austritt aus der orthodoxen Kirche zur Grundbedingung machten, sich von den Gebräuchen und Ikonen lossagten und anfingen, sich nach lutherischer Art zu versammeln, um Psalmen nach der Bibel zu singen; manche erlernten sogar die deutsche Sprache. Die Sekte verbreitet sich mit fanatischer Geschwindigkeit und greift schon nach den anderen Kreisen und Gouvernements über. Die Sektierer haben auch ihre Lebensweise geändert und dem Alkohol abgeschworen. Die Leute sagen: ‹Bei ihnen ist es darum so schön und sie leben darum so anständig und ordentlich, weil sie sich nicht nur auf die Fastenzeit beschränken.› Eine elende Logik; aber irgendein Sinn steckt doch darin, besonders, wenn man das Fasten als bloßen Brauch ansieht. Woher soll auch so ein ar-

mer Mensch den heilbringenden, tiefen Sinn des Fastens kennen? Auch sein ganzer früherer Glaube war für ihn nur eine Reihe von Gebräuchen. Also protestiert er gegen die Gebräuche. Das ist gewissermaßen verständlich. […] Dass das Volk nach Wahrheit lechzt, ist natürlich erfreulich. An Stelle der Wahrheit kann aber auch eine große Lüge entstehen, wie es bei den Stundisten der Fall ist. Was hat auch unser Volk Protestantisches oder Deutsches an sich? Warum lernt es Deutsch, um die Psalmen zu singen? Ist nicht alles, wonach es strebt, auch in der Orthodoxie enthalten? Bedeutet denn nicht diese allein die Wahrheit und die Rettung des russischen Volkes und, in den kommenden Jahrhunderten, auch der ganzen Menschheit?» (Tagebuch eines Schriftstellers, 1873)

In den letzten Sätzen seiner Tirade lässt Dostojewski die Katze aus dem Sack. Während er sonst ein Faible für Nonkonformisten hat, stört ihn an den «Stundisten», dass sie nicht zu seiner Lieblingsidee passen: Die geistliche Erneuerung soll ja gerade aus dem Osten, nicht aus dem Westen kommen.

Deshalb reagiert Dostojewski auch mit Stirnrunzeln, als ein englischer Erweckungsprediger nach Petersburg kommt. Diesmal handelt es sich nicht, wie bei vielen «Stundisten», um einen Bauern, sondern im Gegenteil um einen angesehenen Adeligen: Granville Augustus William Wandegrave, besser bekannt als «Lord Radstock».

Der unkonventionelle Lord ist so etwas wie der Billy Graham seiner Zeit. Nach einem persönlichen Bekehrungserlebnis hat er sich von der anglikanischen Kirche getrennt und der freikirchlichen Brüderbewegung angeschlossen. Nun nutzt er sein Vermögen und seine Kontakte in höchste Kreise, um den christlichen Glauben zu predigen. In den 1870er Jahren kommt er mehrmals nach Petersburg. In großen Ballsälen veranstaltet er Evangelisationen.

Radstock hat keine theologische Ausbildung vorzuweisen. Er vertraut dem Augenschein der Bibeltexte, legt sie aus, ruft zur Glaubensentscheidung auf. Die Resonanz, insbesondere unter Frauen der höchsten russischen Gesellschaftsschichten, ist enorm. Leo Tolstoi geht darauf in seinem Roman «Anna Karenina» ein, auch Dostojewski mehrfach in seinem «Tagebuch eines Schriftstellers». Er gibt zu, dass es bei den Evangelisations-Veranstaltungen gesittet zugeht, dass nichts dran ist an dem Gerücht, «dass man sich bei ihm drehte und in Zungen redete». Schließlich besucht er selbst eine Evangelisations-Veranstaltung des Lords.

> «Ich erinnere mich, an ihm nichts Besonderes gefunden zu haben. Er sprach weder besonders klug noch besonders langweilig. Und doch wirkt er Wunder auf die Menschenherzen. Die Leute drängen sich um ihn; viele sind erschüttert: Sie suchen Arme, um ihnen möglichst schnell Gutes zu tun, und sind beinahe im Begriff, all ihre Habe zu verteilen. […] Was die Lehre des Lords betrifft, so ist es schwer zu sagen, worin sie besteht. Er ist Engländer, gehört aber, wie man sagt, der anglikanischen Kirche nicht an, hat mit ihr gebrochen und predigt etwas Eigenes. Das ist in England so leicht: Dort und in Amerika gibt es vielleicht noch mehr Sekten als bei uns im ‹gemeinen Volke›: Sekten der Springer, Schüttler, Konvulsionäre, Quäker. […] Nichtsdestoweniger bewirkt er außerordentliche Bekehrungen und erregt in den Herzen seiner Anhänger großmütige Gefühle.» (Tagebuch eines Schriftstellers, März 1876)

Einen Anlass zur Euphorie sieht Dostojewski in den Bekehrungen nicht, eher ein Symptom für die Schwäche der orthodoxen Kirche. Sie habe in den Herzen der Menschen ein Vakuum hinterlassen, das nun von hergereisten Westeuropäern gefüllt würde.

Das Thema «Freikirchen» lässt Dostojewski auch in den kommenden Monaten nicht los. In einer der folgenden Ausgaben seines «Tagebuchs» versucht er, die Tendenz zur institutionellen Zersplitterung bildhaft darzustellen. Dostojewski ist überzeugt davon, dass die Verankerung des Glaubens im Volk einen festen Rahmen benötigt. Ist dieser erst einmal gesprengt, werde bald das Chaos herrschen.

> «Man trägt ein Gefäß mit einer kostbaren Flüssigkeit, alle fallen nieder und küssen und verehren das Gefäß, das dieses kostbare, lebensspendende Nass enthält; da erheben sich aber plötzlich andere Menschen und schreien: ‹Ihr Blinden! Was küsst ihr das Gefäß: Kostbar ist ja nur das lebensspendende Nass, das es enthält, kostbar ist der Inhalt und nicht das Gefäß – ihr küsst aber das Glas, das einfache Glas, ihr verehrt das Gefäß, und ihr schreibt ihm die ganze Heiligkeit zu und vergesst dabei seinen kostbaren Inhalt! Götzendiener! Werft das Gefäß weg, zerbrecht es, verehrt nur das lebensspendende Nass und nicht die gläserne Hülle!› So wird das Gefäß zerschlagen, und das lebensspendende Nass, der kostbare Inhalt, ergießt sich über die Erde und verschwindet natürlich in der Erde. So haben sie das Gefäß zerbrochen und auch die Flüssigkeit verloren. Solange aber die Flüssigkeit noch nicht ganz von der Erde aufgesogen worden ist, erhebt sich ein Tumult. Um nur etwas davon, was in den Scherben noch geblieben ist, zu retten, schreien sie, dass man so schnell wie möglich ein neues Gefäß machen müsse, und sie fangen an zu streiten, wie und woraus dieses neue Gefäß zu machen sei. Der Streit beginnt

von Anfang an und wird gleich nach den ersten Worten auf den Buchstaben verlegt. Sie sind bereit, diesen Buchstaben noch mehr zu vergöttern als den früheren, wenn sie sich nur schneller ein neues Gefäß beschaffen können; der Streit wird aber immer erbitterter, und eine jede Gruppe trägt einige Tropfen der übriggebliebenen kostbaren Flüssigkeit in ihren eigenen Schalen von allen möglichen Formen und jeder Herkunft mit sich fort und hält sich von den anderen Gruppen fern. Ein jeder will mit seiner Schale das Heil finden, und in jeder einzelnen Gruppe entstehen neue Streitigkeiten. Der Götzendienst wird um so viele Male größer, in wie viele Scherben das Gefäß zerbrochen ist. Es ist eine ewige, uralte Geschichte, die schon lange vor Martin Luther angefangen hat, und sie wiederholt sich nach unabänderlichen historischen Gesetzen fast genauso in unserem Stundismus. Bekanntlich zerfallen die Stundisten schon in Einzelgruppen, sie streiten wegen Buchstaben und deuten das Evangelium ein jeder auf seine Art und nach seinem Gewissen.» (Tagebuch eines Schriftstellers, Januar 1877)

Die Hauptschuld an dieser Entwicklung gibt Dostojewski den etablierten Kirchen – in England den Anglikanern, in Russland den Orthodoxen. Die Attraktivität der Freikirchen basiere auf der Arroganz der Volkskirchen:

«Wir wundern uns über die Dummheit, sich solchen Sekten anzuschließen, und erraten nicht, dass es eine Absonderung von unserer gesellschaftlichen Formel ist, eine hartnäckige, unbewusste Absonderung: eine instinktive Absonderung um jeden Preis, da man seine Seele retten will, eine Absonderung mit Ekel vor uns und Entsetzen. Diese Millionen von Menschen, die von dem Fest der Menschheit ausgeschlossen und verjagt worden sind, die nun in unterirdischer Finsternis einander stoßen und drücken, in dieser Finsternis, in die sie von ihren älteren Brüdern geworfen wurden und in der sie nun tastend nach einem Ausgang suchen und an jede erstbeste Tür pochen, um in dem dunklen Kellergewölbe nicht zu verrecken. Es ist das der letzte verzweifelte Versuch, sich zu einem eigenen Haufen zusammenzuschließen, zu einer eigenen Masse.» (Winterliche Aufzeichnungen über sommerliche Eindrücke)

«Die Geistlichkeit hat aber schon längst aufgehört, die Fragen unseres Volkes zu beantworten. Abgesehen von einigen Geistlichen, in denen noch das Feuer des Eifers für Christus lodert und die oft unauffällig und allen unbekannt sind, gerade weil sie nichts für sich suchen und nur für ihre Herde leben, abgesehen von diesen, wie es scheint, leider sehr wenigen Geistlichen, werden die anderen, wenn man von ihnen gar zu dringend Antworten heischt, vielleicht mit einer Denunzierung der Fragenden antworten. Die andern entfremden sich durch unerhörte Ausbeuterei so sehr von ihrer Herde, dass niemand mit seinen Fragen zu ihnen kommt.» (Tagebuch eines Schriftstellers, Juli/August 1877)

Wie in gesellschaftspolitischen Angelegenheiten, so teilt Dostojewski auch in kirchenpolitischen Fragen nach allen Seiten aus. Die religiösen Würdenträger kommen bei ihm in der Regel nicht besonders gut weg. So wie Jesus sich mit den Priestern und Schriftgelehrten anlegte, so lässt Dostojewski an den kirchlichen Funktionären und Akademikern kaum ein gutes Haar.

Daran ändert sich auch nichts, nachdem ihm der Priester der Exil-Gemeinde in Wiesbaden mit einem Kredit aus der finanziellen Patsche geholfen hat. Als er wieder einmal in der Klemme sitzt, regt seine Frau an, die Kirche noch einmal um Hilfe zu bitten. Dostojewski schüttelt sich bei dem Gedanken.

> «Zum Geistlichen werde ich nicht gehen, nein, auf gar keinen Fall. Er ist ein Zeuge des Alten, Vergangenen, Früheren, Verschwundenen! Es wäre mir schmerzlich, ihm auch nur zu begegnen.» (Brief an seine Ehefrau Anna, 28.4.1871)
>
> «Montags kam der Wiesbadener Pope [nach Bad Ems]. Ein anmaßender Kerl, aber ich habe ihn zurechtgewiesen, und er ist sofort verschwunden. Ein Intrigant und Schurke. Er würde auf der Stelle Christus und alles verkaufen.» (Brief an seine Ehefrau Anna, 28.6.1874)

Überhaupt ist die Fachdisziplin «Theologie» für Dostojewski an sich problembehaftet. Für die Ausbildungsstätten der orthodoxen Kirche, die Priesterseminare, hat er nicht viel übrig. Sie ziehen nicht Idealisten an, sondern fromme Karrieristen, produzieren Apparatschiks statt Jesusnachfolger.

Der Begriff «Seminarist» wird von ihm wie ein Schimpfwort gebraucht, etwa wenn es um seinen langjährigen Mitarbeiter Nikolai Strachow geht. Er hält ihn für dünkelhaft und eindimensional, eben einen «garstigen Seminaristen», wie er seiner Nichte Sonja schreibt (Brief vom 12.2.1875). An gleicher Stelle fällt er über seinen Freund Apollon Maikow das lobende Urteil: «Er ist ein guter Mensch und kein Seminarist.»

Eine der negativsten Gestalten im Werk von Dostojewski ist daher nicht von ungefähr ein Theologiestudent namens Rakitin. Seinen Kommilitonen Aljoscha Karamasow beneidet er um dessen kindlichen Glauben und die unangestrengte Menschenfreundlichkeit. Und so verhält er sich ihm gegenüber wie ein Mephisto, sät in ihm Zweifel und ist hocherfreut, wenn die giftige Saat aufzugehen scheint. Rakitin selbst sucht vor allem den gesellschaftlichen Aufstieg. Aljoscha hingegen zieht es weg von der Amtskirche hinaus in die Welt.

Durch seine Worte bringt Dostojewski auf den Punkt, woran es seiner Meinung nach vielen Theologen und Kirchenbürokraten mangelt:

> «Rakitin liebt den lieben Gott nicht, nein, er liebt ihn nicht! Das ist bei diesen Leuten der wundeste Punkt! Aber sie verheimlichen das. Sie lügen. Sie verstellen sich.» (Die Brüder Karamasow)

Die positive Kontrastfigur zu Rakitin ist der Starez (russisch für «Ältester») Sossima, ein Mönch und spiritueller Lehrer. Seinen Einfluss verdankt er nicht einem Amt, sondern seiner erfahrungsbasierten Weisheit und Frömmigkeit. Einmal formuliert er seine Idealvorstellung eines Geistlichen – und dient damit als Dostojewskis Sprachrohr. Die besten Voraussetzungen für den Priesterberuf bringt aus Sossimas Sicht derjenige mit, der darin keine lukrative Anstellung sieht.

> «Zu diesem Zweck braucht kein großes Wohnhaus errichtet zu werden: Er soll die Leute einfach in sein Häuschen aufnehmen. Er braucht nicht zu befürchten, sie könnten ihm die Stube beschmutzen; er versammelt sie ja nur für eine einzige Stunde. Er schlage ihnen die Bibel auf und beginne zu lesen, ohne kunstvolle Worte und ohne Eitelkeit und ohne Selbstüberhebung, sondern ergriffen und sanft, sich selbst darüber freuend, dass er ihnen vorliest und sie ihm zuhören und ihn

> verstehen, und was er vorliest, auch selber liebend. Nur selten halte er inne und erkläre einen Ausdruck, der dem einfachen Mann unverständlich ist. Er sei unbesorgt, sie werden schon alles verstehen, alles wird das rechtgläubige Herz verstehen! [...] Nur aus Begeisterung sage ich das alles. Verzeiht mir meine Tränen, weil ich dieses Buch liebe! Und so sollte auch er, der Priester Gottes, in Tränen ausbrechen, so wird er sehen, dass als Antwort darauf die Herzen seiner Zuhörer erbeben werden. Es ist ja nur ein winziges Samenkorn erforderlich: Wenn er dieses in die Seele des einfachen Mannes wirft, wird es nicht ersterben, sondern in ihm sein ganzes Leben lang leben, inmitten des Dunkels und der Wirrnis der Sünden verborgen als ein heller Punkt, als eine große Erinnerung. [...] Er wird ihm mit diesen einfachen Erzählungen das Herz rühren. [...] Was ist das Wort Christi ohne Vorbild? Ohne Gottes Wort geht das Volk zugrunde, denn seine Seele dürstet nach dem Wort.» (Die Brüder Karamasow)

Diesen Durst sieht Dostojewski auch bei denen, die der Gottesvorstellung ablehnend gegenüberstehen. Die Atheisten nimmt er sich ein ums andere Mal zur Brust. Dabei verzichtet er auf plumpe und billige Argumente. Es hat zu lange selbst mit dem Glauben gerungen, um kein Verständnis für Atheisten zu haben. Viele von ihnen erlebt er als leidenschaftliche Sinnsucher, die ihm allemal lieber sind als religiös Indifferente.

> «Der vollkommene Atheist steht auf der vorletzten Stufe vor dem vollkommensten Glauben – ob er ihn nun erreicht oder nicht. Der Gleichgültige aber hat keinen Glauben mehr, nur eine erbärmliche Angst, und auch die nur selten.» (Die Dämonen)

Wütend machen ihn die Gottesleugner allenfalls, wenn sie darin eine besondere intellektuelle Errungenschaft sehen und mit Verachtung auf einfache Gläubige herunterschauen.

«Atheismus ist eine aristokratische Krankheit, eine Krankheit der höheren Bildung.» (Notizen, 1872–1875)

«Besser grober Atheismus als gelehrter.» (Notizen, 1876/1877)

Der Glaube an ein kosmisches Nichts ist für Dostojewski genau das: ein Nichts-Glaube, aber nichtsdestoweniger ein Glaube. Insofern gibt es für ein Überlegenheitsgefühl der Atheisten gegenüber vermeintlich naiven Christen keinen Anlass.

«Unsere Landsleute werden nicht einfach Atheisten, sondern glauben unfehlbar an den Atheismus wie an einen neuen Glauben, ohne zu bemerken, dass sie an ein Nichts glauben.» (Der Idiot)

«Einem wirklich Gottlosen bin ich überhaupt noch nie begegnet, wohl aber stattdessen manchem Ruhelosen, denn so muss man sie richtiger nennen. Dazu gehören allerlei Leute; man kann sich gar nicht vorstellen, eine wie bunte Gesellschaft das ist: Da sind große und kleine, dumme und gelehrte; sogar Leute aus dem niedrigsten Stand finden sich darunter, und alle sind sie ruhelos. Denn ihr ganzes Leben lang lesen sie und legen das Gelesene aus, sich an der Süßigkeit der Bücher sättigend; sie selbst aber verbleiben immer in Verständnislosigkeit und Zweifel und können keine Lösung finden. Der eine hat sich ganz und gar entblößt, nimmt das aber selbst nicht mehr wahr. Ein anderer hat sich härter gemacht als Stein, aber in seinem Herzen gären allerlei Phantasien. Wieder ein anderer ist gefühllos und leichtsinnig und will weiter nichts als spotten und lachen. Mancher hat sich aus den Büchern nur die Blümchen herausgesucht, und zwar nach seinem eigenen Geschmack; er selbst aber ist ruhelos und kann zu keinem Urteil kommen. [...] Und was liegt auch für ein Sinn darin? Der Mensch kann überhaupt nicht existieren, ohne sich vor etwas zu beugen; ein solcher Mensch erträgt sich selbst nicht, kein Mensch kann das. Und wenn der Mensch Gott absetzt, so beugt er sich vor einem Götzen – einem hölzernen oder einem goldenen oder einem bloß gedachten.» (Der Jüngling)

Regelrecht mit der Angst bekommt es Dostojewski während seines Exils in Europa zu tun. Der Besuch des «Weltfriedenskongresses» lässt ihm Böses schwanen:

«Die Genfer Ideen, das ist die Tugend ohne Christus, mein Freund; das sind die jetzigen Ideen oder, richtiger gesagt, die Idee der ganzen jetzigen Zivilisation.» (Der Jüngling)

Als Antwort darauf plant Dostojewski einen programmatischen Roman, eine Art Ergänzung zu «Der Idiot». Dort hat er, mit zwiespältigem Erfolg, das christliche Ideal aufgezeigt. Der Nachfolgeroman soll die Gegenseite beleuchten. Der Arbeitstitel sagt alles: «Atheismus».[51]

Den Inhalt skizziert Dostojewski folgendermaßen:

[51] Siehe hierzu: Der unbekannte Dostojewski. Übersetzt von Vera Mitrofanoff-Demelic. Hrsg. von René Fülöp-Miller und Friedrich Eckstein, 1926

> «Ein Russe aus unseren Kreisen, ziemlich bejahrt, nicht besonders gebildet, doch auch nicht ungebildet, nicht ohne Stellung in der Gesellschaft, verliert ganz plötzlich in reifem Alter seinen Glauben an Gott.» (Brief an Apollon Maikow, 23.11.1868)

Allerdings ist der Atheismus nur eine Zwischenstation. Auf dem Umweg über die katholische Kirche, protestantische Freikirchen und esoterische Sekten soll der Protagonist schließlich «den Heiland und die russische Erde» finden.

Das Projekt verläuft jedoch im Sand. Der Roman «Atheismus» erscheint nie. Angestachelt durch aktuelle Ereignisse ändert Dostojewski Plot und Titel.

In «Die Dämonen» geht es um die Folgen des Glaubensverlustes, die mitleiderregend statt heroisch sind. Deutlich wird das an Kirilow, einer Figur, die viel Anziehendes hat. Er lacht unbefangen, spielt gerne mit Kindern und ist hilfsbereit. Durch die Ideen des weltklugen Stawrogin vergiftet, hat er sich jedoch aus der Gesellschaft zurückgezogen, die Verbindung zum tatsächlichen Leben verloren. Aus der Leugnung Gottes zieht er frappierende Schlüsse:

> «Es gibt für mich nichts Höheres als den Gedanken, dass es keinen Gott gibt. [...] Der Mensch hat sich Gott nur ausgedacht, um leben zu können, ohne sich zu töten; darauf beruht die ganze Weltgeschichte.»
>
> «Wenn es keinen Gott gibt, dann bin ich ein Gott.»

Von Triumph fehlt aber jede Spur. Es ist ein Sieg ohne Beute. Was nützt es, niemanden über sich zu haben, wenn unter einem nur der Abgrund gähnt? Kirilow weiß, dass er sein Leben nicht eigenmächtig erweitern kann. Er kann es nur auslöschen, darauf beschränkt sich seine vermeintliche Autonomie.

> «Wer über den Schmerz und die Furcht den Sieg davonträgt, wird selbst ein Gott sein. [...] Wer es wagt, Hand an sich zu legen, der hat das Geheimnis der Lüge erkannt. Es gibt keine höhere Freiheit. [...] Wer es gewagt hat, sich zu töten, der ist ein Gott.»

Um sich selbst zu beweisen, dass ihn kein Gott in die Schranken weisen kann, und um den Schmerz am Dasein und die Angst vor dem Nicht-Sein ein für alle Mal zu beseitigen, tötet sich Kirilow.

Wer sich von der Quelle des Lebens abtrennt, schließt einen Pakt mit dem Tod: Davon ist auch der Starez Sossima überzeugt. Sein Abgesang auf alle materialistischen Weltanschauungen hat auch im 21. Jahrhundert nichts an seiner Gültigkeit verloren:

> «Sie haben ihre Wissenschaft, doch in der Wissenschaft ist nur das enthalten, was den Sinnen unterworfen ist. Die geistige Welt aber, die höhere Hälfte des menschlichen Wesens, wird vollständig negiert und mit einem gewissen Triumph, ja sogar mit Hass zurückgewiesen. Die Welt hat die Freiheit verkündet, besonders in der letzten Zeit – und was sehen wir als Resultat dieser ihrer Freiheit? Nur Knechtschaft und Selbstmord! Denn die Welt sagt: ‹Du hast Bedürfnisse, darum befriedige sie; du besitzt dasselbe Recht wie die Vornehmsten und Reichsten! Scheue dich nicht, sie zu befriedigen, sondern steigere sie sogar noch!› Das ist die heutige Lehre der Welt. Darin sehen sie die Freiheit. Und was ist die Folge dieses Rechts auf Steigerung der Bedürfnisse? Bei den Reichen Isolierung und

geistiger Selbstmord, und bei den Armen Neid und Mord. Denn das Recht haben sie ihnen zwar gegeben, doch die Mittel zur Befriedigung der Bedürfnisse haben sie ihnen nicht gewiesen. Sie versichern, die Welt werde sich immer mehr einigen, sich zu einer brüderlichen Gemeinschaft zusammenschließen, indem sie die Entfernungen verkürzt und die Gedanken durch die Luft übermitteln. O weh, glaubt nicht an eine solche Einigung der Menschen! Dadurch, dass sie unter Freiheit nur Steigerung und schnelle Befriedigung ihrer Bedürfnisse verstehen, verderben sie ihre Natur, weil sie in sich viele sinnlose, dumme Wünsche und Gewohnheiten und törichte Einfälle wecken. Sie leben nur, um einander zu beneiden und ihre Lüste und ihre Eitelkeit zu befriedigen. Diners, Spazierfahrten, Equipagen, hoher Rang und knechtische Untergebene: Diese Dinge gelten bereits als so notwendiges Bedürfnis, dass sie sogar ihr Leben, ihre Ehre und ihre Menschenliebe opfern, um nur dieses Bedürfnis zu befriedigen, und sich sogar töten, wenn sie es nicht befriedigen können. Bei denen, die nicht reich sind, sehen wir dasselbe; die Armen aber betäuben ihren Ärger, dass sie ihre Bedürfnisse nicht befriedigen können, und ihren Neid einstweilen durch Trinken. Bald werden sie sich jedoch an Blut statt an Branntwein berauschen; dahin bringt man sie ja geradewegs. Ich frage euch, ist ein solcher Mensch frei? [...] Und es ist nicht verwunderlich, dass sie sich, statt frei zu werden, in Knechte verwandelt haben, dass sie, statt der Bruderliebe und der menschlichen Vereinigung zu dienen, in die Isolierung geraten sind, wie mir in meiner Jugend mein geheimnisvoller Besucher und Lehrer bewies. Und daher erlischt in der Welt mehr und mehr die Idee, der Menschheit zu dienen, die Idee der Verbrüderung und Solidarität aller Menschen. Diese Idee wird tatsächlich bereits verhöhnt und verspottet, denn wie kann man von seinen Gewohnheiten ablassen? Und was sollte aus jenem Unfreien werden, der sich doch daran gewöhnt hat, seine zahllosen selbsterdachten Bedürfnisse zu befriedigen? Er ist isoliert; was kümmert ihn da noch das Ganze? Und so haben sie es nun dahin gebracht, dass Gut und Geld angewachsen sind, die Freude jedoch abgenommen hat.» (Die Brüder Karamasow)

Seine eigene Bekenntnisfreude macht Dostojewski zu einer beliebten Anlaufstelle für religiöse Sinnsucher.

So schüttet der bereits erwähnte Abraham Kowner ihm sein Herz aus. Der jüdische Häftling hält es durchaus für möglich, dass alles Sein auf eine schöpferische Ur-Kraft zurückzuführen ist: «Ich kann aber den Gedanken nicht zulassen, dass diese ‹Kraft› an dem Leben und den Handlungen ihrer Geschöpfe ein Interesse hat und sie bewusst lenkt.» Es sei außerdem egal, ob die Menschen eine Seele hätten oder nicht, wenn doch die meisten von ihnen faktisch «ein buchstäblich tierisches Leben führen, ohne die geringsten Vernunftbegriffe, weder von Gott noch von Christus, noch von der Seele, noch von deren Unsterblichkeit».

In seinem Antwortbrief an Kowner geht Dostojewski nicht näher auf dessen Glaubensvorstellungen ein. Er fragt stattdessen zurück, woran Kowner denn positiv glaubt:

> «Erheben Sie sich im Geiste und formulieren Sie Ihr Ideal!» (Brief an Abraham Kowner, Februar 1877)

Kowner kontert mit ausweichenden Allgemeinplätzen. Dostojewski verzichtet danach auf eine weitere Reaktion. Offenbar hat er den

Eindruck, dass Kowner mehr Lust am Schlagabtausch hat als an neuen Glaubensimpulsen. Wie ernst er dessen Argumente nimmt, wird daran deutlich, dass er sie in seinen Roman «Die Brüder Karamasow» einfließen lässt.

Ausführlicher als bei Kowner geht Dostojewski auf die Anfrage einer jungen Frau ein. Sie berichtet dem Schriftsteller, dass sie Fortbildungskurse an der Universität besucht und neuerdings an der Existenz Gottes zweifelt. Dostojewski attestiert ihr, dass sie auf ihn «leidenschaftlich und aufrichtig» wirkt. Er macht ihr Mut.

> «Sie sind nicht die Erste, die den Glauben verloren hat, um später doch noch gerettet zu werden. Sie schreiben, dass Menschen Ihren Glauben an Christus erschüttert haben. Aber warum haben Sie sich nicht erst einmal die Frage gestellt, wer diese Menschen sind, die Christus als den Erlöser verleugnen? Ich spreche nicht davon, ob sie gut oder schlecht sind, sondern davon, ob sie selbst Christus kennen. Das ist das Wesentliche. Glauben Sie mir: Das tun diese Menschen nicht. Denn wenn man Christus zumindest ein wenig kennenlernt, sieht man einen außergewöhnlichen und nicht einen einfachen guten Menschen in ihm. Zweitens sind diese Leute intellektuell so leichtgewichtig, dass sie gar nicht durchdrungen haben, was sie verleugnen. Sie argumentieren aus ihrer Vernunft heraus. Aber sind ihre Köpfe rein und ihre Herzen hell? Nochmals: Ich sage nicht, dass sie schlechte Menschen sind, aber sie leiden an einer Charakterschwäche, die alle Mitglieder der russischen Intelligenzia haben: einer frivolen Einstellung zum Erhabenen, einer außerordentlichen Eitelkeit und einer Unkenntnis der Dinge, über die sie urteilen. Alleine diese Überlegungen, denke ich, könnten Sie davor bewahren, Ihren Glauben zu

> verlieren. Ich kenne viele Gottesverneiner, die am Ende mit ihrem ganzen Wesen zu Christus übergegangen sind. Aber sie haben nicht auf unaufrichtige Weise nach der Wahrheit gedürstet, und wer sucht, der findet schließlich.» (Brief an eine junge Frau, 15.1.1880)

Nichts ausrichten kann Dostojewski beim prominentesten Apostaten des Landes:

Leo Tolstoi.

Die beiden Männer schätzen einander sehr, auch wenn sie sich nie persönlich begegnen. Um Haaresbreite scheitert ein Beinahe-Treffen. Drei Jahre vor Dostojewskis Tod besuchen beide in Petersburg dieselbe religionsphilosophische Vorlesung:

Tolstois zweites Meisterwerk, «Anna Karenina», ist gerade erschienen und der Schriftsteller in puncto Ruhm wieder einmal an Dostojewski vorbeigezogen. Weil er nicht von Fans belästigt werden will, verlässt Tolstoi sofort nach der Veranstaltung das Gebäude durch den Hintereingang. Schuld daran ist auch Dostojewskis früherer Mitarbeiter Nikolai Strachow, der neuerdings um Tolstoi herumscharwenzelt und ihn gezielt abschirmt.

Darin liegt eine gewisse Tragik. Denn der 49-jährige Tolstoi steckt damals in einer tiefen Sinnkrise. Darin gleicht er den Helden von «Krieg und Frieden» und «Anna Karenina», Pierre und Lewin. Am Ende schenkt Tolstoi seinen Protagonisten aber Liebesglück und Gottesfrieden. Er selbst entfernt sich jedoch immer mehr von beidem, verliert erst den Glauben an einen Erlöser-Gott, um später auch die eheliche Harmonie einzubüßen. Die orthodoxe Kirche exkommuniziert ihn schließlich, und er selbst verlässt im hohen Alter Frau und Familie, wenige Tage bevor er stirbt.

Ende der 1870er Jahre deutet sich der Umbruch im Denken des Grafen erst an. Kurz nach dem gemeinsamen Besuch der Vorlesung kreuzen sich die Wege von Tolstoi und Dostojewski erneut beinahe. Im Abstand von wenigen Wochen pilgern beide in dasselbe Kloster, um sich mit den dortigen Mönchen zu unterhalten.

Während Dostojewski bei den Mönchen demütig Rat sucht, verstrickt Tolstoi sie in eine Diskussion über die Glaubwürdigkeit der Bibel. «Er leidet an viel Stolz», sagt der Klostervorsteher anschließend über ihn, «er wird mit seinen willkürlichen und oberflächlichen Schrift-Interpretationen viel Unheil anrichten.»

Für Dostojewski bildet der Glaube an die Göttlichkeit Christi, an dessen leibhaftige Auferstehung und an das ewige Leben die Essenz des Christentums. Tolstoi schwört all dem ab. Seiner engsten Vertrauten und Großcousine Alexandra gesteht er in einem Brief: «Das zu glauben, was sich mir als Lüge darstellt – ist unmöglich.» Eine solche «Lüge» ist für ihn der «Glaube an die Auferstehung». Er versteigt sich zu der Behauptung, die Verehrung Christi als zweite Person der Dreifaltigkeit sei eine «Gotteslästerung» und eine «Dummheit». Die Mission Jesu habe alleine darin bestanden, «dass er uns lehrte, dem Leben den Sinn zu geben, durch den es der Vernichtung im Tod entgeht».[52]

[52] Siehe hierzu und zur Unterhaltung von Alexandra Tolstoi mit Dostojewski: Tolstoi, Leo: Briefwechsel mit der Gräfin A. A. Tolstoi. Hrsg. von Ludwig Berndt, 1926

Das Gerücht von Tolstois spiritueller Verwirrung dringt auch zu Dostojewski vor.

> «Tolstoi soll fast oder vielleicht sogar ganz den Verstand verloren haben.» (Brief an Ehefrau Anna, 27.5.1880)

Konsterniert reagiert auch die fromme Alexandra Tolstoi. Sie hat sich inzwischen in die Werke von Dostojewski vertieft und lädt den Autor zu sich nach Hause ein. Die Unterredung findet wenige Tage vor Dostojewskis Tod statt. Die hochgebildete Alexandra, die am Zarenhof eine wichtige Position einnimmt, ist schwer beeindruckt.

> «Ich hörte Dostojewski mit Andacht zu. Er sprach über das Schicksal Russlands und der ganzen Welt wie ein wahrhaftiger Christ; seine Augen leuchteten, und ich erkannte in ihm einen Propheten.» (Alexandra Tolstoi)

An Tolstoi schreibt die Gräfin daraufhin:

> «Ich bin in diesem Winter mit Dostojewski, den ich längst liebgewonnen habe, näher bekanntgeworden. Er schätzt Sie sehr und hat mich viel über Sie ausgefragt. Er hat von Ihrer gegenwärtigen Richtung gehört und mich gefragt, ob ich etwas von Ihrer Hand besäße, woraus er Ihre Richtung, die ihn außerordentlich interessiert, besser kennen lernen könnte. Ich erinnerte mich Ihres Briefes vom vorherigen Jahr und gab ihm diesen Brief.» (Brief von Alexandra Tolstoi an Leo Tolstoi, 17.1.1881)

Was die Gräfin Tolstoi verschweigt, aber in ihren privaten Erinnerungen festhält, ist die entsetzte Reaktion Dostojewskis auf den Briefinhalt.

> «Ich sehe noch jetzt Dostojewski vor mir, wie er sich an den Kopf fasste und mit einer verzweifelten Stimme ausrief: ‹Nein, nein, das ist ja alles falsch!› Er sympathisierte mit keinem einzigen Gedanken Tolstois. [...] Ich habe mich später oft gefragt, ob es Dostojewski gelungen wäre, auf Leo Nikolajewitsch Einfluss zu gewinnen; ich glaube kaum.» (Alexandra Tolstoi)

Wenige Tage später stirbt Dostojewski. Eine seiner letzten privaten Notizen bezieht sich auf Tolstoi.

> «Wie sehr dieser Mensch sich selbst angebetet hat.» (Notizen, 1881)[53]

Dostojewski verabschiedet sich mit einem literarischen Paukenschlag. Auch darin unterscheidet er sich von Tolstoi, der in der Lebensmitte mit «Anna Karenina» seinen schöpferischen Höhepunkt erreicht; in den ihm verbleibenden drei Jahrzehnten bringt er nichts Vergleichbares mehr zustande. Tolstois letzter groß angelegter Roman hat den etwas irreführenden Titel «Auferstehung» und liest sich wie eine Art «Schuld und Sühne» für Reiche. An eine Auferstehung nach dem Tod glaubt Tolstoi da längst nicht mehr.

Ganz anders Dostojewski: Er hat sich das Beste für den Schluss aufgehoben, läuft mit «Die Brüder Karamasow» zur absoluten Höchstform auf. Darin erzählt er eine packende Familien- und Kriminalgeschichte und arbeitet sich nebenbei an allen anderen Themen ab, die ihm wichtig sind, insbesondere seinen skeptischen Anfragen an den christlichen Glauben.

---

[53] Zitiert nach: Joseph Frank, Dostoevsky. A Writer in His Time, 2010, S. 916

Statt altersmilde den Mantel der Versöhnung über seine Zweifel auszubreiten, legt Dostojewski sie in aller Brutalität offen. Als Gottesgegner lässt er nicht eine Reihe von Pappkameraden aufmarschieren, um sie nacheinander mit klugen Argumenten plattzumachen. Im Gegenteil: Seine Skeptiker sind den Gläubigen in puncto Argumentationskraft und Begriffsschärfe überlegen, allen voran der blitzgescheite und intellektuell unbestechliche Iwan. Der fanatische Wahrheitssucher ist der Zweitgeborene der Familie – so wie Dostojewski auch. Ihn munitioniert der Autor mit den klügsten Contra-Gott-Argumenten, die ihm einfallen. Er gibt Iwan sozusagen eine mit scharfen Patronen geladene Waffe in die Hand und lässt ihn drauflosballern. Wie um sich selbst zu vergewissern, dass Gott den Kugelhagel überlebt.

Das Mittelstück des Romans bilden zwei Kapitel, darin die mittlerweile berühmte «Legende vom Großinquisitor». In diesen Passagen, so rühmt sich Dostojewski, überholt er die schärfsten Gottesleugner seiner Zeit noch in puncto Radikalität.

> «Die Schufte machen sich lustig über meinen angeblich ungebildeten und rückständigen Glauben an Gott. Diese Tölpel haben sich eine solche Gottesleugnung noch nicht einmal träumen lassen, wie sie in meinem ‹Großinquisitor› und dem vorhergehenden Kapitel ausgedrückt ist und auf die das ganze Buch die Antwort gibt. Wenn ich an Gott glaube, so tue ich es doch nicht wie ein Dummkopf, wie ein Fanatiker. Diese da wollen mich belehren und lachen über meine Beschränktheit! Sie haben sich ja nicht einmal träumen lassen von einer solch massiven Verneinung, wie ich sie durchgemacht habe. […] Angesichts dieser beiden Kapitel hätten sie über mich vielleicht wissenschaftlich,

> aber nicht in philosophischer Hinsicht so geringschätzig zu urteilen brauchen, obschon Philosophie nicht meine Spezialität ist. Auch in Europa gibt es keinen atheistischen Ausdruck von solcher Gewalt und hat es nicht gegeben. Folglich glaube ich an Christus und bekenne mich zu diesem Glauben nicht wie ein Kind, sondern mein Hosianna ist durch das große Fegefeuer der Zweifel hindurchgegangen.» (Notizen, 1880/1881)

Der Zweifler, um den die Flammen lichterloh brennen, ist Iwan Karamasow.

> «Iwan ist tief, nicht einer der zeitgenössischen Atheisten, die mit ihrem Unglauben nur die Beschränktheit ihrer Weltanschauung und die Stumpfheit ihres kleinen Gehirns beweisen.» (Notizen, 1880/1881)

Deshalb ist Iwan auch zu klug, um die Existenz Gottes pauschal zu verneinen. Er hält es für unwahrscheinlich, dass «etwas» von «nichts» kommt.

> «Nicht dass es wirklich einen Gott gibt, ist seltsam und wunderbar, sondern dass ein solcher Gedanke von der Unentbehrlichkeit Gottes so einem wilden, bösen Tier, wie es der Mensch ist, überhaupt in den Kopf kommen konnte – so heilig, so rührend, so weise ist dieser Gedanke und so sehr macht er dem Menschen Ehre!» (Die Brüder Karamasow)

Iwan schließt die Existenz Gottes nicht aus. Er lehnt Gott und den Glauben an eine höhere Gewalt aber trotzdem ab. Nicht aus Gründen der Logik, sondern der Gerechtigkeit.

> «Ich glaube an eine Ordnung und einen Sinn des Lebens; ich glaube an eine ewige Harmonie, in der wir alle aufgehen werden. [...] Was ich nicht akzeptiere, ist nicht Gott. Die von ihm geschaffene Welt, die göttliche Welt, akzeptiere ich nicht.»

Wie kommt das Böse in eine Welt, die ein guter allmächtiger Gott geschaffen haben soll? Die Frage ist älter als das Christentum. Iwan kennt ein verbreitetes Argument: den freien Willen. Durch ihn habe Gott den Menschen die Möglichkeit gegeben, die Tür zur Dunkelheit zu öffnen. Nach dieser Lesart haben sich die Menschen ihr Unglück selbst zuzuschreiben.

Iwan hakt hier nach: Was ist mit dem Leid der Kinder? Bei ihnen kann von freien Willensentscheidungen keine Rede sein. Warum setzt Gott sie dennoch so vielen Qualen aus? Dass sich die Schmerzen der Kinder irgendwie doch in einer kosmischen Harmonie auflösen, will Iwan nicht als mildernden Umstand akzeptieren.

> «Für diese Harmonie wird ein gar zu hoher Preis verlangt; es entspricht nicht unserem Geldbeutel, so viel Eintrittsgeld zu bezahlen! Darum beeile ich mich, meine Eintrittskarte zurückzugeben.»

Iwan belässt es nicht bei der Theorie. Er hat sich ein Archiv aus Horrormeldungen zusammengestellt. Berichte über grauenvolle Missbrauchsfälle. Hier wechselt der Roman auf die dokumentarische Ebene. Denn die Fälle haben sich wirklich ereignet, der Autor Dostojewski hat sie tatsächlich gesammelt. An dieser Stelle wird deutlich, wie stark Dostojewski in die Debatte selbst verstrickt ist. Es sind *seine* Zweifel, die hier abgehandelt werden. Iwan, sein ungläubiges Alter

Ego, schleudert Aljoscha, seinem gläubigen Ich, die grausamen Fakten ins Gesicht.

> «‹Stell dir vor, du selbst hättest das Gebäude des Menschenschicksals auszuführen mit dem Endziel, die Menschen zu beglücken, ihnen Frieden und Ruhe zu bringen; dabei wäre es jedoch zu eben diesem Zweck notwendig und unvermeidlich, sagen wir, nur ein einziges winziges Wesen zu quälen – beispielsweise jenes Kind, das sich mit den Fäustchen an die Brust schlug – und auf seine Tränen dieses Gebäude zu gründen: Würdest du unter diesen Bedingungen der Baumeister dieses Gebäudes sein wollen? Das sage mir, und lüge nicht!› – ‹Nein, ich würde es nicht wollen›, erwiderte Aljoscha leise.»

Aber damit hat Iwan sein Pulver längst nicht verschossen. Er attackiert Aljoschas kindlichen Gottesglauben noch von einer ganz anderen Seite. Erst hat er sich am Schöpfer, der ersten Person der Trinität, abgearbeitet. Nun knöpft er sich die zweite Person vor, Jesus, den Erlöser.

Was ist dran an dessen Rettungsbotschaft, wenn sie doch so wenig an den real existierenden Verhältnissen ändert? Vorausgesetzt, das Leid der Welt ist wirklich kausal mit der Willensfreiheit der Menschen verknüpft: Dann wäre es doch unter dem Strich besser, wenn man ihm Fesseln anlegen würde, ihn zur Gottesfurcht und Nächstenliebe zwingen würde. In dieser Erde gewinnt nun mal, wer Macht besitzt und Kontrolle ausübt. Hat Jesus sich damit verkalkuliert, indem er stattdessen auf Liebe setzte?

Diesmal untermauert Iwan seine Argumente nicht mit Zeitungsmeldungen, sondern mit einer erfundenen Geschichte. Sie spielt im frühneuzeitlichen Spanien zur Zeit der Inquisition. Die Scheiterhaufen brennen. Das Böse soll mit Gewalt aus der Welt vertrieben werden. So will es die Kirche.

Vor den Verhörstuhl des steinalten Großinquisitors wird ein neuer Unruhestifter gebracht: der wieder erschienene Jesus höchstpersönlich. Wie schon vor Pilatus verteidigt er sich nicht. Der Großinquisitor setzt ihm wortreich auseinander, warum sein Weg der Sanftmut anthropologisch töricht ist. Sie überfordere die schwache Natur der Menschen. Deshalb habe die Kirche nachhelfen müssen. Nicht aus Machtgier, sondern aus Mitleid.

> «Du versprachst ihnen himmlisches Brot, doch ich wiederhole: Lässt sich das in den Augen des schwachen, ewig lasterhaften und ewig undankbaren Menschengeschlechts mit dem irdischen Brot vergleichen? Und wenn dir um des himmlischen Brotes willen Tausende und Abertausende nachfolgen, was wird dann aus den Millionen und Abermillionen jener Wesen, die nicht die Kraft haben, das irdische Brot um des himmlischen willen geringzuschätzen? […] Sieh dir doch an, was du getan hast! Und alles um der Freiheit willen! Ich sage dir, der Mensch kennt keine quälendere Sorge, als jemanden zu finden, dem er so schnell wie möglich das Geschenk der Freiheit übergeben kann, mit dem er, dieses unglückliche Geschöpf, geboren wird. […] Nichts ist für den Menschen verführerischer als die Freiheit seines Gewissens, aber nichts ist auch qualvoller. Statt dem Menschen ein für alle Mal feste Grundlagen zur Beruhigung seines Gewissens zu geben, hast du ihm alles aufgebürdet, was es an Ungewöhnlichem, Rätselhaftem und Unbestimmtem gibt, alles, was die Kraft der Menschen übersteigt. […] Du wünschtest freiwillige Liebe von Seiten

> des Menschen; frei sollte er dir nachfolgen, entzückt und gefesselt von dir. Statt des festen alten Gesetzes sollte der Mensch künftig selbst mit freiem Herzen entscheiden, was gut und böse ist, und dabei nur dein Vorbild als Orientierungshilfe vor sich haben. Hast du dabei wirklich nicht bedacht, dass er schließlich sogar dein Vorbild und deine Wahrheit verwerfen und als unverbindlich ablehnen wird, wenn man ihm so eine furchtbare Last aufbürdet wie Freiheit der Wahl? [...] Wir haben deine Tat verbessert und sie auf das Wunder, das Geheimnis und die Autorität gegründet. Und die Menschen freuten sich, dass sie wieder wie eine Herde geleitet wurden und dass endlich das furchtbare Geschenk, das ihnen so viel Qual bereitet hatte, von ihren Herzen genommen war.» (Die Brüder Karamasow)

Und Jesus? Dostojewski äußert sich nicht dazu, wie lange er darüber gebrütet hat, wie sich Jesus aus der Affäre ziehen soll. Hat Dostojewski zunächst beabsichtigt, Jesus eine Gegenrede in den Mund zu legen? Oder ist Dostojewski von vornherein klar, dass die einzig adäquate Replik in einer Geste statt in einem Plädoyer liegt?

Ganz im Gegensatz zu allen anderen Personen in «Die Brüder Karamasow», die unentwegt und ausschweifend palavern, sagt Jesus nämlich gar nichts. Seine Predigt ist stumm und gleichzeitig von maximaler Wucht.

> «Der Greis möchte, dass Er etwas sagt, und sei es etwas Bitteres, Furchtbares. Doch Er nähert sich plötzlich wortlos dem Greis und küsst ihn sacht auf die blutlosen welken Lippen. Das ist seine ganze Antwort.»

Der Kuss Jesu und der Roman als Ganzes: Das ist Dostojewskis Versuch, die Zweifel in die Schranken zu weisen.

Oder ist die Sache noch komplizierter?

Der Religionsphilosoph und Dostojewski-Fan Romano Guardini fühlte sich von dem stummen Jesus und seiner Kuss-Geste keineswegs angesprochen, sondern im Gegenteil abgestoßen:

> «Er ist nicht Gesendeter und nicht Erlöser. Nicht Mittler zwischen dem wirklichen Vater im Himmel und den wirklichen Menschen. Er steht eigentlich nirgendwo. Er erschüttert, aber nicht aus klarem Stand heraus und auf klares Ziel hin. Die Erschütterung, die er bringt, macht ratlos und endet in Verzweiflung.»[54]

Tatsächlich darf bei der Legende vom Großinquisitor nicht vergessen werden, dass sie der Phantasie eines Glaubens-Skeptikers entspringt. Iwan lässt den Gottessohn schwächlicher aussehen, als er nach christlichem Bekenntnis ist. Aber durchaus im Einklang mit der biblischen Überlieferung ist die Weigerung Jesu, die Welt mit ihren eigenen Waffen zu schlagen. Unstrittig ist auch, dass die Großinquisitor-Legende seit ihrer Veröffentlichung unzählige Menschen tief berührt, verstört und inspiriert hat; Gläubige wie Ungläubige. Das wäre nicht der Fall, wenn nicht eine tiefe Wahrheit darin enthalten wäre. Dass es mehrere Deutungsmöglichkeiten gibt, unterstreicht nur das Genie des Autors.

---

[54] Guardini, Romano: Religiöse Gestalten in Dostojewskis Werk. Studien über den Glauben, 7. Auflage, 1977, S. 185

Dostojewski ist sich der Tatsache bewusst, dass er die Zweifel nicht entkräften kann. Mit seiner Apologetik steht er genauso auf schwankendem Boden wie die Protagonisten in «Die Brüder Karamasow». Iwan geht unter. Aljoscha hält an seinem Glauben fest, weil er für den Menschen hierzu keine Alternative sieht.

> «Wie will er tugendhaft sein ohne Gott? Das ist die Frage! Daran muss ich immerzu denken. Wen wird er dann lieben, der Mensch? Wem wird er dankbar sein, wem wird er Loblieder singen?»

Auf diese Fragen weiß auch Iwan keine Antwort. An ihm verdeutlicht Dostojewski, dass die Gottesverneinung zu nichts Positivem führt. Ohne Gott «sei alles erlaubt, sogar die Menschenfresserei», sinniert Iwan. Wie um sich zu beweisen, dass er recht hat, leistet er Beihilfe zum Vatermord. Er selbst macht sich nicht die Hände schmutzig. Das übernimmt Smerdjakow. Der gewissenlose Halbbruder plappert Iwan nach:

> «Wenn es keinen ewigen Gott gibt, so gibt es auch keine Tugend, und die ist dann auch gar nicht nötig.»

Sagt's und bringt den Vater um.

Iwan verliert schließlich den Verstand. Genutzt hat ihm der Zweifel genauso wenig wie anderen Menschen. Gegen das Leid der Kinder, das er so leidenschaftlich Gott vorgeworfen hat, hat Iwan selbst keinen Finger gerührt.

Kein Glaube ist also auch keine Lösung. Aber was dann? Womöglich übernatürliche Erfahrungen? Dostojewski glaubt an die Möglichkeit von Wundern, sieht in ihnen aber kein glaubensstärkendes Allheilmittel, wie er in «Die Brüder Karamasow» bekräftigt.

> «Nicht Wunder machen einen Realisten gläubig. Der echte Realist, sofern er nicht gläubig ist, wird immer die Kraft und die Fähigkeit finden, nicht an Wunder zu glauben. Und wenn ein Wunder unbestreitbar vor ihm steht, wird er eher seinen Sinnen misstrauen als die Tatsache zugeben. Gibt er sie aber doch einmal zu, so höchstens als eine natürliche Tatsache, die ihm bisher nur unbekannt war. Bei einem Realisten erwächst nicht der Glaube aus dem Wunder, sondern das Wunder aus dem Glauben.»

So wie der Appetit oft beim Essen kommt, so wird der Glaube stärker durch seine Anwendung in der Liebe. Zur Gewissheit gelangt nicht, wer sich durch Argumente überzeugen oder durch Wunder überwältigen lässt, sondern wer Jesus nachfolgt:

> «Beweisen lässt sich nichts. Doch zur Überzeugung zu gelangen, das ist möglich: durch die Erfahrung der tätigen Liebe. Bemühen Sie sich, Ihre Nächsten tätig und unermüdlich zu lieben! Je größere Fortschritte Sie in der Liebe machen, desto mehr werden Sie sich überzeugen von dem Dasein Gottes und von der Unsterblichkeit Ihrer Seele. Und wenn Sie in Ihrer Nächstenliebe bei völliger Selbstverleugnung angelangt sind, dann werden Sie auch zuversichtlich glauben, und kein Zweifel wird mehr in Ihre Seele Eingang finden.» (Die Brüder Karamasow)

Aljoscha beherzigt diese Lehre Sossimas. Am Ende des Romans ist er umringt von versöhnten und glücklichen Kindern, während Iwan im Gefängnis seiner geistigen Umnachtung vegetiert.

Das letzte Kapitel wird zeigen, ob und wie Dostojewski das von Sossima aufgezeigte Ziel erreicht. Dann geht es auch um das für ihn so wichtige Scharnier zwischen Glauben und Liebe: die Hoffnung auf Unsterblichkeit. Sie ist auf den Glauben an die Gottesoffenbarung in Christus gegründet, motiviert zur selbstlosen Liebe, die wiederum den Glauben festigt. Diesen Kreislauf des Glaubens setzt Dostojewski gegen das Hamsterrad des Zweifels.

Auf einer hoffnungsvollen Note endet deshalb auch sein über weite Strecken deprimierender Anti-Atheismus-Roman. «Die Dämonen» sind in die spirituell hohlen Menschen gefahren. Die Besessenen richten höllisches Chaos an. Wie im biblischen Gleichnis von der Heilung eines Besessenen hat der Spuk aber ein Ende. In der Bibel fahren die Dämonen in eine Schweineherde, die sich schließlich in einen See stürzt. Auch im Roman verschwinden sie schließlich von der Bildfläche, durch Selbstmord oder Flucht. Die Zurückgebliebenen sind wie von einem Alpdruck befreit.

Stepan Werschowenski, dem agnostischen Vater und Lehrer von zwei der «Besessenen», geht jetzt endlich das Licht auf. Auf dem Sterbebett hebt er mit seinen letzten Worten zu einem Hymnus des Glaubens an:

> «Meine Unsterblichkeit ist schon deswegen mit Notwendigkeit anzunehmen, weil Gott nicht ein Unrecht begehen und das einmal in meinem Herzen entbrannte Feuer der Liebe zu Ihm nicht wird ganz auslöschen wollen. Und was ist kostbarer als die Liebe? Die Liebe steht höher als das Dasein; die Liebe ist die Krone des Daseins, und wie wäre es möglich, dass das Dasein ihr nicht untertan sein sollte? Wenn ich Ihn liebgewonnen und mich über meine Liebe gefreut habe, ist es da

möglich, dass Er mich und meine Freude auslöschen und uns in ein Nichts verwandeln sollte? Wenn Gott existiert, so bin auch ich unsterblich! [...] Das ganze Gesetz des menschlichen Daseins besteht nur darin, dass der Mensch immer in der Lage ist und die Fähigkeit hat, sich vor dem unermesslich Hohen zu beugen. Wenn man die Menschen dieses unermesslich Hohen beraubte, so wären sie nicht imstande zu leben und würden vor Verzweiflung sterben. Das Unermessliche und Unendliche ist dem Menschen ebenso notwendig wie der kleine Planet, auf dem er wohnt.» (Die Besessenen)

Und was erwartet die Bösen? Dazu verliert Dostojewski nur wenige, aber umso prägnantere Worte:

«Die Hölle ist der Schmerz darüber, dass man nicht mehr lieben kann.» (Die Brüder Karamasow)

KAPITEL 20
PILGER

Am Heiligabend 1877 hat Dostojewski nur noch drei Jahre zu leben. Er ist erst 56 Jahre alt und zwei Jahre zuvor zum vierten Mal Vater geworden. Durch sein «Tagebuch eines Schriftstellers» ist er in aller Munde. Nun notiert er, wie er die nächsten zehn Jahre nutzen will.

> «Memento. Für das ganze Leben. 1. Einen russischen ‹Candide› schreiben [das heißt: eine christliche Antwort auf Voltaires glaubenskritischen gleichnamigen Roman, Anmerkung der Verfasser]; 2. Ein Buch über Jesus Christus schreiben; 3. Meine Memoiren schreiben; 4. Eine Dichtung über die Vierzigerjahre schreiben.» (Notizen, 1877)[55]

Von den aufgezählten Projekten wird kein einziges realisiert.

Die Aufbruchsstimmung verkehrt sich wenige Monate später in tiefe Verzweiflung. Sein jüngster Sohn stirbt ganz plötzlich an einem epileptischen Anfall.

> «Fjodor Michailowitsch küsste den Kleinen, bekreuzigte ihn dreimal und brach in lautes Weinen aus. […] Er hatte Aljoscha ganz seltsam – mit einer fast krankhaften Liebe – geliebt, als hätte er dessen frühen Tod geahnt. Seinen Schmerz erhöhte noch der Umstand, dass das Kind an Epilepsie zugrunde

[55] Dostojewskis unverwirklichte Pläne, in: Der unbekannte Dostojewski. Übersetzt von Vera Mitrofanoff-Demelic. Hrsg. von René Fülöp-Miller und Friedrich Eckstein, 1926

gegangen war, die es von ihm geerbt hatte.» (Anna Dostojewski)

Im Wissen um seine Qualen schlägt seine Frau Anna ihm vor, sich einen alten Wunsch zu erfüllen. Schon lange will Dostojewski das Optina-Kloster besuchen. Dieses Kloster, tausend Kilometer von Petersburg entfernt, ist bekannt für seine Glaubenslehrer, die Starzen. Der 1841 verstorbene Starez Leonid wird als Heiliger verehrt. Mittlerweile ist es der Starez Ambrosius, zu dem viele Russen pilgern, um sich spirituellen Rat zu holen.

Einen Monat nach Aljoschas Tod tritt Dostojewski seine Pilgerreise an. Er fährt in Begleitung seines neuen besten Freundes Wladimir Solowjow. Der gerade mal 25-jährige Religionsphilosoph hat mit einer Vorlesungsreihe über die ganzheitliche Vision des christlichen Glaubens für Aufsehen gesorgt. Dostojewski ist als Stammgast dabei gewesen.

Aber die hochtrabenden Gedanken helfen ihm jetzt nicht. Er braucht Trost und Wegweisung.

Im Kloster gibt er sich beinahe mit Leo Tolstoi die Türklinke in die Hand. Der berühmte Schriftsteller befindet sich in einer Midlife-Crisis und textet die Optina-Mönche mit seinen Glaubenszweifeln zu, statt ihnen unvoreingenommen zuzuhören.

Anders Dostojewski. Zwei Tage bleibt er in dem Kloster. Mit dem Starez Ambrosius hat er drei ausführliche Gespräche. So niedergeschlagen er nach Optina gereist ist, so ermutigt kehrt er zurück.

Nach seiner Rückkehr schreibt Dostojewski seinen letzten und größten Roman, ja den vielleicht bedeutendsten Roman der Weltliteratur. Ein Koloss von einem Buch, gegliedert in vier Teile und insgesamt zwölf Bücher. Zwölf, die heilige Zahl. So viele Stämme hat Israel, so viele Jünger Jesus und so viele Tore laut biblischer Überlieferung das himmlische Jerusalem. Dostojewski selbst ist sich der Größe der Aufgabe bewusst.

> «Das muss eine Juwelierarbeit werden, aber es ist eine schwierige und riskante Sache, sie raubt mir viele Kräfte. Doch es wird auch die entscheidende Sache meines Lebens.» (Brief an Ehefrau Anna, 25.8.1879)
>
> «Ich beendige gerade die ‹Karamasows› und ziehe folglich die Summe aus diesem Werk, das mir persönlich sehr teuer ist, denn ich habe sehr viel von meinem Ich hineingelegt.» (Brief an Iwan Aksakow, 28.8.1880)

Wie in seinen bisherigen Romanen nehmen auch in «Die Brüder Karamasow» zwielichtige Gestalten wichtige Rollen ein. Aber gerade in diesem Roman gibt es trotz aller tragischen Entwicklungen mehr Licht als Schatten. Das liegt an den zwei Protagonisten, die dem Roman seinen hoffnungsfrohen Rahmen geben. Es handelt sich um einen Glaubenslehrer und dessen Schüler; der eine stirbt, der andere trägt seine Botschaft weiter.

Die moralische und spirituelle Instanz des Romans ist der Starez Sossima. Die lebendige Vorlage dafür liefern Dostojewski mehrere Personen: Ambrosius, dem er selbst begegnet ist; Leonid, dessen Biographie wenige Jahre zuvor als Buch erschienen ist; sowie ein weiterer berühmter Starez, Tichon von Zardons.

Worauf es Dostojewski bei Glaubenslehrern besonders ankommt, ist deren lebenskluge Weisheit.

> «Von dem Starez Sossima erzählten viele, er habe schon jahrelang alle zu sich gelassen, die in der Beichte ihr Herz ausschütten, seinen Rat einholen und seine Trostworte vernehmen wollten; so habe er viele Bekenntnisse, Geständnisse und Äußerungen der Reue zu hören bekommen und schließlich ein so feines Gefühl erlangt, dass er beim ersten Blick ins Gesicht eines Unbekannten errate, in welcher Absicht er gekommen war, was er brauchte und welche Qualen sein Gewissen peinigten.» (Die Brüder Karamasow)

Die Ratschläge von Sossima sind erfahrungsgestützt, aber auch von Liebe und Freude geprägt. Seinen Besuchern fällt auf, «dass der Starez durchaus nicht ernst und streng war, sondern im Gegenteil stets geradezu heiter im Umgang. Die Mönche sagten, sein Herz gehöre in erster Linie den schlimmen Sündern; wer am meisten sündige, der sei ihm der liebste.»

Sossimas liebster Schüler ist indes der jüngste Karamasow-Sohn. Ihm gibt Dostojewski den Namen seines eigenen verstorbenen Sohnes, Aljoscha. Was er schon bei «Der Idiot» mit der Figur des Myschkin versucht hat, aus seiner Sicht vergeblich, probiert er bei Aljoscha erneut: den idealen Christen zu zeigen. Myschkin ist ein Exzentriker, lebensuntüchtig und kränklich, nicht von dieser Welt; Aljoscha das genaue Gegenteil, nämlich bei aller tiefen Frömmigkeit völlig normal. Es ist der Sohn, wie Dostojewski ihn sich gewünscht hätte.

Der Kontrast der beiden Figuren wird deutlich, wenn man vergleicht, wie unterschiedlich Dostojewski sie einführt:

> [Über Myschkin] «Etwas über Mittelgröße, mit sehr hellblondem, dichtem Haar, hohlen Wangen und einem kleinen, spit-

zen, fast ganz weißen Bärtchen. Seine Augen waren groß, blau und ruhig; in ihrem Blick lag etwas Stilles, aber Bedrücktes, etwas von jenem eigentümlichen Ausdruck, an dem manche auf den ersten Blick den Epileptiker erkennen.» (Der Idiot)

«Aljoscha war zu jener Zeit ein stattlicher junger Mann, rotbackig, neunzehnjährig, mit wachem Blick und strotzend von Gesundheit. Er war damals sogar sehr hübsch, gut gebaut, mittelgroß, dunkelblond, mit regelmäßigem, obzwar etwas länglichem Gesicht, mit leuchtenden, dunkelgrauen, weit offenen Augen, sehr nachdenklich und scheinbar ganz ruhig. Man wird vielleicht sagen, rote Backen seien noch kein Beweis gegen Fanatismus oder Mystizismus; mir scheint jedoch, Aljoscha war mehr als jeder andere Realist.» (Die Brüder Karamasow)

Wie er in seinem oben zitierten Brief an Iwan Aksakow erwähnt, legt Dostojewski viel von seiner eigenen Persönlichkeit in das Werk – vorrangig seine eigenen Laster und Fehler. Dem triebhaft-grobschlächtigen Vater gibt er seinen eigenen Vornamen, Fjodor; dem Vatermörder Smerdjakow seine Krankheit, die Epilepsie; und Iwan, dem wie er selbst Zweitgeborenen, den obsessiven Zweifel.

Doch am Ende siegt das Gute und bleibt die Hoffnung. So wie in Dostojewskis eigenem Leben.

So mühselig sein Lebenslauf ist, so unangestrengt und schön ist die Zielankunft. Bevor wir dazu, nämlich seinem Tod, kommen, wollen wir uns mit seiner spirituellen Vita beschäftigen

Wie der Reisende im größten Epos des Mittelalters, Dantes «Göttlicher Komödie», muss Dostojewski erst durch Inferno und Fegefeuer, bevor er das Paradies erreicht. Den richtigen Weg weist ihm eine

Stimme im Herzen, die er seit seiner Kindheit hört. Gott ist in seinem Denken und Fühlen gegenwärtig. Die Frage des Abfalls von ihm stellt sich ihm nach dem Verlassen des Straflagers allenfalls theoretisch, nie praktisch. Als Glaubensinfizierter weiß er, dass es für ihn keine echte Alternative zum Pilgerdasein gibt.

> «Ohne Jesus gibt es nur das Nichts.» (Notizen zu «Die Brüder Karamasow»)

Nachdem er als junger Mann auf dem Petersburger Paradeplatz mit dem eigenen Tod konfrontiert worden ist, liebt Dostojewski das Leben viel zu sehr, um sich wie seine Romanfigur Kirilow freiwillig daraus zu verabschieden. Leichtigkeit ist ihm allerdings nie gegeben. Körperlich wird er von Krankheiten, seelisch von Zweifeln geplagt. Aber er nimmt den Kampf an. Was er dabei empfindet und wie er dieses Ringen bewertet, lässt er in seinem schriftlichen Vermächtnis an vielen Stellen durchblicken.

> «Ich halte Sie für einen jener Menschen, die, selbst wenn man ihnen die Eingeweide aus dem Leibe reißt, ruhig dastehen und lächelnd ihre Peiniger anblicken – wenn Sie nur so Gott finden. Nun, finden Sie Gott, und Sie werden leben. Sie haben zunächst schon lange eine Luftveränderung nötig. Seien Sie versichert, auch das Leid ist ein gutes Ding. Leiden Sie!» (Schuld und Sühne)
>
> «Du wirst entflammen und wieder verlöschen, wirst dich auskurieren und wieder zurückkommen.» (Die Brüder Karamasow)
>
> «Selbst wenn ich die Sonne nicht sehe, weiß ich doch, dass sie da ist. Und zu wissen, dass die Sonne da ist – das ist schon Leben.» (Die Brüder Karamasow)

«Der Geist des wahren Christentums ist: vollständige Glaubensfreiheit. Glaube freiwillig! – das ist unsere Formel. Der Heiland stieg nicht vom Kreuz herab, gerade weil er uns nicht gewaltsam durch ein äußeres Wunder bekehren wollte, sondern weil er eben die Glaubensfreiheit wollte.» (Notizen, 1880/1881)

«Das Wesen des religiösen Gefühls wird weder durch vernunftmäßige Überlegungen noch durch Vergehen und Verbrechen, noch durch atheistische Anschauungen berührt; es ist etwas Andersartiges und wird in alle Ewigkeit etwas Andersartiges sein; die Lehren des Atheismus werden in alle Ewigkeit davon abgleiten und in alle Ewigkeit daran vorbeireden.» (Der Idiot)

Die Kehrseite der Freiheit wird Dostojewski oft schmerzhaft bewusst. Er macht die desillusionierenden Erfahrungen, die allen Gläubigen gemeinsam sind: dass Gebete nicht immer die gewünschten Resultate bringen und dass weder Konversion noch Taufe gegen die eigenen Schwächen immunisieren. Dostojewski macht sich derselben Verfehlungen schuldig, die er bei anderen immer kritisiert hat. Er betrügt seine erste Frau und bringt seine zweite mit seiner Spielsucht immer wieder in unmögliche Situationen. Er schreibt eloquent über den Altruismus und gilt gleichzeitig als launischer Nörgler. Er ist mehr nimmermüdes Stehaufmännchen als fokussierter Pilger.

Manche Biographen führt seine mangelnde Konsistenz dazu, ihm den Glauben ganz abzusprechen. Stefan Zweig interpretiert seine Bekenntnisse als hilfloses Pfeifen im dunklen Wald.

«Das ist Dostojewskis Geheimnis: Er braucht Gott und findet ihn doch nicht. […] Man verwechsle hier nicht Wille mit

> Wahrheit, nicht den Glauben mit dem Postulat des Glaubens. […] Er predigt den Glauben als Notwendigkeit, […] predigt ihn umso inbrünstiger den anderen, als er selbst nicht glaubt.»[56]

Diese Einschätzung sagt freilich mehr über den österreichischen Dichter aus als über den russischen. Selbst religiös unmusikalisch, hat Zweig kein rechtes Gespür für die richtigen Töne. Sonst hätte er gewusst, dass Zuversicht und Zweifel zwei Seiten derselben Glaubensmedaille sind.

Bei Dostojewski ist der missionarische Eifer alles andere als aufgesetzt. Ihm quillt der Mund von dem über, was sein Herz erfüllt. Das gilt insbesondere für die Zeit nach der Rückkehr aus dem europäischen Exil. In der Fremde hat er das Reich Gottes mehr als je zuvor für sich als Zufluchtsort entdeckt.

> «Diese wesentliche Veränderung wurde allen Bekannten klar, als Fjodor Michailowitsch nach Petersburg zurückgekehrt war. Immer wieder brachte er das Gespräch auf religiöse Themen – und sogar seine Art zu sprechen war anders geworden. Seine Rede klang sanft, manchmal sogar demütig. Auch in seinen Gesichtszügen prägte sich diese Stimmung aus, und auf seinen Lippen zeigte sich manchmal ein Lächeln.» (Nikolai Strachow)

1876 besucht ihn die freidenkerische Menschenrechtsaktivistin Christina Altschewskaja. Sie erhofft sich von ihm tiefe Lebensweisheiten. Er redet nicht lange um den heißen Brei herum:

---

[56] Zweig, Stefan: Drei Meister: Balzac, Dickens, Dostojewski, 2012, S. 181, S. 184

«Sie glauben also nicht? Das ist gar nicht gut!»[57]

Als Chefredakteur von «Der Staatsbürger» examiniert Dostojewski regelrecht eine Mitarbeiterin. «Was ist aus Ihrer Sicht das Evangelium?», will er von Warwara Timofeyeva wissen. – «Die Verwirklichung der Lehren Christi – auf Erden, in unserem Leben, in unserem Gewissen», antwortet sie. Als sie seine Enttäuschung bemerkt, ergänzt sie stockend: «Nicht alles endet hier auf Erden … Dieses Leben ist nur ein Schritt … in eine andere Existenz.» – «In einer anderen Welt!», bekräftigt Dostojewski mit triumphierender Miene und hochgerissenen Armen.[58]

Einer Künstlerin, die ihm in einem Brief ihre innere Konfusion gebeichtet hatte, stellt Dostojewski die Frage:

> «Glauben Sie an Christus und seine Gebote? Wenn Sie an ihn glauben (oder wenigstens den festen Willen dazu haben), so geben Sie sich ihm vollständig hin; die Qualen Ihres Zwiespaltes werden dadurch gelindert, und Sie werden einen inneren Ausweg finden; das ist aber die Hauptsache.» (Brief an Katerina Junge, 11.4.1880)

Auch darüber, wie Dostojewski seinen Glauben praktisch lebt, sind wir gut informiert. Seine alltäglichen Rituale sind eher Standard als spektakulär. Er betet, liest in der Bibel, besucht Gottesdienste. Den regelmäßigen Kirchgang gewöhnt er sich allerdings erst spät an. Während seiner Exil-Jahre bemerkt sein Freund Alexander Wrangel, dass Dostojewski den Gottesdienst der kleinen Gemeinde vor Ort

57 Zitiert nach: Geir Kjetsaa: Dostojewski. Sträfling, Spieler, Dichterfürst, 1986
58 Zitiert nach: Joseph Frank, Dostoevsky. A Writer in His Time, 2010, S. 674

nur selten besucht. Auch während seines vierjährigen Auslandsaufenthaltes lässt er an den Sonntagen seine Frau meistens alleine in die Kirche gehen. Glaubt man seiner Tochter Ljuba, ändert sich das in seinem letzten Lebensjahrzehnt.

> «Er liebte auch unsere wundervollen Zeremonien der Karwoche, besonders die Auferstehungsmesse, die erfüllt ist von Gesängen überströmender Freude.» (Ljuba Dostojewski)

Ein Freund aus seinen frühen Petersburger Jahren erinnert sich, dass Dostojewski schon in seinen zwanziger Jahren ein passionierter Beter war.

> «Dostojewskis wirksamste Medizin gegen Krankheiten der Seele war immer das Gebet, und er betete nicht nur für Unschuldige, sondern auch für offenkundige Sünder.» (Stepan Janowski)

Drei Jahrzehnte später hat sich daran nichts geändert. Als er wegen der Unvorsichtigkeit seines Herausgebers ein paar Tage in Gefängnishaft verbringen muss, fällt dem Gefängniswärter auf:

> «Er betete jeden Abend vor dem Schlafengehen, stand lange Zeit in der dunklen Ecke, die Hände auf der Brust gekreuzt. Nachdem er sein Gebet beendet hatte, ging er auf die Knie, nahm ein Kreuz von seinem Hals und küsste es, und dann, ohne ein Wort zu sagen, ging er zu Bett.» (K. I. Karepin)[59]

[59] Zitiert nach Peter Sekirin: The Dostoevsky Archive. Firsthand Accounts of the Novelist from Contemporaries' Memoirs and Rare Periodicals, 1997, S. 232

In den Briefen an seine Frau ermutigt Dostojewski sie wiederholt, sich im Gebet an Gott zu wenden. Auch sonst kommt er immer wieder auf das Thema zu sprechen.

> «Was ist Gebet? Gebet ist ein Sich-Emporheben des Bewusstseins.» (Notizen, 1875/1876)
>
> «Ich erflehe mir von dem, den man immer anrufen soll, die nötige Kraft und in erster Linie das nötige Können.» (Brief an Iwan Aksakow, 28.8.1880)
>
> «Ebenso wie sich eine Mutter freut, wenn sie ihr Kind zum ersten Mal lächeln sieht, ganz ebenso wird sich gewiss auch Gott jedes Mal freuen, wenn er vom Himmel sieht, dass ein Sünder von ganzem Herzen betet.» (Der Idiot)
>
> «Der Mensch muss weich werden im Gebet!» (Die Brüder Karamasow)
>
> «Über Fasten und Beten wird zwar viel gespottet, und doch ist gerade dies der Weg zur wahren, rechten Freiheit! Ich entledige mich überflüssiger Bedürfnisse, demütige und geißle meinen selbstsüchtigen, stolzen Willen durch Gehorsam und erreiche so mit Gottes Hilfe geistige Freiheit und mit ihr auch geistige Heiterkeit! Wer von beiden ist besser befähigt, Träger einer großen Idee zu sein und ihr zu dienen: der isolierte Reiche oder einer, der sich von der Tyrannei des Besitzes und der Gewohnheiten freigemacht hat?» (Die Brüder Karamasow)

Dostojewskis vorrangige spirituelle Bezugsquelle ist die Bibel. In der Kindheit liest ihm die Mutter daraus vor. Ein leidenschaftliches Verhältnis zur Bibellektüre entwickelt Dostojewski in der Haft. Das Neue Testament ist lange Zeit das einzige Buch, das ihm zur Verfügung steht. Es dient ihm nicht zur Zerstreuung, sondern als Energiequelle. Aus Angst, die Bibel gestohlen zu bekommen (was ja auch tatsächlich einmal passiert), legt er sie nachts unter sein Kopfkissen.

> «Fjodor Michailowitsch hatte sich von diesem heiligen Buch all die vier Jahre seiner Gefangenschaft in Sibirien nicht getrennt. Später lag es immer wieder auf seinem Schreibtisch, und oft, wenn er über etwas im Zweifel war und keine Entscheidung treffen konnte, öffnete er unvermittelt dieses Buch und las, was auf der zuerst aufgeschlagenen linken Seite stand.» (Anna Dostojewski)

Bis zu seinem Tod bewahrt er die Bibel auf. Die Unterstreichungen darin dokumentieren, welche Passagen ihn besonders beschäftigen. Sein persönlicher Favorit unter allen biblischen Büchern ist das Johannes-Evangelium. Hier steht einerseits die Göttlichkeit Jesu im Vordergrund («Ich und der Vater sind eins»), aber auch Gottes Liebe zu den Menschen. In diesem Evangelium wird auch die gegenseitige Liebe zum zentralen christlichen Auftrag erhoben («Ein neues Gebot gebe ich euch: Dass ihr euch untereinander liebt»).

Wenn Freunde und Bekannte ihn nach Lektüre-Empfehlungen fragen, nennt Dostojewski ihnen zuallererst die Bibel.

> «Die Bibel gehört allen, Ungläubigen und Gläubigen gleichermaßen. Sie ist das Buch der Menschheit.» (Notizen, 1875/1876)
>
> «Einen Ungläubigen kann man am allerwenigsten durch Worte und Betrachtungen bekehren. Wäre es nicht besser, wenn Sie möglichst aufmerksam alle Briefe des Apostels Paulus lesen würden? Dort ist viel vom Glauben die Rede, und man kann die Frage gar nicht besser behandeln. Ich empfehle Ihnen auch, die ganze Bibel in russischer Übersetzung zu le-

sen. Einen merkwürdigen Eindruck macht dieses Buch, wenn man es ganz durchliest. Sie gewinnen dabei zum Beispiel die Überzeugung, dass es in der Menschheit kein anderes Buch von dieser Bedeutung gibt und geben kann. Ganz abgesehen davon, ob Sie glauben oder nicht.» (Brief an Nikolai Osmidow, Februar 1878)

«Was für ein Buch ist die Heilige Schrift, welche wunderbaren Kräfte werden dem Menschen durch sie verliehen! Sie ist gewissermaßen ein Bild der Welt und des Menschen und der menschlichen Charaktere, und alles ist darin benannt und ausgewiesen für alle Ewigkeit. Und wie viele Geheimnisse sind darin enthüllt und aufgedeckt.» (Die Brüder Karamasow)

Gebet und Bibellektüre sind für Dostojewski aber kein Endzweck. Er sucht die Erfüllung in der Begegnung mit einer Person: Jesus Christus.

Wie und wann sich sein Bekehrungserlebnis ereignet, verrät er nie. Dass es diesen entscheidenden Wendepunkt in seinem Leben gab, lässt er jedoch mehrfach durchblicken.

«Es war einer jener Augenblicke, die vielleicht bei jedem Menschen vorkommen, ihm aber nur ganz vereinzelt im Leben beschieden sind. In solchen Augenblicken entscheidet man über sein Schicksal; man bildet sich eine feste Weltanschauung und sagt sich für das ganze Leben: ‹Siehst du, da ist die Wahrheit, und diesen Weg musst du gehen, um zu ihr zu gelangen.›» (Der Jüngling)

Im Gefängnis fasst Dostojewski den Entschluss, Jesus zum Mittelpunkt seines persönlichen Credos zu machen.

> «In diesen Augenblicken habe ich mir mein Glaubensbekenntnis aufgestellt, in dem mir alles klar und heilig ist. Dieses Glaubensbekenntnis ist höchst einfach. Hier ist es: Ich glaube, dass es nichts Schöneres, Tieferes, Sympathischeres, Vernünftigeres, Männlicheres und Vollkommeneres gibt als den Heiland; ich sage mir mit eifersüchtiger Liebe, dass es dergleichen nicht nur nicht gibt, sondern auch nicht geben kann. Ich will noch mehr sagen: Wenn mir jemand bewiesen hätte, dass Christus außerhalb der Wahrheit steht, und wenn die Wahrheit tatsächlich außerhalb Christi stünde, so würde ich es vorziehen, bei Christus und nicht bei der Wahrheit zu bleiben.» (Brief an Natalia Fonwisina, 18.2.1854)

Dostojewski erlebt den Durchbruch zum Christusglauben als spirituelle Auferstehung. Er kommt als neuer Mensch aus dem Gefängnis. Das bekräftigt er in seinen autobiographischen «Aufzeichnungen aus einem Totenhaus». Der Text endet mit den Worten:

> «Adieu! Freiheit, neues Leben, Auferstehung von den Toten. Welch ein herrlicher Augenblick!»

In seinem darauffolgenden Roman «Schuld und Sühne» benutzt Dostojewski den Auferstehungs-Gedanken, um den inneren Wandel von Raskolnikow zu zeigen.

Eine wichtige Rolle spielt dabei die Bibel. Während sich die Schlinge um den Verbrecher langsam zuzieht, besucht er die grundgütige Prostituierte Sonja. Er will von ihr Abschied nehmen. Selbst mit den Nerven am Ende, folgt er zunächst einem sadistischen Impuls. Er führt der jungen Frau die Hoffnungslosigkeit ihrer Existenz und die Sinnlosigkeit ihrer Selbstaufgabe vor Augen. Sonja hat dagegen nichts in die Waagschale zu werfen als ihr leidenschaftliches Gottvertrauen.

«‹Eine Gottesnärrin!›, sagte er sich überzeugt und bestimmt. Auf der Kommode lag ein Buch. Jedes Mal bei seinem Hin- und Hergehen hatte er es bemerkt; jetzt nahm er es in die Hand und besah es. Es war das Neue Testament in einer russischen Übersetzung. Das Buch war in Leder gebunden, aber schon alt und abgenutzt.» (Schuld und Sühne)

Raskolnikow fordert Sonja auf, ihm einen Abschnitt aus dem Johannes-Evangelium vorzulesen: die Auferweckung des Lazarus.

«Raskolnikow hatte bis zu einem gewissen Grad Verständnis dafür, warum es Sonja widerstrebte, ihm vorzulesen, und je mehr er es begriff, umso schärfer und gereizter bestand er auf seinem Verlangen. Er verstand recht wohl, wie schwer es ihr jetzt werden musste, ihr ganzes seelisches Empfinden ans Licht zu bringen und zu enthüllen. Er verstand, dass diese Gefühle in der Tat bei ihr ein wirkliches und vielleicht schon seit langer Zeit gehütetes Geheimnis bildeten, vielleicht schon im Kindesalter, schon in der Zeit, da sie noch in der Familie lebte, neben dem unglücklichen Vater und der vor Kummer irrsinnig gewordenen Stiefmutter, mitten unter den hungrigen Kindern, bei sinnlosem Geschrei und ewigen Vorwürfen. Aber gleichzeitig erkannte er jetzt, und zwar mit Sicherheit, dass sie trotz der Beklemmung und der Beängstigung, die jetzt beim Beginn des Lesens an ihr sichtbar waren, doch gleichzeitig selbst von dem heißen Wunsche, vorzulesen, erfüllt war, und zwar gerade ihm vorzulesen, damit er, *er* es höre, und gerade jetzt – mochte nachher kommen, was da wollte! … Er hatte das in ihren Augen gelesen und aus ihrer schwärmerischen Erregung geschlossen! … Sie bezwang sich, unterdrückte den Krampf in der Kehle, der ihr beim ersten Vers die Stimme geraubt hatte, und las das elfte Kapitel aus dem Evangelium des Johannes weiter vor.»

In der gesamten Literaturgeschichte ist eine Bibelstunde selten, womöglich nie, so packend geschildert worden. Was den dramatischen Effekt erhöht: Die Bibel, aus der Sonja vorliest, gehört einer der beiden Frauen, die Raskolnikow ermordet hat.

«Sie näherte sich jetzt der Stelle, die von dem größten, unerhörten Wunder handelt, und das Gefühl eines gewaltigen Triumphes ergriff sie. Ihre Stimme wurde klangvoll wie Metall; Triumph und Freude klangen aus ihr heraus und verliehen ihr Kraft. Die Zeilen verwirrten sich vor ihrem Blick, weil es ihr dunkel vor den Augen wurde; aber sie konnte das, was sie las, auswendig. Bei dem letzten Vers: ‹Konnte dieser, der dem Blinden die Augen aufgetan hat, [nicht auch machen, dass der da nicht starb?]›, hatte sie, die Stimme senkend, in heißer Erregung den Zweifel, den Vorwurf und den Tadel der ungläubigen, blinden Juden zum Ausdruck gebracht, die nun gleich, einen Augenblick darauf, wie vom Donner gerührt niederfallen, schluchzen und glauben würden.»

«‹Auch er, auch er, der auch ein Verblendeter und Ungläubiger ist, auch er wird es jetzt gleich hören, auch er wird glauben, ja, ja! Jetzt gleich, jetzt gleich!› Dieser Gedanke zuckte ihr durch den Kopf, und sie zitterte vor freudiger Erwartung.»

«Das Licht in dem verbogenen Leuchter war schon ganz tief herabgebrannt und beleuchtete trübe in diesem ärmlichen Zimmer den Mörder und die Dirne, die sich so sonderbar zum Lesen des ewigen Buches zusammengefunden hatten.»

Nach einigem Ringen folgt auch der Student der Stimme Gottes. Am Ende tritt Raskolnikow, der seine Schuld inzwischen zugegeben hat, den Weg nach Sibirien an. Er sieht in dem Zwangsarbeiterlager aber kein Totenhaus, sondern die Durchgangsstation zu einem neuen Leben. Der Roman endet mit den Worten:

> «Hier beginnt bereits eine neue Geschichte der allmählichen Erneuerung eines Menschen, die Geschichte seiner allmählichen Sinneswandlung, des allmählichen Überganges aus einer Welt in eine andere, des Bekanntwerdens mit einer neuen, ihm bis dahin völlig unbekannten Wirklichkeit.»

Dostojewski beginnt mit der Arbeit an «Schuld und Sühne», nachdem seine erste Frau gestorben ist. Damals hat er viele Stunden an ihrem Totenbett verbracht. Ihn quälen Gefühle der Trauer und der Schuld; aber auch Fragen, die ans Eingemachte des Glaubens gehen. Gibt es ewiges Leben? Der verwesende Körper an Dostojewskis Seite lässt dies nicht vermuten. Gibt es eine göttliche Kraft, die dabei hilft, die Trägheit des eigenen Herzens zu überwinden? Auch hier legen Dostojewskis Erfahrungen mit seiner eigenen Schwäche einen eher pessimistischen Schluss nahe.

Der Autor zermartert sich das Gehirn und notiert anschließend den Ertrag seines Brainstormings. Statt den Glauben für sinnlos zu erklären, erkennt er einen höheren Sinn. Ganz neu wird ihm bewusst, dass es mehr auf die Erwartung als auf die Erfüllung ankommt, mehr auf das Sehnen und Streben als auf das Sehen.

«Christus war ewiges, für die Ewigkeit bestimmtes Ideal, dem der Mensch zustrebt und nach dem Naturgesetz zustreben muss. […] So ist der Mensch auf Erden bloß ein in der Entwicklung befindliches, also unfertiges, in einem Übergang begriffenes Geschöpf. Ein so hohes Ziel erreichen zu wollen wäre jedoch, meiner Auffassung nach, ganz sinnlos, wenn nach dessen Erreichung alles erlöschend verschwände, wenn es nach erreichtem Ziele kein Leben mehr für den Menschen gäbe. Folglich muss es ein künftiges, ein paradiesisches Leben geben. Welcher Art es ist, wo es ist, auf welchem Planeten, in welchem Zentrum, ob im endgültigen Zentrum, das heißt im Schoße der allgemeinen Synthese, das heißt Gottes – das wissen wir nicht. […] Die Gegner Christi irren, wenn sie das Christentum mit folgendem Hauptpunkt der Widerlegung ablehnen: ‹Warum herrscht denn das Christentum nicht auf Erden, wenn es das Wahre ist, warum leidet denn der Mensch bis auf den heutigen Tag und wird nicht zum Bruder des anderen?› Aber das ist ja nur zu begreiflich: weil dieses das Ideal des zukünftigen endgültigen Menschenlebens ist. […] Überdies hat Christus selbst seine Lehre als Ideal gepredigt, hat selbst vorausgesagt, bis an das Ende der Welt werde es Kampf und Entwicklung geben (die Lehre vom Schwert), denn dies ist ein Naturgesetz, weil das Leben auf der Erde ein Prozess der Entwicklung ist, während es dort völlig synthetisch, ewig genießend und erfüllt ist und es folglich den Zeitbegriff nicht mehr geben kann. […] Wenn du an Christus glaubst, dann glaubst du auch, dass es ein Leben in der Ewigkeit geben wird. Gibt es in dem Falle ein zukünftiges Leben für jedes ‹Ich›? Man sagt, der Mensch zerfalle und sterbe gänzlich. Dass er nicht gänzlich stirbt, ersehen wir schon daraus, dass der Mensch sowohl physisch, wenn er einen Sohn zeugt, auf diesen einen Teil seiner

> Persönlichkeit überträgt, wie er auch ethisch die Erinnerung an sich den Menschen hinterlässt. […] Christus ist vollständig in die Menschheit eingegangen, und der Mensch strebt danach, sich in das Ich Christi, als in sein Ideal, zu verwandeln.» (Notizen, 16.4.1864)[60]

Dostojewski ist kein theologischer Systematiker. Er orientiert sich nicht an einem Katechismus von Lehrsätzen, sondern an Jesus. Sein Gottesbild ist, wie auf den russischen Ikonen-Malereien, farbenfroh, seine Glaubenstemperatur überwiegend warm.

Über seine eigenen Sünden und die Verfehlungen anderer Menschen empfindet er Reue, Trauer, Wut. Aber abgrundtiefe Verzweiflung oder gar Höllenangst ist ihm fremd. Vor allem in den Worten des Starez Sossima klingt das Evangelium als das, was es im Wortsinn bedeutet: als gute Nachricht, als freudenspendende Botschaft.

> «Auf der ganzen Erde ist keine Sünde, die Gott einem, der aufrichtig bereut, nicht vergibt. Der Mensch kann auch gar keine so große Sünde begehen, dass die unendliche Liebe Gottes durch sie erschöpft würde. Oder kann es eine so große Sünde geben, dass sie über Gottes Liebe hinausgeht? Sorge nur dafür, dass du bereust, ohne Unterlass. Und vertreibe die Furcht! Glaube, dass Gott dich unausdenkbar liebt, trotz deiner Sünde und in deiner Sünde. […] Wenn du bereust, so liebst du auch. Liebst du aber, so gehörst du schon Gott. Durch Liebe wird alles gutgemacht, alles gerettet. Wenn ich, ein sündiger

---

[60] Über Christus. Meditationen an der Bahre, in: Der unbekannte Dostojewski. Übersetzt von Vera Mitrofanoff-Demelic. Hrsg. von René Fülöp-Miller und Friedrich Eckstein, 1926

Mensch wie du, schon über dich gerührt bin und Mitleid empfinde, um wie viel mehr dann erst Gott? Die Liebe ist ein unermesslicher Schatz, für den man die ganze Welt kaufen kann.» (Die Brüder Karamasow)

«Furchtbar ist Er uns durch seine Größe, schrecklich durch seine Hoheit, aber Er ist von unendlicher Barmherzigkeit. Aus Liebe zu uns ist Er uns ähnlich geworden und freut sich mit uns und verwandelt Wasser in Wein, damit die Freude der Gäste nicht vorzeitig ein Ende findet. Er erwartet neue Gäste, unaufhörlich lädt Er neue ein, bis in alle Ewigkeit.»

«Der Mensch kann nicht ohne Freude leben. Selbst Gott kann nicht ohne Freude sein. Denn Gott spendet Freude. Das ist sein großes Vorrecht.»

Zwar grummelt Dostojewski immer noch öfter, als er lacht. Aber in den letzten Jahren seines Lebens macht er sich zunehmend locker. Er verspürt mehr Glaubenszuversicht als je zuvor.

Das liegt auch an seiner Freundschaft mit dem mehr als zwanzig Jahre jüngeren Wladimir Solowjow. Der Sohn eines berühmten Geschichtsprofessors ist so etwas wie die russische Antwort auf Friedrich Nietzsche; wie der deutsche Pastorensohn ist er ebenfalls ein frühreifer Denker, aber mit einer ganz anderen philosophischen Tendenz:

Als Teenager hat Solowjow mit dem Atheismus geliebäugelt, dann aber, auch durch den Einfluss der Dostojewski-Schriften, das Christentum neu entdeckt. Kurz nach seinem 20. Geburtstag schickt er dem Schriftsteller den Entwurf seiner Magisterarbeit über «Die Krise der westlichen Philosophie». Laut Begleitschreiben rechnet Solowjow ab mit den negativen Prinzipien der westlichen Entwicklung, nämlich den «Prinzipien der äußeren Freiheit, der ausschließlichen Persönlichkeit und des Verstandeswissens – des Liberalismus, des Individualismus und des Rationalismus». Das ist Wasser auf die Mühlen Dostojewskis.

Nur fünf Jahre später füllt Solowjow bereits den großen Saal des Petersburger «Museums für angewandte Wissenschaften». Seine zwölf «Vorlesungen über das Gottmenschentum» sind der akademische Hit der Saison und Dostojewski ein großer Fan des blitzgescheiten «Jünglings». Was Solowjow lehrt, deckt sich schließlich mit seinen eigenen Vorstellungen. Der junge Professor belehrt seine überwiegend viel älteren Zuhörer:[61]

> «Die westliche Zivilisation hat sich vom göttlichen Prinzip abgeschnitten und versucht, eine universelle Kultur allein auf den Humanismus zu gründen. [...] Mit diesem Stolz des Geistes, dieser Arroganz der Vernunft, ist die westliche Menschheit der zweiten Versuchung erlegen [dem Stolz, Anmerkung der Verfasser].»
>
> «Die zeitgenössische Religion ist eine erbärmliche Sache. Streng genommen existiert die Religion nicht als dominierendes Prinzip, als Zentrum der spirituellen Anziehung. Stattdessen ist unsere sogenannte Religiosität eine persönliche Stimmung, ein persönlicher Geschmack.»
>
> «Der Zeitgeist erkennt der menschlichen Person göttliche Rechte zu, will aber von einem göttlichen Ursprung nichts wissen. [...] Auf der einen Seite ist der Mensch ein Wesen mit absoluter Bedeutung, mit absoluten Rechten und Ansprüchen.

[61] Die folgenden Zitate wurden übersetzt aus: Vladimir Solovyov: Lectures on Divine Humanity. Revised and Edited by Boris Jakim, 1995

> Andererseits ist derselbe Mensch nur eine begrenzte und vergängliche Erscheinung, eine Tatsache unter der Vielzahl anderer Tatsachen, von ihnen begrenzt und von ihnen allseitig abhängig.»
>
> «Die innere Einheit, in der alle christlichen Ideen zusammenfließen, ist die Liebe.»
>
> «In Christus wurde alles Schwache und Irdische in seiner Auferstehung zu einem neuen spirituellen Körper verschlungen, und so muss es auch in der Kirche geschehen.»

Der wichtigste Punkt der Übereinstimmung zwischen Dostojewski und Solowjow betrifft die Auferstehung. Beide, der Dichter und der Philosoph, halten das Bekenntnis dazu für essentiell. In einem Brief vom 24.3.1878 an Nikolai Peterson bekräftigt Dostojewski, dass «ich und Solowjow an die reale, buchstäbliche, persönliche Auferstehung glauben, und daran, dass sie sich auf der Erde ereignen wird». Ähnlich hat er sich zuvor in Briefen, Notizen und Aufsätzen geäußert.

> «Das Wunder der Auferstehung ist so für uns vollbracht worden, damit es uns auch anschließend noch verstört. Deshalb ist es weiter notwendig, Glauben zu haben, weil unser Umgang damit der Gradmesser unseres Glaubens ist.» (Notizen, 1860–1862)
>
> «Nur durch den Glauben an seine Unsterblichkeit erfasst der Mensch seinen vernünftigen Zweck auf Erden. Ohne Überzeugung von seiner Unsterblichkeit lösen sich die den Menschen mit der Erde verbindenden Fäden, sie werden dünner und fangen an zu faulen, und der Verlust eines höheren Lebenssinnes zieht zweifellos den Selbstmord nach sich. […] Die Unsterblichkeitsidee ist das Leben selbst, das lebendige Leben, seine endgültige Formel und der Hauptquell der Wahrheit

und der richtigen Erkenntnis für die Menschheit.» (Tagebuch eines Schriftstellers, Dezember 1876)

«Warum soll ich ordentlich leben und Gutes tun, wenn ich auf Erden restlos sterben werde? Wenn es keine Unsterblichkeit gibt, brauche ich nur meine Frist abzuleben, und nachher kann von mir aus alles in Flammen untergehen. Und wenn dem wirklich so ist (und wenn ich geschickt genug bin und mich nicht aufgrund der bestehenden Gesetze erwischen lasse), warum soll ich dann nicht jemanden abschlachten, berauben, bestehlen oder wenigstens auf Kosten der andern leben? Ich werde ja sterben, und alles wird sterben und vergehen. [...] Wo ist aber dieses Gesetz? Jedenfalls nicht auf der Erde, wo alles seinen Abschluss findet und spurlos ohne Auferstehung vergeht. Ist das denn kein Hinweis aus die persönliche Unsterblichkeit?» (Brief an Nikolai Osmidow, Februar 1878)

«Die Unsterblichkeit der Seele und die Existenz Gottes gehören zusammen, sie sind eine und dieselbe Idee.» (Notizen, 1878)

Angesichts dieses Vorlaufs verwundert es nicht, dass Dostojewski das Thema «Auferstehung» auch in «Die Brüder Karamasow» immer wieder aufgreift.

«Wenn es keinen Gott gibt und keine Unsterblichkeit der Seele, dann kann es keine Liebe zur Menschheit geben.» (Notizen zu «Die Brüder Karamasow»)

[Über Aljoscha Karamasow:] «Hätte er sich entschieden, es existiere keine Unsterblichkeit und kein Gott, wäre er ebenso schnell unter die Atheisten und Sozialisten gegangen.» (Die Brüder Karamasow)

Dostojewskis literarischer Schwanengesang erscheint zunächst als Fortsetzungsgeschichte und schließlich kurz vor dem Tod des Dichters als Buch.

Ursprünglich hatte Dostojewski ein anderes Buch als Krönung seines Autoren-Lebens schreiben wollen. Bereits 1868 äußert er sich zu den Plänen. Der geplante Titel lautet: «Das Leben eines großen Sünders». Daraus und aus den vielen Notizen kann man den ungefähren Plot erkennen.[62] Ein hochbegabter, wohlhabender, aber innerlich zerrissener Russe stürzt sich mit voller Kraft und ohne Hemmungen in das sinnliche Leben. Über viele Stationen und mit vielen Brüchen findet er schließlich wie der verlorene Sohn zurück zu Gott.

Aber irgendetwas hält Dostojewski davon zurück, das Buch in Angriff zu nehmen. Immer wieder kommen andere Projekte dazwischen, zum Schluss «Die Brüder Karamasow». Statt einen Breitband-Sünder zu beschreiben, schildert Dostojewski die Herausforderungen vieler Schmalspur-Sünder. Aus der Heldenreise ist außerdem ein Beziehungsroman geworden. Alles hängt nicht an einem, sondern mit allem und allen zusammen. «Alle sind wir für alle schuldig», seufzt Dimitri Karamasow.

Oberflächlich betrachtet endet «Die Brüder Karamasow» so resignativ wie zehn Jahre zuvor «Der Idiot». Man könnte den Roman auch untertiteln mit: Vier Todesfälle und keine Hochzeit. Die Verliebten Dimitri und Gruschenka treten nicht vor den Traualtar, dafür tritt Dimitri den Weg nach Sibirien an. Vorher sterben der Glaubenslehrer Sossima, der Vater Karamasow, sein Mörder Smerdja-

[62] Siehe hierzu: Der unbekannte Dostojewski. Übersetzt von Vera Mitrofanoff-Demelic. Hrsg. von René Fülöp-Miller und Friedrich Eckstein, 1926

kow, schließlich ein neunjähriger Junge. Wo ist da der Trost, wo die Hoffnung?

Und doch ist der Unterschied zu «Der Idiot» bemerkenswert. Damals befindet Dostojewski sich auf der Flucht vor Gläubigern in der Fremde. Inzwischen ist er angekommen und nicht nur mit der Welt, sondern auch mit seiner Umwelt ausgesöhnt. Passend dazu stehen die Zeichen in «Die Brüder Karamasow» mehr auf Freude als auf Leid.

Das zeigt sich auch an der Bibelpassage, der in dem Roman eine besonders große Bedeutung zukommt. Es ist die Geschichte von der «Hochzeit in Kana», wo Jesus die Feiergesellschaft mit einem Weinwunder beglückt. Der Mensch, so schärft Dostojewski den Lesern ein, ist von Gott zum Glücklichsein geschaffen.

Deshalb endet der Roman trotz der vielen Moll-Töne auf Dur. Es kommt zwar zum Vatermord, und Dimitri wird fälschlich dafür verurteilt. Der Schicksalsschlag löst bei ihm aber keine Resignation aus. Er bewirkt im Gegenteil eine innere Transformation:

> «Ein neuer Mensch ist in mir auferstanden! Er war in mir eingeschlossen, und er wäre nie zutage getreten, wäre nicht dieses Unwetter über mich niedergegangen!» (Die Brüder Karamasow)

Auch am Schluss des Romans liegen Trauer und Freude nahe beieinander. In der Beerdigung des neunjährigen Iljuscha verarbeitet Dostojewski den Tod seines eigenen Sohnes. Er lässt aber auch seine Hoffnung auf ein Wiedersehen nach dem Tod durchschimmern:

Am Stein, unter dem Iljuscha begraben werden soll, versammeln sich seine Freunde: Aljoscha und eine Gruppe Schuljungen. Sie waren früher verfeindet miteinander, haben Iljuscha gemobbt. Hervorgetan hat sich dabei der Anführer der kindlichen Gang, Kolja. Durch das Engagement Aljoschas haben sich die Kinder versöhnt. Mit kleinen Gesten hat er bei ihnen eine große Wirkung erzielt. Nun geloben sich die Zurückgebliebenen ewige Freundschaft. Aljoscha ruft ihnen zu:

> «Mögen wir auch mit den wichtigsten Dingen beschäftigt sein, mögen wir hohe Ehren erreicht haben oder in ein großes Unglück geraten sein – gleichviel, vergesst niemals, wie wohl wir uns hier alle zusammen einmal gefühlt haben, vereint durch eine gute, edle Empfindung, die uns für die Zeit unserer Liebe zu dem armen Jungen vielleicht besser gemacht hat, als wir in Wirklichkeit sind. […] ‹Karamasow!›, rief Kolja. ‹Ist es wirklich wahr, was die Religion lehrt, dass wir alle von den Toten auferstehen und einander wiedersehen werden, auch unseren Iljuscha?› – ‹Sicherlich werden wir auferstehen, sicherlich werden wir uns wiedersehen und uns froh und heiter alles erzählen, was uns im Leben begegnet ist›, antwortete Aljoscha, halb lachend, halb begeistert. – ‹Ach, das wird schön!›, rief Kolja unwillkürlich. – ‹Nun, dann kommt! Wir wollen jetzt Arm in Arm gehen!› – ‹Ja, und das immer, das ganze Leben hindurch. Arm in Arm! Ein Hurra für Karamasow!›, schrie Kolja noch einmal begeistert, und noch einmal stimmten alle Jungen in seinen Ruf ein.»

Womöglich klingen dem Schriftsteller, als er diese Zeilen verfasst, noch die Rufe in den Ohren, mit denen er unlängst selbst gefeiert worden ist. «Hurra, Dostojewski!», hat man ihm zugerufen. Eine späte Genugtuung für die Demütigungen, die er als junger Autor erlebt hat. Damals ist er bei schönen Frauen in

Ohnmacht gefallen. Jetzt sind *sie* es, die in seiner Gegenwart in Verzückung geraten.

Mit jeder neuen Episode von «Die Brüder Karamasow» nimmt sein Ruhm zu.

> «Fortwährend wurden ihm Freikarten zu Konzerten und Bällen geschickt, die an den Hochschulen stattfanden. Bei diesen Konzerten war mein Mann stets von der Jugend umringt; zahlreiche junge Leute folgten ihm auf Schritt und Tritt und stellten ihm Fragen, die er oft mit langen Reden beantworten musste.» (Anna Dostojewski)

Das Dostojewski-Fieber verbreitet sich bis in seine Geburtsstadt Moskau. Hierhin reist er im Sommer 1880 anlässlich der Puschkin-Gedenkwoche. Die oberen Zehntausend der Stadt an der Moskwa reißen sich um seine Gesellschaft. Für Dostojewski ist es der Gipfelpunkt eines langen Aufstiegs: von dunklen Zimmern im Armenkrankenhaus bis zum Empfang in einem Luxushotel, an dem die führenden Professoren teilnehmen.

> «Es gab Stör-Rücken von mehr als einem Meter Länge, zwei Meter langen gekochten Sterlet, Schildkrötensuppe, Erdbeeren, Wachteln, wunderbaren Spargel, Eis. Der erlesenste Wein und Champagner flossen in Strömen. Sechs Reden wurden für mich gehalten (wobei man sich von den Plätzen erhob, manche waren sehr lang). […] Gesprochen wurde von meiner ‹großen› Bedeutung als Künstler, mit ‹weltumfassender Resonanzfähigkeit› als Publizist und Russe. […] Alle befanden sich in einem Zustand der Begeisterung.» (Brief an Ehefrau Anna, 26.5.1880)

Dabei beschränkt sich Dostojewskis Popularität nicht auf die Bildungs-Elite.

> «Die Moskauer Gaststätte ist immer sehr gut besucht, und es kommt selten vor, dass einer sich nicht nach mir umsieht und mich anschaut: Alle wissen, dass ich es bin.» (Brief an seine Ehefrau Anna, 4.6.1880)

Was niemand weiß und selbst Dostojewski nur ahnt: In ihm tickt eine Zeitbombe. Bei seinem letzten Besuch in Bad Ems stellt der behandelnde Arzt fest, dass ein Lungenflügel sich verschoben hat. Oft ringt Dostojewski nach Atem. Der Stress und das Kettenrauchen fordern ihren Tribut. Eigentlich wäre ein neuer Kuraufenthalt dringend nötig.

Aber Dostojewski will seinen Roman bis zum Jahresende fertigschreiben. Außerdem will er sich die Einweihung des Puschkin-Denkmals nicht entgehen lassen. Er selbst ist als Schlussredner vorgesehen. Vor ihm hält sein Weggefährte und Rivale Turgenjew eine Rede. Der adelige Kosmopolit bekommt dafür einen höflichen Applaus. Am Schlusstag ist Dostojewski an der Reihe. Seine Kritiker wetzen bereits die Messer, bereiten sich darauf vor, seine Rede zu verreißen.

Aber Dostojewski zeigt sich dem Druck gewachsen. Mit heiserer, gepresster Stimme hält er die Rede seines Lebens. Mit seinem Tribut an Puschkin entfaltet er eine große Vision von der Bestimmung des russischen Volks. Im Streit zwischen Westlern und Slawophilen schlägt er sich auf keine Seite, sondern ruft zum gemeinschaftlichen Aufbruch in ein neues Zeitalter der Menschenliebe auf.

Die Wirkung der liebevoll-leidenschaftlichen Ruck-Rede ist phänomenal.

Der Saal tobt.

> «Unbekannte Menschen im Publikum weinten, schluchzten, umarmten sich und schworen einander, besser zu werden, einander in Zukunft nicht mehr zu hassen, sondern zu lieben. Der Verlauf der Sitzung war gestört: Alle stürzten zu mir aufs Podium, vornehme Damen, Studenten, Staatssekretäre und wieder Studenten – all das umarmte und küsste mich. Alle Mitglieder unserer Gesellschaft, die sich auf dem Podium befanden, umarmten und küssten mich; alle, buchstäblich alle, weinten vor Begeisterung. Der Applaus dauerte wohl eine halbe Stunde, man winkte mir mit Taschentüchern zu, da hielten mich plötzlich zwei unbekannte alte Herren fest und sagten: ‹Wir waren zwanzig Jahre lang verfeindet, sprachen nicht miteinander, jetzt aber haben wir uns umarmt und versöhnt. *Sie* sind es, der uns versöhnt hat. Sie sind unser Heiliger, unser Prophet!› […] Ich flüchtete mich in die Kulissen, aber schon drangen alle aus dem Saal und, vornehmlich Frauen, auch dort ein. Sie küssten mir die Hände, setzten mir zu. Studenten kamen herbeigeeilt. Einer von ihnen fiel tränenüberströmt in Hysterie vor mir zu Boden und verlor das Bewusstsein. Es war ein entscheidender Sieg auf der ganzen Linie. […] Das ist ein Pfand auf die Zukunft, ein Unterpfand auf alles, selbst wenn ich sterbe.» (Brief an Ehefrau Anna, 8.6.1880)

Dass Dostojewski in der Stunde seines größten Triumphs an den Tod denkt, kommt nicht von ungefähr. Der Stress hat ihm arg zugesetzt. Die Atemnot wird immer schlimmer, das Kratzen im Hals immer schmerzhafter. Er weiß, dass er dringend Ruhe und eine Auszeit benötigt.

Stattdessen treibt er weiter Raubbau an seinen Kräften. Seit seiner Puschkin-Rede trudeln die Anfragen für Lesungen beinahe täglich ein. Vor allem die Studenten reißen sich darum, ihn live zu hören. Dostojewski sieht es als seine Verantwortung, ihre Bitten zu erfüllen. Obwohl sich sein Gesundheitszustand immer weiter verschlechtert, will er keinen Auftritt absagen.

> «Ich weiß gar nicht, wie ich in meinem Zustand morgen vor den Studenten lesen soll. Keine Ahnung, wie ich das durchstehen soll bei meiner Atemnot. Aber ich kann es nicht absagen. Ich habe schon vor einiger Zeit die Zusage gemacht, ich werde schon überall auf Plakaten beworben und so weiter.» (Brief an Alexander Salewiew, 29.11.1880)

Bis in den späten Herbst schreibt er an den letzten Seiten von «Die Brüder Karamasow». Ihn treibt dabei auch die Sorge um seine Familie an. Er will ihre materielle Versorgung sicherstellen, falls ihm etwas zustößt. Also schuftet er trotz der sich verschlimmernden Krankheitssymptome.

> «Ich habe vier Jahre in Sibirien bei Zwangsarbeit verbracht, aber mein Leben und meine Arbeit waren dort erträglicher als jetzt. […] Der Katarrh der Atemwege, den ich habe, hat sich in ein Emphysem [Aufblähung der Lungenbläschen, Anmerkung der Verfasser] verwandelt: es ist eine unheilbare Angelegenheit (Kurzatmigkeit, zu wenig Luft), und meine Tage sind gezählt. Wegen der sehr harten Arbeit hat sich auch meine Epilepsie verschlimmert.» (Brief an Pelageja Guseva, 15.10.1880)

Wenige Tage vor seinem 59. Geburtstag schickt er dem «Russischen Boten» die letzten Absätze von «Die Brüder Karamasow». Er drängt den Redakteur, die Blätter schnell zu korrigieren und an ihn zurückzusenden. Er brauche es für seine nächsten Lesungen.

> «Ich will das letzte Kapitel lesen: die Beerdigung von Iljuscha und die Rede Aljoschas an die Jungen. Aus Erfahrung weiß ich, solche Stellen machen bei Lesungen einen gewissen Eindruck. Nun, der Roman ist fertig! Drei Jahre habe ich daran gearbeitet, im Laufe von zwei Jahren erschien er, es war eine bedeutsame Minute für mich. Gegen Weihnachten möchte ich eine Buchausgabe machen. Man fragt mich intensiv danach, sowohl hier als auch die Buchhändler in Russland; man schickt mir schon Geld. Sie erlauben, dass ich mich von Ihnen noch nicht verabschiede. Denn ich habe vor, noch zwanzig Jahre zu leben und zu schreiben.» (Brief an Nikolai Ljubimow, 8.11.1880)

Tatsächlich schmiedet Dostojewski trotz aller gesundheitlichen Probleme langfristige Zukunftspläne. Er erwägt eine Fortsetzung von «Die Brüder Karamasow». Die Handlung des Romans war in den 1860er Jahren angesiedelt. Nun will Dostojewski erzählen, wie es mit Aljoscha und den Kindern weitergeht.

Was dem Schriftsteller dabei vorschwebt, lässt er in Gesprächen mit Freunden und seiner Frau durchblicken:

Passend zur aktuellen Terror-Gefahr sollen einige der jungen Leute auf die schiefe Bahn geraten, sich einem Terrornetzwerk anschließen und die Ermordung des Zaren planen. In diesen Ideenskizzen beweist Dostojewski wieder einmal sein prophetisches Gespür.

Doch die Fortsetzungsgeschichte wird nie realisiert. Zum Glück, mag man im Nachhinein sagen. In «Die Brüder Karamasow» hat Dostojewski die zentralen Themen seines Lebens abschließend behandelt. Sein Werk ist nun «rund». Im Hinblick auf sein Vermächtnis kann ihm nichts Besseres passieren, als auf dem Höhepunkt abzutreten. Anders als andere Dichter, etwa Leo Tolstoi, macht er sich nicht mit senilen Narrheiten zum Gespött.

Mit einer unvergleichlichen Energieleistung hat Dostojewski sein Potenzial bis zum letzten Tropfen aus sich herausgepresst. Nun ist es gut.

Dostojewski hat ein Leben hinter sich, das ihm alles abverlangt hat. Wo andere sich im Autopiloten vorwärtsbewegen können, muss er einen maximal anstrengenden Abenteuer-Parcours bewältigen und zwischendurch viele Strafrunden einlegen. Er blickt dennoch nicht im Zorn zurück. Allenfalls bereut er die vielen unnützen Sorgen, die er sich gemacht hat.

> «Wenn sie das ganze Leben noch einmal von vorn anfangen könnte, so würde sich die Seele vielleicht davor nicht fürchten.» (Der Jüngling)

Noch einmal feiert Dostojewski mit seiner Familie Weihnachten: mit der Ehefrau Anna, der elfjährigen Ljuba und dem neunjährigen Fjodor. Das größte Geschenk hat er sich selbst gemacht. Pünktlich zur Bescherung sind «Die Brüder Karamasow» als Buch erschienen. Der Thronfolger hat ein persönliches Exemplar bekommen und sich herzlich bedankt.

Die Stimmung ist prächtig.

Dann geht alles ganz schnell, und zwar abwärts.

Ende Januar häufen sich im Hause Dostojewski nach der kurzen Verschnaufpause erneut die Probleme. Er hat wieder einmal Geldsorgen. Mit seiner Schwester Vera streitet er über die Erbschaft der längst verstorbenen Tante.

In Aufregung versetzt ihn auch die publizistische Bombe, die er in den nächsten Tagen zünden will. Nach der Fertigstellung von «Die Brüder Karamasow» hat sich Dostojewski an die Arbeit am «Tagebuch eines Schriftstellers» gemacht. Nach drei Jahren Pause soll endlich wieder eine Ausgabe erscheinen. Und diesmal lehnt Dostojewski sich ganz weit aus dem Fenster. Er verlangt nichts weniger als eine außenpolitische Kurswende Russlands, eine Neuorientierung in Richtung Asien, weil «in Asien vielleicht noch mehr unsere Hoffnungen liegen als in Europa».

So eine Ansage ist echtes Dynamit. Dostojewski geht sogar so weit, die Westausrichtung unter Peter dem Großen und den Krieg gegen Napoleon zu kritisieren. Vielleicht, so überlegt er ketzerisch, hätte man sich lieber mit Napoleon einigen und die Kräfte für eine neue Ost-Politik aufsparen sollen.

> «Diese Furcht vor der Schande, Europa könnte uns für Asiaten halten, verfolgt uns ja fast schon zweihundert Jahre. [...] Was haben wir nicht alles getan, damit Europa uns als die Seinigen anerkenne, als Europäer, als Nur-Europäer, und nicht als Tartaren. [...] Mit der Strömung nach Asien wird sich unser Geist wieder erheben und werden sich unsere Kräfte wieder stärken.» (Tagebuch eines Schriftstellers, Januar 1881)

Dostojewski ist überglücklich, als die Zaren-Zensur grünes Licht für die Veröffentlichung gibt. Nun kann er sich entspannt auf die nächste Vorlesung vorbereiten, am 29. Januar.

Doch dazu kommt es nicht. Seine Kräfte sind aufgebraucht, die Uhr abgelaufen, der Kelch leergetrunken.

> «Für diejenigen, die ihn näher kannten, kam sein Tod eigentlich nicht überraschend. Er lebte augenscheinlich nur noch von den Nerven, denn sein Körper hatte schon einen solchen Grad von Abgezehrtheit erreicht, dass ihn der erste geringste Stoß zerbrechen konnte.» (Nikolai Strachow)

Der nächste, heftige Stoß kommt am Abend des 25. Januar.

Ein Sonderkommando der Zarenpolizei stürmt das Mietshaus. Sie veranstalten eine Razzia und nehmen Dostojewskis Nebenmieter fest, der sich als der Terrorist Alexander Barannikow entpuppt.

Kurz darauf erleidet Dostojewski einen gesundheitlichen Zusammenbruch. Ob die Aufregung über die Polizeiaktion eine Rolle dabei spielt, ist Spekulation. Die Annahme scheint jedenfalls plausibel. Der innere Druck und die äußere Spannung sind zu viel für Dostojewskis fragilen Gesundheitszustand. Er explodiert förmlich von innen.

Bei einer ungeschickten Bewegung – Dostojewski will einen Füllfederhalter aufheben – platzt ein Lungenbläschen. Es kommt zu inneren Blutungen. Noch haben die Ärzte Hoffnung. Doch Dostojewski merkt bald, dass sein Ende naht. Am 28. Januar 1881 russischer Zeitrechnung sagt er zu seiner Frau:

«Jetzt ist es mir klar zum Bewusstsein gekommen, dass ich heute sterben werde.» [Anna wollte davon nichts wissen:] «Du wirst noch lange leben, glaube es mir!» – «Nein, ich weiß, dass ich heute sterben muss. Zünde die Kerze an, Anja, und gib mir das Evangelium.» (Anna Dostojewski)

Seine Frau holt das Neue Testament, das ihn schon durch seine Häftlingszeit begleitet hat. Wie schon so oft schlägt er nach dem Zufallsprinzip eine Seite auf. Er lässt seine Frau die Stelle vorlesen, ein Jesus-Zitat aus dem Matthäus-Evangelium:

«Lass es jetzt so geschehen, denn wir müssen alles tun, was Gott will.» (Matthäus 3,15)

Der Vers bestärkt Dostojewski in der Überzeugung, dass er sterben wird. Er verabschiedet sich von seiner Familie. Zunächst von seiner Frau – mit einem rührenden Geständnis.

«Dann sprach er zu mir einige Worte, die nur sehr wenige Männer ihren Frauen nach vierzehnjähriger Ehe sagen können: ‹Vergiss nicht, Anja, dass ich dich immer innig geliebt und dich niemals, auch nicht in Gedanken, betrogen habe.›» (Anna Dostojewski)

Als Nächstes ruft Dostojewski seine beiden Kinder zu sich.

«Er […] bat meine Mutter, nochmals die Bibel aufzuschlagen und uns die Geschichte vom verlorenen Sohn vorzulesen. Er hörte der Vorlesung mit geschlossenen Augen und in Nachdenken versunken zu. ‹Meine Kinder, vergesst nie, was ihr eben gehört habt›, sagte er mit schwacher Stimme zu uns.

‹Habt unbedingtes Vertrauen auf Gott und verzweifelt niemals an seiner Verzeihung. Ich liebe euch sehr, aber meine Liebe ist nichts neben der unendlichen Liebe Gottes für alle Menschen, die er geschaffen hat. Wenn es euch sogar geschehen sollte, im Laufe eures Lebens ein Verbrechen zu begehen, so verzweifelt doch niemals an Gott. Ihr seid seine Kinder; demütigt euch vor ihm, wie vor eurem Vater, erfleht seine Vergebung, und er wird sich über eure Reue freuen, so wie er sich über die Heimkehr des verlorenen Sohnes gefreut hat.›» (Ljuba Dostojewski)

Bald darauf röchelt Dostojewski seinen letzten Atemzug. Seine Tochter notiert, bezeichnenderweise auf die Rückseite seiner Zigarettenschachtel: «28.1.1881: Heute ist Papa gestorben.»

Am Folgetag kommen viele Besucher, die von dem aufgebahrten Dichter Abschied nehmen, darunter die Gräfin Alexandra Tolstoi. Mit Verwunderung registriert sie, wie bescheiden der Dichter gelebt hat.

«Die ganze Einrichtung der Wohnung war eine überaus armselige, aber es waren viele Menschen gekommen, und alle schienen von tiefem Kummer niedergedrückt.» (Alexandra Tolstoi)

Das Begräbnis des Dichters wird zu einem spektakulären Gesellschaftsereignis. Zwischen fünfzig- und hunderttausend Teilnehmer nehmen an dem Leichenzug in Petersburg teil. Gemessen an der damaligen Einwohnerzahl (800.000) sind das so viele, wie wenn sich heute (Sankt Petersburg hat inzwischen 5,3 Millionen Einwohner) eine halbe Million Menschen versammeln würden.

Die Trauernden lassen sich auch von der winterlichen Witterung – Minusgrade bei starkem Wind – nicht abhalten. Es herrscht eine feierliche Open-Air-Atmosphäre. Die Kosten für die Beerdigung, die einem Staatsbegräbnis gleicht, hat der Zar höchstpersönlich übernommen.

> «Die lange Reihe der auf Stangen getragenen Kränze, die zahlreichen Chöre jugendlicher Sänger, welche Grabesgesänge anstimmten, der Sarg, der die Menschenmassen hoch überragte, und die gewaltige, vieltausendköpfige Menschenmenge, die dem Zug folgte – dies alles machte einen gewaltigen Eindruck. Der größte Wert dieser Ehrung der sterblichen Überreste Dostojewskis lag darin, dass sie nicht im mindesten vorbereitet war. […] Die Kirche war voller Beter; besonders zahlreich war die Jugend vertreten, Studenten der höheren Lehranstalten, der geistlichen Akademie und der Mittelschulen. Die meisten blieben die ganze Nacht in der Kirche und beteten abwechselnd am Sarg Dostojewskis» (Anna Dostojewski)

Einer der Trauerredner ist Dostojewskis junger Freund Wladimir Solowjow. Er erinnert sich:

> «Geliebt aber hat Dostojewski vor allem die lebendige menschliche Seele in allem und überall, und geglaubt hat er, dass wir alle göttlicher Abstammung sind. […] Durch die Liebe zu ihm wollen wir uns bemühen, dass eine solche Liebe uns auch miteinander vereint.» (Wladimir Solowjow)

Ein anderer Freund, der konservative Schriftsteller Iwan Aksakow, klagt nach Dostojewskis Tod:

> «Der Tod von Dostojewski ist eine echte Strafe Gottes. Jetzt merken wir erst, welchen Wert er als Lehrer der jungen Generation hatte. Selbst diejenigen, die ihn nicht persönlich kannten, merken es jetzt. Jene edlen Ideale, die mancher junge Mensch unbewusst in seiner Seele hegt, fanden in ihm ihren Beschützer.» (Brief von Iwan Aksakow an Konstantin Pobedonoszew, Februar 1881)

Schockiert zeigte sich auch Leo Tolstoi. Er bereut nun zutiefst, Dostojewski nie persönlich gesprochen zu haben.

> «Mir war, als wäre mir eine Stütze entrissen worden. Ich brach zusammen. In diesem Moment wurde mir klar, wie lieb er mir war, und ich weinte und weine immer noch.» (Brief von Leo Tolstoi an Nikolai Strachow, 5.2.1881)

Als Tolstoi ein paar Jahre später mit Anna Dostojewski zusammentrifft, schwärmt er von dem Toten: «Er war ein edler Mensch, von echt christlichem Geist beseelt.» Zwar merkt Tolstoi bei anderer Gelegenheit kritisch an, dass man Dostojewski nicht wie einen Heiligen verehren solle. Sein ganzes Leben sei schließlich ein einziger Kampf gewesen.

Während Dostojewski alle Bücher von Tolstoi intensiv studiert hatte, sperrt sich in Tolstoi etwas gegen das Werk seines verstorbenen Kollegen. Er kann sich nicht dazu überwinden, «Die Brüder Karamasow» zu lesen. Kurz vor seinem Tod, als er mit 82 Jahren seine Familie fluchtartig verlassen hatte, will er das endlich nachholen. Er bittet seine Tochter, ihm Dostojewskis letztes Buch zu schicken. Er fängt an zu lesen, stirbt aber, bevor er sich zum hoffnungsvollen Schluss durchgearbeitet hat.

Dostojewskis Tod markiert in der russischen Geschichte einen Wendepunkt. Zum Schlechten. Die Festnahme der Terroristen in der Nachbarwohnung kann den nächsten, diesmal tödlichen Anschlag auf den Zaren nicht verhindern. Keine drei Jahrzehnte später wird sein Enkel Nikolaus II., der letzte russische Zar, mit seiner Familie ermordet. Die neuen starken Männer der Weltgeschichte treten nicht in die Fußstapfen von Dostojewskis Aljoscha, sondern eher in jene der von ihm so mahnend beschriebenen «Dämonen».

Als der Schriftsteller zu Grabe getragen wird, ist Lenin neun Jahre alt, Stalin zwei, und Alois Hitler hat sich gerade von seiner zweiten Frau getrennt; mit der dritten wird er seinen Sohn Adolf zeugen. Dostojewskis schlimmste Befürchtungen werden im 20. Jahrhundert von der Wirklichkeit noch übertroffen.

Auch den Abgesang der europäischen Intellektuellen auf Gott hat Dostojewski nicht zum Verstummen bringen können. Ein Jahr nach seinem Tod lässt sein Bewunderer Friedrich Nietzsche in «Die fröhliche Wissenschaft» den Ruf «Gott ist tot» erklingen.

Also doch alles vergeblich?

Die ungebrochene Resonanz, die Dostojewski immer noch genießt, spricht eine andere Sprache. Seine Botschaft hat unzählige Adressaten gefunden, sein Vermächtnis hat Millionen von Menschen bereichert. Er lebt fort in Büchern, Gesprächen und den Handlungen ganz unterschiedlicher Persönlichkeiten. Genau diese Wirkung hat er sich selbst gewünscht.

> «Indem Sie Ihr Samenkorn, Ihr ‹Almosen›, Ihre gute Tat in irgendeiner Form ausstreuen, geben Sie einen Teil Ihrer Persön-

> lichkeit weg und nehmen einen Teil einer andern in sich auf. […] Wie können Sie wissen, welchen Anteil Sie dadurch an der künftigen Gestaltung der Schicksale der Menschheit haben werden?» (Die Brüder Karamasow)

Für Dostojewski gibt es zwei Herangehensweisen ans Leben: die des Erntens und die des Säens. Die einen Menschen wollen ihre Scheunen möglichst vollmachen, die anderen sind zufrieden, wenn sie als gute Saat im Boden aufgehen und andere Menschen befruchten. Dostojewski zählte sich zur zweiten Gruppe.

Sein Lebensmotto ist seinem letzten Werk «Die Brüder Karamasow» vorangestellt und findet sich als Inschrift auf seinem Grabstein. Der Vers aus dem Johannes-Evangelium ist die Essenz der Lebensschule Dostojewskis. Von Gott angeschoben, schiebt der Sisyphus den Stein über die Ziellinie. Und motiviert andere Pilger dazu, nachzukommen.

> «Wenn das Weizenkorn nicht in die Erde fällt und stirbt, bleibt es allein; wenn es aber stirbt, bringt es viel Frucht.» (Johannes 12,24)

ZUGABE

Von wegen fertig.

Jetzt geht's erst los.

Alle, die Dostojewski nicht nur portionsweise serviert bekommen wollen, können ihn jetzt unplugged und ungekürzt entdecken. Gerade seine Romane sind zu gewaltig, um ihnen mit Nacherzählungen und Auszügen gerecht zu werden. Man muss sie komplett lesen.

Dieses Buch also kann deshalb der Anfang einer wunderbaren Freundschaft sein.

Lassen Sie sich verstören von «Schuld und Sühne», mitreißen von «Der Idiot», durchschütteln von «Die Dämonen», erleuchten von «Die Brüder Karamasow» – und dann für die anderen großartigen Werke begeistern. Auch wenn wir einige Handlungselemente gespoilert haben: Es bleibt noch genug Spannung und sowieso beste Unterhaltung.

Wenn Sie Wiederholungstäter sind, also einige seiner Bücher schon gelesen haben, können Sie nun einen neuen Blick darauf werfen. Bei Dostojewski kommen auch eingefleischte Fans immer wieder neu auf ihre Kosten.

Und wenn Sie Dostojewski-Einsteiger sind? Wenn dieses Buch Ihr Entrée ins Dostojewski-Universum war?

Dann gilt für Sie das, was Dostojewski einmal über Menschen sagte, die noch kein Buch von Charles Dickens gelesen hatten:

Sie gehören zu den glücklichsten Menschen der Welt.

Sie haben das Beste vor sich.

Den Besten.

Wir wünschen Vergnügen. Und Erleuchtung.

> «Dostojewski ist ein Menschenschöpfer von einer Größe, die man erst langsam ermisst. Je klarer man das Ganze und wiederum die einzelnen Züge seiner Gestalten sieht, desto unbegreiflicher wird seine Größe.» (Romano Guardini)[63]

[63] Guardini, Romano: Religiöse Gestalten in Dostojewskis Werk. Studien über den Glauben, 7. Auflage, 1977, S. 358

QUELLEN- UND LITERATURHINWEISE

Romane und Erzählungen

- Arme Leute (1846)
- Der Doppelgänger (1846)
- Herr Prochartschin (1846)
- Die Wirtin (1847)
- Das schwache Herz (1848)
- Ein Weihnachtsbaum und eine Hochzeit (1848)
- Helle Nächte (1848)
- Die fremde Frau (1848)
- Der eifersüchtige Ehemann (1848)
- Der ehrliche Dieb (1848)
- Ein kleiner Held (1849)
- Njetotschka Neswanowa (1849)
- Onkelchens Traum (1859)
- Das Gut Stepantschikowo und seine Bewohner (1859)
- Die fremde Frau und der Mann unter dem Bett (1860)
- Erniedrigte und Beleidigte (1861)
- Aufzeichnungen aus einem Totenhaus (1862)
- Eine dumme Geschichte (1862)
- Aufzeichnungen aus dem Kellerloch (1864)
- Das Krokodil (1865)
- Schuld und Sühne (1866)
- Der Spieler (1867)
- Der Idiot (1869)
- Der ewige Gatte (1870)
- Die Dämonen (1872)
- Bobok (1873)

- Der Jüngling (1875)
- Die Sanfte (1876)
- Der Traum eines lächerlichen Menschen (1877)
- Die Brüder Karamasow (1880)

Die Zitate aus Dostojewskis Erzählwerk stammen in der Regel aus den Übersetzungen von Alexander Eliasberg und Hermann Röhl.

Notizbücher

Die zitierten «Notizen» stammen, wenn nicht anders vermerkt, aus den folgenden Editionen:

- «Notizen» nach Jahresangabe:
- Proffer, Carl R. (Editor): The Unpublished Dostoevsky. Diaries and Notebooks 1860–1881. Three Volumes, 1973–1976
- «Notizen» zu einzelnen Werken:
- Notebooks for «Crime and Punishment». Edited and Translated by Edward Wasiolek, 1967
- Notebooks for «The Possessed». Edited by Edward Wasiolek. Translated by Victor Terras, 1968
- Notebooks for «A Raw Youth». Edited by Edward Wasiolek. Translated by Victor Terras, 1969
- Notebooks for «The Brothers Karamazov». Edited by Edward Wasiolek. Translated by Victor Terras, 1971
- Notierte Gedanken, in: Literarische Schriften. Sämtliche Werke. 2. Abteilung. 12. Band. Übersetzt von E. K. Rahsin. Hrsg. von Moeller van den Bruck, 1923

Briefe

Die zitierten Briefe stammen, wenn nicht anders vermerkt, aus den folgenden Brief-Editionen:

- Gesammelte Briefe 1833–1881. Übersetzt und kommentiert von Friedrich Hitzer unter Benutzung der Übertragung von Alexander Eliasberg, 1966
- Die Briefe an Anna, 1866–1880. Aus dem Russischen von Brigitta Schröder. Mit einem Vorwort von Barbara Conrad, 1982
- Complete Letters. Edited by David A. Lowe. Five Volumes, 1988–1991

Hinzu kommen zwei separate Briefwechsel:

- Briefwechsel Abraham Kowner und Fjodor Dostojewski, in: Großman, Leonid: Die Beichte eines Juden in Briefen an Dostojewski. Hrsg. von René Fülöp-Miller und Friedrich Eckstein, 1927
- Briefwechsel F. M. Dostojewski und Martha Brown, in: Leonid Grossman. Dostoevsky. A Biography, 1975

Aufsätze und Zeitungsartikel

Eine verfängliche Frage. Aufsätze. Feuilletons. Übersetzt von Walter Schade. Hrsg. von Gerhard Dudek und Michael Wegner, 1988, darin enthalten:

- Artikel aus «Zeit» und «Epocha», darunter Werbe-Anzeigen; Antwort an den «Russischen Boten»; Die Ausstellung der Akademie der Künste für die Jahre 1860/61; Zwei Lager von Theoretikern; Einige Worte über Michail M. Dostojewski; Eine Anmerkung
- Zum Erscheinen der literarischen und politischen Monatszeitschrift «Epocha»
- Sozialismus und Christentum

Der unbekannte Dostojewski. Übersetzt von Vera Mitrofanoff-Demelic. Hrsg. von René Fülöp-Miller und Friedrich Eckstein, 1926, darin enthalten unter anderem:

- Über Christus. Meditationen an der Bahre (Notiz 1864)
- Dostojewskis unverwirklichte Pläne

Petersburger Chronik, 1923

Petersburger Träume. Ins Deutsche übertragen von Alexander Eliasberg, 1923, darin enthalten:

- Petersburger Träume
- Der Knabe Larenika
- Fragment aus «Der kleine Held»
- Bruchstücke aus «Aufzeichnungen aus einem Totenhaus»
- Notizen zur Weltliteratur

Tagebuch eines Schriftstellers, 1873–1881. Vier Bände. Aus dem Russischen übertragen von Alexander Eliasberg, 1921

Erinnerungen und Kommentare von Zeitzeugen

Dostojewski, Aimée: Dostojewski, geschildert von seiner Tochter A. Dostojewski, 1920

Dostojewski, Andrej: Kindheitserinnerungen, in: Orest Miller: Materialien zur Lebensbeschreibung Dostojewskis, in: Fjodor Michailowitsch Dostojewski. Sämtliche Werke. 2. Abteilung. 11. Band. Literarische Schriften. Übersetzt von E. K. Rahsin. Hrsg. von Moeller van den Bruck, 1923

Dostojewski, Anna Grigorjewna: Erinnerungen. Das Leben Dostojewskis in den Aufzeichnungen seiner Frau. Hrsg. von René Fülöp-Miller und Friedrich Eckstein, 1925

Dostojewski, Anna Grigorjewna: Tagebücher. Die Reise in den Westen. Aus dem Russischen von Barbara Conrad, 1985

Kowalewski, Sonja: Jugenderinnerungen, 1960

Miller, Orest: Materialien zur Lebensbeschreibung Dostojewskis, in: F. M. Dostojewski. Sämtliche Werke. 2. Abteilung. 11. Band. Literarische Schriften. Übersetzt von E. K. Rahsin. Hrsg. von Moeller van den Bruck, 1923

Sekirin, Peter (Editor): The Dostoevsky Archive. Firsthand Accounts of the Novelist from Contemporaries' Memoirs and Rare Periodicals, 1997

Solovyov, Vladimir: Lectures on Divine Humanity. Revised and Edited by Boris Jakim, 1995

Solowjew, Wladimir: Reden über Dostojewski, 1992

Strachow, Nikolai: Zur Lebensgeschichte Dostojewskis, in: F. M. Dostojewski. Sämtliche Werke. 2. Abteilung. 12. Band. Literarische Schriften. Übersetzt von E. K. Rahsin. Hrsg. von Moeller van den Bruck, 1923

Suslowa, Polina: Dostojewskis ewige Freundin. Mein intimes Tagebuch. Übersetzt von Rosa Symchowitsch, 1931

Tolstoi, Leo: Briefwechsel mit der Gräfin A. A. Tolstoi. Hrsg. von Ludwig Berndt, 1926

Sekundärliteratur

Bartlett, Rosamund: Tolstoy. A Russian Life, 2010

Beltschikow, Nikolai F.: Dostojewski im Prozess der Petraschewzen, 1977

Berdjajew, Nikolai: Die Weltanschauung Dostojewskis, 1925

Bird, Robert: Fyodor Dostoevsky, 2012

Buck, Rainer: Fjodor M. Dostojewski, Sträfling, Spieler, Seelenforscher, 2013

Catteau, Jacques: Dostoyevsky and the Process of Literary Creation, 1989

Christofi, Alex: Dostoevsky in Love. An Intimate Life, 2021

Coulson, Jessie: Dostoevsky. A Self-Portrait, 1962

Dietrich, Wolfgang (Hrsg.): Russische Religionsdenker. Tolstoi. Dostojewski. Solowjew. Berdjajew, 1994

Drewermann, Eugen: Dass auch der Allerniedrigste mein Bruder sei. Dostojewski – Dichter der Menschlichkeit, 1998

Dunn, Judith: Dostoyevsky. A Life of Contradiction, 2016

Fanger, Donald: Dostoevsky and Romantic Realism. A Study of Dostoevsky in Relation to Balzac, Dickens, and Gogol, 1965

Figes, Orlando: Natasha's Dance. A Cultural History of Russia, 2002

Frank, Joseph: Dostoevsky. A Writer in His Time, 2010

Frank, Joseph: Dostoevsky. The Seeds of Revolt, 1821–1849, 1976

Frank, Joseph: Dostoevsky. The Years of Ordeal, 1850–1859, 1982

Frank, Joseph: Dostoevsky. The Stir of Liberation, 1860–1865, 1986

Frank, Joseph: Dostoevsky. The Miraculous Years, 1965–1871, 1995

Frank, Joseph: Dostoevsky. The Mantle of the Prophet, 1971–1881, 2002

Frank, Joseph: Lectures on Dostoevsky. Edited by Marina Brodskaya and Marguerite Frank, 2020

Gerigk, Horst-Jürgen: Dostojewskijs Entwicklung als Schriftsteller. Vom «Toten Haus» zu den «Brüdern Karamasow», 2013

Grossman, Leonid: Dostoevsky. A Biography, 1975

Guardini, Romano: Religiöse Gestalten in Dostojewskis Werk. Studien über den Glauben, 7. Auflage, 1977

Guski, Andreas: Dostojewski. Eine Biographie, 2018

Harries, Richard: Haunted by Christ. Modern Writers and the Struggle for Faith, 2018

Karamsin, Nikolai M.: Briefe eines russischen Reisenden, Berlin 1981
Kelly, Aileen M.: Toward Another Shore: Russian Thinkers Between Necessity and Chance, 1998
Kjetsaa, Geir: Dostojewski. Sträfling, Spieler, Dichterfürst. 1986
Lantz, Kenneth: The Dostoevsky Encyclopedia, 2004
Lauth, Reinhard: Die Philosophie Dostojewskis in systematischer Darstellung, 1948
Lubac, Henri de: Die Tragödie des Humanismus ohne Gott. Feuerbach-Nietzsche-Comte und Dostojewskij als Prophet, 1950
Magershack, David: Dostoevsky, 1961
Maier-Graefe, Julius. Dostojewski, der Dichter, 1926
Marsh-Soloway, Michael Abernathy: The Mathematical Genius of F. M. Dostoevsky, 2016
Marullo, Thomas Gaiton: Fyodor Dostoevsky. A Life in Letters, Memoirs, and Criticism. In the Beginning, 1821–1845, 2016
Marullo, Thomas Gaiton: Fyodor Dostoevsky. A Life in Letters, Memoirs, and Criticism. The Gathering Storm, 1846–1847, 2020
Maurina, Zenta: Dostojewski. Menschengestalter und Gottsucher, 1960
Meier-Graefe, Julius: Dostojewski. Der Dichter, 1988
Mochulsky, Konstantin: Dostoevsky. His Life and Work, 1967
Montefiore, Simon Sebag: The Romanows 1613–1918, 2016
Moss, Walter G.: Russia in the Age of Alexander II., Tolstoy and Dostoevsky, 2002
Nigg, Walter: Prophetische Denker, 1957
Radzinsky, Edvard: Alexander II., the Last Great Tsar, 2005
Solowjow, Wladimir: Reden über Dostojewski, 1992
Stanton, Leonard J.: The Optina Pustyn Monastery in the Russian Literary Imagination. Iconic Vision in Works by Dostoevsky, Gogol, Tolstoy, and Others, 1995
Trost, Klaus: Dostojewski und die Liebe. Zwischen Dominanz und Demut, 2020

Williams, Rowan: Dostoevsky. Language, Faith, and Fiction, 2008
Wilson, Jessica Hooten: Giving the Devil His Due. Demonic Authority in the Fiction of Flannery O'Connor and Fyodor Dostoevsky, 2017
Zweig, Stefan: Drei Meister: Balzac, Dickens, Dostojewski, 2012
Zweig, Stefan: Über Sigmund Freud. Porträt. Briefwechsel. Gedenkworte, 1989

ZEITTAFEL

Fjodor Dostojewski

1821 Geburt am 11. November (alte russische Zeitrechnung: 30. Oktober) als Sohn des Armenarztes Michail Dostojewski und seiner Frau Maria

1828 Geburt von Leo Tolstoi

1837 Mutter Maria stirbt; Puschkin stirbt; Fjodor und sein älterer Bruder Michail reisen nach Petersburg, um sich auf die Ingenieursschule vorzubereiten.

1839 Vater Michail stirbt.

1843 Abschluss des Studiums und Berufsstart als Militärzeichner; Übersetzung von «Eugénie Grandet».

1844 Freiwilliges Ausscheiden aus dem Militärdienst. Beginn der freien Schriftstellerkarriere.

1845 Fertigstellung von «Arme Leute» (Roman); Entdeckung durch den Literaturkritiker Belinski; großer Erfolg.

1846 «Der Doppelgänger» (Novelle); große Enttäuschung.

1848 Teilnahme an revolutionären Gesprächskreisen; «Helle Nächte» (Kurzgeschichte); Revolutionen in Europa; Marx und Engels veröffentlichen «Kommunistisches Manifest».

1849 Festnahme; Untersuchungshaft; Todesurteil; Schein-Exekution; Umwandlung der Todesstrafe in vierjährige Haft mit anschließendem Dienst als gemeiner Soldat;
«Ein kleiner Held» (Kurzgeschichte), «Njetotschka Jeswanowa» (Romanfragment).

1850 Haftbeginn in Omsk/Sibirien.

1854 Entlassung aus dem Straflager; erzwungener Dienst als gemeiner Soldat in Semipalatinsk (heute Kasachstan); Bekanntschaft mit seiner späteren Frau, Maria Isajewa.

1855 Beförderung zum Unteroffizier; Tod von Nikolaus I.; Alexander II. wird Zar.

1856 Geburt von Sigmund Freud.

1857 Heirat mit Maria Isajewa; Erlaubnis, wieder als Schriftsteller tätig zu sein.

1858 Gesuch an den Zaren, aus dem Militärdienst entlassen zu werden; wird stattgegeben.

1859 «Onkelchens Traum», «Das Gut Stepantschikowo und seine Bewohner» (Novellen); Dezember: Rückkehr nach Petersburg; Darwin veröffentlicht «Über die Entstehung der Arten»; «Oblomow» von Gontscharow erscheint.

1860 Gründung der Zeitschrift «Zeit» mit Bruder Michail.

1861 «Erniedrigte und Beleidigte» (Roman); Beginn der Veröffentlichung von «Aufzeichnungen aus einem Totenhaus».

1862 Europa-Reise nach Berlin, Dresden, Köln, Paris, London, Genf, Wien; Beginn der Affäre mit Polina Suslowa; «Eine dumme Geschichte» (Kurzgeschichte); Turgenjew veröffentlicht «Väter und Söhne».

1863 «Winterliche Aufzeichnungen über sommerliche Eindrücke» (Reportage); Verbot von «Zeit»; zweite Europa-Reise; vergebliches Werben um Polina Suslowa; Ausbruch der Spielleidenschaft; schwere Erkrankung von Ehefrau Maria; Rückkehr nach Petersburg.

1864 Gründung der Zeitschrift «Epocha»; Tod von Ehefrau Maria; Tod von Bruder Michail; «Aufzeichnungen aus dem Kellerloch».

1865 Einstellung von «Epocha»; «Das Krokodil» (Kurzgeschichte); Beginn der Arbeit an «Schuld und Sühne»; Flirt mit Martha Brown.

1866 Vergebliches Werben um Anna Krukowski; endgültiger Bruch mit Polina Suslowa; Engagement von Anna Grigorjewna als

Stenotypistin; «Der Spieler», «Schuld und Sühne» (Romane); erstes Attentat auf Zar Alexander II.

1867 Heirat mit Anna Grigorjewna; Flucht vor den Gläubigern ins Ausland; wiederholter Bankrott durch Spielsucht; Tolstois «Krieg und Frieden» erscheint.

1868 Geburt und Tod von Tochter Sonja.

1869 «Der Idiot» (Roman); Geburt von Tochter Ljuba.

1870 Geburt von Lenin; Deutsch-Französischer Krieg beginnt.

1871 Plötzliches Ende der Spielleidenschaft; Ende des Exils in Westeuropa und Rückkehr nach Petersburg; Geburt von Sohn Fjodor.

1872 «Die Dämonen» (Roman)

1873 Erste Ausgaben von «Tagebuch eines Schriftstellers» (mit Unterbrechung bis 1881).

1874 Erster Kuraufenthalt (von insgesamt vieren) in Bad Ems

1875 «Der Jüngling» (Roman); Tolstoi veröffentlicht «Anna Karenina»; Geburt von Sohn Aljoscha.

1876 «Die Sanfte» (Kurzgeschichte).

1877 «Traum eines lächerlichen Menschen» (Kurzgeschichte).

1878 Tod von Sohn Aljoscha.

1880 Umjubelte Puschkin-Rede in Moskau; «Die Brüder Karamasow» (Roman).

1881 Tod am 9. Februar 1881 (alte russische Zeitrechnung: 28. Januar).

Künstlerisch bearbeitetes Dostojewski-Porträt:
Poet. Prophet. Psychologe. Punk. – Fürwahr!

Dostojewskis zweite Ehefrau, Anna Grigorjewna Dostojewskaja, 1871

Dostojewski-Foto aus einer russischen Enzyklopädie des Jahres 1896

ОТЕКА СССР
ДОСТОЕВСКИЙ

Dostojewski-Porträt von Wassili Perrow, Öl auf Leinwand,
aus der Tretjakow-Galerie in Moskau
Aufnahme: Markus Spieker

WEITERHIN ERHÄLTLICH

Markus Spieker

Übermorgenland

Eine Weltvorhersage

320 Seiten

Klappenbroschur, 13 × 20,5 cm

Bestellnummer 204164

ISBN 978-3-03848-164-5

Die Welt ändert sich. Und nirgendwo so radikal wie in Asien. Als Leiter des ARD-Studios Neu-Delhi hat Markus Spieker vier Jahre von den Frontlinien des Wandels berichtet: in einem Gebiet rund um Indien, in dem fast zwei Milliarden Menschen leben. – Was bedeuten die dortigen Entwicklungen für uns im Westen?

Spieker präsentiert zwanzig Top Trends der Weltentwicklung, darunter einige überraschende: Trotz aller Schwierigkeiten wird die Sicherheitslage insgesamt besser, nimmt das Bildungsniveau weltweit zu. Nichts boomt so sehr wie die Religionen, allen voran das Christentum. In einer Zeit, in der sich alles ändert, zählt das Bleibende und ist Tradition der neue Fortschritt.

Eine rasante Zukunftsschau, die nicht auf Theorien beruht, sondern auf First-hand-Begegnungen rund um die Welt.

fontis

DIE AUTOREN

Dr. Markus Spieker, geboren 1970, lebt in Leipzig. Der gelernte Historiker und langjährige ARD-Korrespondent arbeitet als Chefreporter beim Mitteldeutschen Rundfunk. Er hat zahlreiche Bücher verfasst, zuletzt die Bestseller «Übermorgenland: Eine Weltvorhersage» und «Jesus: Eine Weltgeschichte».

Dr. David Bühne, geboren 1984, lebt in Köln. Der Sportwissenschaftler und Literaturkenner ist ein Freund der gesunden Härte: Muay-Thai-Kampfsport, Borussia Mönchengladbach, Metal-Music und natürlich Fjodor Dostojewski. Dessen Bücher liest er in Dauerschleife, seit ihm vor zwanzig Jahren das 1000-seitige Weltliteratur-Epos «Der Idiot» die Sinne betört hat.